Change durch
Co-Creation

 **Buch und E-Book in einem – Lesen, wie *Sie* wollen!**

1. Öffnen Sie die **Webseite** www.campus.de/ebookinside.
2. Geben Sie folgenden **Downloadcode** ein und füllen Sie das Formular aus

   »TICKET TO READ« – IHR CODE: KZHUW-FFDYX-W73HR

3. Wählen Sie das gewünschte E-Book-**Format** (MOBI/Kindle, EPUB, PDF).
4. Mit dem Klick auf den Button am Ende des Formulars erhalten Sie Ihren persönlichen **Downloadlink** per E-Mail.

Hans-Werner Bormann, *Marcus Benfer* und *Gabriela Bormann* sind in unterschiedlichen Funktionen für die WSFB-Beratergruppe Wiesbaden tätig, die nun schon zum sechsten Mal in Folge als »Beste Berater« (organisiert von *brand eins* und Statista) in den Kategorien »Change-Management, Strategieentwicklung, HR, Organisation und Banken« ausgezeichnet wurde.

Hans-Werner Bormann
Marcus Benfer
Gabriela Bormann

CHANGE DURCH CO-CREATION

So verdoppeln Sie den Erfolg
Ihrer Transformationsprojekte

Campus Verlag
Frankfurt/New York

ISBN 978-3-593-51000-2 Print
ISBN 978-3-593-44120-7 E-Book (PDF)
ISBN 978-3-593-44131-3 E-Book (EPUB)

Das Werk einschließlich aller seiner Teile ist urheberrechtlich geschützt. Jede Verwertung ist ohne Zustimmung des Verlags unzulässig. Das gilt insbesondere für Vervielfältigungen, Übersetzungen, Mikroverfilmungen und die Einspeicherung und Verarbeitung in elektronischen Systemen.
Trotz sorgfältiger inhaltlicher Kontrolle übernehmen wir keine Haftung für die Inhalte externer Links. Für den Inhalt der verlinkten Seiten sind ausschließlich deren Betreiber verantwortlich.
Copyright © 2019 Campus Verlag GmbH, Frankfurt am Main.
Alle deutschsprachigen Rechte bei Campus Verlag GmbH, Frankfurt am Main.
Alle Abbildungen unterliegen dem Copyright der WSFB-Beratergruppe Wiesbaden
Umschlaggestaltung: Guido Klütsch, Köln
Satz: Publikations Atelier, Dreieich
Gesetzt aus der Sabon, DIN Next Rounded, Affogato
Druck und Bindung: Beltz Grafische Betriebe GmbH, Bad Langensalza
Printed in Germany

www.campus.de

Inhalt

Vorwort	9
Die Kraft der schöpferischen Co-Creation	15
Co-Creation in der Buchentstehung	15
Theorie für Praktiker – Warum Sie den Anfang nicht verpassen sollten	17
Was Veränderungen anspruchsvoll macht	21
Und dann ist das Projekt leider versandet – Beispiele aus der Praxis	21
Wie Organisationen wirklich ticken	25
Es geht immer um mentale Modelle – Oder: Konstruktivismus für Manager	25
Organisationen sind soziale Systeme, die aus Entscheidungen bestehen	31
Der System-Diamant – Ihr Zugang zum Herzen Ihrer Organisation	34
Warum sich soziale Systeme mit Veränderungen schwertun	47
Was Veränderungen gelingen lässt	53
Musterwechsel durch Co-Creation	53
Was ist Co-Creation?	53
Co-Creation ermöglicht Lernen 2. Ordnung	59
Das Handwerkszeug: Zentrale Elemente co-kreativer Veränderung	62
Reflexion als grundlegendes Element für organisationale Transformation	83

Dem Musterwechsel Kraft geben ... 84
  Das Innere mit dem Äußeren des System-Diamanten verbinden ... 85
  Entscheidungen ableiten und umsetzen ... 90
  Strukturelle Hindernisse aus dem Weg räumen ... 93
  Ein Strukturvorschlag für co-kreative Prozesse ... 95
Veränderung gestalten – Kernaufgabe von Führung ... 96
  Verantwortung und Haltung der Führung ... 97
  Entscheidungen organisieren, Rahmen setzen, Organisation »enablen« ... 100
  Die Intelligenz der Organisation nutzen ... 106
  Sich von der Tribüne aus selbst beobachten – die Macht der Metaperspektive ... 108

Wie Sie Ihr Veränderungsvorhaben zielführend angehen ... 111
Grundsätzlich: (Fast) Immer den Durchblick haben ... 112
  Das Fundament ... 112
  Im Fokus: Die zentrale organisationale Herausforderung ... 117
  Irgendwo geht es los: Von der Veränderungsidee zum Veränderungsvorhaben ... 119
Analyse Ihres Veränderungsvorhabens: Um was geht es konkret? ... 125
  Rot-Grün-Modell: Was ist Anlass und Ziel der Veränderung? ... 126
  Business Impact – Was geschieht, wenn nichts geschieht? ... 133
  Wie sieht der System-Diamant IST und ZIEL aus? ... 139
  Welche Entscheidungen sind bereits getroffen? Welche sind zu treffen? ... 149
  Sind Ihre Key Player zur Veränderung wirklich bereit? ... 153
  Retrospektive I ... 160
Untersuchen Sie Ihre Organisation: Wie tickt sie? ... 163
  Wo im System steckt Veränderungsenergie? ... 165
  Wer sonst ist wichtig und ist wie positioniert? ... 168
  Wie groß ist Ihr Manövrierraum? ... 169
  Komfort, Stretch und Panik – das Zonenmodell ... 177
  Wie wird in Ihrer Organisation entschieden? Und von wem? ... 179

    Abwehrroutinen – Wie Ihre Organisation normalerweise
Veränderung verhindert 185
    Wie steht es um den Change-Reifegrad Ihrer Organisation? ... 190
    Co-Creation: Wie bereit ist Ihre Organisation? 194
    Retrospektive II 195
    Und jetzt die Diagnose: Was ist die zentrale organisationale
Herausforderung im Rahmen der Veränderung? 199
        Was sind die Key Enabler für Ihr Veränderungsvorhaben? 200
        Setzen Sie Ihre Change-Erfolgsformel auf 220
        Retrospektive III 226

Kreieren Sie Ihre Veränderungsarchitektur 229
    Die zur Umsetzung erforderlichen Schritte 229
    Der Kreativprozess: So kommen Sie von Ihren Zielen
zu konkreten Umsetzungsideen 234
        Maßnahmen 247
        Führung statt Multiplikatoren 250
    Welche weiteren Entscheidungen sind zu organisieren? 258
        Ergänzende Komponenten 260
        Projektmanagement 263
    Wie sieht nun Ihr Plan aus? 270
    Iterative Schleifen: So passen Sie Ihren Plan schrittweise
den Rahmenbedingungen an 273
        Retrospektive IV 276

Setzen Sie Ihr Veränderungsvorhaben wirksam um 279
    Der notwendige Rahmen jeder Umsetzung:
Umsetzungsbegleitende Kommunikation 280
        Prozessbegleitende Kommunikation 281
        Kommunikation im co-kreativen Prozess 285
    Ist die Umsetzung auf Zielkurs? Das Wirkungsmonitoring 286
        Interpretieren Sie die Ergebnisse kritisch 288
        Institutionalisieren Sie Reflexionsprozesse 289
        Der iterative Prozess: Werden Sie immer wirksamer –
auch wenn es zunächst Kraft kostet! 291
    Im Zentrum jeder Umsetzung: Das co-kreative Arbeiten
am Musterwechsel auf allen Ebenen der Organisation 292

Die sieben wichtigsten Interventionen zur Organisation
von Musterwechseln in Veränderungsprozessen 305
    Kontext gestalten (1) 307
    Organisation aktivieren und Joint action: Fragen stellen,
    Perspektive wechseln, Möglichkeitsraum erweitern (2) 308
    Für Vergemeinschaftung sorgen (3) 309
    Die Organisation mit sich selbst bekannt machen (4) 310
    Das Thema ins Thema einführen (5) 311
    Reflexion gestalten, in Konsequenzen denken (6) 312
    Entscheidungen organisieren (7) 313
    Ein zentraler Erfolgsfaktor beim Einsatz der Interventionen . . 313

Anhang 315
    Danksagung 315
    Quellen und weiterführende Literatur 316
    Anmerkungen 319

Vorwort

Die Welt um uns herum, der Kontext, in dem wir leben, verändert sich derzeit tief greifend und sprunghaft. Und die Herausforderungen, die es zu bewältigen gilt, werden immer komplexer. Das stellt hohe Ansprüche auch an Unternehmen und Organisationen. Sie sollen innovativer, schlanker, schneller werden und dabei zugleich die aktuelle Digitalisierungswelle bewältigen. Organisationen sind also mit einem zunehmenden Veränderungsdruck konfrontiert.

Damit Unternehmen und Organisationen diese Veränderungen meistern können, ist Agilität gefordert, das heißt die Fähigkeit, erstens Veränderungsnotwendigkeiten früh und schnell zu erkennen, zweitens wirksame und nützliche Veränderungsarchitekturen zu entwickeln und drittens Veränderungen konsequent und erfolgreich umzusetzen. Dabei muss jede Organisation in ihrer Komplexität und ihrem spezifischen Kontext den eigenen Weg finden. In den meisten Fällen reicht es nicht aus, schlicht Geschäftsmodelle und Prozesse zu verändern. Es muss sich vor allem im Denken und Handeln der beteiligten Menschen etwas verändern. Das ist die große, ungleich anspruchsvollere Aufgabe, vor der Sie als Unternehmer, Führungskraft, Manager heute stehen. Und dabei helfen noch so intensives Benchmarking, vorgefertigte Rezepte oder der verstaubte Change-Management-Baukasten nicht weiter. Denn die sind letztlich nichts weiter als schlüsselfertige Standardlösungen von außen. Die Lösung für die Zukunft muss von innen kommen. Dafür muss es Unternehmen und Organisationen gelingen, zu ihrem eigenen Kern vorzudringen, zu begreifen, wie das eigene System tickt, um so die eigene Reflexionsfähigkeit zu verbessern und Schritt für Schritt die geeignete Lösung zu erarbeiten.

Vor diesem Hintergrund richtet sich dieses Buch an Sie als Unternehmer, Führungskraft oder Manager. Sie wollen Ihr Unternehmen, Ihre

Organisation entwickeln, um mittelfristig wettbewerbsfähig zu bleiben und langfristig das Überleben Ihrer Organisation sicherzustellen. Genau das ist Ihre Aufgabe. Denn Transformation der Organisation ist Chefsache. Sie lässt sich gemeinsam gestalten, aber nicht delegieren.

Jede Führungskraft, jeder Unternehmenslenker kennt sie im Kleinen wie im Großen: Change-Management-Modelle, Veränderungsprojekte, Umsetzung neuer Strategien und Strukturen. Und es gibt mit Sicherheit niemanden in einer Führungsposition, der nicht schon seine eigenen Erfahrungen mit dem Handwerkszeug gemacht hat. Dabei sind die herkömmlichen Methoden und bekannten Vorgehensweisen zur Veränderung und Entwicklung von Organisationen so zahlreich, wie ihre Erfolgsquote ernüchternd ist.

Können Sie schätzen, wie viele Veränderungsprojekte nachweislich ihr Ziel erreichen? Es sind gerade einmal 30 Prozent. Nicht einmal ein Drittel der Vorhaben schafft es, die angestrebte Transformation im Unternehmen dauerhaft und nachhaltig umzusetzen. Angesichts des Aufwands an Zeit, Energie und Kosten ein erschreckendes Fazit. Ein Hauptgrund hierfür ist, dass traditionelle Formen des Change-Managements in agilen und komplexen Kontexten insbesondere in großen Unternehmen zu kurz greifen:

- Entscheidungen müssen durch viele Hierarchieebenen gehen, was die Entscheidungsfindung in die Länge zieht und den Veränderungsprozess erheblich verlangsamt.
- Mechanistische Top-down-Umsetzungspläne unterschätzen, wie komplex Selbstorganisationstrukturen in Unternehmen sind und welch starke Dynamik sie entwickeln können.
- Expertenkonzepte und abgehobene Strategiepapiere machen von der Intelligenz der in der Organisation arbeitenden Führungskräfte und Mitarbeiter kaum Gebrauch und führen daher zu Ergebnissen, die Potenzial ungenutzt lassen und Widerstandsreaktionen auslösen.

Hinzu kommen dann noch häufig anzutreffenden Phänomene, die dem Paradigma der höchstmöglichen Effizienz geschuldet sind und dabei am Kern des Problems ungebremst vorbeilaufen:

- Unzureichende Problemdefinitionen: »Wir halten uns nicht lange mit Analysen auf, sondern arbeiten sofort an Lösungen!« oder: »Wir haben

sehr viel Analyseergebnisse!« (aber sehen den Wald vor lauter Bäumen nicht).
- Anwendung von Standardlösungen: »Wir arbeiten immer sehr effizient!« (ob das auch effektiv ist, wird nicht hinterfragt) oder »Wir machen gerne mehr von dem, was sich bewährt hat« (und merken dabei gar nicht, dass die Lösungen schon längst nicht mehr zu den Problemen passen).
- Unzureichende Kommunikation oder keine Vergemeinschaftung im Managementteam: »Ich habe es meinen Leuten doch gesagt – die wissen jetzt Bescheid!« oder »Folgeentscheidungen treffen wir nicht gemeinsam, so etwas hält uns nur auf!«

Der größte Agilitäts- und Veränderungsverhinderer ist aber ein beinahe schon naives Verständnis vom Funktionieren von Organisationen, das bis heute bei vielen Managern anzutreffen ist. Sie verstehen das Unternehmen oder die Organisation als eine Art technisches System, das mehr oder weniger simplen mechanischen Regeln folgt. Veränderungen am Grundgerüst dieses Systems – zum Beispiel durch Reorganisation, Einführung neuer Prozesse und Standards, Implementierung neuer IT-Systeme, Kompetenzentwicklung der Mitarbeiter – führen diesem Verständnis nach automatisch zu einer Veränderung der Organisation: Sie wird dadurch vermeintlich innovativer, leistungsstärker, kundenfreundlicher, flexibler und so weiter. Doch dieses Denken führt zwangsläufig in die Irre.

Denn Organisationen sind keine technisch-mechanischen, sondern soziale und lebende Systeme. Ihr charakteristischer Kern besteht aus ihren typischen, im Laufe der Zeit entstandenen Denkweisen, Haltungen, Werten und Handlungsmustern. »So ticken wir eben hier …«, »So machen wir das bei uns …« oder »Mia san mia« hört man oft. Sie machen die sogenannte »organisationale Identität« eines Unternehmens, einer Abteilung oder eines Teams aus. In anderen Zusammenhängen spricht man auch von Organisationskultur.

Wenn Organisationen oder Organisationseinheiten sich erfolgreich verändern wollen, müssen sie an diesem Kern arbeiten, an ihrer organisationalen Identität. Nur über eine Veränderung beziehungsweise Weiterentwicklung dieser Identität lassen sich die Haltung und das Handeln von Menschen nachhaltig verändern. Das gilt übrigens auch für Organisationen, die erste Versuche in Richtung der aktuell stark diskutierten Ambidextrie unternehmen.

Hierbei werden neben Organisationseinheiten, die sich auf die Optimierung des Kerngeschäfts und die Effizienzsteigerung bei bestehenden Prozessen und Leistungen konzentrieren und die tendenziell klassisch gemanagt werden, weitere Organisationseinheiten etabliert, die sich auf innovative Lösungen und die Entwicklung neuer Geschäftsmodelle fokussieren. Nicht selten haben diese Organisationseinheiten eher Start-up- oder Netzwerkcharakter. Das erfolgreiche Zusammenspiel zweier eher gegensätzlichen Organisationeinheiten ist höchst anspruchsvoll und muss gut gestaltet und gemanagt werden. Dazu muss sich allerdings die *ganze* Organisation verändern und zu einer neuen organisationalen Identität finden.

Dieses Buch zeigt Ihnen, wie eine nachhaltige, erfolgreiche Transformation gelingt. Das Grundrezept dabei lautet: Musterwechsel durch Co-Creation – die eigenen Denk- und Handlungsmuster nachhaltig verändern, indem gemeinsam mit und an ihnen gearbeitet wird. Denn nur in einem gemeinsamen Prozess von Führungskräften und Mitarbeitern lässt sich die Identität einer Organisation oder Organisationseinheit erkennen und verändern. Das, was durch soziale Selbstorganisation entstanden ist, kann nur durch gemeinsame Reflexion und Aktion verändert werden.

Das Prinzip der Co-Creation wird in diesem Buch als ein machtvolles Führungskonzept entfaltet, das nicht nur in Transformationsprozessen wirkt, sondern grundsätzlich die Wirksamkeit von Führungs- und Organisationsprozessen deutlich steigert. Es geht um Führung mit *Sinn* – wie wir noch zeigen werden – und damit um eine Haltung, die die ganze Organisation betrifft.

Um Ihr Unternehmen, Ihren Bereich oder Ihre Abteilung in diesem Sinne zu verändern, braucht es ein neues Verständnis von Organisationen und Führung, ein dazu passendes Veränderungsformat und geeignete Führungskonzepte. Das liefert Ihnen dieses Buch. Anhand des hier entwickelten Ansatzes werden Sie

- Ihre Organisation tiefer verstehen und erkennen, wie sich diese verändern lässt,
- einen Plan und ein Konzept erschaffen, wie Sie Veränderungen co-kreativ umsetzen,
- Ihre Wirksamkeit als Führungskraft erhöhen – als Entscheider und als Enabler, der die notwendigen Rahmenbedingungen dafür schafft, andere zu befähigen, Veränderungen zu gestalten,

- und vor allem: die Erfolgsquote Ihrer Veränderungsprojekte um 100 Prozent steigern.

In diesem Buch werden Sie keine Standardlösungen oder Benchmarks finden, dafür aber eine Anleitung zur »Verflüssigung« Ihres Denkens – damit Sie Räume für Entwicklung schaffen und Ihre Organisation zukunftsfähig machen können.

Wir, die Autoren dieses Buches, sind Experten aus der Change-Management- und Führungspraxis. Wir liefern Ihnen keine einfachen Kochrezepte, die versprechen, immer und in jeder Organisation zu funktionieren, oder ›Kooperations-Hypes‹, die nur an der Oberfläche kratzen, aber nicht zum Kern des Problems vordringen. Sie werden hier weder originelle Ideen wie »Halten Sie Meetings im Stehen statt im Sitzen ab« finden noch die »50 kreativsten Innovationsmethoden« oder das »Quick-and-Easy-5-Schritte-Programm«. Was wir Ihnen bieten, sind praxisnahe Denkbilder und Konzepte, die Sie in Ihrer Organisation anwenden können, um Ihre eigene, organisationsspezifische Lösung zu entwickeln.

Dabei konzentrieren wir uns konsequent auf die Umsetzung von Veränderungen. Wir liefern ihnen also auch keinen weiteren Vorschlag, wie Sie Ihre Organisation optimal aufstellen können. Populäre Organisationsdesigns wie etwa Holocracy, Lean, Integrale evolutionäre Organisationen, Theorie U oder duale Betriebssysteme und so weiter versuchen Antworten auf die Frage zu geben, wie die innovative Organisation der Zukunft aussehen kann. Sie alle haben ihre Vorzüge, Nachteile und gewiss auch Berechtigung. Doch ganz egal, welcher dieser Organisationsphilosophien Sie folgen oder ob Sie Ihr Unternehmen ganz anders organisieren: Um sie umzusetzen, werden Sie immer eine tief greifende Veränderung der organisationalen Identität erreichen müssen. Wie Sie zu dieser Veränderung gelangen, den zielführenden Umsetzungsprozess und der dazu angemessenen Führungshaltung, das zeigt Ihnen dieses Buch.

KAPITEL 1
Die Kraft der schöpferischen Co-Creation

Co-Creation in der Buchentstehung

Unser Kernthema in unserem Alltag als Berater ist der umfassende Veränderungsprozess in Unternehmen oder, wie wir es nennen, die »organisationale Transformation«. Unsere Arbeitsweise ist dabei die gleiche, die auch unsere Grundlage beim Schreiben dieses Buches war: co-kreativ. So wie ein Veränderungsprozess im Unternehmen nur gelingen kann, wenn in einem gemeinsamen Prozess von allen Beteiligten daran mitgearbeitet wird, so war uns auch bei der Idee, unser Modell in ein Buch zu bringen, sofort klar, dass dieses Buch in Co-Creation entstehen musste. Doch was das im Einzelnen bedeuten würde, wurde erst im Laufe unserer gemeinsamen Arbeit wirklich deutlich. Obwohl wir schon in vielen Beratungskontexten zusammengearbeitet hatten, waren wir immer wieder überrascht, feststellen zu müssen, wie häufig sich unsere Vorstellungen zum Schreibprozess, zum Sprachstil und zum Teil sogar zu Inhalten, über die wir dachten, schon längst ein gemeinsames Verständnis gefunden zu haben, im Detail doch unterschieden. Immer dann, wenn es darum ging, sehr präzise zu beschreiben, auf was es ankommt, wurden auch Unterschiede in den Vorstellungen deutlich sichtbar. Genauso, wie wir es immer wieder bei den verschiedenen Stakeholdern unserer Kunden in Beratungskontexten beobachten können. Und so waren wir dann während des Schreibens auch immer wieder ganz real mittendrin in unserem Thema.

Da wir die meiste Zeit an verschiedenen Orten tätig und in verschiedenen Beratungsprojekten eingebunden sind, waren wir uns schnell einig, dass wir für den Schreibprozess eine geeignete Kollaborationssoftware brauchen würden. Eine, die es uns ermöglichen würde, zu jeder Zeit an jedem Ort Gedanken festzuhalten und in einem einzigen Dokument gleichzeitig Textabschnitte zu erstellen, zu teilen, zu kommentieren, ohne uns gegenseitig zu behindern. Klar war auch, dass wir für den co-kreativen Buchentstehungsprozess ein frühzeitiges Feedback von potenziellen Lesern einholen wollten, um auch deren Perspektive auf das inhaltliche Konzept und die Lesbarkeit des Textes in unsere weitere Arbeit einfließen zu lassen. Und letztendlich wollten wir uns von einem Autoren-Coach begleiten lassen, der uns fachlich zur Erstellung eines Buches beraten sollte.

So weit, so gut. Doch dann galt es, weitere Entscheidungen zu treffen und gemeinsam Antworten auf wichtige Fragen zu finden. Wie viel Zeit wollten wir uns insgesamt lassen? Wer geht bei welchem Inhalt in den Lead, um einen ersten Entwurf zu erstellen? Wie zeitnah und kleinteilig wollen wir auf Textvorschläge der anderen beiden im jeweiligen Schreibstadium reagieren? Welche Fallbeispiele wollen wir in den Mittelpunkt stellen, die den Kern treffen und gleichzeitig für unsere Leser anschlussfähig sind? Wie sehr wollen wir uns von den aktuellen Hypes beeinflussen lassen, die die VUCA-Welt (kurz für: Volatility, Uncertainty, Complexity, Ambiguity) auf den Markt bringt? Das war eine besonders wichtige Frage. Schließlich geht es uns in diesem Buch darum darzustellen, wie organisationale Transformation unabhängig von den heute häufig anzutreffenden normativen Ansätzen der Organisationsentwicklung gelingen kann, ohne dabei an Aktualität zu verlieren. Und last but not least: Wie wollen wir damit umgehen, wenn einer von uns zu einem vereinbarten Abstimmungstermin eine interessante Kundenanfrage bekommt? Ist es erlaubt, dass sich Prioritäten kurzfristig verschieben und sich das Buch, so ernsthaft wir es auch angehen wollen, in solchen Momenten selbst zum Luxusthema degradiert?

All diese Fragen mussten wir uns bewusst stellen und aushandeln. In offenen Diskussionen, manchmal wieder und wieder, wenn neue Facetten hinzukamen, durch den Abgleich von mentalen Modellen, unausgesprochenen Prämissen und unterschiedlichen Erwartungen. Und durch Feedback-Schleifen, wenn Meinungsverschiedenheiten oder Unklarheiten zu emotionalen Spannungen und Ineffizienzen führten. Also der ganz normale Alltag, der entsteht, wenn Co-Creation nicht nur als Prozess schöpferischer Zusammenarbeit, sondern auch als Reflexion und Veränderung der typischen Denk- und Verhaltensmuster in einem Arbeitsteam verstanden wird.

Und obgleich wir immer wieder feststellten, dass das Ergebnis besser wurde und dass die gemeinsame Arbeit uns auch Energie zurückgab, wenn wir an einem Text gemeinsam intensiv feilten, war es doch anstrengend und erforderte mehr Zeit, als wenn wir das Buch kapitelweise unter uns aufgeteilt hätten. Letzteres war jedoch für uns nie eine Alternative, da sie weder zu unserer sonstigen Arbeitsweise gepasst noch die gewünschten Ergebnisse erzielt hätte.

Warum sprechen wir hier an dieser Stelle darüber? Weil wir fest davon überzeugt sind, dass dieses Offenlegen von Sichtweisen und stetige Aushandeln von Vorgehensschritten der Schlüssel zur erfolgreichen organisationalen Transformation ist – in eng umgrenzen Kontexten, aber auch gerade in agilen und komplexen Welten.

Wir sind einen Weg gegangen, der von unseren Kunden so häufig als mühsam empfunden und nicht selten mittendrin aufgegeben wird mit Kommentaren wie »Darüber haben wir doch schon gesprochen. Jetzt muss es mal gut sein, denn schließlich geht es uns darum, Geld zu verdienen.« Und dann erfolgt meistens ein Zurückfallen in alte Muster, eine Zuwendung zum scheinbar Wesentlichen, das sich in der Regel jedoch als Schimäre herausstellt. Denn diese Themen sind keine Luxusprobleme und lassen sich selbstverständlich nicht lösen, indem man ihnen keine Aufmerksamkeit mehr schenkt. Im Gegenteil, unausgesprochene oder verdrängte unterschiedliche Auffassungen und Prioritäten, verdeckte Agenden, oft gepaart mit einem Mangel an Kommunikationskompetenz oder -bereitschaft, werden häufig zum zentralen Problem – manchmal auch erst für die nächste Managementgeneration.

Theorie für Praktiker – Warum Sie den Anfang nicht verpassen sollten

Dieses Buch verstehen wir als Leitfaden, der Sie darin unterstützt, organisationale Transformation wirksam zu gestalten. Voraussetzung für wirksame Transformation ist ein vertieftes Verständnis darüber, wie Organisationen als soziale Systeme funktionieren und wie sie durch Co-Creation verändert werden können. Ohne ein solches Verständnis laufen Sie aus unserer Sicht Gefahr, »mehr desselben« zu machen und Chancen für eine echte Weiterentwicklung ungenutzt zu lassen.

Konkret heißt das: Die Verführung mag groß sein, sich gemäß dem üblichen Management-Mantra »Time is money« gleich dem praxisnahen Kapitel 4 zuzuwenden, in dem es um die konkrete Umsetzung geht, und den beiden vorangehenden Kapiteln, in denen die theoretischen und konzeptionellen Grundlagen im Vordergrund stehen, weniger Beachtung zu schenken. Doch davon raten wir Ihnen dringend ab. Denn diese Vorgehensweise folgt exakt den zentralen Mustern, die wir auch im Veränderungsprozess immer wieder antreffen und die eine echte Gefahr für nachhaltige Veränderung sind: die eher oberflächliche Auseinandersetzung mit den Grundbedingungen für Veränderung und die verfrühte Hinwendung zu Umsetzungsthemen. Auch und gerade in agilen, komplexen Kontexten ist es von entscheidender Bedeutung, dass zuerst grundlegende Denkmodelle und Haltungen, eine klare Zielrichtung und ein gemeinsames Verständnis zur Vorgehensweise etabliert werden, bevor es in die Umsetzung geht. Und auch das ist eine alte Managementweisheit, die aber nichts an Aktualität eingebüßt hat: Die Zeit, die am Anfang investiert wird, zahlt sich später aus.

Wir laden Sie daher ein, sich zunächst in den Kapiteln 2 und 3 mit den grundlegenden Bedingungen für das Gelingen von Transformationsprozessen in Organisationen auseinanderzusetzen. Anschließend werden Sie ab Kapitel 4 einen praxisnahen Leitfaden finden, der Sie durch die wesentlichen Schritte und Fragestellungen in einer Transformation, einem Veränderungsprojekt führt. Ein anonymisiertes Fallbeispiel für ein Transformationsvorhaben in einem Unternehmen mit Namen »Fixelements« wird die einzelnen Analyse-, Planungs- und Umsetzungsschritte veranschaulichen und Anregungen für Ihr eigenes Veränderungsvorhaben geben.

Was Sie hier nicht finden werden, sind Checklisten mit Arbeitsanweisungen und Tickboxen zum Abhaken. Obwohl wir auch in unseren Transformationsprojekten von Kundenseite immer wieder danach gefragt werden, halten wir Checklisten für absolut problematisch. Denn dahinter steckt die Annahme, dass eine Transformation genau so und so geht und dass derjenige, der alles abgehakt hat, eine erfolgreiche Transformation quasi als Belohnung erhält. Doch diese naive Vorstellung ist ein großer Irrtum. Denn auch wenn es hilfreich ist, vom Wissen und von den Erfahrungen erfolgreicher Transformationen zu profitieren, zeigen zahlreiche Change-Management-Studien sowie unsere eigene praktische Erfahrung, dass jedes Unternehmen seinen eigenen Weg finden muss. Und das geht nur mit intensiver Reflexion und Offenheit für neue Wege.

Statt überflüssiger Checklisten geben wir Ihnen daher eine Reihe von Empfehlungen in Form von handwerklichen »Tipps für Ihr weiteres Vorgehen«, wie eine erfolgreiche Transformation gelingen kann. Sie basieren auf dem wissenschaftlich-theoretischen Rahmen, innerhalb dessen wir arbeiten, und auf über 20 Jahren Erfahrung in organisationalen Transformationsprojekten.

Wir wünschen Ihnen viel Spaß beim Lesen und viel Erfolg beim Umsetzen!

KAPITEL 2
Was Veränderungen anspruchsvoll macht

Die Welt verändert sich – jeden Tag. Organisationen müssen sich an diese sich verändernde Welt anpassen, wenn sie weiter existieren wollen. Obwohl sich Heerscharen von Führungskräften, Wissenschaftlern und Beratern unablässig darum bemühen, die Marktfähigkeit von Organisationen möglichst lange zu erhalten, gelingt das mal mehr, mal weniger gut: Die durchschnittliche Lebensdauer aller Unternehmen liegt heute bei einem Dutzend Jahren, selbst die Top-500-Unternehmen überleben kaum dreimal länger.[1]

Angesichts dessen könnten wir nun die Schultern zucken, resignieren und sagen: »So ist das nun mal in der Wirtschaft. Daran kann man auch nichts ändern. Und unterm Strich gesehen fahren wir ja bislang ganz gut mit dem, so wie es ist.«

Oder wir geben uns mit dem Status quo nicht zufrieden: Wir suchen nach Konzepten und Umsetzungsmöglichkeiten, wie wir signifikante Veränderungen schaffen können, sogenannte »Musterwechsel«. Selbst wenn wir dabei je nach Notwendigkeit (buchstäblich im Sinne der Not, die wir wenden wollen) die schon von Schumpeter postulierte Kraft der »schöpferischen Zerstörung« nutzen müssen.[2]

Und dann ist das Projekt leider versandet – Beispiele aus der Praxis

Auch die Change-Fitness-Studie 2018 bestätigt: 70 Prozent aller Veränderungsprojekte erreichen ihre Ziele nicht oder nur unvollständig![3]

Wenn Sie die Erfolgsquote der Veränderungen, die in Ihrer Organisation anstehen, erhöhen wollen, ist die Suche nach typischen Mustern für das Scheitern ein erster wichtiger Mosaikstein.

BEISPIEL 1: EINE NEUE IT-STRATEGIE

Ein Kreditinstitut braucht eine neue IT-Strategie. Der Vorstand beschließt, dazu ein Projekt aufzusetzen. Eine Unternehmensberatung wird engagiert, um diese neue Strategie zu entwickeln. Die Unternehmensberatung analysiert den Ist-Zustand und erhebt in Einzelinterviews die Wünsche und Anforderungen an das zukünftige System. Auf dieser Basis erstellen die Berater in Zusammenarbeit mit dem IT-Bereichsleiter ein State-of-the-Art-Konzept und stellen es dem Vorstand vor. Der Vorstand findet das Konzept schlüssig und nachvollziehbar. Er betrachtet die ausgearbeitete Lösung als Grundlage für den nun folgenden Implementierungsprozess. Für ihre fachlich hervorragende Tätigkeit erhält die Unternehmensberatung einen dreistelligen Millionenbetrag.

Der für den IT-Bereich zuständige Vorstand erhält den Auftrag zur Umsetzung und installiert dazu eine Projektorganisation. Schon nach wenigen Wochen machen die IT-Fachleute des Unternehmens ihrem Vorstand klar, warum das ausgearbeitete Konzept so nicht funktionieren kann und auch überhaupt nicht zu der Strategie und den bisherigen Konzepten des IT-Bereiches passt. Schließlich lehnen auch die IT-Hauptabteilungsleiter und der IT-Bereichsleiter das neue Konzept ab. Nach sechs Monaten wird das Projekt stillschweigend beerdigt.

BEISPIEL 2: EIN LEAN-MANAGEMENT-PROJEKT

Die Geschäftsführung eines global arbeitenden Unternehmens beschließt, Lean Management einzuführen. Von einem Mitbewerber wird ein ausgewiesener Fachmann für Lean

Management abgeworben und zum Leiter des Lean-Management-Office ernannt. Für das Team werden sowohl externe Spezialisten eingestellt als auch interne Mitarbeiter rekrutiert. In die Aus- und Weiterbildung der neuen Abteilung wird investiert.

Als sich die Lean-Spezialisten an die einzelnen Niederlassungen wenden, werden sie dort freudig begrüßt. Alle Niederlassungsleiter sind an Kosteneinsparungen interessiert. Leider gibt es in den Niederlassungen keine freien Kapazitäten bei den Mitarbeitern oder Führungskräften für die Mitarbeit in Lean-Projekten – schließlich sind in dieser Branche die Margen und damit die Ressourcen sehr knapp. Die von den Lean-Fachleuten propagierte These, dass zur erfolgreichen Umsetzung auch eine neue Führungsphilosophie notwendig sei, wird wohlwollend zur Kenntnis genommen, aber ansonsten nicht weiterverfolgt.

Die Lean-Projekte kommen nicht voran. Nach zwei Jahren wird das Lean-Management-Team aufgelöst. Der Begriff »Lean Management« ist in der Organisation inzwischen tabuisiert und wird nicht mehr ausgesprochen.

BEISPIEL 3: DIGITALISIERUNG IN DER KUNDENANSPRACHE

Kunden wollen immer individueller bedient werden, sei es nun beim Kauf von Finanzdienstleistungen, Telekommunikationsleistungen oder Medienleistungen wie Print, Online-Informationen, Rundfunk und Fernsehen oder Streamingdiensten.

Die Anbieter orientieren sich immer stärker an den Kundenwünschen. Dabei werden sie von Hightech-Firmen unterstützt, die mit Systemen auf der Grundlage von »Big-Data-Analytics« die Kundenansprache revolutionieren wollen: weg von einem Verkäufermarkt (»das ist unser Angebot«) hin zum Käufermarkt (»das ist der Bedarf unserer potenziellen Kunden«). Viele Anbieter würden die Hightech-Systeme auch gerne einsetzen. Sie beschäftigen sich allerdings schwerpunktmäßig weniger mit den technischen Lösungen, sondern vor allem mit der Frage »Wie sollen wir das neue Denken in der Kundenansprache in unsere Organisation bringen? Und wie sollen wir unsere Mitarbeiter dazu motivieren, da mitzumachen?«

Viel zu viele solcher und ähnlicher Vorhaben versanden, weil es scheinbar keine Konzepte zur Bewältigung dieser Herausforderungen gibt. So werden die neuen Geschäftsfelder häufig kreativen und flexiblen Start-ups überlassen.

Was haben diese drei Beispiele gemeinsam? Ein ahnungsloses Management? Unwilligkeit, sich neuen Herausforderungen zu stellen? Widerstand gegen den Fortschritt? Nein! Tatsächlich treffen wir auf Vorstände, Geschäftsführer und Führungskräfte, die sehr gut ausgebildet, hoch motiviert und gewillt sind, das Beste für ihr Unternehmen zu tun.

Doch oftmals unterschätzen sie, wie komplex die von ihnen angestrebten Veränderungen sind und dass sich ihr Unternehmen in Teilen oder sogar übergreifend in seiner organisationalen Identität verändern muss, damit Musterwechsel wirklich gelingen. Oder sie haben – wie in Beispiel drei – eine Ahnung davon, aber es fehlen ihnen die passenden Umsetzungskonzepte zur »Verflüssigung« der natürlichen Beharrungskräfte ihres sozialen Systems. Und manchmal fehlen dem Management der Mut und die Energie, um die Mühen, Anstrengungen und Risiken eines konzeptionell neuen Vorgehens auf sich zu nehmen. Das ist verständlich in Zeiten, da Arbeitsbelastung und Erfolgsdruck ständig zunehmen.

Doch die Arbeit an der Zukunftsfähigkeit des Unternehmens braucht ihre Zeit. Sie macht nicht vor dem nächsten Quartalsergebnis halt und nimmt auch keine Rücksicht auf die Amtsperiode von Vorstand oder Geschäftsführer. Leider bedeutet jedoch genau das oft das vorzeitige Ende eines Veränderungsprojekts. Entweder, weil das Änderungsvorhaben unbedingt noch vor Ende der Amtszeit enden muss – koste es, was es wolle. Oder weil der Nachfolger glaubt, Zeichen setzen zu müssen, und das laufende Projekt für gestorben erklärt. Auch so versanden Projekte.

Halten wir fest: **Die Arbeit an »der Zukunftsfähigkeit des Unternehmens« ist die herausragendste und die herausforderndste Aufgabe von Führung.** Selbst heute, in unserer beschleunigten Zeit mit ihrer gefühlt stetig zunehmenden Veränderungsgeschwindigkeit, gilt nach wie vor: Wer seine Firma mit Bedacht entwickelt, steht besser da. Firmen brauchen drei bis fünf Jahre Reifezeit, um ihr soziales System gesund entwickeln zu können. Das galt früher schon, und das gilt auch heute noch.

Wie Organisationen wirklich ticken

Organisationen haben eine Eigenlogik. Sie sind nicht einfach gut geölte Maschinen, die sich durch einige aufeinander abgestimmte Befehle und Eingaben steuern und beliebig beherrschen lassen. Auch wenn ihr Zweck ziemlich rational beschrieben werden kann, nämlich die Erzeugung und der Vertrieb von Gütern und Dienstleistungen, bedeutet das nicht, dass alles, was in ihnen geschieht, einfach zweckrationalen Erwägungen und betriebswirtschaftlichen Eindeutigkeiten folgt. Im Gegenteil: Organisationen folgen gerne ihren eigenen Gesetzen (das kennen Sie aus Ihrer eigenen Erfahrung). Und die sind weder immer logisch noch rational. Warum ist das so? **Organisationen sind soziale Systeme**, in denen vieles selbst organisiert geschieht und in denen typische, im Laufe der Zeit entstandene und oft unbewusste Spielregeln und Denkweisen das Handeln und Entscheiden der Menschen stark beeinflussen und für eine eigene Dynamik sorgen.

Es geht immer um mentale Modelle – Oder: Konstruktivismus für Manager

FRAU SCHMIDT UND IHRE IT-ABTEILUNG

Frau Schmidt leitet die IT-Abteilung ihres Unternehmens. Seit Längerem schon hat sie den Eindruck, dass ihre Mitarbeiter nicht gut miteinander kooperieren. Das gestrige Gespräch mit einem ihrer Teamleiter hat diesen Eindruck verstärkt. Warum hat der sich mal wieder nicht mit den anderen Teamleitern abgestimmt, bevor er zu ihr kommt? Und warum soll sie jetzt ein Problem lösen, dass die Teamleiter untereinander viel besser besprechen könnten? Die sind doch wirklich näher dran am Geschehen! Frau Schmidt entscheidet sich, zunächst ihren Teamleitern und später der gesamten Abteilung ein spezielles Training zur Zusammenarbeit zu verordnen. Die Kompetenz »Kooperationsfähigkeit« ist schließlich entscheidend, um als Abteilung die Probleme der Zukunft gemeinsam anzugehen. Und an dieser Kompetenz mangelt es offenbar.

Frau Schmidt trifft ihre Entscheidung auf der Basis ihrer Beobachtungen. Wer beobachtet, unterscheidet. Frau Schmidt ordnet die vielfältigen Eindrücke der sozialen Realität mithilfe der Unterscheidungen *Kooperieren/Nicht-Kooperieren* und *kompetent/nicht-kompetent*. Der Mangel an Kooperation ist aus ihrer Sicht ein Problem mangelnder individueller Kompetenz. Ein anderer Beobachter würde mithilfe anderer Unterscheidungen möglicherweise zu einem ganz anderen Eindruck kommen. Frau Schmidts Vorgänger, Herr Fischer, zum Beispiel: »Hier weiß jeder genau, was seine Rolle ist, und die Prozesse haben wir so gut geklärt, das eine Abstimmung der Mitarbeiter untereinander selten erforderlich ist. Wenn doch etwas mal schiefläuft, steht meine Tür jederzeit offen, und ich bin froh, wenn meine Mitarbeiter mich als Sparringspartner aufsuchen.« Anders als Frau Schmidt sieht Herr Fischer keine mangelnde Kooperation und auch kein Kompetenzproblem, sondern gut definierte Rollen und Prozesse. Wenn wir dann einmal einen Zeitsprung um zwei Jahre in die Zukunft machen, sehen wir Frau Schmidts Nachfolgerin, Frau Heidrich, mit folgender Analyse: »Das Erste, was ich hier gerne ändern möchte, sind die fehlenden Möglichkeiten zur Zusammenarbeit. Die Abteilung ist ja in starre Kästchen geteilt wie eine Excel-Tabelle, wo findet denn da die gemeinsame Problemlösung statt? Jedes Meeting mit meinen Teamleitern zeigt mir, wozu die in der Kooperation fähig sind und wie viele neue Ideen zur Prozessverbesserung dabei entstehen. Da müssen wir mal eine gemeinsame Idee entwickeln, wie wir die starren Rollen auflösen und integrierter arbeiten.« Frau Heidrich erklärt sich die Situation wieder ganz anders. Nicht mangelnde Kompetenz ist das Problem, sondern mangelnde Gelegenheit zur Zusammenarbeit und eine fehlende gemeinsame Idee, wie diese Zusammenarbeit denn gestaltet werden kann.

Wir konstruieren unsere individuelle Wirklichkeit

Drei Beobachter kommen je nach den Unterscheidungen, die sie verwenden, zu ganz unterschiedlichen Erkenntnissen, ganz unterschiedlichen Interpretationen eines Geschehens. In der Theorie wird das als *Konstruktivismus* bezeichnet. Dem Konstruktivismus zufolge (in unserem Buch folgen wir diesem Ansatz) sind Erkenntnisse keine exakten *Abbildungen* der Realität, sondern *Konstrukte*. Wir konstruieren uns »unsere Wirklichkeit« auf der Basis der Unterscheidungen, die wir treffen, und auf der Basis des Ausschnitts der Wirklichkeit, den wir beobachten. Frau Schmidt, Herr Fischer und Frau Heidrich – sie alle beobachten bestimmte Ausschnitte ihrer Abteilung auf der Basis ihrer Annahmen, Erfahrungen und Kenntnisse. Kurzum, alle konstruieren sich ihre Wirklichkeit vollkommen subjektiv.

Und das, so der Konstruktivismus, ist immer so, insbesondere, wenn es sich um soziale Phänomene handelt. Da gibt es nicht die *eine* wahre Sichtweise, sondern immer nur subjektive Wirklichkeiten. Das bedeutet nicht, dass die Wirklichkeit nicht objektiv vorhanden ist. Im Gegenteil, sie ist da. Sie ist uns aber immer nur in den *mentalen Modellen* zugänglich, die wir über sie konstruieren. **Mentale Modelle** sind unsere subjektiven ›Abbildungen‹ der Wirklichkeit, unsere Wirklichkeitskonstrukte. Sie sind immer Vereinfachungen und **helfen uns, unser Handeln zu orientieren und Entscheidungen zu treffen.** Frau Heidrich hat ein anderes mentales Modell als Frau Schmidt. Sie kommt zu anderen Entscheidungen und handelt anders.

Schauen wir uns noch ein zweites Beispiel an: Vergleichen Sie zwei unterschiedliche Aussagen über ein und dasselbe Projekt. 1: »Das Projekt war ein totales Fiasko. Der Projektleiter war schwach, er konnte sich weder durchsetzen noch die Projektmitarbeiter motivieren.« Demgegenüber 2: »Aus dem Projekt können wir viel lernen. Vor allem, wie wir in Zukunft die Linienvorgesetzten einbinden müssen, damit sie ihre Mitarbeiter auch tatsächlich ins Projekt schicken.« Aussage 1 baut ihre Wirklichkeitskonstruktion auf der Unterscheidung *schwacher/starker Projektleiter* auf. Das Geschehen wird *personalisiert* und mit vermeintlichen Eigenschaften einer Person verknüpft. Aussage 2 bietet eine andere Konstruktion, die auf der Unterscheidung *Linienvorgesetzte einbinden* vs. *Linienvorgesetzte nicht einbinden* basiert. Hier geht es nicht um die Eigenschaften einer Person, sondern um ein *organisationales* Geschehen: Ein Projekt scheitert, wenn die

Linienvorgesetzten der Projektmitglieder deren Arbeit in der Linie konsequent priorisieren und sie nicht »ins Projekt lassen«. Im Vordergrund stehen Prioritätskonflikte und unterschiedliche Interpretationen in der Organisation.

Beide Beispiele machen deutlich: Je nachdem, *wie beobachtet* wird, ergeben sich nicht nur unterschiedliche Wirklichkeitsbeschreibungen, auch die praktischen Konsequenzen für das Führungshandeln (Was werde ich als Führungskraft tun? Welche Entscheidungen treffe ich? Welche Maßnahmen ergreife ich?) sind völlig unterschiedlich.

Kollektive mentale Modelle in Organisationen

Wenn Menschen in sozialen Systemen über einen längeren Zeitraum miteinander umgehen und wiederkehrende gemeinsame Erfahrungen machen – das trifft beispielsweise gleichermaßen auf Familien wie auf Organisationen zu –, dann entstehen neben individuellen auch *gemeinsame* mentale Modelle, das heißt typische gemeinsame Wirklichkeitskonstruktionen. *So* sieht man in diesem Team, in dieser Abteilung, in diesem Bereich oder eben in dieser gesamten Organisation die Wirklichkeit. Man kann auch von gemeinsam geteilten Glaubenssätzen sprechen. Es wird geglaubt, vorausgesetzt oder unhinterfragt angenommen, dass die Wirklichkeit (das heißt, wie das Unternehmen, der Markt, der Wettbewerb et cetera funktioniert) genau so ist. Solche kollektiven mentalen Modelle zeigen sich zum Beispiel in Aussagen wie diesen:

> »Dafür müssen wir mal einen vernünftigen Prozess aufsetzen.«
> (Mentales Modell: Organisationen funktionieren nur auf der Basis definierter Prozesse)
> »Jetzt haben wir schon die gesamte Sales Force geschult, und die neue Vertriebsstrategie wird immer noch nicht gelebt.« (Mentales Modell: Durch Qualifizierung von Personal entwickelt sich automatisch die Organisation weiter)
> »Das müssen Sie jetzt aber mal nach oben eskalieren.«
> (Mentales Modell: Konflikte und Unsicherheiten werden bei uns durch die Hierarchie gelöst)

»Wenn wir die nicht übernehmen, verlieren wir den Anschluss an den Markt.« (Mentales Modell: Wachstum kann langfristig nur über Zukäufe realisiert werden)

»Tut mir leid, ich habe die To-dos für das Projekt einfach nicht geschafft, wir hatten in der Linie unglaublich viel zu tun.« (Mentales Modell: Linientätigkeit geht vor [funktionsübergreifender] Projekttätigkeit)

Mentale Modelle – egal ob individuelle oder gemeinsame – entstehen in der Regel nicht durch bewusste Entscheidungen, sondern selbst organisiert und (weitgehend) unbewusst. Kollektive mentale Modelle werden an neue Organisationsmitglieder weitergegeben und halten sich häufig über lange Zeit – selbst dann noch, wenn sich das Umfeld verändert, in dem sie entstanden und ihren Sinn und Nutzen hatten. Sie halten sich interessanterweise auch dann, wenn die alten Organisationsmitglieder gar nicht mehr an Bord sind. Sie haben sich von konkreten Personen gelöst und stehen für eine nicht hinterfragte Denkweise in der Organisation.

Kollektive mentale Modelle in Organisationen haben einen entscheidenden Einfluss darauf, wie sich Menschen in der Organisation verhalten und wie und welche Entscheidungen sie treffen.

Ein Schlüssel zur Veränderung

Um es noch einmal deutlich zu sagen: Die Wirklichkeit ist uns immer nur in Form von mentalen Modellen zugänglich! Wir können gar nicht anders, als mentale Modelle zu bilden. Sie sind weder gut noch schlecht, sie sind einfach unsere Art, in der Welt zu sein.

Aber mentale Modelle können *funktional* sein oder *dysfunktional*, sie können *förderlich* oder *hinderlich* sein, je nach dem Kontext, in dem eine Person oder Organisation agiert, und je nach den Herausforderungen und Aufgaben, vor die sie gestellt ist.

Will Abteilungsleiterin Frau Schmidt im oben genannten Beispiel ihre Abteilung in Richtung auf *mehr Kooperation* verändern, dann wäre sie gut beraten, ihr mentales Modell zu erweitern oder zu verändern, um als Führungskraft andere, weitergehende Handlungsoptionen zu bekommen.

Eine Organisation, die sich einerseits für die Einführung agiler Softwareentwicklung und damit die Einrichtung agiler, sich weitgehend selbst organisierender Teams entscheidet, aber andererseits noch immer durch das mentale Modell »Konflikte und Unsicherheiten werden bei uns durch die Hierarchie entschieden« geprägt ist, kann nicht funktionieren. Agiles Arbeiten erfordert ein anderes mentales Modell zum Umgang mit Konflikten.

Ein zentraler Schlüssel zur Veränderung von Individuen und **Organisationen liegt** also **darin, sich die dysfunktionalen Modelle bewusst zu machen**, damit sie verändert werden können. Anders gesagt: Wenn Sie die Art und Weise, wie die Menschen in Ihrer Organisation miteinander arbeiten und Entscheidungen treffen, signifikant verändern wollen, dann müssen Sie einen Weg finden, die diesem Verhalten zugrunde liegenden Wirklichkeitskonstruktionen zu verändern. Die Frage, wie man mentale Modelle bewusst machen und verändern kann, wird uns im gesamten Buch beschäftigen. Sie ist für das Gelingen von Veränderungsprozessen von zentraler Bedeutung, und wir werden vor allem in den Kapiteln »Musterwechsel durch Co-Creation« und »Wie Sie als Führungskraft Veränderungen zielführend gestalten« darauf eingehen.

Damit werden auch für Sie als Führungskraft Fragen relevant, die Sie sich so möglicherweise noch nie gestellt haben: »Wie konstruiere ich eigentlich *meine* Wirklichkeit?« Oder ganz praktisch: »Wie erkläre *ich* mir typischerweise das Verhalten meiner Mitarbeiter, gerade dann, wenn mich etwas irritiert? Von welchen Annahmen gehe ich dabei aus?« Und: »Wie konstruieren wir als Organisation (Team, Abteilung, Bereich et cetera) eigentlich unsere Wirklichkeit – wie sehen wir uns, den Markt, den Wettbewerb und so weiter?« »Welche mentalen Modelle leiten uns?«

Wenn Sie das nächste Mal mit Ihrem Team gemeinsam ein Problem diskutieren, dann probieren Sie einmal Folgendes: Anstatt zu fragen: »Worin besteht das Problem, und wie können wir es lösen?« fragen Sie: »Wie erklären wir uns das Problem, und welche anderen Erklärungen wären möglich? Auf welche anderen Lösungsideen würde uns das bringen?« Sie werden erstaunt sein, wie deutlich hierbei kollektive mentale Modelle werden, die Sie nie zuvor wahrgenommen haben.

Gehen wir für einen letzten Gedanken noch einmal zurück von den kollektiven zu den individuellen mentalen Modellen. Auch hier ergibt sich mit Blick auf Veränderungsprozesse eine wesentliche Überlegung. Stellen

Sie sich vor, Frau Schmidt, Herr Fischer und Frau Heidrich aus unserem Beispiel oben bildeten das Projektteam in einer Veränderungsinitiative: »IT-Cooperation – Innovation durch mehr Kooperation in der IT-Abteilung«. Jeder der drei folgt einem anderen individuellen mentalen Modell. Daher hat auch jeder der drei eine andere Erklärung für das »Problem«. Eine sinnvolle gemeinsame Problemlösung ist so nicht möglich. Wollten die drei tatsächlich wirksam agieren, müssten sie zunächst ihre individuellen mentalen Modelle abgleichen – wir nennen das *vergemeinschaften* – und auf dieser Basis zu einer gemeinsamen Entscheidung kommen, wie die Veränderung angegangen werden soll. Es geht um die Co-Creation eines kollektiven mentalen Modells: gemeinsam erarbeiten und entscheiden, was das zu lösende Problem ist, das zu erreichende Ziel und ein sinnvoller Weg zur Umsetzung. Ohne die Konstruktion einer solchen gemeinsamen Wirklichkeit ist gemeinsames zielgerichtetes Handeln nicht möglich. Auch diesen Gedanken – *Co-Creation eines gemeinsamen mentalen Modells* – werden wir an späterer Stelle aufgreifen und weiter entfalten.

Organisationen sind soziale Systeme, die aus Entscheidungen bestehen

Wir betrachten Organisationen in erster Linie als einen besonderen Typ sozialer Systeme. Das ist *unser* zentrales mentales Modell. Die Sichtweise auf Organisationen, um die es im Folgenden geht, ist die Art und Weise, wie wir uns das Funktionieren von Organisationen erklären. Das ist nicht die einzig mögliche Sichtweise auf Organisationen, aber sie hat einen hohen Erklärungswert und eröffnet für Manager und Führungskräfte jede Menge interessanter Sichtweisen und Handlungsoptionen.

Von einem sozialen System kann man – vereinfacht gesagt – sprechen, wenn mindestens zwei Personen miteinander interagieren und dabei wiederkehrende Interaktionsmuster und sprachliche »Codes« ausprägen, durch die sie sich von ihrer Umwelt abgrenzen. Klingt abstrakt, ist es aber nicht. Wenn Sie mit Ihrem Leitungsteam bei Ihrer montagmorgendlichen Lagebesprechung sitzen (oder auch stehen …), dann passiert genau das: Mehrere Personen kommunizieren nach bestimmten bewussten oder unbewussten Muster miteinander. Zum Beispiel bitten Sie Ihre Führungskräfte nacheinander um eine kurze Einschätzung der aktuellen Situation. Dabei holt vielleicht Ihr Marketingleiter immer weit aus, während Ihre IT-Chefin kurz und knapp zur Sache kommt, und sie alle verwenden dabei Formulierungen und Begriffe, die die anderen verstehen, weil sie im Laufe der Zeit so in diesem Team entstanden sind. Genau diese Art des Vorgehens und Interagierens macht sie als Team aus. Andere Teams gehen anders vor. Ein Team ist ein von der Umwelt abgegrenztes soziales System. Partnerschaften, Familien, Teams und schließlich ganze Organisationen – sie alle sind unterschiedliche Typen sozialer Systeme mit einer je eigenen Logik.

Hinter dem Begriff »Soziale Systeme« steht ein großes Theoriegebäude, die sogenannte neuere Systemtheorie, auf die wir uns in diesem Buch beziehen. Über die Systemtheorie sind viele und dicke Bücher geschrieben worden. Wir wollen in diese Theorie nicht tief eintauchen. Ganz vermeiden können wir sie allerdings auch nicht, doch wir denken, dass wir Ihnen als Führungskraft und Entscheider das zumuten können. Denn aus unserer Sicht ermöglicht es die Systemtheorie wie kaum ein anderer wissenschaftlicher Ansatz zu verstehen, worum es in Organisationen im Kern geht: um Entscheidungen und wie diese getroffenen werden, um Spielregeln und wie diese zustande kommen, und um Führung und wie diese möglichst wirksam ist. Wenn Sie sich mit einigen der Grundgedanken vertraut machen, gewinnen Sie einen anderen Blick auf Ihre Organisation und eröffnen sich neue Einflussmöglichkeiten.[4]

Um es in einem Bild zu sagen: Man kann sich Organisationen (und andere soziale Systeme) als ein komplexes Spiel vorstellen. Was sind nun die Bestandteile dieses Spiels? Auch wenn es Sie vermutlich überrascht – es sind nicht die Spieler. Tatsächlich scheint das komplett quer zu unserem Alltagsverständnis zu liegen. Doch die Erklärung ist simpel: Ohne Spieler kein Spiel – so viel ist klar. Die Spieler sind also die Voraussetzung, damit das Spiel überhaupt gespielt wird. Aber welche Spieler mitspielen, das ist im Zweifel austauschbar. **Die Bestandteile, die wirklich das Spiel ausmachen** und es von anderen Spielen unterscheiden, **sind** daher **die Spielregeln**, die geschriebenen und ungeschriebenen Gesetze und Regeln, nach denen das Spiel läuft.

Auf Organisationen als soziale Systeme zu schauen heißt also in erster Linie, die Spielregeln der Organisation zu untersuchen: Wie werden Entscheidungen getroffen und wie konsequent werden sie umgesetzt? Welche

Strukturen und Prozesse sind in der Organisation relevant, wie werden Abläufe koordiniert? Was ist die Geschäftsstrategie und wie orientieren sich Menschen an ihr? Was sind typische Verhaltens- und Kommunikationsweisen, die sich in der Organisation immer wieder finden lassen? Wie geht die Organisation typischerweise mit ihren Kunden um? Welches handlungsleitende Bild macht man sich in der Organisation vom Markt und von den Mitbewerbern? Wie wird Führung in der Organisation gelebt? Manche dieser Spielregeln sind selbst organisiert entstanden (»Das haben wir immer so gemacht, so ticken wir hier einfach«), andere hat die Organisation bewusst beschlossen.

Das bedeutet nicht, dass die Menschen mit ihren individuellen mentalen Modellen, ihren Bedürfnissen und Emotionen in Ihrer Organisation nicht wichtig sind, ganz im Gegenteil. Ohne Menschen gäbe es keine Organisation. Deshalb ist es wichtig, Ihre Mitarbeiter zu kennen und »im Spiel zu halten«. Das ist einer der Gründe, warum Co-Creation in diesem Buch eine so zentrale Rolle spielt. Aber es sind letztlich die Spielregeln einer Organisation, die dafür sorgen, dass zehn, 100 oder 1000 autonome Menschen, die zu jedem Zeitpunkt auch etwas ganz anderes tun könnten, ihr Verhalten miteinander koordinieren, auf ein Ziel hinarbeiten und wertschöpfende Ergebnisse produzieren. Deshalb müssen Sie, wenn Sie als Führungskraft und Entscheider Ihre Organisation nachhaltig verändern wollen, in erster Linie die Spielregeln verstehen und verändern.

Das ist für Sie, ganz nebenbei, auch eine Komplexitätsreduktion und damit eine Erleichterung. Denn organisationale Transformation bedeutet dann nicht in erster Linie, psychologische Fragen zu stellen, die auf die mentalen Befindlichkeiten der einzelnen Personen zielen – auch wenn diese natürlich eine Rolle spielen. Sondern es bedeutet, die zentralen geschriebenen und ungeschriebenen Spielregeln, die Ihre Organisation und die Haltung und das Handeln Ihrer Mitarbeiterinnen und Mitarbeiter maßgeblich beeinflussen, zu verstehen, bewusst zu machen und zu verändern.

Der System-Diamant – Ihr Zugang zum Herzen Ihrer Organisation

Nur was wir verstehen, können wir verändern. Zu verstehen, wie das eigene Unternehmen, die eigene Organisation tickt, ist leichter gesagt als getan. Wir haben daher ein leistungsstarkes Modell entwickelt, mit dem sich veranschaulichen lässt, wie Organisationen als soziale Systeme funktionieren, und mit dem Sie Ihre Organisationen analysieren, erklären und verstehen können: den System-Diamanten.

Der System-Diamant ist das zentrale Organisationsmodell dieses Buches. Mit seiner Hilfe lässt sich verstehen, warum Veränderungen für Organisationen oft große Herausforderungen darstellen und wie sich Organisationen dennoch wirksam verändern lassen. Wenn Sie sich einen Change-Prozess als Operation am offenen Herzen vorstellen (und der Vergleich, finden wir, ist durchaus gerechtfertigt), dann ist der System-Diamant das Instrument, das Ihnen den Zugang zu diesem Herzen öffnet. Denn er bildet die Schlüsselfaktoren für den erfolgreichen Veränderungsprozess ab, er verbindet Haltung und Handeln der Menschen in einer Organisation mit den betriebswirtschaftlichen Faktoren, und er lässt Sie sehen, was verändert werden muss, wo und wie es verändert werden muss.

Im Mittelpunkt des System-Diamanten stehen Entscheidungen. Denn Organisationen als besonderer Typus sozialer Systeme bestehen im Wesentlichen aus Entscheidungen und aus den Spielregeln, nach denen diese Entscheidungen zustande kommen. Ein Beispiel: Was in Ihrer Organisation geschieht – etwa »Welche Leistungen wollen wir an welchem Markt anbieten?«, »Welche Strategie verfolgen wir?« und so weiter –, ist nicht ein für alle Mal festlegbar, sondern muss immer wieder neu entschieden werden. Solche Entscheidungen treffen Sie in Ihrer Organisation (oder Organisationseinheit) gemeinsam mit Ihrem Führungsteam, alleine oder in anderen Konstellationen kontinuierlich. Ohne Entscheidungen gibt es kein organisationales Vorankommen und letztlich keine Organisation. Durch Entscheidungen, die Kommunikation und die Umsetzung von Entscheidungen werden Organisationen erst zu dem, was sie sind. Das geht los mit der allerersten Entscheidung, die zur Gründung einer Organisation führt – »Lasst uns gemeinsam mit dieser Dienstleistung, mit diesem Produkt die Welt zu einem besseren Ort machen« – und setzt sich fort über die vielen, vielen Entscheidungen, die die Organisation weiter voranbringen. Die Systemtheorie würde formulieren: Durch Entscheidungen bilden Organisationen ihre Identität und grenzen sich als eigenständiges System von ihrer Umwelt ab.

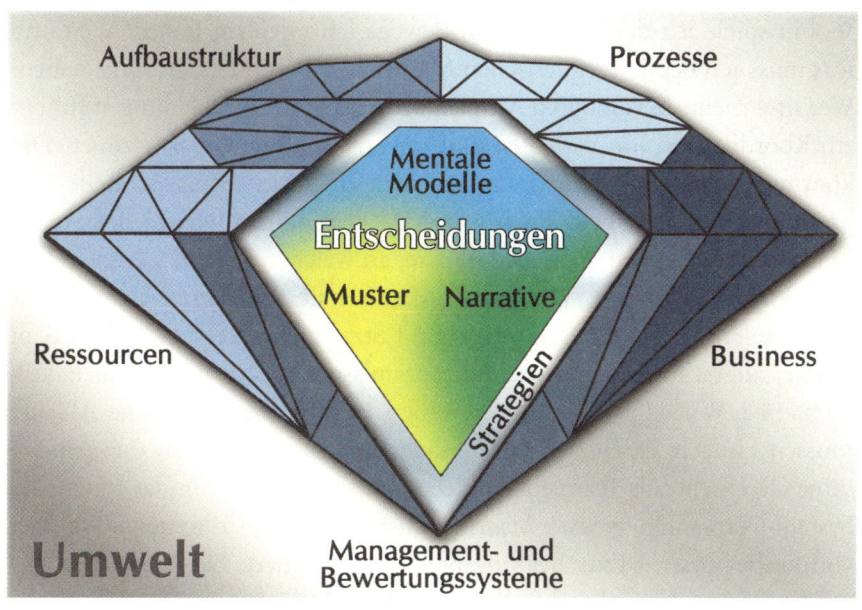

Abbildung 1: Der WSFB-System-Diamant

Der System-Diamant beleuchtet, wie Entscheidungen zustande kommen und was sie auf organisationaler wie personaler Ebene beeinflusst.

Organisationen müssen in der heutigen Zeit unter der Bedingung hoher Volatilität, Unsicherheit, Komplexität und Ambiguität mit beträchtlicher Genauigkeit und Geschwindigkeit ihre Operationen koordinieren. Dazu organisieren sie Entscheidungsprämissen. Dieser Begriff klingt zwar zunächst nach einer Zumutung aus dem soziologischen Hauptseminar, hat aber eine große Erklärungskraft. Deshalb verwenden wir ihn hier. **Entscheidungsprämissen sind** die zum Teil bewussten, zum Teil unbewussten Vor-Festlegungen beziehungsweise **Annahmen, die Menschen** in Organisationen (und allgemein) **beim Treffen von Entscheidungen maßgeblich beeinflussen**. Sie strukturieren die Art, wie Entscheidungen gefällt werden. Sie bilden den Rahmen für Entscheidungen und legen fest, welche Entscheidungen in einer Organisation überhaupt möglich sind und welche nicht.

Gehen wir den Aufbau des System-Diamanten einmal am Beispiel der Organisation »Fußballmannschaft« durch: Das, was die hohe Selbstorganisationsfähigkeit einer Fußballmannschaft im besonderen Maß ausmacht, sind die *Entscheidungen*, die jeder der Spieler fast sekündlich trifft. Wohin spiele ich den Ball? Wohin bewege ich mich im Raum? Wen und was muss ich bei der gegnerischen Mannschaft besonders im Auge haben? Wer sind meine bevorzugten Anspielpartner? Diese Entscheidungen führen zur Koordination von Verhalten und zur Entwicklung von Spielzügen. Das kontinuierliche und schnelle Entscheiden und die ebenso schnelle Verknüpfung von Entscheidungen wären nicht möglich, wenn jeder Spieler in jeder Situation neu überlegen müsste, an welchen Kriterien er seine Entscheidungen orientiert. Die ganze Mannschaft orientiert sich vielmehr an in vielen Mannschaftssitzungen und Strategiebesprechungen mit dem Trainer abgestimmten Entscheidungsprämissen: Was ist unsere Spieltaktik (*Strategie*)? Wer agiert in welcher Rolle (*Aufbaustruktur*)? Welche Abläufe müssen einfach sitzen (*Prozesse*)? Hinzu kommt eine durch die gemeinsame Geschichte als Team entstandene typische Spielkultur (das Innere des System-Diamanten: *mentale Modelle, Muster, Narrative*), die ebenfalls als Set von (unbewussten) Entscheidungsprämissen fungiert. Die Entscheidungsprämissen spannen also den Rahmen, innerhalb dessen Entscheidungen getroffen werden.

Der System-Diamant besteht, zugespitzt formuliert, aus den wesentlichen Entscheidungsprämissen, die in ihrem Zusammenspiel das Funktionieren einer Organisation ausmachen. Sie sind die bewussten und unbewussten Spielregeln, die das Wesen einer Organisation prägen. Mit Blick auf unseren System-Diamanten bezeichnen wir diese Entscheidungsprämissen als *Strukturmerkmale*.

Schauen wir zunächst auf die fünf Strukturmerkmale im Äußeren des Diamanten:

1. Business, 2. Ressourcen, 3. Aufbaustruktur, 4. Prozesse und 5. Management- und Bewertungssysteme. Denken Sie beim Weiterlesen diese fünf Strukturmerkmale direkt für Ihre eigene Organisation mit.

Die fünf Strukturmerkmale tragen wesentlich dazu bei, dass sich auch Ihre Organisation nicht jeden Tag neu erfinden muss: Sie setzen einen Rahmen und eine Richtung für konkrete Entscheidungen im Geschäftsalltag:

1. Die Definition Ihres Business hilft Ihnen zu entscheiden, worauf Sie am Markt und bei der Entwicklung Ihrer Leistungen den Fokus richten – und worauf nicht. Im Kern geht es hier um die grundlegende Entscheidung, mit welcher Leistung und welchem Geschäftsmodell Ihre Organisation ihr Geld verdient oder anderweitig Nutzen stiftet. Haben Sie Ihr Geschäftsmodell einmal definiert, haben Sie damit einen Rahmen für andere Entscheidungen geschaffen. Zum Beispiel auf welche Kunden Sie sich besonders konzentrieren sollten und welche eher nicht zu Ihrer Zielgruppe gehören. Oder welche Mitbewerber Sie genauer im Auge halten sollten und welche Sie ungestraft ausblenden können. Übrigens: Nicht nur gewinnorientierte Unternehmen, sondern auch Non-Profit-Organisationen haben ein »Business«.
2. In den Ressourcen verbergen sich bereits getroffene Entscheidungen, welche Mitarbeiter in Ihrer Organisation arbeiten (und welche nicht) und welche Mittel (Kapital, Gebäude, Hard- und Software et cetera) den Mitarbeitern zur Verfügung stehen – kurz: mit welchen Ressourcen das Business betrieben wird.
3. Ihre Aufbaustruktur legt bestimmte Entscheidungswege im Sinne einer hierarchischen Struktur fest, wie sie beispielsweise in einem Organigramm abgebildet wird. Die Aufbaustruktur legt fest, welche Organisationseinheiten es gibt und in welcher hierarchischen Beziehung diese zueinander stehen (Wer berichtet an wen? Wer ist wem gegenüber weisungsbefugt?). Organisationen können zentral oder dezentral strukturiert sein, sie können als Linienorganisation, Matrixorganisation, Projektorganisation, Netzwerkorganisation oder als Mischform aufgestellt sein. Immer aber werden durch die Struktur bestimmte Entscheidungswege vorgegeben.
4. Ihre Prozesse geben Entscheidungen vor im Sinne von »Wenn A eintritt, dann tue B« und »Um C zu erreichen, tue D«. Es sind die formalen Beschreibungen der Tätigkeiten und deren Verknüpfungen, die zur Leistungserbringung erforderlich sind. Sie sind zum Beispiel in Ihrem QM-Handbuch dokumentiert und stellen Ihre Ablauforganisation dar.
5. Ihre Management- und Bewertungssysteme helfen Ihnen zum Beispiel bei der Entscheidung für bestimmte Kennzahlen, für bestimmte Qualitätsnormen, für Ihre Ziele und deren Vereinbarung und bei der Entscheidung, wie Mitarbeiterleistungen zu beurteilen und zu vergüten sind.

Natürlich hat trotz dieser Entscheidungsprämissen jede Führungskraft und jeder Mitarbeiter in Ihrer Organisation nach wie vor die Freiheit, individuell (allein oder gemeinsam) und situationsspezifisch Entscheidungen zu treffen. Die Entscheidungsprämissen legen Entscheidungen nicht eindeutig fest. Sie geben vielmehr einen Entscheidungsrahmen und Entscheidungskriterien vor.

Über diese fünf Strukturmerkmale können Sie in Ihrer Organisation aktiv entscheiden: Sie können neue Prozesse festlegen, eine neue Organisationsstruktur gestalten, ein neues IT-System einführen oder ein neues Business definieren. Es handelt sich also um sogenannte »entscheidbare« und bewusste Entscheidungsprämissen. Wenn Organisationen sich ändern wollen, dann ändern sie in den allermeisten Fällen etwas im Äußeren des Diamanten. Mit anderen Worten: Sie entscheiden über neue Entscheidungsprämissen.

Über welche Entscheidungsprämissen haben Sie in Ihrer Organisation kürzlich neu entschieden? Mit welchem Ziel? Überlegen Sie, wie Sie sichergestellt haben, dass der veränderte Entscheidungsrahmen auch wirklich zu einer Veränderung des Verhaltens im Alltag führt.

Mit Veränderungen im Äußeren des Diamanten nehmen Sie zentrale Weichenstellungen zur Veränderung Ihrer Organisation vor. Sie schaffen einen wesentlichen Rahmen. Doch dieser Rahmen allein genügt nicht, um Ihre Organisation wirklich zu transformieren, das heißt, um sie langfristig und nachhaltig zu verändern. Im Gegenteil. Die aus unserer Perspektive häufige Erfahrung ist, dass Organisationen trotz reger Aktivitäten und Änderungen im Äußeren des Diamanten mehr oder weniger dieselben bleiben, das heißt sich nicht wirklich ändern. Und wir gehen davon aus, dass auch Sie aus den Erfahrungen in Ihrer Organisation einige Beispiele beisteuern könnten, vielleicht ähnlich den folgenden:

> »Wir haben jetzt schon sehr viel in die Harmonisierung unserer Prozesse investiert – trotzdem läuft die Zusammenarbeit zwischen globalen und lokalen Funktionen immer noch überhaupt nicht rund … Ganz im Gegenteil, es gibt überall Konflikte.«
>
> »Wir haben unsere Vertriebsorganisation völlig neu aufgestellt – neue und schlanke Struktur, Führungspersonal ausgewechselt, umfangreiche Qualifikationsmaßnahmen –, und

dennoch agieren wir im Vertrieb ähnlich behäbig wie zuvor und immer noch nicht nah genug am Kunden ...«

»Obwohl wir schon seit Jahren ein Ampelsystem eingeführt haben, um in Management-Dashboards die wichtigsten KPIs im Blick zu halten, stellen wir fest, dass immer wieder Projekte scheinbar plötzlich in Schieflage geraten. Und das, obwohl immer alle Ampeln auf Grün standen.«

Diese Erfahrungen, denen allen gemein ist, dass sich trotz großem Änderungsaufwand nicht wirklich etwas verändert, lassen sich nur erklären, wenn man die Strukturmerkmale im Inneren des Diamanten ins Spiel bringt. Sie haben prägende Kraft für die Entscheidungen, die in der Organisation getroffen werden, und für die Art und Weise, wie sie getroffen werden. Sie haben prägende Kraft, wie sich die Mitglieder der Organisation verhalten und mit welcher grundsätzlichen Haltung sie agieren. **Das Innere des System-Diamanten bildet die organisationale Identität, gewissermaßen das Herz Ihres Unternehmens!**

Es besteht aus den kollektiv geteilten und für Ihre Organisation typischen mentalen Modellen, Narrativen und (Verhaltens-)Mustern. Den mentalen Modellen sind Sie ja schon im Kapitel »Es geht immer um mentale Modelle – Oder: Konstruktivismus für Manager« begegnet, und auch der Bezeichnung »kollektiv«. Um es ganz deutlich zu machen: »Kollektiv« ist hier kein Anklang an ein sozialistisches Grundprinzip, sondern formuliert die in unserem Zusammenhang höchst wichtige Erkenntnis, dass es in jeder Organisation jenseits sehr individueller Denk- und Verhaltensweisen etwas gibt, das für diese Organisation typisch und identitätsbildend ist, weil sich ein Großteil der Organisationsmitglieder tendenziell so verhält und so denkt. Etwa wie in den folgenden beiden Beispielen:

Ein Hauptabteilungsleiter einer großen Organisation: »Wir sind es hier überhaupt nicht gewohnt, in Risiken oder Wagnissen zu denken. Wir versuchen, immer alles genau vorauszuberechnen und mehrfach abzusichern. ›Bloß keine Fehler machen‹, das ist das ungeschriebene Gesetz unseres Hauses, das geht durch alle Bereiche.«

Der neue Vorstandsvorsitzende, der bei einem Konzern seit einem halben Jahr im Amt ist: »Was mir in den letzten Monaten hier im Unternehmen immer wieder auffiel, ist, dass Meetings kaum dazu genutzt werden, etwas kontrovers zu diskutieren und gemeinsam um die bestmögliche Option und Entscheidung zu ringen. Im Gegenteil, in den Meetings versucht man, sich möglichst nicht auf die Füße zu treten und Konfliktlinien zu vermeiden. Allmählich lerne ich, dass hier Entscheidungen bereits im Vorfeld durch unzählige bilaterale und immer ›hochvertrauliche‹ Gespräche ausgehandelt werden. In den Meetings wird nur noch abgenickt. Das kenne ich von dem Unternehmen, in dem ich groß geworden bin, total anders. Das Entscheidende fand in den Meetings statt, dort wurden auch viele bis dahin nicht gesehene Lösungen entwickelt.«

Organisationen entwickeln solche kollektiv geteilten Denk- und Verhaltensmuster im Laufe ihrer Geschichte. Sie sind unabhängig von einzelnen Akteuren. Sie sind selbst organisiert entstanden und geben sich selbst organisiert weiter. Das ist der Grund, warum **die meisten Organisationen sich auch dann kaum verändern, wenn wesentliche Akteure im Management ausgetauscht werden.** Und es ist auch der Grund, warum so häufig neue Führungskräfte, von deren Einstellung man sich in der Organisation einen frischen Wind erhofft hat, schnell zu einem lauen Lüftchen werden. Sie passen sich (unbewusst) der Art und Weise an, wie die Organisation eben so tickt.

Zu den Strukturmerkmalen im Inneren des System-Diamanten im Einzelnen:

- Mentale Modelle. Das sind – mit Blick auf das gleichnamige Kapitel noch mal zusammengefasst – die Wirklichkeitskonstruktionen, das, was in einer Organisation für wahr gehalten und geglaubt wird: So denken wir typischerweise, dass der Markt und unser Business funktionieren, so denken wir über unsere Produkte, über Führung, über unsere Zusammenarbeit et cetera … Beispiel: »Nur Unternehmen, die sich auf ihre Kernkompetenzen konzentrieren, werden langfristig erfolgreich sein.« Zu den mentalen Modellen gehören übrigens auch die Werte einer Organisation. Und damit ist sowohl das gemeint, was in der Organisation informell und implizit als *wertvoll* angesehen wird (zum Beispiel ein bestimmter Karriereweg, ein bestimmter hierarchischer Status oder der Kontakt zu Kernkunden), als auch das, was die Organisation sich formell als Wertesystem selbst gibt, zum Beispiel in Form einer Vision, einer Mission und/oder von Unternehmenswerten.

- Ein solches Wertesystem ist ein gutes Beispiel dafür, dass bisweilen kollektive mentale Modelle bewusst gemacht, erklärt und vergemeinschaftet werden. In dem Moment, in dem dann etwa aus den Unternehmenswerten konkrete Handlungsaufforderungen abgeleitet und diese im Performance-Management-System der Organisation abgebildet werden, werden innere und äußere Strukturmerkmale miteinander verknüpft.
- Narrative. Das sind die Storys, Geschichten und Metaphern (über das Management, den Kunden, die Erfolge und Misserfolge et cetera), die typischerweise in einer Organisation erzählt werden. In den Narrativen finden häufig die wesentlichen mentalen Modelle ihren sprachlichen Ausdruck. Beispiele:
  »Den Turnaround im letzten Jahren haben wir geschafft, weil wir uns konsequent wieder auf unsere Kernkompetenzen und unser Kerngeschäft besonnen haben!«
  »Hier macht keiner Karriere, der nicht auch Personalverantwortung hat.«
  »Nachhaltige Veränderungen funktionieren bei uns nur top-down.«
  »Das Topmanagement hat in unserem Unternehmen schon vor geraumer Zeit die Bodenhaftung verloren.«
- (Verhaltens-)Muster: Sie sind die impliziten Spielregeln und normierten Verhaltensweisen in einer Organisation. So werden bei uns typischerweise Entscheidungen getroffen (oder auch nicht), so agieren wir typischerweise im Business, so verhalten wir uns typischerweise gegenüber dem Kunden, in der Kooperation untereinander, im Meeting, und so weiter. Beispiele:
  »Erst wenn alle Stakeholder abgeholt sind, werden hier Entscheidungen getroffen.«
  »Wir verlieren uns in Meetings immer wieder in Detaildiskussionen, sodass die Entscheidung, die wir eigentlich treffen wollten, auf der Strecke bleibt.«

»Wir helfen uns spontan und bereitwillig und lassen dafür die Aufgabe liegen, an der wir gerade dran sind.«
»Wir stellen unsere Prozesse und nicht unsere Kunden in den Mittelpunkt.«
»Wir fordern kontinuierlich Verbesserungsvorschläge ein – ohne diese dann umzusetzen.«
»Wir geben uns regelmäßig Feedback.«
»Wir probieren häufig neue Wege aus und stellen den Status quo in Frage.«

Was bereits für mentale Modelle gesagt wurde, gilt auch für die typischen Verhaltensmuster: Sie sind an sich weder gut noch schlecht, sie bilden einfach das latente (Verhaltens-)Regelwerk einer Organisation – und tragen damit immer auch zu ihrer Stabilität bei. Mit Blick auf die Zielerreichung einer Organisation allerdings können auch sie funktional oder dysfunktional sein.

Das Innere des System-Diamanten bildet also gewissermaßen die Grammatik der Sprache, die in einer Organisation gesprochen wird. Es sind die grammatischen Regeln, nach der vieles in der Organisation funktioniert. Manche sprechen auch von »Organisationskultur«. Gegen diese Bezeichnung haben wir nichts, solange sie nicht benutzt wird, um irgendetwas vermeintlich »Weiches«, »Softes« zu beschreiben. Denn wenn es um Veränderung geht, ist diese »Kultur« der härteste Faktor.

Anders als bei den fünf Strukturmerkmalen im Äußeren des System-Diamanten kann über diese drei inneren Strukturmerkmale nicht einfach »entschieden« werden. **Mentale Modelle, Narrative und Verhaltensmuster können nicht »per Entscheidung« verändert werden.** Sie sind selbst organisiert entstanden, meistens unbewusst und damit äußerst beharrlich. Wenn wir hier den Gedanken von oben wieder aufgreifen, dann sind die Strukturmerkmale im Inneren des Diamanten »unentscheidbare« Entscheidungsprämissen.[5]

Im Übergangsfeld zwischen dem Inneren und dem Äußeren des System-Diamanten findet sich die **Strategie** einer Organisation. Damit verbinden wir folgende Überlegungen:

Erstens: Die Strategie einer Organisation funktioniert als eine Art Entscheidungsprämisse für das Äußere des System-Diamanten. Sie beeinflusst maßgeblich, wie das Business, die Ressourcen, die Aufbauorganisation, die Prozesse und die Systeme definiert und strategisch ausgerichtet werden.

Zweitens: Welche Strategie eine Organisation definiert, speist sich häufig aus den zentralen mentalen Modellen der Organisation. Die Art und Weise, wie die Organisation über den Markt, den Wettbewerb, ihre Leistungen denkt und welche Vorstellungen sie über die Zukunft dabei entwickelt, beeinflusst ihre Strategie unmittelbar.

> Beispiel: Ein bislang erfolgreiches mittelständisches Unternehmen versteht sich stark als »Familie« (zentrales mentales Modell: »We are family«) und legt großen Wert auf die Erhaltung seiner gewachsenen Tradition. Viele Mitarbeiter arbeiten hier seit Jahrzehnten, die Produkte gelten als Ausweis »deutscher Wertarbeit«. Die Strategie der Organisation ist entsprechend von einer starken Abschottung nach außen gekennzeichnet, es gibt keine strategischen Partnerschaften, die Organisation will sich ihre intakten Strukturen bewahren und vermeiden, dass »irgendjemand, der nicht zu uns gehört, uns hier reinredet«. Eine Strategie der »Nicht-Öffnung« und eine klare Abgrenzung zu den Mitbewerbern ist eines der Markenzeichen der Organisation. Damit war sie jahrelang erfolgreich.

Drittens: Greifen bisher erfolgreiche Strategien und Rezepte nicht mehr, ist es notwendig, neue strategische Impulse zu setzen, die dann in der Regel durch »konstruktive Irritationen« von außen kommen (müssen). Dies kann zum Beispiel durch eine neue Führungsspitze, aber auch durch einen neuen Abteilungs- oder Teamleiter geschehen. In diesem Fall passen dann oft die neue Strategie und das Innere des System-Diamanten nicht mehr zusammen.

> Dem bis dahin so erfolgreichen Unternehmen bricht plötzlich ein Teil seiner Hauptkunden weg, gleichzeitig sorgen aktuelle Markttrends für zusätzlichen Veränderungsdruck. Als Bestandteil einer neuen strategischen Ausrichtung beschließt die Führungsspitze die Etablierung strategischer Partnerschaften

zur Entwicklung neuer und Weiterentwicklung bestehender Produkte sowie zu deren Vertrieb. Das Unternehmen muss sich als Konsequenz deutlich nach außen öffnen, in Zukunft sitzen neue Partner mit am Entscheidungstisch und nehmen Einfluss auf Strukturen, Prozesse und Systeme. Dies wiederum löst in einem Unternehmen mit den zentralen mentalen Modellen »We are family« und »Erfolg durch Eigenständigkeit und Unabhängigkeit« Unsicherheiten und Widerstände aus. Mit externen Partnern zusammenzuarbeiten gehört nicht zum Verhaltensrepertoire der Organisation, die Kooperation funktioniert kaum, es wird viel blockiert, gemeinsame Projekte scheitern, Interessenkonflikte lähmen das Vorankommen. Kurz: In der Folge wird die Leistungsfähigkeit der Organisation massiv geschwächt, die neue Strategie droht zu scheitern.

Aus unserer Sicht muss die Einführung einer solchen neuen Strategie zwingend mit einem aktiv gemanagten Veränderungsprozess einhergehen, um das entstandene Spannungsfeld zwischen »außen« und »innen« weitgehend aufzulösen. Die Organisation muss aktiv an ihren mentalen Modellen, ihren Mustern und Narrativen arbeiten mit dem Ziel, neue Denk- und Verhaltensmuster zu etablieren. Und die Strategie muss zum Inneren des System-Diamanten passen, sonst wird sie nicht die gewünschte Wirkung entfalten können.

Selbstverständlich agieren Organisationen als soziale Systeme nicht in einem luftleeren Raum. Sie müssen vielmehr immer im Verhältnis zu den für sie überlebensrelevanten Umwelten gesehen werden – in unserem System-Diamanten vereinfacht als »Umwelt« beschrieben. Organisationen existieren einerseits dadurch, dass sie sich durch ihre organisationale Identität und die damit verknüpften Entscheidungen (Was ist unser Business, unsere Kernleistung, unser Produkt? Welchen Prozessen und Regeln folgen wir?) von ihren Umwelten abgrenzen und unterscheidbar machen. Andererseits sind sie ohne bestimmte Umwelten nicht lebensfähig und verlieren ihre Existenzberechtigung. Ein Unternehmen ohne Kunden ist schwer vorstellbar, ebenso wie ein Krankenhaus ohne Patienten oder eine Fischfangflotte angesichts leer gefischter Weltmeere. Jede Organisation hat die für sie jeweils überlebensrelevanten Umwelten.

Für Sie als Führungskraft und Entscheider in Ihrem Unternehmen bedeutet das, sich kontinuierlich mit der Frage auseinanderzusetzen: Was sind die für mein Unternehmen überlebensrelevanten Umwelten? Das sind sehr wahrscheinlich in erster Linie Ihre Kunden, aber sicher gibt es auch andere Bedingungen, ohne die Sie als Organisation nicht existieren können. Eine andere wesentliche Frage lautet: Und wie sorge ich dafür, dass meine Kunden (und die übrigen überlebenswichtigen Umwelten) das Interesse an meiner Organisation nicht verlieren? Und welche Umwelten sind sonst noch relevant (zum Beispiel Mitbewerber, Gesetzgeber, Umwelt- (im Sinne von Öko-)Faktoren, Lage oder Transportwege)?

Mit Blick auf die äußeren Strukturmerkmale lassen sich beispielhaft folgende relevante »Umwelten« unterscheiden:

- Business: aktuelle und potenzielle Kunden, sich ändernde Kundenbedürfnisse, der Markt, Mitbewerber, gesellschaftliche Bedürfnisse (zum Beispiel Umweltschutz)
- Ressourcen: Arbeitsmarkt, Lieferanten, Zulieferer, Rohstoffmarkt, Immobilienmarkt, Technologische Entwicklungen (= Maschinenausstattung, IT)
- Aufbaustruktur: Teilweise gesetzliche Vorgaben (zum Beispiel bei Banken: Kreditverkauf und Kreditprüfung müssen unterschiedlichen Vorständen zugeordnet werden), Organisationstrends wie Zentralisierung/Dezentralisierung, Holdingstrukturen, Matrixstruktur et cetera
- Prozesse: teilweise gesetzliche Vorschriften (zum Beispiel Dokumentationspflichten, Vorgaben für sicherheitsrelevante Prozesse), Normen, Industriestandards, Managementtrends (zum Beispiel Fokus auf Kernprozesse, Wertschöpfungskette, Supply-Chain-Management)
- Management- und Bewertungssysteme: gesetzliche Vorgaben, Tarifverträge, Normen (DIN/zum Beispiel Qualitätsnormen), Managementkonzepte wie Balanced Scorecard, Management by Objectives und so weiter, Compliance-Management-Vorgaben, Deutscher Corporate Governance Kodex

Zum Abschluss des Kapitels wollen wir noch einen anderen Gedanken formulieren: Warum heißt der Diamant eigentlich Diamant? Wir haben diese Metapher aus unterschiedlichen Gründen gewählt. Der Diamant ist ein Kristall, und seit der Romantik begegnet einem der Kristall an verschiedenen Stellen in der Literatur und Kunst als höchste Form des Lebens, versteinert und doch auf geheimnisvolle Weise lebendig. Das gilt in gewisser Weise auch für das, was wir in unserem Modell abbilden: In den bewussten und unbewussten Entscheidungsprämissen ist das, was die Organisation ausmacht, geronnen, verfestigt, und doch sind zugleich Organisationen als soziale Systeme höchst lebendige Gebilde. Diamanten unterscheiden sich in Form, Farbe und Beschaffenheit deutlich von ihrer Umwelt, wie jede Organisation. Und sie repräsentieren Transparenz: Von allen Seiten sind alle Strukturmerkmale zu sehen. Daran knüpfen wir unmittelbar an. Denn wir sind davon überzeugt, das **für eine gelingende organisationale Transformation die Strukturmerkmale** (= Entscheidungsprämissen) der Organisation ins Bewusstsein der Organisation gebracht, also **transparent gemacht werden müssen**. Dabei steht die Vielflächigkeit des Diamanten für uns für die unterschiedlichen Facetten, aus denen die einzelnen Strukturmerkmale bestehen können. So tritt uns etwa das Strukturmerkmal »Prozesse« zum Beispiel in Form von Ausführungsprozessen, Unterstützungsprozessen und Führungsprozessen entgegen. Ähnlich facettenreich sind auch die anderen Strukturmerkmale. Zu guter Letzt symbolisiert der Diamant einen hohen Wert, und das lässt sich ja auch für das Wesen einer Organisation sagen: In den Strukturmerkmalen einer Organisation liegt der Wert einer Organisation, ohne diese Strukturmerkmale hätte sich die Organisation nicht in dieser Form gebildet.

Zusammengefasst: Die mit dem Modell des System-Diamanten verbundene grundlegendste Überzeugung dieses Buches ist, dass es nicht ausreicht, allein das Äußere des Diamanten zu ändern, wenn Sie Ihre Organisation nachhaltig ändern wollen – Stichworte Musterwechsel, Transformation et cetera. Auch eine Änderung der strategischen Ausrichtung Ihrer Organisation allein genügt nicht. Ihre Organisation muss sich vielmehr auch im Inneren verändern. Ohne eine Änderung der wesentlichen mentalen Modelle, der Narrative und Verhaltensmuster fehlt jeder Transformation die Substanz. Zu dieser Änderung bedarf es einer besonderen Aktivierung (hierauf gehen wir im Kapitel »Musterwechsel durch Co-Creation« näher ein) und verschiedener anderer Elemente der Veränderung (mehr dazu im Kapitel »Das Handwerkszeug. Zentrale Elemente co-kreativer Veränderung«). Letztlich geht es dabei immer um die Initiierung sogenannter Lernprozesse zweiter Ordnung, in deren Verlauf eine

Organisation nicht nur ihre Handlungsstrategien ändern, sondern sich ihre wesentlichen mentalen Modelle, Muster und Narrative, ihre unbewussten Spielregeln, bewusst macht und gemeinsam an deren Veränderung arbeitet.

Warum sich soziale Systeme mit Veränderungen schwertun

Das Innere des System-Diamanten ist auf Selbsterhalt ausgerichtet

Wir haben im vorhergehenden Kapitel erklärt, warum wir das Bild des Diamanten für unser Modell des Systems *Organisation* gewählt haben. Wenn es um die Frage geht, warum sich Organisationen als soziale Systeme mit Veränderungen schwertun, dann hilft uns ein weiterer Aspekt: Der Diamant ist ein unglaublich harter Kristall, er ist nicht einfach zu bearbeiten. Im übertragenen Sinne gilt das vor allem für die Strukturmerkmale im Inneren des Diamanten, die wir bereits als *organisationale Identität* oder *organisationalen Kern* bezeichnet haben: Die im Laufe der Zeit selbst organisiert entstandenen und stabilisierten kollektiven mentalen Modelle, Narrative und Verhaltensmuster sind meist unbewusst oder mindestens nicht Gegenstand der normalen Kommunikation und zudem äußerst *hart*näckig in ihrer Existenz. Das müssen sie auch sein, denn als zentrale Entscheidungsprämissen der Organisation machen sie deren Überleben aus.

Sie erinnern sich – **Organisationen bestehen im Wesentlichen aus Entscheidungen und aus den Spielregeln, nach denen diese Entscheidungen zustande kommen.** Durch das Treffen von Entscheidungen lebt und erhält sich jede Organisation. Die Entscheidungsprämissen fließen in jede relevante Entscheidung ein, die in der Organisation getroffen wird, und werden durch diese Entscheidung wiederum bestätigt. Klingt kompliziert? Nicht, wenn wir uns klarmachen, dass wir diesen Mechanismus aus unserer eigenen Erfahrung kennen: Unser mentales Modell »Autos *made in Germany* stehen für technische Perfektion und Langlebigkeit« wirkt als Prämisse für unsere Entscheidung, ein – sagen wir mal in der Nähe von Stuttgart produziertes – Auto zu kaufen. Einmal gekauft, werden wir die

Erfahrungen, die wir mit unserem Wagen machen, tendenziell im Licht unseres mentalen Modells interpretieren: Die positiven Erfahrungen werden unser mentales Modell bestätigen, die negativen Erfahrungen werden wir eher ausblenden, umdeuten oder anderen Ursachen zuschreiben. Dieses an sich nicht ganz neue Phänomen der Selbstbestätigungstendenz unserer Wirklichkeitskonstruktionen ist unter dem Begriff *Expectation shapes reality* auch durch die aktuellen Forschungsergebnisse der Neurowissenschaften gut belegt.[6] Wir müssen schon eine massiv von unserer eigenen Erwartung abweichende Erfahrung machen, um wirklich nachhaltig in unserer Wirklichkeitskonstruktion gestört zu werden und umzudenken. Übertragen auf Organisationen lässt sich festhalten: **Die Strukturmerkmale im Inneren des System-Diamanten** erhalten sich selbst. Sie **sind** von sich aus **nicht auf Veränderung ausgerichtet**, sondern darauf, sich immer wieder neu zu erzeugen und zu bestätigen.

Signifikante Veränderungsvorhaben in Organisationen, die ja gerade eine Veränderung der organisationalen Identität, des Inneren des System-Diamanten erfordern, haben es daher schwer. Hinzu kommt eben noch, dass mentale Modelle und Verhaltensmuster häufig gar nicht bewusst sind und sich nicht einfach durch eine Kartenabfrage thematisieren oder in einer Excel-Tabelle festhalten lassen.

Als Folge dieser subtilen Selbsterzeugungs- und Selbsterhaltungsprozesse entsteht gerade in Organisationen mit erfolgreichen Geschäftsmodellen eine gefährliche Pfadabhängigkeit. Die Organisation folgt den etablierten Pfaden, die sie aus der Logik des Inneren ihres System-Diamanten selbst geschaffen hat, und kann diese nicht ohne Weiteres verlassen. Mehr noch, sie verwendet viel Energie darauf, die bestehenden Verhaltensmuster und Geschäftsmodelle zu erhalten, und verpasst daher leicht, den mit Blick auf sich verändernde Kundenbedarfe und technologische Möglichkeiten notwendigen Wandel mit der erforderlichen Radikalität und Geschwindigkeit einzuleiten. Die prominenten Beispiele für einen unternehmerischen Niedergang, der mit massiver Pfadabhängigkeit einhergeht, wie Kodak, Nokia oder Quelle sind bekannt. In Zeiten der digitalen Transformation verschärft sich dieses Problem, da die Anforderungen an Organisationen, sich aus der Pfadabhängigkeit schneller und signifikanter zu lösen, massiv gestiegen sind.

Organisationale Kräfte sind in der Regel stärker als personale Kräfte

Die organisationalen Kräfte, die im Inneren des System-Diamanten wirken und sich unter anderem in der besagten Pfadabhängigkeit zeigen, können selbst von einzelnen höchst entscheidungsmächtigen Personen in der Organisation nicht einfach beeinflusst werden. Das erklärt, warum der neue und engagiert zu Werke gehende CEO den Eindruck hat, er habe es mit einem äußerst eigensinnigen System zu tun, das trotz des neu verordneten und mit hohem Marketingaufwand begleiteten Kurswechsels irgendwie dasselbe bleibt ...

Einzelne Personen mit hoher Entscheidungsmacht können ohne Frage stark auf der Ebene der äußeren Strukturmerkmale wirken – also dort, wo sie Entscheidungen bewusst herbeiführen können. Es werden Aufbaustrukturen verändert und Organisationen mehrfach umgestellt und neu gegliedert, Hierarchieebenen eingeführt oder ausgedünnt, Prozesslandschaften modelliert, neue Managementsysteme eingeführt und das Business neu ausgerichtet. Personen mit hoher Entscheidungsmacht auf hoher Hierarchiestufe sind zudem auch deswegen einflussreich, weil sie selbst als Entscheidungsprämisse wirken: Mitarbeiter orientieren ihr Verhalten an den vermuteten oder konkret formulierten Erwartungen des Chefs, sie machen die erwarteten und tatsächlich erfolgten Entscheidungen des Chefs zur Rahmenbedingung ihres eigenen Handelns. Was aber einflussreiche Entscheider eben *nicht* können, ist, einfach den im Laufe der Zeit selbst organisiert entstandenen organisationalen Kern zu verändern. Um die Strukturmerkmale im Inneren des System-Diamanten zu transformieren, braucht es mehr als eine Entscheidung. Sie kennen das aus Ihrer eigenen Erfahrung: Substanzielle Veränderungen in einer Organisation geschehen nicht einfach, weil Personen sie »verordnen«.

Das führt uns zu der Formel: **Organisationale Kräfte** – und damit meinen wir die Kräfte im Inneren des System-Diamanten – **sind** in der Regel **stärker als personale Kräfte**.

Organisationen reagieren immer nur auf sich selbst

Sie haben gesehen, dass Organisationen maßgeblich durch die Strukturmerkmale im Inneren des System-Diamanten bestimmt werden. Neben der Abhängigkeit von etablierten Pfaden und dem begrenzten Einfluss einzelner Personen gibt es noch einen weiteren Grund für die Veränderungsunwilligkeit von Organisationen: Als soziale Systeme reagieren Organisationen immer nur auf sich selbst, nie unmittelbar auf Veränderungen in ihrer Umwelt. Folgendes Beispiel macht das deutlich: Stellen Sie sich vor, aktuelle Marktzahlen zeigen, dass eines Ihrer Kernprodukte oder eine Ihrer Kernleistungen gerade gegenüber denen der Konkurrenz an Boden verliert. Wenn in Ihrem Unternehmen das Narrativ »Wir sind Marktführer aufgrund unserer außergewöhnlichen, der Konkurrenz überlegenen Produktqualität« dominiert, dann werden Sie die aktuelle Präferenz der Kunden für Produkte Ihrer Mitbewerber möglicherweise als einen vorübergehender Trend interpretieren entsprechend Ihrem mentalen Modell »Die Kunden kommen zu uns (zurück, sobald sie die mangelnde Qualität der Konkurrenzprodukt erkannt haben)«. Sie werden weiter in Qualität investieren. Ist Ihr Unternehmen hingegen geprägt durch ein Narrativ wie »Grundlage unseres Erfolgs ist, dass wir uns kontinuierlich mit den aktuellen Bedürfnissen unserer Kunden beschäftigen und darauf flexibel reagieren«, werden Sie sich deutlich stärker mit der Frage beschäftigen: »Was haben die Konkurrenzprodukte, was wir nicht haben?« und »Auf welche aktuellen Kundenbedürfnisse reagieren sie besser als wir?« Das dahinterliegende mentale Modelle wäre: »Wir gehen zu unseren Kunden.«

Wie Organisationen als soziale Systeme auf einen Impuls von außen reagieren – die Wünsche ihrer Kunden, die Ergebnisse ihrer Mitbewerber, das Auftauchen eines erfolgversprechenden Konkurrenzproduktes, aktuelle Trends et cetera –, hängt von ihrer inneren Struktur ab, das heißt von ihren mentalen Modellen, Narrativen und Verhaltensmustern. Sie entscheiden darüber, wie der Impuls von außen *interpretiert* wird, ob er intern kommuniziert wird und ob und welche Entscheidungen aus ihm folgen. Anders ausgedrückt: **Organisationen können nicht durch äußere Impulse** und Aktivitäten auf vorhersagbare Weise **in ihrem Verhalten bestimmt werden**. Machen Sie sich diese Tatsache ganz deutlich bewusst, und Sie erkennen, dass genau hier der Grund liegt, warum klassische Beratungsmodelle und -rezepte scheitern. Sie gehen davon aus, dass man einer Organisation von außen eine neue Strategie verordnen kann, die dann einfach umgesetzt wird. Aber so funktioniert die Veränderung sozialer Systeme eben nicht.

Das gilt übrigens auch für abgegrenzte soziale Systeme innerhalb Ihrer Organisation: Wie einzelne Abteilungen oder Teams beispielsweise auf die vom Vorstand beschlossenen neuen Leitwerte oder die neue strategische Ausrichtung des Unternehmens reagieren, bestimmen nicht der Vorstand, sondern die innere Struktur, die mentalen Modelle, Narrative und Verhaltensmuster der Abteilungen oder Teams. Diese entscheiden, wie der Impuls von oben interpretiert wird und zu welcher Art selbst organisierter Reaktion das führt:

»Hier hechelt unser Unternehmen schon wieder einem neuen Trend hinterher. Lass uns mal entspannt bleiben, das geht vorüber.« (Mentales Modell: Unsere Organisation braucht keine kontinuierliche Veränderung.)

»Solange wir dazu keine Schulungen bekommen, wissen wir ja sowieso nicht, wie wir das umsetzen sollen.« (Mentales Modell: Wenn wir etwas umsetzen sollen, muss uns die Hierarchie sagen wie.)

»Dann lasst uns in unseren nächsten Meetings erarbeiten, was die neuen Leitwerte (resp. die neue Strategie) für uns als Team bedeuten und wie wir das umsetzen können« (Mentales Modell: Es ist Teil unserer unternehmerischen Selbstverantwortung zu überlegen, wie wir solche Entscheidungen gut umsetzen können.)

Die Systemtheorie drückt diesen Sachverhalt so aus: Soziale Systeme können durch Impulse von außen nicht determiniert, sondern nur »irritiert« (oder »angeregt« oder »gestört«) werden. Die Irritation wird vom System – oft sehr selektiv – in eine Information umgewandelt, die für das System gemäß seiner inneren Strukturen *Sinn* ergibt. Das kann dazu führen, dass der Impuls abgewehrt, ignoriert oder integriert wird. Dominieren in einem System dauerhaft Muster, die zur Abwehr von Impulsen führen – nach dem Organisationswissenschaftler Chris Argyris sogenannte »organisationale Abwehrroutinen« –, wird die Lern- und Veränderungsfähigkeit der

Organisation und damit eine grundsätzliche Fähigkeit, dauerhaft zu überleben, stark eingeschränkt.[7]

Für Veränderungsprozesse in Organisationen bedeutet das: Es ist naiv zu glauben, Veränderung geschieht, weil Experten außerhalb der Organisation oder der zu verändernden Organisationseinheit ein perfektes Rezept erarbeitet haben, das jetzt zur Umsetzung verordnet wird. **Soziale Systeme können sich nur aus sich selbst heraus verändern.** Dazu muss ihnen zweierlei gelingen. Zum einem müssen sie Wege finden, sich selbst, das heißt ihre mentalen Modelle, Narrative und Muster zu thematisieren. Nur wenn sie verstehen, wie sie typischerweise ticken und die Dinge sehen, können sie sich Möglichkeiten erarbeiten, anders zu ticken und die Dinge anders zu sehen. Zum anderen müssen sie die Störungen und Anregungen durch die Außenwelt zum Gegenstand ihrer Kommunikation machen. Das heißt, Sie müssen sich als Vorstand oder Abteilung oder Team zum Beispiel fragen: Was bedeuten die neu erhobenen Kundenbedürfnisse/das Kunden-Feedback/die Vorstandsentscheidung/die Veränderungsinitiative/der Absatzrückgang/die digitale Offensive unseres Mitbewerbers *für uns*? Wie wollen wir reagieren? Was muss dabei unser Ziel sein? Und was müssen wir an uns selbst verändern, um das Ziel zu erreichen?

Das hier anklingende co-kreative Prinzip und Vorgehen werden wir in Kapitel 3 »Was Veränderungen gelingen lässt« ausführlich erklären. Schon jetzt können wir mit Sicherheit festhalten: Organisationale Transformation ist aufgrund der Beschaffenheit sozialer Systeme kein leichtes Unterfangen, das sich nach dem Muster vorgefertigter Rezepte oder einfach im Sinne von »Jetzt müssen wir mal den Schalter umlegen« realisieren lässt. Ebenso lässt sie sich nicht in Rekordgeschwindigkeit umsetzen. Gerade die zeitliche Dimension tief greifender Veränderung wird häufig ausgeblendet. Doch Wandlungen des organisationalen Kerns, wie wir sie hier beschreiben, verlaufen als *Prozess*, der eben *Zeit* benötigt. Das gilt auch im Zeitalter der digitalen Transformation, selbst wenn diese den Zeitdruck verschärft. Jeffrey R. Immelt, vormaliger CEO des sich seit mehreren Jahren im grundlegenden Umbau befindlichen Industrieriesen General Electric, kommentiert dazu: »I hate to say it, but **transformation takes time. If change is easy, it is not sustainable.**«[8]

KAPITEL 3
Was Veränderungen gelingen lässt

Musterwechsel durch Co-Creation

Genug der Warnungen vor den Schwierigkeiten organisationaler Transformation. Kommen wir nun endlich zu den positiven Nachrichten: Versandungstendenzen, Pfadabhängigkeit und Beharrungskräfte sind keine unveränderbaren Gesetzmäßigkeiten. Organisationen und Organisationseinheiten können sich grundlegend und nachhaltig verändern. Es gibt nicht nur aktuell eine Vielzahl von Unternehmen, die sich erfolgreich digital transformieren, es gibt auch zahlreiche Organisationen, die in der Vergangenheit erfolgreich zu wirklich neuen Ufern aufgebrochen sind.

Der Schlüssel für erfolgreiche Transformationsprozesse – und zugleich ihr Beschleuniger – liegt darin, die Prinzipien der Co-Creation anzuwenden.

Was ist Co-Creation?

Den Begriff Co-Creation haben nicht wir erfunden. Er bezeichnet eines der zentralen Konzepte im Zusammenhang mit der Frage, wie stetige innovative Produktentwicklung möglich ist, und geht ursprünglich zurück auf die beiden Wirtschaftswissenschaftler C. K. Prahalad und V. Ramaswany. Diese beschrieben bereits 2004 in einem wegweisenden Artikel Co-Creation als »gemeinsamen Wertschöpfungsprozess durch ein Unternehmen und seine Kunden«[9]. Statt ohne kontinuierlichen Kundenkontakt und ohne unmittelbare Kenntnis seiner Bedürfnisse etwas für den Kunden zu entwickeln, solle die Produktentwicklung der Zukunft als »joint action«, als gemeinsamer Entwicklungsprozess zwischen Unternehmen und Kunden betrieben werden. Die permanente Kundenerfahrung im Ausprobieren des Produktes beziehungsweise seiner Prototypen steht dabei im Vordergrund. Seit damals hat der Begriff zunehmend an Popularität gewonnen. Heute wird er auch in einem allgemeineren Sinn verwendet, nämlich als Form der Zusammenarbeit unterschiedlicher Parteien mit dem Ziel, ein Ergebnis zu schaffen, mit dem sich alle Parteien identifizieren können.

Wir lehnen uns an diese Bedeutung an und gehen gleichzeitig darüber hinaus. Für uns **bedeutet Co-Creation** im Kontext von Veränderung, dass die unterschiedlichen Parteien einer Organisation (Management, Führungskräfte, Mitarbeiter und andere) **durch** verschiedene Formen des **gemeinsamen Handelns** (joint action) die **Veränderung (er-)schaffen**. Das ist deswegen immer ein kreativer, ein schöpferischer Akt, weil es um die Weiterentwicklung, den Umbau oder die Neuschöpfung der organisationale Identität geht (siehe in Kapitel 2, »Wie Organisationen wirklich ticken«). Will eine Veränderung wirklich nachhaltig umgesetzt werden, dann muss dafür das Innere des System-Diamanten verändert werden. Das geht aber nur gemeinsam. Wir haben bereits beschrieben, wie das Innere des System-Diamanten durch soziale Selbstorganisation entsteht. Daraus leiten wir ab, dass es auch nur durch gemeinsame Reflexion und Aktion verändert werden kann. Nur durch Co-Creation können typische, in einer Organisation geteilte Denk- und Handlungsmuster verändert werden.

Teil eines co-kreativen Prozesses kann natürlich auch das gemeinsame Entwickeln von (Veränderungs-)Lösungen mit Ihren Kunden oder anderen überlebensrelevanten »Umwelten« Ihrer Organisation sein. Sie geben ja nicht selten auch den Anstoß für eine organisationale Transformation. Die Veränderung der organisationalen Identität allerdings, die Arbeit am Inneren des System-Diamanten, die kann nur aus der Organisation selbst heraus nachhaltig gestaltet werden.

Keine Organisation will von sich aus diese **Veränderung** – das haben wir im vorhergehenden Kapitel ausführlich beschrieben. Wie alle anderen Organisationen verwendet auch Ihre Organisation mutmaßlich einen nicht unerheblichen Anteil ihrer Energie darauf, zu bleiben, wie sie ist, das heißt die einmal etablierten Routinen, Prozesse, Denk- und Verhaltensweisen immer wieder genau so ablaufen zu lassen. Es bedarf also einer besonderen Form von Aktivierung, wenn Veränderungsinitiativen nicht versanden sollen. Und genau diese Aktivierung wird durch Co-Creation bewirkt. Konkret heißt Co-Creation dann, dass Sie und Ihre Organisation

- sich ein gemeinsames Verständnis von der Notwendigkeit der Veränderung und dem angestrebten Zielzustand erarbeiten
- und gemeinsam ausarbeiten, wie Sie diesen Zielzustand erreichen. Zu diesem Zweck konzentrieren Sie sich im Kern auf die Frage: »Was müssen wir konkret an unserer organisationalen Identität, an unseren typischen Verhaltens- und Denkweisen ändern, um den Zielzustand zu erreichen?«

Co-Creation verstehen wir also als den Prozess, bei dem Menschen sich gemeinsam ein Bewusstsein für die typischen mentalen Modelle, Narrative und Muster ihrer Organisation bilden und gemeinsam einen Weg kreieren, diese zu verändern. Wenn wir von »gemeinsam« sprechen, meinen wir nicht alle 10 000 Mitarbeiter einer Organisation, sondern die für die Initiierung, Gestaltung und Umsetzung des Veränderungsprozesses jeweils relevanten Stakeholder (dazu können Manager, Führungskräfte und Mitarbeiter gleichermaßen gehören). Zu diesem Punkt später mehr in Kapitel 4, »Wer sonst ist wichtig und ist wie positioniert?«

Co-Creation ist somit die wesentliche Vorgehensweise bei der Transformation des Inneren des System-Diamanten. Dabei geht Co-Creation über eine episodenhafte Transformation hinaus. Sie wirkt – konsequent umgesetzt – als dauerhafter Beschleuniger, der die Reflexionsfähigkeit und damit die Agilität der Organisation erhöht und eine Kultur der Innovation unterstützt.

> Die erweiterte Geschäftsleitung eines großen Mittelständlers – bestehend aus Geschäftsführer und Stellvertreter, Bereichsleitern und Abteilungsleitern – kommt halbjährlich zur Manöverkritik zusammen. »Was läuft gerade gut im Unternehmen? Was läuft nicht gut? Wie können wir besser werden?« sind die zentralen Fragen, die hier thematisiert werden. Die Umsetzungsquote dessen, was auf diesen Meetings beschlossen wird, ist allerdings gering, das Meeting wird von vielen eher als lästige Pflicht (»Und wann komme ich heute wirklich zum

Arbeiten?«) denn als wegweisend wahrgenommen. In einem Meeting platzt dann einem der (einflussreichen) Bereichsleiter der Kragen: »Ich habe den Eindruck, wir verschwenden hier nur unsere Zeit. Wir schreiben jedes Mal große Aktionslisten, versichern uns, wie konstruktiv und produktiv wir wieder waren – und was davon setzen wir am Ende um? Kaum etwas! Mir kommt es so vor, als wäre es mit unserem Commitment schon vorbei, sobald wir den Raum hier verlassen haben!«

Die Anwesenden schauen bestürzt, der Bereichsleiter spricht den meisten aus der Seele. Nachdem sich der erste Schock gelegt hat, schlägt der stellvertretende Geschäftsführer vor: »Dann lassen Sie uns doch Folgendes tun. Wir ändern heute unser Programm komplett. Statt weiter an der Tagesordnung und möglichen Aktionen zu arbeiten, gehen wir einzig der Frage nach: ›Wie hindern wir uns offenbar immer wieder daran, die hier getroffenen Entscheidungen und die hier beschlossenen Aktionen auch wirklich umzusetzen?‹ Nach anfänglichem Zögern – welche Managementrunde reflektiert schon gerne das eigene Handeln als Teil des Problems (statt als Teil der Lösung)? – fängt die Gruppe an zu diskutieren und sich mit der Frage auseinanderzusetzen. Das Ergebnis ist erstaunlich: Nach und nach erarbeitet sich die erweiterte Geschäftsleitung ein gemeinsames Verständnis von den typischen, das heißt bei den meisten Beteiligten greifenden Denk- und Handlungsmustern, die immer wieder zum Versanden der Aktionen führen – auch wenn keiner hier die Absicht hat, etwas bewusst versanden zu lassen. Diese Muster kommen in den folgenden Beiträgen gut zum Ausdruck:

- »Die Baustellen in meinem eigenen Bereich sind gerade so dringend, die haben auf jeden Fall erst mal Vorrang.«
- »Ich geh schon hier raus mit dem Gefühl ›Und wann soll ich das jetzt noch schaffen?‹ Gemessen werde ich doch letztlich an der Erreichung meiner Bereichsziele.«
- »Ich gebe die Beschlüsse, die hier getroffen werden, an meine Gruppenleiter weiter und erwarte, dass die das umsetzen. Wenn ich ehrlich bin, wissen die aber gar nicht,

wie – und was jetzt Priorität hat. Und dann geht das Ganze irgendwie im Tagesgeschäft unter …«
- »Es hat überhaupt keine Konsequenzen, ob wir die Entscheidungen hier umsetzen oder nicht. Wir tracken das weder noch geben wir Rückmeldung, und es ist auch nicht Teil unserer persönlichen Ziele.«
- »Wir folgen immer der Maxime ›Das operative Geschäft und die aktuellen Kundenanfragen haben Vorrang‹«.

Im zweiten Teil des Meetings arbeitet die Gruppe daran, von welchen dieser Muster sie sich verabschieden muss und wie das konsequent geschehen kann. Als zentral hinderliche Muster werden identifiziert:

- »Wir priorisieren immer das operative Geschäft in unseren eigenen Bereichen. Bei allem anderen tendieren wir dazu, es unter den Tisch fallen zu lassen.« und
- »Wir tracken die Umsetzung der hier getroffenen Entscheidungen nicht, und am Ende bleibt es ohne Konsequenzen, ob überhaupt etwas umgesetzt wird.«

Am Ende des Meetings entstehen vier Handlungsprinzipien mit Aktionen, die umgesetzt werden und die die Gruppe in Zukunft leiten soll. Alle verpflichten sich darauf, und die beiden Geschäftsführer machen in der Folgezeit die Umsetzung dieses Musterwechsels zur Chefsache. Das heißt, sie fragen nach, geben Feedback und bringen das Thema »Wie gelingt uns der Musterwechsel?« konsequent in die Meetings ein. Die Umsetzungsquote steigt drastisch, das Unternehmen verändert sich …

So läuft Co-Creation idealerweise – sich der hinderlichen Muster gemeinsam bewusst werden und gemeinsam einen Musterwechsel initiieren. Das ist auch deshalb möglich, weil eine co-kreative Vorgehensweise wie im Fallbeispiel beschrieben nicht nur kognitiv, sondern auch emotional bewegt. Die am co-kreativen Prozess Beteiligten erleben zum einen *Empowerment* und Teilhabe: Es wird *gemeinsam* und unter Nutzung ihrer kognitiven wie emotionalen Ressourcen etwas kreiert. Das schafft ein stärkeres Gefühl von Selbstverpflichtung mit Blick auf die Umsetzung des gemeinsam Erarbeiteten. Zum anderen erleben die Beteiligten durch gemeinsame Erarbeitung der dysfunktionalen Muster und typischen Beharrungskräfte die Dringlichkeit eines Musterwechsels deutlicher. Auch das schafft die notwendige emotionale Grundierung für die Umsetzung der getroffenen (Veränderungs-)Entscheidungen.

Vielleicht denken Sie jetzt: »Das geht in unserer Organisation nicht! Wir sind im Managementteam viel zu machtorientiert und eigenen Interessen folgend unterwegs, als dass wir einen Prozess wie den im Fallbeispiel beschriebenen hinbekommen würden.« Wenn das so ist, dann kennen Sie jetzt den nächsten Veränderungsprozess Ihrer Organisation: »Verbesserung der Zusammenarbeit im Managementteam«. Die Bereitschaft und der Wille im Managementteam, gemeinsam an Lösungen und an der Veränderung zu arbeiten, sind aus unserer Sicht für das Gelingen einer organisationalen Transformation von absolut essenzieller Bedeutung. Und mit Managementteam meinen wir nicht allein die Führungsspitze einer Organisation, sondern auch beispielsweise die Abteilungsleiterin mit ihren Teamleitern, letztlich jeden Zusammenschluss von für eine Veränderung verantwortlichen Führungskräften.

Die gemeinsame Führungsarbeit im Dienste der angestrebten Transformation und im Sinne eines co-kreativen Prozesses erfordert darüber hinaus eine Haltung, die sich immer wieder neu dem Dilemma stellt, zwischen den Interessen der Organisation als Ganzer und den Interessen des eigenen Verantwortungsbereichs als Führungskraft zu vermitteln. Organisationale und bereichsspezifische Zielsetzungen sind nicht immer widerspruchsfrei (und dürfen es auch gar nicht sein, sonst ginge der Organisation eine wichtige »Energiequelle« – Energie durch Reibung – verloren). Co-Creation erfordert, diese Widersprüche zu akzeptieren, im Führungskreis zu thematisieren und immer wieder situationsangemessene (und nie »prinzipielle«) Lösungen zu entwickeln.

Co-Creation ermöglicht Lernen 2. Ordnung

Eine weitere notwendige Voraussetzung ist die gemeinsame Entwicklung einer entscheidenden organisationalen Kompetenz: der Fähigkeit, sich gewissermaßen als Organisation auf die Bühne zu setzen, sich selbst beim Spielen zuzuschauen und über die Art und Weise des Spiels zu reflektieren: »Welche Muster erkennen wir? Wie organisieren wir uns gerade? Und ist das mit Blick auf unser Ziel eher förderlich oder eher hinderlich?« Man könnte auch sagen: Sie und Ihre Organisation müssen kontinuierlich in der Lage sein, eine kritische Helikopterperspektive auf sich selbst einzunehmen und sich Fragen zu stellen wie:

- »Was macht uns heute erfolgreich, und was sollten wir in Zukunft anders machen, um weiter erfolgreich zu sein?«
- »Welchen Preis müssen wir für die Veränderung zahlen? Was werden wir verlieren?«
- »Was werden wir gewinnen? Warum ist die Veränderung erstrebenswert?«
- »Von welchen Gewohnheiten müssen wir uns für eine wirkliche Veränderung verabschieden?«
- »Was müssen wir neu schaffen?«
- »Wie könnten wir uns selbst an der Veränderung hindern?«
- »Wie können wir unserem ›Verhinderungsmechanismus‹ entgegenwirken?«

Das ist ungewohnt, und es ist anstrengend. Doch erst durch diese Form von Co-Creation schaffen Sie die Grundlage für einen beständigen sogenannten »Lernprozess zweiter Ordnung«. Dies sind nachhaltige Lernprozesse, bei denen eine Organisation sich ihrer leitenden mentalen Modelle und Verhaltensmuster bewusst wird und diese ändert. Davon zu unterscheiden sind Lernprozesse erster Ordnung, bei denen es (lediglich) zu Änderungen auf der Ebene des konkreten (methodischen) Vorgehens kommt: »Was tun wir, um das Ziel in Zukunft besser zu erreichen, und wie tun wir es?« Hier geht es häufig um die Suche nach einfachen, schnellen Lösungen:

> »Wir haben das Gefühl, unsere halbjährliche Manöverkritik (siehe Beispiel oben) bringt uns nicht weiter!«
> »Ok, dann wechseln wir den Moderator.«

»Oder wir ändern die Zusammensetzung und den Ablauf des Meetings.«
»Oder wir ändern den Teilnehmerkreis.«
»Oder wir schenken uns die Veranstaltung einfach ...«

Ausgehend von der kritischen Überprüfung der Ergebnisse findet zwar auch beim Lernen 1. Ordnung kontinuierliche Anpassung statt. Aber der Lernprozess greift zu kurz, um die Organisation wirklich weiterzubringen.[10] Beim Lernen 2. Ordnung beobachtet sich die Organisation hingegen selbst bei dem, was sie tut und welche Denk- und Handlungsmodelle sie dabei leiten: »Solange bei uns das ungeschriebene Gesetz gilt, dass alles andere wichtiger ist als die Umsetzung der Ergebnisse der Manöverkritik-Meetings, müssen wir uns nicht wundern, wenn diese versanden ...« Genau auf dieser Grundlage kann jetzt ein echter Lernsprung stattfinden: Die Organisation kann nun nachhaltig ihre organisationale Identität verändern, indem sie an ihren Mustern (hier: das ungeschriebene Gesetz) arbeitet.

| Mentale Modelle / Verhaltensmuster | ┄┄► | Maßnahme / Aktivität | ──► | Ergebnis / Output |

└── Erkenntnis ► Änderung ──── Anpassung ────
= Lernprozess 2. Ordnung   = Lernprozess 1. Ordnung

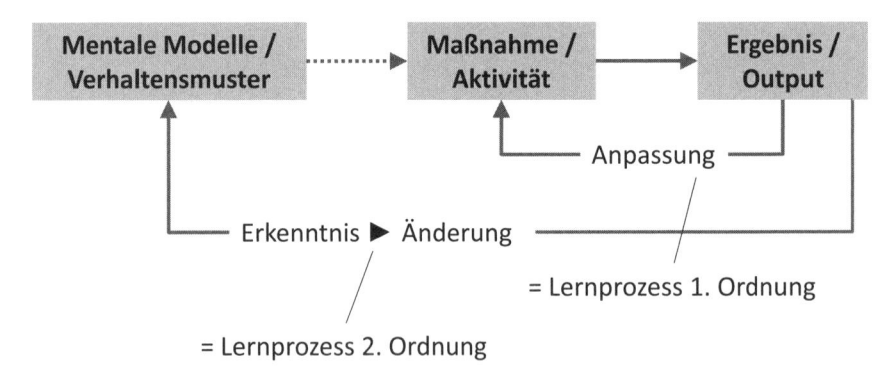

Abbildung 2: Lernen 2. Ordnung (nach Argyris & Schön, 1996)

Der Vorstand eines Kreditinstituts trifft sich zur Strategieklausur. Veränderte Kundenbedürfnisse, Aktivitäten der Mitbewerber, Niedrigzins und veränderte Rahmenbedingungen (Regulierungen, Auflagen, et cetera) machen ein Überdenken der Strategie des Hauses unumgänglich. Doch die Formulierung einer passenden Strategie fällt schwer. Zwischen den Vorstandsmitgliedern herrscht Uneinigkeit, die Handlungsnotwendigkeiten werden sehr unterschiedlich gesehen, immer wieder verliert man sich in Details, sogar um einzelne Formulierungen wird gestritten. Die Klausur steht kurz davor, sich zu vertagen.

»Alternativ«, so eines der Vorstandsmitglieder, »könnten wir ja auch überlegen, ob wir nicht erneut mit dem Strategieberater zusammenarbeiten wollen, der uns schon einmal begleitet hat. Er könnte mit jedem von uns zunächst ein Interview führen und dann die Dinge irgendwie zusammenbringen. Dann hätten wir wenigstens schon mal einen Anfang.«

Das ist ein gutes Beispiel für Lernen 1. Ordnung. Die Unzufriedenheit mit der mangelnden Zielerreichung führt zur Überlegung, Anpassungen auf der methodischen Ebene vorzunehmen (Vertagen oder einen Berater anheuern).

Der Moderator, der die Vorstandsklausur durchführt, schlägt etwas anderes vor. »Ich bitte jeden von Ihnen, sich für 30 Minuten zurückzuziehen. Nutzen Sie die Zeit, um individuell eine Skizze anzufertigen: ›So sehe ich unsere Organisation erfolgreich in fünf Jahren.‹« Die Vorstandsmitglieder ziehen sich zurück ... Eine halbe Stunde später sind alle zurück und stellen sich gegenseitig ihre Zukunftsbilder vor. Und damit wird ein Moment enormen Erkenntnisgewinns eingeleitet: »Wir haben ja völlig unterschiedliche Vorstellungen von der Zukunft unserer Organisation. Das haben wir uns so bewusst bisher noch nie vor Augen geführt. Kein Wunder, dass wir uns nicht auf eine Strategie einigen können.«

Im weiteren Verlauf der Vorstandsklausur beschäftigt sich der Vorstand dann mit folgenden Fragen:

- »Welche Gemeinsamkeiten gibt es – bei allen Unterschieden – denn in den Zukunftsbildern? Was brauchen wir nicht zu diskutieren?«
- »Was sind die wesentlichen Unterschiede? Wie gehen wir mit ihnen um? Wo gilt es, einen Kompromiss zu finden? Welche Unterschiede können wir stehen lassen? Und wo

braucht es möglicherweise auch eine klare Richtungsbestimmung durch den Vorstandsvorsitzenden?«
- »Wie kann ein gemeinsames, von allen getragenes Zukunftsbild aussehen?«
- »Welche Strategie können wir davon ableiten?«

Einige Wochen später verabschiedet der Vorstand ein gemeinsames Zukunftsbild und eine gemeinsame Strategie, die das Kreditinstitut auf die nächsten Jahre ausrichten.

So geht co-kreatives Lernen 2. Ordnung im besten Fall. Erst in dem Moment, in dem sich der Vorstand der Tatsache bewusst wird, dass es kein gemeinsames mentales Modell von der Zukunft gibt, und beginnt, die individuellen mentalen Modelle zusammenzubringen und ein gemeinsames Narrativ zu entwickeln – erst da gelingt der qualitative, kognitiv wie emotional bewegende Denksprung, und es entsteht etwas, das die Organisation wirklich nach vorne bringt.

Das Handwerkszeug: Zentrale Elemente co-kreativer Veränderung

Im Folgenden geht es darum, zwei Dinge zusammenzubringen: das, was Sie auf den vorherigen Seiten über Co-Creation gelesen haben und das, was wir Ihnen unter dem Punk »Wie Organisationen wirklich ticken« an Theorieausflügen zur Funktionslogik sozialer Systeme zugemutet haben. Unser Grundgedanke ist: Co-Creation findet in sozialen Systemen statt. Das heißt, **wann immer Menschen** in Organisationen **gemeinsam daran arbeiten, das Innere des System-Diamanten zu verändern, ist es wichtig, dass sie dabei Methoden verwenden, die** nicht einfach an den typischen Beharrungskräften und Abwehrroutinen sozialer Systeme scheitern, sondern **das Potenzial haben, wirklich etwas zu verändern.** Es geht darum, nachhaltige Lernprozesse zu stimulieren. Genau das wollen die Elemente co-kreativer Veränderung bewirken, die wir nun zunächst als einzelne Bausteine beschreiben. Im Verlauf des Buches werden wir dann auf die weitere Anwendung und Nutzung der Elemente im Rahmen einer konkreten Veränderungsarchitektur eingehen.

Elemente co-kreativer Veränderung

- Kontext gestalten
- Komplexität erweitern
- Organisation aktivieren
- Organisation mit sich selbst bekannt machen
- Perspektivwechsel ermöglichen
- Musterwechsel durch Probehandeln
- Unterschiede einführen
- Thema ins Thema einführen
- Möglichkeitsraum erweitern
- Lernprozesse in Rückkopplungsschleifen

Mentale Modelle
Narrative
Verhaltensmuster

Mentale Modelle
Narrative
Verhaltensmuster

Die *Elemente* sind die Basis jeder VERÄNDERUNGSARCHITEKTUR

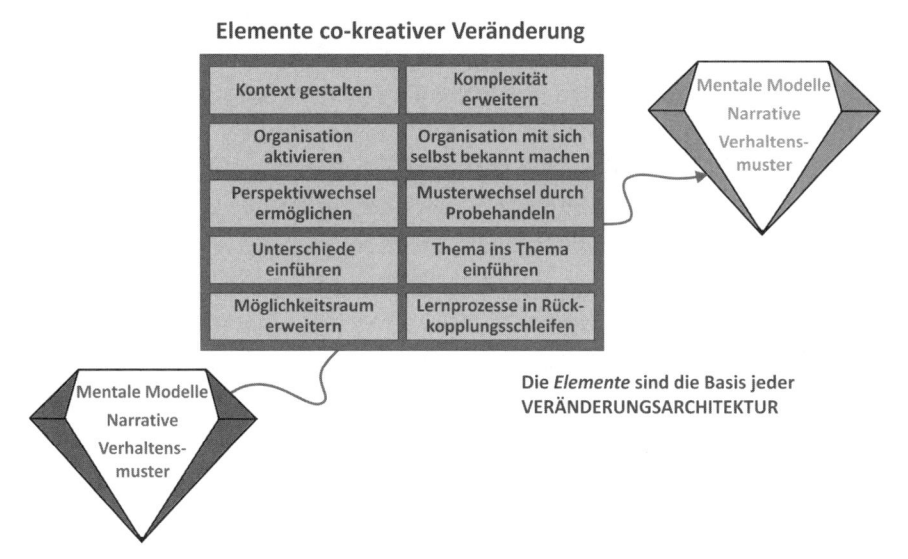

Abbildung 3: Zentrale Elemente co-kreativer Veränderung

Element »Kontext gestalten«

Häufig kommen Veränderungsvorhaben nicht in Gang, weil sie überhaupt nicht als entscheidende Transformationen deutlich gemacht werden. Die Geschäftsleitung schreibt eine Mail, hängt die neuen Leitlinien »Wie wir agiler werden wollen« an – und nichts passiert! Damit Veränderung beginnen kann, muss sie zuallererst eindeutig als solche bezeichnet werden. Es muss klar werden, dass hier etwas passiert, das sich von den normalen Aktivitäten und Routinen der Organisation unterscheidet. Eine solche Unterscheidung schafft Aufmerksamkeit. Und das ist besonders wichtig für all diejenigen, die co-kreativ in den Veränderungsprozess eingebunden sind: Menschen können nur dann sinnhaft und kreativ gemeinsam an etwas arbeiten, wenn auch ihre Aufmerksamkeit auf das Gleiche gerichtet ist.

Einen solchen gemeinsamen Fokus schaffen Sie unter anderem dadurch, dass Sie ein sichtbares Veränderungsprojekt aufsetzen, das auf ein Ziel hin ausgerichtet ist, eine zeitliche, personelle und organisatorische Struktur hat, einen Namen trägt und durch Sie und Ihr Leitungsteam erkennbar initiiert wird. Erst innerhalb eines solchen Rahmens kann sich ein gemeinsames Verständnis von der Dringlichkeit und Richtung der Veränderung entwickeln. Wir nennen das auch Kontext gestalten. **Co-Creation braucht einen gestalteten Kontext, einen Rahmen, in dem das Neue entstehen kann**, nach dem Motto »agil und flexibel im Vorgehen, klar in der Struktur und den äußeren Bedingungen«.

Dieser Rahmen wird auch sprachlich geschaffen. Etwa dadurch, dass Sie Ihr Veränderungsprojekt innerhalb Ihrer Organisation deutlich machen, indem Sie folgende begrifflichen Elemente verwenden:

- »Bisher waren wir erfolgreich durch ... Doch der Markt/die Kundenanforderungen/die Rahmenbedingungen et cetera haben sich verändert. Das, was uns bis hierher gebracht hat, wird in Zukunft nicht mehr ausreichen, um langfristig erfolgreich zu sein. [→ Was in unserer Umwelt hat sich verändert?]
- »Jetzt werden wir uns verändern!« [→ Klare Veränderungsbotschaft]
- »Wenn wir uns nicht verändern, laufen wir Gefahr, dass wir ...« [→ Was geschieht, wenn nichts geschieht; kognitive *wie* emotionale Ansprache]
- »Deshalb haben wir entschieden, dass ...« [→ Die grundlegende Entscheidung (»Basisentscheidung«) ist getroffen]
- »Und das ist unser Zielbild. Dort wollen wir hin! Und das ... versprechen wir uns davon für unser Business. [→ Zukunftsperspektive. Warum sich die Veränderung lohnt; kognitive *wie* emotionale Ansprache]
- Zu diesem Zweck initiieren wir einen Veränderungsprozess. Wir haben erste Ideen, wie der aussehen kann – und die würden wir gerne mit Ihnen teilen und weiterentwickeln. Wir laden Sie ein, mit uns ...« [→ Sprachliche Markierung der Veränderung als Veränderung. Einladung zur Co-Creation.]

Element »Organisation aktivieren – Co-Creation beginnen«

Organisationen haben eine Art eingebauten Mechanismus, sich dadurch zu erhalten, dass sie das, was bisher zu ihrem Erfolg beigetragen hat, immer weiter wiederholen – und davon nur ungern abweichen. Einmal eingeschliffene Routinen und Verhaltensmuster laufen so immer weiter fort. Im

Kapitel »Warum sich soziale Systeme mit Veränderungen schwertun« haben wir diese Tendenz zur Selbsterhaltung und Pfadabhängigkeit näher beschrieben. Es bedarf vor diesem Hintergrund einer besonderen Aktivierung, einer besonderen Art der konstruktiven »Irritation«, um eine Veränderung einzuleiten. Für diese Aktivierung reichen Mitteilungen – also die Weitergabe von Informationen (»Wir werden uns verändern und in Zukunft mehr xyz tun oder sein«) in der Hoffnung, diese würden handlungsaktivierend wirken – niemals aus. Informationen werden höchst unterschiedlich interpretiert und können zu gänzlich unterschiedlichem Verhalten führen (von Aussitzen bis hin zu Aktionismus). Das so oft gehörte Informieren, Informieren, Informieren als Maxime in Veränderungsprozessen hilft zwar im besten Fall gegen Unsicherheit, setzt aber keinerlei Veränderungshandeln in Gang.

Eine veränderungswirksame Aktivierung findet erst dann statt, wenn Menschen etwas gemeinsam erarbeiten, das heißt, wenn sie etwas gemeinsam beschreiben, bewerten und die entsprechenden Konsequenzen ziehen. Wir geben Ihnen einige Beispiele für eine solche Aktivierung.

Sie und Ihr (Führungs-)Team ...

- ... schauen sich gemeinsam die Zahlen, Daten und Fakten an, die die letzte Analyse geliefert hat, und fragen sich: »Wo haben wir bereits Probleme oder werden in Zukunft Probleme bekommen? Und wie wollen wir damit umgehen? Was leiten wir für unsere zukünftige Ausrichtung davon ab?«
- ... sprechen mit Ihren Kunden und arbeiten dann an Fragen wie »Was sind unsere drei größten Schwachstellen aus Kundensicht? Was würden uns unsere Kunden raten zu tun?«
- ... arbeiten gemeinsam an Zukunftsszenarien: »Angenommen, wir stehen in zwei Jahren erfolgreich/noch erfolgreicher da – was haben wir dann unternommen, um dahin zu kommen?«
- ... konfrontieren sich mit Ihren typischen »Versandungsroutinen« und denken gemeinsam nach über: »Wie haben wir es bislang immer wieder geschafft, einmal getroffene Entscheidungen nicht umzusetzen und die notwendige Veränderung im Sande verlaufen zu lassen?«

Es ist dieser gemeinsame Erarbeitungsprozess, der zur kognitiven wie emotionalen Auseinandersetzung mit dem bestehenden und zur Entwicklung der entsprechenden Veränderungsbereitschaft führt.

Element »Perspektivwechsel ermöglichen«

Als soziales System neigt jede Organisation dazu, in ihrer eigenen Perspektive gefangen zu sein. Die Erkenntnisse, die Organisationen gewinnen, sind keine Abbildungen der Realität, sondern immer Konstrukte. Das haben wir bereits beschrieben. Die dominanten mentalen Modelle und Narrative der Organisation bestimmen, worauf die Organisation ihre Aufmerksamkeit richtet, was sie ausblendet und wie sie das, was in den Fokus ihrer Aufmerksamkeit gerät, interpretiert. Eine Organisation, die bestimmt ist durch ein »Es interessiert uns nicht, was die Mitbewerber machen, wir konzentrieren uns allein auf die Qualität unserer eigenen Produkte. Außerdem sind wir seit Jahren Marktführer«, wird wahrscheinlich auch dann noch am Bestehenden festhalten, wenn der Markt sich schon längst in eine andere Richtung bewegt (und es als »vorübergehenden Trend« deuten). Das zentrale mentale Modell eines der ehemals weltweit führenden Anbieter von Fotofilmen und Kameras – »Die Kunden werden sich niemals mit der geringen Qualität digitaler Aufnahmen abfinden, also werden wir uns mit Investitionen in diesen Bereich zurückhalten« – führte zur Ausblendung oder Umdeutung aller anderslautenden Signale des Marktes und damit letztlich zum Untergang des Unternehmens. Organisationen entwickeln beinahe zwangsläufig im Laufe ihrer Geschichte »blinde Flecken«.

Um sich im Rahmen einer organisationalen Transformation neu auszurichten, müssen Sie andere Perspektiven in Ihre Organisation einbringen. Es geht immer um die Frage: Wer sind die für das Überleben unseres »Systems« relevanten Umwelten (Kunden, Mitbewerber, Gesetzgeber et cetera) und was ist deren Sichtweise und Erwartung, aktuell und in Zukunft?

Diese Fragestellungen co-kreativ zu bearbeiten kann dann zum Beispiel bedeuten:

- Sie holen sich die andere Perspektive buchstäblich ins Haus: Sie laden Repräsentanten Ihrer wichtigsten Kunden zu einem Workshop ein und arbeiten gemeinsam an der Frage: »Was müssen wir aus Ihrer Sicht (Kundensicht) in Zukunft anders machen, um Ihren Erwartungen zu genügen?«
- Sie gehen mit ihrem Leitungsteam an Orte, an denen das, was das Ziel Ihrer organisationalen Transformation ist, bereits umgesetzt wird. Sie wollen, dass »Excellence in Service« in Ihrer Organisation gelebt wird?

Dann gehen Sie an Orte in Ihrer Umgebung, wo das bereits passiert: die mehrfach ausgezeichnete Marketingagentur, der beste Juwelier, das angesagteste Fitnessstudio oder das gefragteste Restaurant. Wie kann das, was Sie hier erleben, Sie zur Kreation eigener Ideen und Lösungen inspirieren?

- Sie nehmen bewusst die Perspektive Ihrer drei wichtigsten Mitbewerber ein und schauen so auf Ihre Produkte und Leistungen: »Wenn unsere Mitbewerber dieses Produkt aus ihrer Perspektive bewerten sollten, was würde ihnen negativ auffallen, was positiv?«

Das sind nur einige Möglichkeiten, die Perspektive zu wechseln. Unterschätzen Sie nicht das Potenzial, das in diesem Perspektivwechsel steckt: Ein solch neuer Blick auf die bekannten und als selbstverständlich verstandenen Routinen kann geradezu befreiend wirken, weil er ganz plötzlich eine Reihe von Möglichkeiten aufzeigt, wo zuvor nur ein alternativloser Weg zu sein schien. Unser Vorschlag ist: Machen Sie den Perspektivwechsel zur Routine in jedem Meeting. Versetzen Sie sich in die Position nicht-anwesender Stakeholder und überlegen Sie etwa gemeinsam mit Ihrem Team,

- was den Stakeholdern bei dem, was Sie gerade diskutieren, auffallen würde,
- was den Stakeholdern bei dem, was Sie gerade beschlossen haben, fehlen würde,
- wovon die Stakeholder Ihnen empfehlen würden, mehr zu tun, wenn Sie sich mit Ihrer Organisation weiterentwickeln wollen.

Element »Unterschiede einführen, die einen Unterschied machen«

Wie ein soziales System, Ihre Organisation zum Beispiel, Wirklichkeit konstruiert und sich verhält, hat wesentlich damit zu tun, an welchen Unterscheidungen man sich in diesem System orientiert. Das haben wir bereits im Kapitel »Es geht immer um mentale Modelle – Oder: Konstruktivismus für Manager« deutlich gemacht. Erinnern Sie sich noch an die beiden ganz unterschiedlichen Wirklichkeitskonstruktionen zu ein und demselben Projekt? »*Das Projekt war ein totales Fiasko. Der Projektleiter war schwach, er konnte sich weder durchsetzen noch die Projektmitarbeiter motivieren.«* versus *»Aus dem Projekt können wir viel lernen. Vor allem, wie wir in Zukunft die Linienvorgesetzten einbinden müssen, damit sie ihre Mitarbeiter auch tatsächlich ins Projekt schicken.«*

In einer organisationalen Transformation geht es vor diesem Hintergrund um die Frage: Was sind Unterscheidungen, die uns weiterbringen, weil sie uns einen Erkenntnisgewinn, eine Veränderung unserer Betrachtungsweise ermöglichen?

Aus unserer Perspektive kann dabei bereits die einfache Unterscheidung Gestern – Heute – Morgen zu erheblichen Erkenntnisgewinnen führen. Etwa in der Art der folgenden Frage: »Was hat uns GESTERN (= in der Vergangenheit und bis hierher) als Organisation erfolgreich gemacht? Was müssen wir MORGEN (= Zukunft?) anders machen, um weiter erfolgreich zu sein? Und welche Entscheidungen müssen wir HEUTE treffen, um uns auf den Weg in diese Zukunft zu machen?« Wenn Sie mit ihrem Team gemeinsam an diesen Fragen arbeiten, agieren Sie wertschätzend und sinnstiftend der Vergangenheit gegenüber, entwickeln aber gleichzeitig eine gemeinsame Idee von einer zu schaffenden Zukunft, die sich klar von der Vergangenheit abgrenzt, ohne diese abzuwerten, und fokussieren schließlich auf die Entscheidungsnotwendigkeiten der Gegenwart.

Eine vergleichbare Unterscheidung, die ähnlich wirksam ist, besteht darin, Problemlösungen mit Ihrem Team nicht von der Gegenwart, sondern von der Zukunft her zu denken. Die Ausgangsfrage ist dann nicht »Wie können wir das Bestehende verändern?« Denn wenn Sie so fragen, entstehen schnell Lösungen, die die Tendenz haben, in der Gegenwart »stecken« zu bleiben. Sie orientieren sich dann zu sehr am Problem, denken zu sehr in den vertrauten Denkbahnen. Es entsteht nichts Neues. Wenn Problemlösungen und Veränderungen hingegen von einer möglichen (idealen) Zukunft her gedacht werden, lassen sich neue Ideen und Handlungsoptionen schaffen. Es entsteht ein zukünftiger Sinnhorizont, der begeisternd wirkt, weil man sich mit ihm identifizieren kann und er realisierbar erscheint. Damit werden andere Kräfte zur Umsetzung freigesetzt.

Beispiel: Sie führen einen Workshop mit ihrem Team durch. Es geht um die Entwicklung von Eckpunkten einer Strategie, mit deren Hilfe das gesetzte Ziel der Veränderung »Marktführerschaft mit unserem Produkt A« erreicht werden soll. Im Workshop nutzen Sie die Unterscheidung Gegenwart – Zukunft und fokussieren konsequent auf Letzteres. Sie denken von der Zukunft her, indem Sie Ideen anhand der folgenden Frage kreieren: »Angenommen, wir sind zwei Jahre weiter und haben unser Ziel, die Marktführerschaft, erreicht – was tun wir dann konkret anders als heute:

- »An welchen Verhaltensweisen erleben unsere Kunden, dass wir uns verändert haben?«
- »Wie treten wir am Markt auf? Wie verhalten wir uns?«
- »Wie organisieren wir unsere Zusammenarbeit intern?«
- »Wie entwickeln wir unser Produkt (weiter)? Wovon lassen wir uns dabei inspirieren und leiten?«
- »Was tun wir nicht mehr? Von welchem Verhalten haben wir uns verabschiedet?«

Im Laufe des Workshops entwickeln Sie mit Ihrem Team ein sehr konkretes Bild von einer möglichen Zukunft. Aus diesem Bild und den Ideen lassen sich nun sinnvoll eine Handlungsstrategie und die dafür notwendigen Entscheidungen ableiten.

Element »Möglichkeitsraum erweitern/Neues Thema einführen«

Das Treffen von Entscheidungen und die Spielregeln, nach denen Entscheidungen getroffen werden, sind von zentraler Bedeutung für das soziale System Organisation (das haben wir bereits im Kapitel »Organisationen sind soziale System, die aus Entscheidungen bestehen« beschrieben). Eine typische und oft nicht bewusste Spielregel, die uns in vielen Organisationen in diesem Zusammenhang begegnet, ist das Verhaltensmuster, Entscheidungen nach dem »Entweder-oder-Prinzip« zu treffen. »Entweder wir entwickeln Produkt A weiter oder wir geben es auf!«, »Entweder wir führen jetzt konsequent agile Methoden in unsere Softwareentwicklung ein oder wir lassen es!«, »Entweder wir nominieren Person A als neuen Bereichsleiter oder Person B.«

Der Druck, kontinuierlich Entscheidungen treffen zu müssen, führt in vielen Organisationen zu vereinfachenden Schemata: Wir schränken unsere Handlungsoptionen ein, wir machen Entscheidungen unter Zeitdruck zu einer binären Angelegenheit: das eine ODER das andere, fertig. Und wenn die Top-Manager unter uns dann das eine (oder andere) als »alternativlos«

markieren, dann ist die Selbstberaubung an Möglichkeiten perfekt. So zu arbeiten ist ein guter Weg, die Entscheidungsfähigkeit und Agilität Ihrer Organisation garantiert nicht weiterzuentwickeln. Und außerdem verpassen Sie möglicherweise eine Menge guter Optionen, wie die Entscheidung auch hätte anders aussehen können.

Wir finden, dass Führungskräfte und Manager es sich sowohl im Kontext organisationaler Transformationen als auch im Alltagsgeschäft zur Pflicht machen sollten, bei Entscheidungen (insbesondere bei weitreichenden und strategischen) in einem ersten Schritt den Handlungsraum konsequent zu erweitern, und dass sie bisher außer Acht gelassene Themen in die Entscheidungsfindung einführen sollten, statt der binären Vereinfachung zu erliegen. Hier ist ein co-kreatives Vorgehen das Mittel der Wahl, denn den Möglichkeitsraum zu erweitern geht besser im Modus des »Mehr-Hirn-Denkens« als im Modus des »Ich-mach-mir-mal-Gedanken-dazu ...« Das Folgende können Sie selbst ausprobieren:

- **Fahren Sie mehrgleisig, denken Sie in Optionen:** Beauftragen Sie drei Ihrer Teams oder drei Ihrer Mitarbeiter gleichzeitig mit derselben Aufgabe – und schauen Sie, welche unterschiedlichen Optionen und Perspektiven diese entwickeln. Oder: Brainstormen Sie mit Ihrem Team nicht wild drauflos, sondern bitten Sie zunächst jeden, seine Ideen auf ein Post-it zu schreiben. Sammeln Sie alle Post-its auf einer Wand. Erst dann starten Sie Ihre Diskussion. So verhindern Sie das, was oft beim Brainstorming passiert: Sie lassen sich verführen, erste Ideen im Detail zu diskutieren, und denken dann nur noch in eine Richtung.
- **Nutzen Sie die Intelligenz Ihrer Organisation:** Fragen Sie sich und Ihr Team: »Wer innerhalb oder außerhalb unserer Organisation hat ein vergleichbares Problem bereits gelöst? Wie wurde es gelöst? Was können wir davon lernen?«
- **Ziehen Sie Experten von außerhalb hinzu.** Lassen Sie sich von außen bewusst machen, wo die Grenzen Ihres eigenen Wissens liegen und was es darüber hinaus noch zu bedenken gibt.
- **Spiegeln Sie die Situation an einem neuen Modell**, zum Beispiel demjenigen, das von dem gerade erwähnten Experten eingeführt wird. Sie sehen scheinbar Bekanntes dann oft in einem völlig neuen Licht.

Element »Komplexität erweitern – Komplexität reduzieren«

Dem in den vergangenen Jahren Mode gewordenen Trend, Komplexität als »Problem« zu betrachten, möchten wir an dieser Stelle etwas entgegensetzen. Wir sind davon überzeugt – und wissen uns darin einig mit der Systemtheorie –, dass Komplexität nicht nur eine natürliche Eigenschaft sozialer Systeme ist, sondern dass soziale Systeme Komplexität sogar brauchen, was sich etwa mit dem Motto beschreiben lässt: »Nur komplexe Systeme überleben in komplexen Umwelten«. Wie kommen wir darauf?

Folgende allgemeine Definition findet sich in der Literatur zur Komplexitätsforschung: Von Komplexität spricht man, wenn viele Elemente – Personen, Gruppen, Entscheidungen, Interessen, Informationen – auf nicht vorhersagbare Weise interagieren, sich gegenseitig beeinflussen und verändern. Anders als etwa bei Maschinen, die eindeutig linear und nach Ursache-Wirkungs-Prinzip aufgebaut sind, lassen sich in komplexen Systemen die Ergebnisse von Operationen nicht eindeutig vorhersagen. Das wissen wir nicht nur von jedem Fußballspiel – ein schönes Beispiel für ein komplexes soziales System, sondern auch aus jedem größeren Projekt und jedem Transformationsprozess.

Komplexität ist eine normale Eigenschaft sozialer Systeme. Das gilt auch und vor allem für Organisationen. Die Systemtheorie sagt dazu: Organisationen grenzen sich durch organisierte Komplexität gegenüber der unorganisierten (chaotischen) Komplexität ihrer Umwelt ab. Das tun sie, indem sie Möglichkeitsräume durch Strukturen, Prozesse und Regeln des Systems festlegen. Das Äußere des System-Diamanten steht für diese organisierte Komplexität. Diese Festlegung hat aber ihre Grenzen. Je nach Umweltkomplexität muss sich eine Organisation ein mehr oder weniger hohes Maß an Eigenkomplexität erhalten – sonst können »Störungen« und »Anregungen« aus der Umwelt nicht mehr angemessen bearbeitet werden. Das System würde seine Überlebensfähigkeit verlieren.

> In einer Versicherungsgesellschaft werden die Geschäfte durch die Einführung neuer Instrumente und Produkte aus dem Investmentbanking sprunghaft komplexer. Man realisiert, dass die bisherige Struktur, eine steile Hierarchie, nicht mehr taugt, diese Komplexität zu bewältigen. Als Grundstruktur einer neuen

Organisationsform wird eine Matrix mit den Dimensionen Region und Kernkompetenz gewählt. Für die Abwicklung eines komplexen Geschäfts werden daraus die am besten geeigneten Spezialisten zu einem sogenannten »Dealteam« zusammengezogen. Diese komplexe Struktur (unscharfe Grenzen, mehrdeutige Rollen, mehrere Reporting-Linien, überlappende Verantwortungsbereiche) entspricht der Komplexität des Geschäfts. Obwohl die Implementierung nicht einfach ist, da diese Struktur hohe Anforderungen an die Selbstorganisationsfähigkeit der Mitarbeiter stellt, bewährt sie sich für die Verarbeitung der komplexen Aufgaben. Für das klassische, einfache Geschäft jedoch erweist sie sich als ungeeignet: Dafür ist sie zu aufwendig.

Eigenkomplexität bedeutet also, einem Problem nicht auf der Basis allzu einfacher Strukturen, Hypothesen und Lösungsversuche zu begegnen (die an der Komplexität des Problems vorbeigehen), sondern genug unterschiedliche Perspektiven, Handlungsoptionen, Ideen und Ressourcen vorzuhalten oder aufzubauen, damit das Problem in seiner Komplexität (Wechselwirkungen, Vernetzungen et cetera) verstanden und bearbeitet werden kann. »Wer Komplexität beherrschen will, darf ihr nicht mit dem Streben nach Simplizität begegnen, sondern erst recht mit Komplexität.«[11]

Doch natürlich gibt es auch das Gegenteil, nämlich ein Zuviel an Komplexität. In Situationen, in denen die Unübersichtlichkeit der Wahlmöglichkeiten zum Hindernis für Ihre Organisation und zur emotionalen Belastung für einzelne Akteure wird (zum Beispiel weil vor lauter Optionen Entscheidungen vermieden wird), müssen Wege gefunden werden, Komplexität zu reduzieren. Entscheidungen reduzieren Komplexität und schaffen Bestimmtheit (auch wenn doch ein Rest Unsicherheit bleibt, denn die Entscheidung hätte auch ganz anders getroffen werden können …).

Als Manager und Führungskraft sind Sie gefordert, die Frage nach dem richtigen Maß an Komplexität situativ zu entscheiden. Die immer wieder neu zu stellende und zu beantwortende **Leitfrage** lautet: **Benötigt die aktuelle Situation mehr oder weniger Komplexität, um angemessen gestaltet werden zu können?**

Im Folgenden finden Sie Anregungen zum co-kreativen Umgang mit Komplexität:

Was erfordert die Situation/die Organisation/der Prozess?

Komplexitätserweiterung	Komplexitätsreduktion

Was Sie mit Ihrem Team tun können:
• Einen Schritt zurücktreten und nicht in Aktionismus verfallen
• Nicht Einzelelemente analysieren, sondern deren Vernetzung und Wechselwirkungen untereinander (Situations-/Systemanalyse, vernetzte Stakeholder-Analyse)
• Keine zu frühe Festlegung auf vermeintlich zentrale Parameter und Einflussfaktoren
• Mehr-Perspektiven-Prinzip
  – unterschiedliche Funktionen, Expertisen und Blickwinkel (intern wie extern) an einen Tisch bringen
  – zu Widerspruch und anderen Meinungen einladen
  – Einführung der vermuteten Perspektive Dritter (zum Beispiel »Wie würden unsere Kunden argumentieren, wenn sie mit uns am Tisch säßen?«)
• Abgleich der individuellen mentalen Modelle in Ihrem Team zum Problem
• Verschiedene Szenarien und Hypothesen durchspielen (Was würde passieren, wenn ...?)
• Kreativtechniken wie Brainstorming, Brainwriting et cetera
	Was Sie mit Ihrem Team tun können:
	• Entwicklung eines gemeinsamen Bildes von der Ist- und der Ziel-Situation (Zielbild, Vision)
	• Definition von Zielen und Prioritäten
	• Einordnung der anstehenden Veränderung in das strategische »big picture« der Organisation
	• Einnehmen einer Helikopterperspektive (Konzentration auf die wesentlichen Muster, Ordnungsfaktoren und Verknüpfungen)
	• Definition von Rollen und Zuständigkeiten
	• Definition von Entscheidungskriterien und -regeln
	• Definition von Prozessen; Vereinfachung von Prozessen und Entscheidungswegen (zum Beispiel Reduktion der Anzahl involvierter »Entscheider«)
	• Vertrauen statt komplizierte Berichtswege
	• Delegation von Entscheidungen in die Fläche – dort sitzen die Experten mit direktem Kundenkontakt
	• 80:20-Regel (Pareto-Prinzip)

Abbildung 4: Umgang mit Komplexität

Element »Die Organisation mit sich selbst bekannt machen«

Organisationen beobachten sich in der Regel nicht selbst dabei, von welchen Unterscheidungen sie sich leiten lassen, wie sie Realität konstruieren und wie sie typischerweise kommunizieren, Entscheidungen treffen und ihr Business betreiben. Genau diese Selbstbeobachtung zu organisieren, darum geht es bei dem Element »Die Organisation mit sich selbst bekannt machen«. Denn nur Organisationen, die sich bewusst werden, wie sie »ticken«, das heißt was ihre wesentlichen (unbewussten) Entscheidungsprämissen sind, können sich wirklich verändern. Und das bedeutet immer, die vorhandenen Entscheidungsprämissen zu verändern (siehe auch Kapitel »Organisationen sind soziale Systeme, die aus Entscheidungen bestehen«).

Was können Sie tun, um Ihre Organisation mit sich selbst bekannt zu machen? Eine der beiden (zusammenhängenden) Antworten auf diese Frage lautet: Führen Sie den System-Diamanten in Ihre Organisation ein und etablieren Sie damit das zentrale Werkzeug zur Selbstbeobachtung. Das sagt sich leicht. Natürlich wächst die Selbstbeobachtungsfähigkeit einer Organisation nicht automatisch dadurch, dass Sie ein zunächst rein theoretisches Modell einführen. Es geht vielmehr darum, den System-Diamanten so einzuführen, dass Ihr Leitungsteam, Ihre Mitarbeitern ihn als ein Instrument erkennen, das sie selbst nutzen können und das man mit seiner Hilfe letztlich »zusammen besser Business machen« kann.

Deshalb lautet die zweite Antwort auf die obige Frage: Wenden Sie den System-Diamanten konsequent auf Ihre Organisation an. Das Werkzeug dazu sind vor allem Fragen wie die folgenden, an denen Sie gemeinsam mit Ihren Mitarbeitern arbeiten:

- »Was sind unsere Annahmen zu der Veränderung, die wir jetzt anstoßen wollen? Wie leiten diese Annahmen unsere Entscheidungen? Welche anderen Annahmen wären möglich?«
- »Wie werden bei uns Entscheidungen getroffen? Wie werden bei uns Entscheidungen vermieden? Was tun wir, um *nicht* zu Entscheidungen zu kommen?«
- »Wie sehen wir uns selbst? Welche Stories erzählen wir über uns? Passen diese Stories zum Bild, das unsere überlebensrelevanten Umwelten von uns haben?«

- »Was läuft in unserer Zusammenarbeit oder in der Interaktion mit unseren Kunden immer wieder gleich ab? Was sind unsere zentralen Muster und impliziten Spielregeln? Welche davon sind förderlich? Welche hinderlich?«
- »Wodurch ›verhindern‹ wir, dass wir die Erkenntnisse aus unserem letzten Meeting umsetzen?«

Sie sehen, diese Fragen zielen fast alle auf das Innere des System-Diamanten, die eher unbewussten Entscheidungsprämissen in Ihrer Organisation. Natürlich können und müssen Sie auch nach den äußeren Strukturmerkmalen des Diamanten fragen und diese systematisch betrachten. Das ist in der Regel aber deutlich einfacher, als an den inneren Strukturmerkmalen zu arbeiten.

Um bei der Arbeit mit Fragen wie den eben genannten wirklich zu Erkenntnissen und Ergebnissen zu kommen, sollten Sie zwei Grundregeln beachten:

1. Arbeiten Sie an diesen Fragen im Zusammenhang mit etwas, was die Beteiligten konkret erlebt und worin sie auch emotional involviert waren. Beispiel: Sie haben ein langatmiges Meeting erlebt, in dem es den Beteiligten (Sie möglicherweise eingeschlossen) – wie so oft – schwergefallen ist, zu einer Entscheidung zu kommen und sich auf konkrete Aktionspunkte zu einigen. Ihre Organisation mit sich selbst bekannt zu machen kann dann heißen, gegen Ende des Meetings die folgenden Fragen zu stellen:
   - »Wie ist heute unser Entscheidungsprozess gelaufen? Was war daran typisch?«
   - »Wieso haben wir so lange für die Entscheidung gebraucht?«
   - »Warum fällt es uns so schwer, gemeinsam zu einer Entscheidung zu kommen?«
   - »Was können wir in Zukunft hier anders machen?« (siehe auch das Element »Das Thema ins Thema einführen«)
2. Sie können die geforderte Selbstbeobachtung erleichtern, indem Sie die vermutete oder reale Perspektive Dritter einbringen. »Was würde einem neuen Mitglied unseres Teams, das vorher für ein anderes Unternehmen gearbeitet hat, an der Art, wie wir hier die Dinge tun, auffallen? Was müsste dieses Mitglied schnell lernen, um hier nicht anzuecken?« Sie steigern die Wirksamkeit dieser Perspektive, wenn Sie sie

real erlebbar machen. Laden Sie doch zu Ihrem nächsten Managementteam-Meeting ausgewählte Externe ein und lassen Sie sich hinterher schildern, welche typischen Verhaltens- und Denkweise diese an Ihnen und Ihrem Team wahrgenommen haben.

Element »Das Thema ins Thema einführen«

Wenn Sie mit Ihrer Organisation am Inneren des System-Diamanten mit dem Ziel arbeiten, die organisationale Identität zu transformieren, merken Sie schnell, wie anspruchsvoll es ist, eingefahrene Denk- und Verhaltensmuster zu verändern. Um einen echten Musterwechsel zu vollziehen, muss Bisheriges buchstäblich »verlernt« und Neues »gelernt« werden. Ein Veränderungselement, das dabei unterstützt, nennen wir *Das Thema ins Thema einführen*. Es stellt eine der machtvollsten Interventionen in Transformationsprozessen dar und dient dazu, die Selbstbeobachtungsfähigkeit Ihrer Organisation zu steigern, dysfunktionale Denk- und Verhaltensmuster bewusst zu machen und neue, hilfreiche Muster zu entwickeln Dieses Element geht davon aus, dass die Ziele der organisationalen Transformation bereits während des Veränderungsprozesses aktiv praktiziert und reflektiert werden. Das folgende Beispiel macht das deutlich.

> Im Rahmen einer strategischen Neuausrichtung eines Kreditinstituts erarbeitet der Gesamtvorstand unter anderem die Erkenntnis, dass die Führungskräfte der Organisation in Zukunft unternehmerischer, agiler und vor allem funktions- und hierarchieübergreifender agieren müssen, um nicht nur Prozesse zu beschleunigen, sondern auch um schnell Lösungen für unterschiedliche Problemstellungen und Kundenanforderungen zu erarbeiten. Das Veränderungsprojekt »Führung 2020« wird nun bewusst so aufgesetzt, dass die beteiligten Führungskräfte kontinuierlich funktions- und hierarchieübergreifend zusammenkommen und sich das neue Führungskonzept gemeinsam erarbeiten. In einem Steuerungskreis, der aus Führungskräften aller Hierarchieebenen besteht, werden regelmäßig in kurzen Mee-

tings der Veränderungsprozess reflektiert, Problemlösungen unter Beteiligung aller schnell erarbeitet und über Prozessanpassungen entschieden. Es gilt das Prinzip »Ausprobieren – Reflektieren – Entscheiden – Ausprobieren und so weiter«. Daneben erarbeitet der Steuerungskreis Entscheidungsvorlagen und Konzepte für den Vorstand. Die Mitglieder des Steuerungskreises sind außerdem dafür verantwortlich, die jeweils nächsten Schritte im Veränderungsprozess in dezentralen hierarchieübergreifend zusammengesetzten Teams umzusetzen.

Halten wir kurz fest: Die Veränderung der Denk- und Verhaltensmuster wird durch konsequentes Praktizieren stimuliert. Bereits im Veränderungsprozess müssen die Führungskräfte funktions- und hierarchieübergreifend sowie unternehmerisch und agil handeln. Die Faustregel, die diesem Element zugrunde liegt, lautet: Das Veränderungsziel wird zur maßgeblichen Veränderungsmethode im Transformationsprozess. Oder anders ausgedrückt: *Das Thema* (im Bespiel: hierarchie- und funktionsübergreifende Zusammenarbeit, unternehmerisches Agieren, Agilität) *wird ins Thema eingeführt*, das heißt in die Arbeit an genau dieser Veränderung integriert. Wollen Sie Ihre Organisation konsequent kundenorientiert ausrichten, dann braucht es eine Projektarchitektur, die die Beteiligten bereits während des Projekts kundenorientiert arbeiten lässt. Wollen Sie in Ihrer Organisation das Silodenken überwinden und stattdessen eine Bereitschaft zur funktionsübergreifenden Innovation fördern, dann organisieren Sie einen Transformationsprozess, bei dem die Betroffenen funktionsübergreifend innovieren müssen.

Kehren wir zurück zum Fallbeispiel. Das Element *Das Thema ins Thema einführen* hat nämlich noch eine weitere Dimension:

> Stellen Sie sich vor, im eben beschriebenen Transformationsprojekt »Führung 2020« in »Ihrem« Kreditinstitut leiten Sie eine vierstündige Sitzung der Steuerungsgruppe. Die Gruppe hat drei Stunden intensiv an einem strategischen Konzept und einer entsprechenden Entscheidungsvorlage für den Gesamt-

vorstand gearbeitet. In der letzten Stunde richten Sie nun den Fokus der Gruppe auf sich selbst und lassen folgende Fragen reflektieren:

- »Wie hat unsere hierarchie- und funktionsübergreifende Zusammenarbeit heute im Steuerungskreis funktioniert? Was war gut? Was nicht?«
- »Wie sind wir heute dem Anspruch gerecht geworden, unternehmerisch zu agieren?«
- »Wie konsequent waren wir in der Umsetzung unserer Agilitätsprinzipien?«

Es geht also nicht nur darum, das Neue im Veränderungsprozess bereits bewusst zu praktizieren, sondern darüber zu reflektieren, wie das gelingt. Denn so kann die Organisation sich nun rückblickend selbst beobachten.

Beim Auswerten der Fragen wird den Mitgliedern des Steuerungskreises schnell klar, wie hochwirksam die alten Verhaltensmuster immer noch sind: In der Sitzung haben die Führungskräfte der Ebene 1 dominiert und ihre Ideen durchgebracht, nicht selten war die Haltung »Der Vorstand soll's richten« zu spüren – und wenig unternehmerisches Denken. Der Steuerungskreis erkennt, wie sehr er dazu neigt, die typischen Muster der Organisation zu reproduzieren (siehe auch »Die Organisation mit sich selbst bekannt machen«). Doch diese Erkenntnis ist hilfreich, da auf ihrer Basis nun an folgenden Fragen gearbeitet werden kann:

- »Was müssen wir tun, um nicht immer in unseren alten Verhaltensmustern zu agieren?«
- »Wie können wir uns zukünftig gegenseitig besser genau darauf aufmerksam machen?«
- »Welche Erkenntnisse gewinnen wir daraus für die Transformation der Organisation?«

Mit dem Element »Das Thema ins Thema einführen« bringen Sie Ihre Organisation (und sich selbst) am Ende des Spiels vom Spielfeld auf die Tribüne, von wo Sie sich Teile des Spiels noch mal anschauen können, aber aus einer neuen Perspektive. Die dafür notwendigen Reflexionsfragen generieren Sie jeweils aus den Zielen Ihrer organisationalen Transformation, zum Beispiel:

- »Wie agil haben wir eigentlich heute im Leadership-Team agiert?« (Transformationsziel »Mehr Agilität«)
- »Wie haben wir heute im Abteilungsleitermeeting Silo-Denken überwunden?« (Transformationsziel »Silo-Mentalität ablegen«)
- »Wie kundenorientiert war heute eigentlich unser Kundengespräch?« (Transformationsziel »Mehr Kundenorientierung«)

Element »Musterwechsel durch Probehandeln«

Musterwechsel brauchen häufig einen geschützten Raum, um erprobt und ausgewertet zu werden. Das Alte verlernen und das Neue lernen funktioniert je nach Organisationsgröße nicht mit der gesamten Organisation zeitgleich. Pilotprojekte oder Change- beziehungsweise Innovations-Labs können eine Möglichkeit sein, eine Zeit lang in einem Nebeneinander unterschiedlicher Organisationsformen Neues auszuprobieren. Nehmen Sie folgendes Fallbeispiel:

> Ein Großunternehmen plant als Teil eines umfassenden Transformationsprozesses die Abschaffung von individuellen (und vergütungswirksamen) Zielvereinbarungen. Ziele sollen in Zukunft nur noch auf Teamebene vereinbart werden. Das ist eine signifikante Veränderung, die eine Wandlung des Inneren des System-Diamanten erfordert. Wo Menschen sich jahrelang an dem mentalen Modell »Ich werde an dem Erreichen individuell vereinbarter Ziele gemessen« orientiert haben, soll

sich jetzt ein Teamdenken entwickeln, das Leistung als Teamleistung versteht.

Mit Blick auf die Tragweite der Veränderung entscheidet sich das Unternehmen dafür, diesen Schritt zunächst innerhalb eines kleineren Geschäftsbereichs zu erproben. Regelmäßig diskutieren Führungskräfte und Mitarbeiter des Geschäftsbereichs die Erfahrung mit der Veränderung, regelmäßig nehmen auch Vertreter des Top-Managements an diesen Reflexionsrunden teil und tauschen sich wiederum in ihren eigenen Managementteamsitzungen zum Thema aus.

Das Beispiel deutet den zentralen Erfolgsfaktor an, wenn Sie mit dem Element *Musterwechsel durch Probehandeln* arbeiten. Sie müssen in der Lage sein, die Lernerfahrungen aus den probierenden Einheiten nicht nur konsequent innerhalb dieser Einheiten zu reflektieren, sondern auch in der Gesamtorganisation sichtbar zu machen und zu thematisieren. Die Thematisierung kann auf unterschiedlichen Ebenen erfolgen, Aber der zentrale Ort dafür ist aus unserer Sicht die oberste Entscheiderebene des Transformationsprozesses. Dort können am Ende die notwendigen Entscheidungen getroffen werden, im Sinne von »Wie nutzen wir die Erfahrungen des Pilotprojekts/Probehandelns/Innovations-Labs für den organisationalen Transformationsprozess? Welche Konsequenzen ziehen wir daraus?«

Mit anderen Worten: Wenn Sie in Ihrem Verantwortungsbereich Pilot- und Erprobungsräume schaffen, reflektieren Sie die dort gemachten Lernerfahrungen und gewonnenen Erkenntnisse regelmäßig mit Ihrem Leitungsteam:

- »Was funktioniert im Erprobungsraum? Was nicht?«
- »Was bewegt die Akteure dort, auch emotional? Wofür steht das in organisationaler Hinsicht, das heißt mit Blick auf das Innere des System-Diamanten?«
- »Welche Konsequenzen ziehen wir aus den Erkenntnissen für Umsetzung der Veränderung im gesamten Bereich/der gesamten Organisation, für die wir verantwortlich sind?«

Element »Lernprozesse in Rückkopplungsschleifen anregen«

Wie Organisationen als komplexe soziale Systeme auf ihre eigene Transformation reagieren, ist nicht vorhersagbar. Sicher ist, dass ganz unterschiedliche Kräfte, beharrende und veränderungsaffine, aktiviert werden. Der schöne Masterplan, den Sie entwickelt haben, muss möglicherweise bereits nach dem ersten Town-Hall-Meeting angepasst, nach den ersten harten Diskussionen im Managementteam maßgeblich erweitert und nach den ersten unvorhergesehenen Reaktionen verschiedener Stakeholder-Gruppen oder dem Scheitern einzelner Teilprojekte im Rahmen des Transformationsprojekts ganz verändert werden. Die Dynamik von Transformationen schreibt schnell ihre eigene Geschichte, die so gar nicht zum idealen Narrativ der Veränderungsplaner passen will.

Angesichts der Unvorhersehbarkeit der Entwicklungen empfiehlt es sich, schrittweise vorzugehen und in die einzelnen Schritte Reflexion einzubauen: Wovon sind wir ausgegangen, bevor wir den Schritt gegangen sind? Wie stellt sich die Lage nun da, wo wir den Schritt gemacht haben? Was ergibt sich daraus für den nächsten Schritt? Wo sollten wir unseren Plan ändern? Wir nennen das »Lernprozesse in Rückkopplungsschleifen anregen«. Ein solches Vorgehen nennt man auch inkrementell-iterativ.

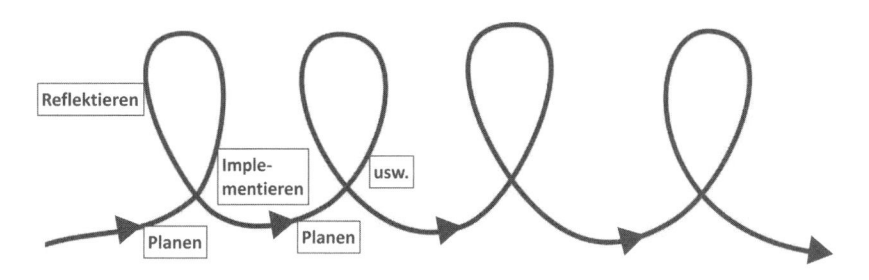

Abbildung 5: Inkrementell-iteratives Vorgehensmodell

Wenn wir uns die einzelnen Aktivitäten anschauen, aus denen eine solche Schleife besteht, ergibt sich folgendes Bild:

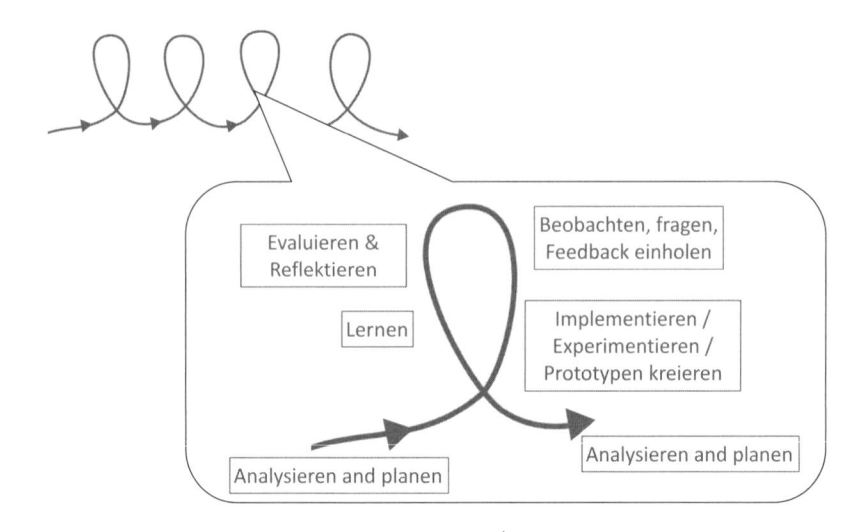

Abbildung 6: Lernen in Rückkopplungsschleifen

Ein iteratives Vorgehen bedeutet nicht, keinen Plan zu haben und ausschließlich von Schritt zu Schritt zu denken, sondern bereit zu sein, kontinuierliche Reflexionsmomente in den Plan einzubauen und diesen beständig zu überdenken und anzupassen. Damit verändert sich natürlich der Charakter des Plans. Wir glauben nicht an bis ins Detail vorgedachte minutiöse Masterpläne, sondern an Richtungsvorgaben und Schritte, die immer wieder neu gedacht und ausgerichtet werden müssen. Es geht um Vorläufigkeit, Beweglichkeit und schnelles Reagieren.

Konkret heißt das: Gehen Sie keinen größeren Schritt im Rahmen Ihrer organisationalen Transformation, den Sie nicht in Ihrem Führungsteam reflektieren: Was haben wir beobachtet? Welches Feedback erreicht uns? Welches Feedback müssen wir einholen? Zu welchen Erkenntnissen führt uns das? Was bedeutet das für den nächsten Schritt? Was müssen wir anpassen? Was probieren wir jetzt aus? Nur diese Rückkopplungsschleifen stellen sicher, dass Sie Ihr Ziel auch wirklich erreichen.

Eine solche Form von Agilität erfordert Disziplin und einen klaren Rahmen. Allzu schnell neigen wir dazu, im Eifer des operativen Gefechts die Dinge »durchzuziehen«, statt den Prozess zu nutzen, um zu lernen. Fragen Sie sich als Manager und Entscheider: Für welchen Rahmen muss ich/müssen wir in der Organisation sorgen, um »Lernen in Rückkopplungsschleifen« anzuregen und zu ermöglichen?

Reflexion als grundlegendes Element für organisationale Transformation

Damit die beschriebenen Elemente der Veränderung also im Veränderungsprozess eingebracht und angewendet werden können, ist eine Kernkompetenz besonders entscheidend: Reflexion. Das gilt umso mehr in komplexen, agilen Kontexten. Alle agilen Tools der vergangenen Jahre, von Scrum über Kanban und DevOps bis Design Thinking, funktionieren nur, wenn einerseits ihre Anwender lernen, auf einem hohen Niveau zu reflektieren (Kompetenz), und andererseits diese Kompetenz von der Organisation wertgeschätzt und unterstützt wird (Haltung). Nur mit einer gelebten Reflexionskultur und zugleich einer gelebten Fehler- und Lernkultur kann es einer Organisation gelingen, flexibel, aktiv und anpassungsfähig in Zeiten des Wandels und der Unsicherheit zu agieren.

Es gibt eine Reihe von zum Teil renommierten Unternehmen, die – obwohl sie sich nach außen hin anders präsentieren – noch immer Narrative pflegen, die die Reflexion in die Sozialromantikecke stellen und als Zeitverschwendung etikettieren. Noch allzu häufig sind »schnelle Managemententscheidungen treffen« und »einen harten Kurs fahren« die bevorzugte Führungshaltung. Um Missverständnisse zu vermeiden: Wir sind fest davon überzeugt, dass es Situationen im Führungsalltag gibt, die eine schnelle, manchmal auch einsame Entscheidung benötigen. Wird dies jedoch zum zentralen mentalen Modell der Führungsarbeit und damit zum organisationalen Muster »So führen wir hier eben«, dann wird zwangsläufig die Reflexionsfähigkeit der Organisation verkümmern, und die üblichen Eskalationsmuster verfestigen sich (»Denken tun die da oben«). Komplexität wird sich in einer solchen Organisation nicht bearbeiten lassen. Damit schwächt eine Organisation ihre Überlebenschance.

Reflexion heißt, zum Beobachter des eigenen Denkens und Handelns zu werden. Um co-kreative Prozesse in sozialen Systemen zu gestalten, braucht es gemeinschaftliches Beobachten des organisationalen Denken und Handelns in der Organisation. Reflexion beinhaltet außerdem, dass aus den Erkenntnissen und Einsichten gemeinschaftlich Entscheidungen abgeleitet und in die Umsetzung gebracht werden.

Die Reflexionsfähigkeit von Gruppen wie von Organisationen muss aktiv entwickelt werden. Und dabei geht es um mehr als um eine personale

Denk- und Kommunikationskompetenz, die man in Seminaren erlernen könnte. Es geht vielmehr um eine Weiterentwicklung der Haltung und des Handelns der Organisation und das tiefe Verständnis und kollektive Einvernehmen darüber, dass Reflexion der Grundstein für jegliche Entwicklung ist, für alles Lernen und für jede Transformation. Aus unserer Sicht muss Reflexion ein Bestandteil der organisationalen Identität sein.

Wenn Sie sich fragen, wie Sie als Führungskraft die Reflexionsfähigkeit Ihrer Organisation aktiv weiterentwickeln können, finden Sie im Kapitel »Die sieben wichtigsten Interventionen zur Organisation von Musterwechseln in Veränderungsprozessen« weitere Anregungen.

Dem Musterwechsel Kraft geben

Wir haben mit den *Elementen der Veränderung* die wesentlichen Werkzeuge zur co-kreativen Initiierung und Gestaltung organisationaler Musterwechsel beschrieben. Zur Erinnerung: **Co-Creation** verstehen wir als **den Prozess, bei dem Menschen sich gemeinsam ein Bewusstsein für die typischen mentalen Modelle, Narrative und Muster ihrer Organisation bilden und gemeinsam einen Weg kreieren, diese zu verändern.** Dieser Prozess muss kontinuierlich organisiert werden, er braucht stete Aufmerksamkeit, um die Elemente der Veränderung umzusetzen.

Damit Co-Creation ihr volles Potenzial entfalten und zur Veränderung der Spielregeln einer Organisation genutzt werden kann, muss sie in den Zusammenhang mehrerer organisationaler Faktoren gestellt werden. Musterwechsel sind das Resultat des Zusammenspiels dieser Faktoren.

Dazu gehört zum einen der Faktor *Führung*. Co-Creation und Musterwechsel brauchen eine engagierte Führung, die den Musterwechsel *will* und genau dafür den Rahmen zur Verfügung stellt und sich die für den Musterwechsel notwendige Zeit nimmt beziehungsweise der Organisation diese Zeit ermöglicht. Um diese Form von Führung wird es vor allem im Kapitel »Veränderung gestalten – Kernaufgabe von Führung« gehen.

Zum anderen gehören dazu auch diejenigen Faktoren, die Co-Creation und Musterwechsel in der Organisation *verankern* und strukturell ermöglichen. Im Einzelnen geht es darum, dass Sie

- die inneren Strukturmerkmale konsequent mit den äußeren Strukturmerkmale des System-Diamanten verknüpfen,
- aus dem co-kreativen Prozess Entscheidungen ableiten und diese umsetzen,
- strukturelle Hindernisse in der Organisation aus dem Weg räumen und
- einer klaren Struktur bei der Gestaltung co-kreativer Prozesse folgen.

Das Innere mit dem Äußeren des System-Diamanten verbinden

In beide Richtungen denken

Wir haben bisher vor allem betont: Wenn Organisationen oder Organisationseinheiten sich erfolgreich verändern wollen, müssen sie ihren organisationalen Kern wandeln, repräsentiert durch das Innere des System-Diamanten. Wir haben deutlich gemacht, dass Musterwechsel in Organisationen nicht allein durch eine Veränderung der äußeren Strukturmerkmale (Business, Aufbaustruktur, Prozesse, Systeme et cetera) erreicht werden können. Solche Veränderungen drohen zu versanden. Wir haben also bisher klar in Richtung einer Verknüpfung der Strukturmerkmale des System-Diamanten von außen nach innen gedacht: Ein Unternehmen, das bisher auf klassischem Wege Softwareentwicklung betrieben hat und plötzlich auf kleine selbst organisierte und agile Teams setzt, die nach dem Scrum-Prinzip Software entwickeln – eine signifikante Veränderung der *Aufbaustruktur*, der *Prozesse* und der *Managementsysteme* –, wird scheitern, wenn es diese Veränderungen im Äußeren des System-Diamanten *nicht* mit einem Musterwechsel im Denken und Verhalten (= Inneres des System-Diamanten) verbindet. Agiles Arbeiten erfordert ein anderes mentales Model von Zusammenarbeit und andere Verhaltensmuster, um erfolgreich zu sein.

Um Co-Creation und Musterwechsel aber nachhaltige organisationale Kraft zu verleihen, müssen wir auch in die umgekehrte Richtung denken. Lassen Sie uns daher hier ein Plädoyer halten für eine Verknüpfung der Strukturmerkmale von innen nach außen. Denn dort, wo Musterwechsel nicht durch die entsprechenden strukturellen Entscheidungen und Veränderungen organisational ermöglicht und gefördert werden, drohen sie zu versanden.

Ein internationales Großunternehmen hat sich die Einsicht erarbeitet, dass der wirtschaftliche Erfolg angesichts massiven Innovationsdrucks in einem hart umkämpften Markt in Zukunft nur gesichert werden kann, wenn die Organisation deutlich **innovativer, schneller in ihren Entscheidungen** und **experimentierfreudiger** wird. Führungskräfte wie Mitarbeiter sollen zukünftig stärker als bisher **den Status quo hinterfragen, Neues ausprobieren und daraus lernen, selbstbewusster entscheiden** und **vertrauensvoller zusammenarbeiten**. Für das Unternehmen, das bisher eher bürokratisch-sicherheitsorientiert und mit starken Kontrollmechanismen agiert hat, ist das ein signifikanter Musterwechsel. In einem umfassenden Transformationsprozess erarbeiten sich die einzelnen Führungsebenen sowie Führungskräfte mit ihren Teams, wie die angestrebte Veränderung in der konkreten alltäglichen Arbeit übersetzt und umgesetzt werden kann. Es geht zentral darum, sich von langjährigen Denk- und Verhaltensweisen zu verabschieden. Eine große Herausforderung für die Organisation.

Das Management ist sich bewusst, dass der angestrebte Musterwechsel im Denken und Verhalten nur dann erfolgreich sein wird, wenn durch weitreichende Entscheidungen und Veränderungen mit Blick auf die Aufbaustruktur, die Prozesse und die Management- und Bewertungssysteme **ein Rahmen geschaffen wird, in dem das Neue überhaupt realistisch gelebt und praktiziert werden kann.** Solange die äußeren Strukturmerkmale des System-Diamanten noch die ›alte Welt spiegeln‹, so lange wird der Musterwechsel nur bedingt greifen. Folgende wesentliche Entscheidungen werden in dem Unternehmen getroffen und umgesetzt:

- Die **Aufbaustruktur** der Organisation wird verändert: So werden unter anderem zwei Hierarchieebenen abgebaut und gleichzeitig die Entscheidungsbefugnisse der auf den unteren Ebenen operierenden Teams deutlich gestärkt. Die Verschlankung der Berichtswege und die Dezentralisierung von Entscheidungen sollen die Kernwandlung in Richtung auf »schneller in ihren Entscheidungen« und »selbstbewusster entscheiden« (siehe oben) unterstützen.
- Auch die **Prozesse** der Organisation werden so ausgerichtet, dass sie den Musterwechsel ermöglichen. So wird beispielsweise der Prozess zur Beantragung und Initiierung von Forschungs- und Innovationsprojekten massiv entbürokratisiert und umgestaltet: Bisher mussten solche Projekte nicht nur mithilfe unzähliger Formblätter umfangreich und zeitintensiv begründet werden, es mussten darüber hinaus auch das zu erwartende Projektergebnis und das sich daraus ergebende Einspar- oder Umsatzpotenzial zahlenmäßig exakt vorhergesagt beziehungsweise nachgewiesen und vor einem Steering Comittee verteidigt werden. Beide Maßnahmen hatten die Tendenz, jede Innovationslust schon im Keim zu ersticken. Von nun an genügt es, das Innovationsprojekt auf einer DIN-A-4-Seite zu skizzieren, mit einer überzeugenden Vision zu verknüpfen sowie mit dem Vorgesetzten und einem Innovationsmentor abzustimmen. Ein weiterer Schritt: Den Mitarbeitern in den Forschungs- und Entwicklungsabteilungen können künftig 10 Prozent ihrer Arbeitszeit auf selbst definierte Projekte und Vorhaben verwenden, sofern diese in einem erkennbaren Zusammenhang zu aktuellen Forschungsfragen der Organisation stehen. Zwischen den selbstbestimmten Projekten findet ein regelmäßiger Austausch statt. Beide Schritte unterstützen die angestrebte Kernwandlung in Richtung auf »Neues ausprobieren«, »vertrauensvoller zusammenarbeiten« und »experimentierfreudiger werden« (siehe oben).
- Das Unternehmen geht auch mit Blick auf seine **Management- und Bewertungssysteme** entscheidende Schritte.

So wird der klassische Performance-Management-Prozess mit seinem einmal jährlichen stattfindenden Zielsetzungs- und Zielerreichungsgespräch und seiner entgeltrelevanten Komponente abgeschafft. Dieser Prozess hatte aus Sicht des Managements neben dem hohen administrativen und Dokumentationsaufwand nicht nur zu einer verengten Perspektive – »Wie erreiche ich meine Ziele?« statt »Was bringt aktuell die Organisation weiter?« – , sondern auch dazu geführt, dass viele Führungskräfte sich darauf beschränkten, ihren Mitarbeitern nur einmal jährlich, eben im Rahmen der PMP-Gespräche, ein Feedback zur Leistung zu geben. Der Rest des Jahres war gewissermaßen »feedback-befreit«. Von nun an genügt für die Zielvereinbarung ein Blatt Papier, die Ziele sind zur Hälfte Teamziele. Alle Ziele werden unterjährig mehrmals auf Stimmigkeit geprüft. Feedback zwischen Führungskräften und Mitarbeitern findet in beide Richtungen kontinuierlich statt. Zielerreichung und Entgelt sind entkoppelt, stattdessen können besondere Team- wie Individualleistungen durch Einmalzahlungen spontan und flexibel honoriert werden. Dies gibt der Kernwandlung in Richtung auf die Ermöglichung von »Neues ausprobieren und daraus lernen« und »vertrauensvoll zusammenarbeiten« (siehe oben) einen wichtigen strukturellen Rückhalt.

Das Beispiel macht deutlich, wie die zentrale Frage lautet, wenn es darum geht, dem Musterwechsel Kraft zu geben: Was müssen wir an hinderlichen Strukturmerkmalen im Äußeren des System-Diamanten verändern, damit das sich verändernde Innere – der Musterwechsel im Denken und Verhalten – auch wirklich gelebt werden kann? Wie müssen wir die *entscheidbaren Entscheidungsprämissen* (siehe in Kapitel 2, »Der System-Diamant – Ihr Zugang zum Herz der Organisation«) ändern, damit auch wirklich andere Entscheidungen im Geschäftsalltag ermöglicht werden?

»Kulturprojekte« werden schnell zu Komödien

In den vergangenen Jahren haben wir eine zunehmende Tendenz in Organisationen beobachtet, Initiativen zur Veränderung der – im weitesten Sinne – *Organisationskultur* durchzuführen: »Wir brauchen eine neue Führungskultur!« oder »Jetzt führen wir neue Unternehmenswerte ein!« sind oft gehörte Beispiele. Möglicherweise hat Ihre Organisation Vergleichbares unternommen oder ist auf dem Weg, es zu tun. Damit streben Organisationen eine Veränderung im Inneren des System-Diamanten an.

Unsere Erfahrung ist: Veränderungsinitiativen, die einen angestrebten Musterwechsel im Inneren des System-Diamanten **nicht** in den äußeren Strukturmerkmalen verankern und/oder keinen direkten Bezug zum Business haben, laufen Gefahr, von den Beteiligten nicht ernst genommen, sondern zu einer Komödie gemacht zu werden: »Na, warst Du auch schon beim Werte-Workshop? Da hat sich das Management mal wieder was Tolles ausgedacht. Wahrscheinlich macht das die Konkurrenz auch gerade. Ich weiß wirklich nicht, was ich da sollte, ich hab in meiner Abteilung genug echtes Business zu bewältigen.«

Mit anderen Worten: Derartige Veränderungsbemühungen werden nicht ernst genommen, wenn sie keine erkennbare Business-, Prozess- oder Bewertungsrelevanz haben. Wenn Sie eine andere Führungskultur in Ihrer Organisation oder neue (Leit-)Werte etablieren wollen, dann benötigen Sie zweierlei:

- Erstens einen klaren Alltagsbezug. Die Menschen in Ihrer Organisation wollen zu Recht wissen, was Sie sich von der Einführung neuer Werte oder einer anderen Führungskultur für Ihr *Geschäft* versprechen. »Warum werden wir erfolgreicher sein, wenn wir die neuen Werte leben?« oder »Welche Führungskultur brauchen wir, wenn wir unser Business auch noch in fünf Jahren erfolgreich betreiben wollen?« – das sind die entscheidenden Fragen, auf die Sie Antworten benötigen. Und – Sie ahnen es schon – am besten erarbeiten Sie sich eine Antwort auf diese Fragen in Ihrer Organisation auf *co-kreativem* Weg.
- Zweitens eine klare Verankerung der neuen Unternehmenswerte oder Führungskultur in anderen hierfür relevanten äußeren Strukturmerkmalen des System-Diamanten: So ist zum Beispiel bei einem erfolgreichen global operierenden Pharmaunternehmen die an-

gestrebte Führungskultur konsequent mit den *Management- und Bewertungssystemen* verknüpft: Führungsverhalten entsprechend der Unternehmenswerte ist genauso Bestandteil der jährlichen Zielvereinbarung und Leistungsbewertung wie Business-Aktivitäten – und damit unmittelbar gehaltsrelevant. Außerdem sind die Leadership-Development-Programme – Strukturmerkmale *Ressourcen* und *Prozesse* – konsequent an den Unternehmenswerten ausgerichtet. Damit wollen wir kein Plädoyer für klassische Zielvereinbarungen und PMP-Systeme halten – nur für eine möglichst sinnvolle Verknüpfung der inneren mit den äußeren Strukturmerkmalen.

Verknüpfen Sie also grundsätzlich in beide Richtungen, wenn Sie die Erfolgswahrscheinlichkeit Ihrer Veränderung wesentlich steigern wollen: von den äußeren zu den inneren Strukturmerkmalen des System-Diamanten – und von den inneren zu den äußeren Strukturmerkmalen.

Entscheidungen ableiten und umsetzen

Entscheidungen sind Teil des co-kreativen Prozesses

Organisationale Musterwechsel benötigen Entscheidungen: Entscheidungen zur Verknüpfung innerer mit den äußeren Strukturmerkmalen des System-Diamanten, Entscheidungen über die Vorgehensweise und nächsten Schritte im Transformationsprozess, Entscheidungen, etablierte Pfade zu verlassen und neue Handlungsmuster zu erproben, bis hin zur Entscheidung, wie eine Organisation mit denjenigen Akteuren umgeht, die dauerhaft nicht willens sind, das Neue zu leben und die Transformation umzusetzen. Als Entscheider in Ihrer Organisation müssen Sie also sicherstellen, dass das, was im Transformationsprozess erarbeitet wird, zeitnah entschieden wird, und das, was entschieden worden ist, zeitnah umgesetzt wird. Werden keine Entscheidungen getroffen und umgesetzt, lähmt das die Organisation, die Transformation wird unverbindlich und versandet. **Es gilt, immer wieder ein deutliches Signal zu setzen, dass es kein Zurück hinter die Entscheidung gibt, sich zu verändern.**

Zum co-kreativen Prozess gehört von daher unbedingt das Treffen von

Entscheidungen, auf deren Basis Menschen konkret ins Handeln kommen. Die folgende Grafik macht dies deutlich.

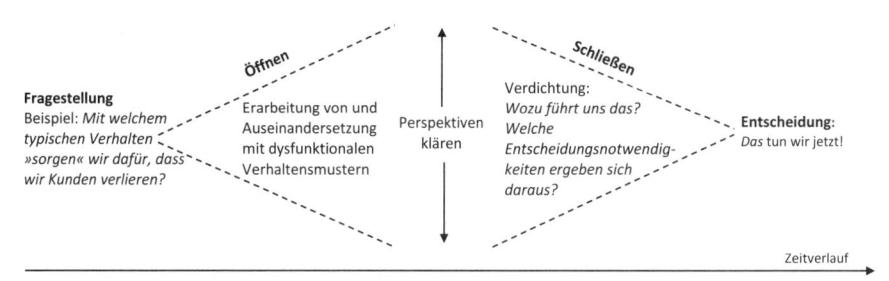

```
                      Öffnen                        Schließen
Fragestellung                              Verdichtung:
Beispiel: Mit welchem   Erarbeitung von und          Wozu führt uns das?         Entscheidung:
typischen Verhalten     Auseinandersetzung  Perspektiven  Welche                 Das tun wir jetzt!
»sorgen« wir dafür, dass mit dysfunktionalen  klären      Entscheidungsnotwendig-
wir Kunden verlieren?   Verhaltensmustern              keiten ergeben sich
                                                       daraus?
                                                                              Zeitverlauf
         Einsatz eines co-kreativen Elements der Veränderung z. B. »Die Organisation mit sich selbst bekannt machen«
```

Abbildung 7: Co-kreativer Prozess

Die beispielhafte und vergröberte Darstellung des co-kreativen Prozesses macht deutlich, dass dieser Prozess immer eine Phase der Verdichtung durchlaufen muss, die zu einer Entscheidung führt – mindestens die Entscheidung, worin jetzt der nächste Schritt besteht und woran als Nächstes gearbeitet werden muss, um (wie im Beispiel in Abbildung 7) zu einem Mehr an Kundenorientierung zu kommen.

Dabei muss das »Wozu führt uns das?« nicht notwendigerweise bedeuten, dass Entscheidungen immer gemeinsam und im besten Fall konsensual zu treffen sind. Organisationen sind keine basisdemokratischen Institutionen, nicht alle können und müssen gefragt werden oder einverstanden sein. Die entlastende Funktion von Hierarchie besteht ja gerade darin, dass sie im Konfliktfall, das heißt wenn auf anderem Wege keine Entscheidung herbeigeführt werden kann, entscheidet und damit Handlungsfähigkeit sicherstellt.

Das kann dann unter Umständen auch heißen, gegen den Willen einiger der am co-kreativen Prozess Beteiligten zu entscheiden. Organisationale Transformation und Musterwechsel können nicht warten, bis wirklich alle Mitglieder der Organisation die Veränderung mittragen. Das folgende Fallbeispiel zeigt, wie es *nicht* funktioniert:

In einem Werk eines Produktionsunternehmens transportieren Gabelstaplerfahrer Material und Halbfabrikate von Maschine zu Maschine. Ihre Arbeit organisieren sie selbst: Sie fahren mit ihrem Stapler herum und schauen, an welcher Maschine Material zum Weitertransport bereitgestellt worden ist. Die Staplerfahrer sind so überlastet, dass sie kaum die gesetzlich vorgeschriebenen Pausen einhalten können. Zudem erzeugt die Überlastung Stress, der sich negativ auf die Konzentration auswirkt. Das Unfallrisiko steigt. In Gesprächen mit ihren Vorgesetzten bringen sie ihren Unmut über die Situation zum Ausdruck.

Die Werksleitung setzt daraufhin ein Veränderungsprojekt auf, in dem es darum geht, Transportaufträge zu generieren und diese so zu disponieren, dass den Fahrern zwischen den Aufträgen genügend Zeit für Pausen zur Verfügung steht. Das Projekt startet mit einer Umfrage unter den Staplerfahrern. Das Resultat: Die Gabelstaplerfahrer sind tatsächlich überlastet. Im Projekt wird dann in enger Zusammenarbeit mit den Staplerfahrern ein IT-System konzipiert. Zu Übermittlung der Transportaufträge wird an jedem Stapler ein Tablet installiert. Ein Dispositionsalgorithmus optimiert die Verteilung der Transportaufträge so, dass wirklich Freiräume für Pausen entstehen. Mit der technischen Lösung scheinen alle am Prozess Beteiligten einverstanden – auch wenn den Staplerfahrern klar ist, dass sie einen Teil ihrer Autonomie verlieren werden (unter anderem darin besteht der Musterwechsel!). Es wird die Entscheidung getroffen, die Lösung in die Praxis umzusetzen.

Als das System in den Echtbetrieb gehen soll, weigern sich die Staplerfahrer dann, es zu nutzen: Es würde am Ende doch nur ihre Arbeit verzögern. Und schließlich wüssten sie besser als jede Maschine, wie die Arbeit optimal zu organisieren sei. Die Werksleitung akzeptiert nach einigem Hin und Her den Widerstand der Fahrer und belässt es bei dem bisherigen Verfahren.

In diesem Fallbeispiel realisiert die Werksleitung nicht, dass zur Transformation auch die konsequente Forderung gehören muss, getroffene Entscheidungen umzusetzen. Wo das nicht geschieht, verliert die Transformation ihre Kraft. Wo die dauerhafte Weigerung, den entschiedenen

Weg mitzugehen, keine Konsequenzen hat, wird die Transformation nicht ernst genommen.

Entscheidungsstrukturen unterstützen die Transformation

Hilfreich für die Organisation von Entscheidungen im Transformationsprozess ist eine klare Entscheidungsstruktur, die allen Beteiligten bekannt ist. In dieser Entscheidungsstruktur wird definiert, welches Thema wie, durch wen, mit wem und bis wann entschieden wird. Damit wird auch deutlich, auf welcher Hierarchieebene was entschieden wird und welche Entscheidungen die Voraussetzungen für Folgeentscheidungen sind. Denn **Co-Creation bedeutet nicht, dass alle *alles* mitgestalten.** Bei den co-kreativen Sessions der jeweils nachfolgenden hierarchischen Ebene wird nicht noch einmal diskutiert, was bereits auf hierarchisch höherer Ebene entschieden ist. Sondern es wird daran gearbeitet, welche Themen im Licht bereits getroffener Entscheidungen jetzt auf der eigenen Ebene zu reflektieren und welche Entscheidungen zu treffen sind.

Idealerweise ist eine Entscheidungsstruktur, die eine derartige Orientierung bietet, selbst das Resultat eines co-kreativen Prozesses.

Strukturelle Hindernisse aus dem Weg räumen

Im Kapitel »Das Innere mit dem Äußeren des System-Diamanten verbinden« haben wir bereits deutlich gemacht, dass ein grundlegender Wandel einen organisationalen Rahmen braucht und einen Kontext, der diesen Wandel strukturell ermöglicht, statt ihn zu verhindern. Neben der Verknüpfung von inneren mit äußeren Strukturmerkmalen des System-Diamanten ist es sinnvoll, immer wieder zu fragen: Welche *strukturellen Hindernisse* müssen wir aus dem Weg räumen, um Co-Creation und Musterwechsel Raum zu geben? Was hindert aktuell die handelnden Personen, sich so zu verhalten, wie es für das Erreichen des Veränderungsziels notwendig ist? Die zentrale Führungsaufgabe in diesem Zusammenhang ist also fortwährendes »Enabling« im Sinne von »Ermöglichen«.

Einer der oft wesentlichen limitierenden Faktoren im Veränderungsprozess ist der Faktor Zeit. **Co-kreative Prozesse und Entscheidungsprozesse benötigen** ebenso **Zeit** wie das aktive Erproben, Reflektieren und Verfestigen neuer Denk- und Verhaltensmuster. Mitarbeiter und Führungskräfte, von denen eine signifikante Veränderung erwartet wird, benötigen auch den zeitlichen Freiraum für diese Veränderung. Werden sie aber gleichzeitig mit dem Anspruch konfrontiert, dass »das Tagesgeschäft ungebremst weiterlaufen« muss und eigentlich »keine Zeit für die Veränderung« ist, nehmen die Mitarbeiter die Veränderung entweder nicht ernst oder sie reagieren mit Demotivation. Natürlich ist angesichts des Drucks, den Markt und Tagesgeschäft kontinuierlich ausüben, ein stetiges Dilemma, die nötige Zeit zu ermöglichen. Aber wenn Sie Ihre Organisation wirklich signifikant verändern wollen, werden Sie dafür (immer wieder) eine Lösung finden müssen. Es geht um die richtigen Prioritäten. Und die sind Ihre Entscheidung.

Neben Zeit lässt sich nach anderen Ressourcen fragen: Welche Ausstattung, welche Mittel sind erforderlich, um die Veränderung auch wirklich umsetzen zu können? Wo droht die Veränderung zu versanden, weil eben diese Ressourcen fehlen? Wir wissen, dass es keine Kleinigkeit ist, bestehende strukturelle Hindernisse aus dem Weg zu räumen. In komplexen Welten gibt es Wechselwirkungen und Verknüpfungen, die nicht immer sofort auflösbar sind. Das kann aber kein Grund sein, notwendige Musterwechsel am Ende zugunsten vermeintlicher Sachzwänge zu opfern.

Denken Sie einmal selbst weiter: Wie viel mehr Kraft und Erfolgschancen wird ein Veränderungsprozess entwickeln,

- der zum Ziel hat, unternehmerisches Denken und unternehmerische Verantwortung bei Führungskräften wie Mitarbeitern zu fördern, wenn gleichzeitig das enge Korsett minutiöser Reisekostenabrechnung und Aufwandsrechtfertigungen abgeschafft wird?
- der Talente im eigenen Unternehmen fördern will, um die Besten zu halten, wenn gleichzeitig der Stellenbesetzungsprozess so angepasst wird, dass Bewerbungen aus dem Talentpool Vorrang bekommen?
- der einer innovationsfördernden Fehlerkultur den Weg bereiten will, wenn es keine Sanktionierungen bei »roten Projekt-Ampeln« mehr gibt?
- der unter anderem darauf ausgerichtet ist, flexibler und kundenorientierter auf Kundenanfragen zu reagieren, wenn gleichzeitig die Durchlaufzeit der dazu notwendigen Genehmigungsprozesse von vier Wochen auf vier Tage verkürzt wird?

Ein Strukturvorschlag für co-kreative Prozesse

Der vierte Erfolgsfaktor, um einem organisationalen Musterwechsel Kraft zu verleihen, besteht darin, beim Organisieren des Veränderungsprozesses einer klaren und zielorientierten Vorgehensstruktur zu folgen. Die Grundstruktur, die wir Ihnen hier vorstellen, lässt sich individuell an die jeweilige Veränderung anpassen. Sie bildet den roten Faden für den Einsatz der »Elemente co-kreativer Veränderung« in allen Phasen des Prozesses.

Führung: Rahmen setzen
Selbstorganisation fördern
Veränderungsenergie generieren

- Wie tickt die Organisation in Veränderungssituationen?
- Welchen Change-Reifegrad hat sie?
- Wer sind die relevanten Stakeholder

- Welches Problem soll gelöst, welches Ziel erreicht werden?
- Worin besteht der Musterwechsel?
- Was wird sich für das Business, die Kunden, die Mitarbeiter verändern?

- Was ist das »eigentliche« Problem?
- Wie muss sich die Organisation in ihrem Kern wandeln?

Untersuchung der Organisation
Untersuchung des Veränderungsvorhabens
Diagnose

Veränderung / Transformation

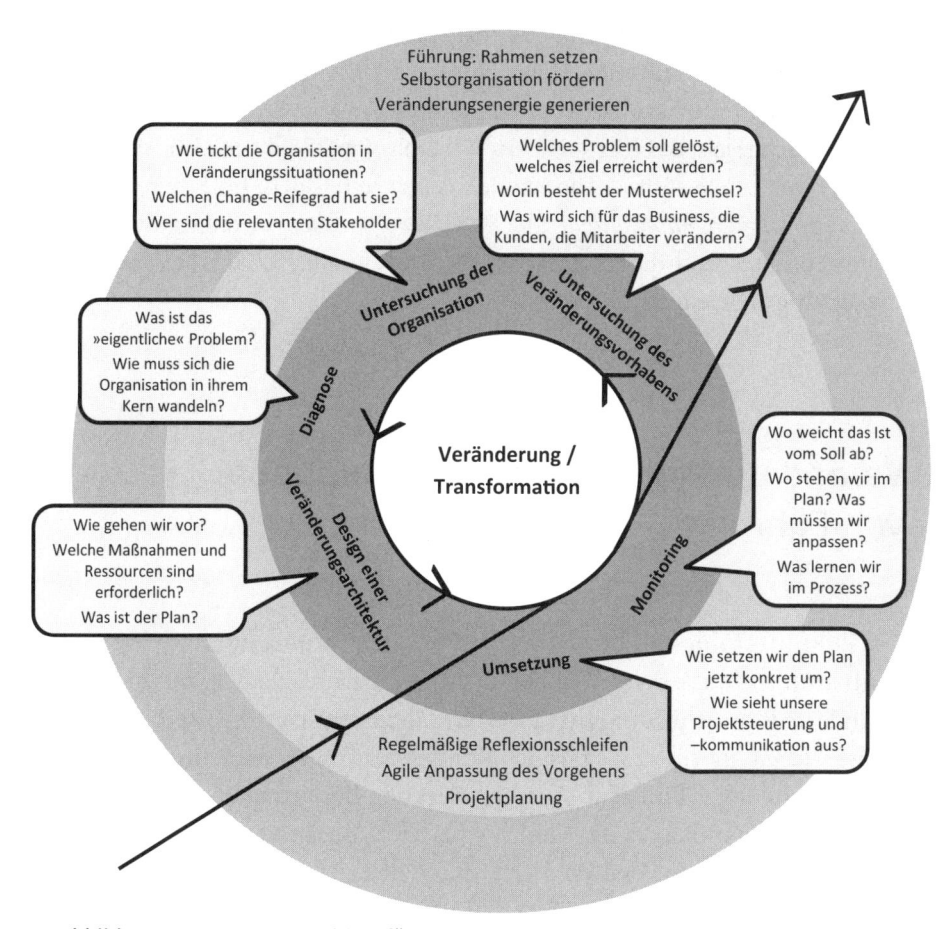

- Wo weicht das Ist vom Soll ab?
- Wo stehen wir im Plan? Was müssen wir anpassen?
- Was lernen wir im Prozess?

- Wie gehen wir vor?
- Welche Maßnahmen und Ressourcen sind erforderlich?
- Was ist der Plan?

Design einer Veränderungsarchitektur
Monitoring
Umsetzung

- Wie setzen wir den Plan jetzt konkret um?
- Wie sieht unsere Projektsteuerung und –kommunikation aus?

Regelmäßige Reflexionsschleifen
Agile Anpassung des Vorgehens
Projektplanung

Abbildung 8: Strukturvorschlag für co-kreative Prozesse

Ein wichtiger Schlüssel zum Erfolg in allen Phasen des Vorgehens ist der Umgang mit den Emotionen der Beteiligten und Betroffenen. Dieser

Umgang ist zu jedem Zeitpunkt wichtig. Daher erscheint er auch nicht als eigene Aktivität innerhalb unseres Strukturvorschlags, sondern ist in die einzelnen Phasen integriert. Warum die Verknüpfung von Co-Creation und emotionaler Involvierung wichtig ist und wie diese aussehen kann, haben wir in den bisherigen Kapiteln bereits mehrfach hervorgehoben. In Kapitel 4 werden Sie schließlich sehen, wie die konkrete Ausgestaltung im Veränderungsprozess aussieht. Die integrierte Thematisierung der betriebswirtschaftlich orientierten äußeren Strukturmerkmale des System-Diamanten, der Denk- und Verhaltensmuster im Inneren und der emotionalen Involvierung von Menschen im co-kreativen Prozess macht aus unserer Perspektive einen der zentralen Unterschiede, die die Erfolgswahrscheinlichkeit des Veränderungsvorhabens deutlich steigern!

Natürlich reicht das hier skizzierte Schema einer Struktur nicht aus. Wie man sie mit Leben füllt, davon handelt das weitere Buch: Im Kapitel 4 *Wie Sie als Führungskraft die Veränderung zielführend gestalten* wird diese Struktur weiter entfaltet und daraus entsprechende Maßnahmen für die konkrete Umsetzung abgeleitet.

Veränderung gestalten – Kernaufgabe von Führung

Die Zukunftsfähigkeit der Organisation sicherzustellen ist eine der zentralen Aufgaben von Führung. Es geht darum, die Organisation an veränderte Rahmenbedingungen und Kundenbedarfe anzupassen.

Wir leben in einer Welt voller Komplexität, alles steht mit allem in Zusammenhang. Einfache Ursache-Wirkung-Erklärungen haben ausgedient. Und damit auch das Modell einer Führungskraft, die einsame Entscheidungen trifft und den Rest nach unten delegiert. Zugleich wissen wir: Ohne Führung geht es nicht. Ohne Führung verliert sich eine Organisation in Komplexität und fehlender Zielausrichtung. Ohne Führung versanden Veränderungsinitiativen. Selbst in den modernsten agilen Organisationen braucht es eine hierarchische Führung, die in der Lage ist, Basisentscheidungen zu treffen oder herbeizuführen und einen Rahmen aufrechtzuerhalten, in dem Selbstorganisation möglich ist. **Was Führung** in diesem Kontext **heute braucht, ist ein neues Selbstverständnis.**

Was also macht die Qualität der Führung aus, die in der Lage ist, die notwendigen Bedingungen für das Gelingen von Veränderungsprozessen zu schaffen und Veränderung zu organisieren? Wir verraten es Ihnen.

Verantwortung und Haltung der Führung

Wenn wir im Folgenden von der »hierarchischen Führung« sprechen, meinen wir damit nicht zwangsläufig den Vorstand oder die Geschäftsleitung, sondern die Führungskraft, in deren Verantwortungsbereich der Transformationsprozess stattfinden soll. Das kann jede Führungskraft sein, die auch nur eine signifikante Veränderung in ihrem Dienstleistungsportfolio vornehmen oder eine neue Software einführen möchte. Wenn in unseren Beispielen manchmal vom »Vorstand« die Rede ist, so deswegen, weil in diesem Moment an eine umfassende Veränderung bezüglich der Gesamtorganisation gedacht ist.

1. Für Dringlichkeit und Zielklarheit sorgen

Veränderungsvorhaben brauchen ein klares Zielbild. Und es braucht ein Bewusstsein der Dringlichkeit. Warum ist eine Veränderung gerade jetzt notwendig? Was passiert, wenn wir nichts tun? Wie soll das Zielbild aussehen, das die Organisation voranbringt? Was müssen wir dabei im Blick behalten?

Wir haben bereits deutlich gemacht, dass die Beantwortung dieser Fragen nicht über Ansprachen oder Appelle durch die Führungskraft funktioniert, sondern allein durch Co-Creation. Es geht darum, sich zunächst im Führungsteam gemeinsam ein Zielbild zu erarbeiten. Der hierarchischen Führungskraft kommt hier allerdings eine besondere Rolle zu. Sie initiiert den Prozess. Sie gibt den Anstoß dafür, an den Entscheidungsprämissen zu arbeiten, und schafft den Rahmen, um co-creativ zu einem Zielbild zu gelangen. Denn nur im Dialog kann das Zielbild die verschiedenen Perspektiven der Beteiligten in ihren jeweiligen Rollen integrieren und damit die Intelligenz der Organisation nutzen, und nur so kann es von allen Beteiligten kognitiv wie emotional getragen werden.

Letzteres ist entscheidend. Denn in der Folge ist es die Aufgabe der an diesem Prozess beteiligten Führungskräfte, den Veränderungsprozess in ihren Verantwortungs- beziehungsweise Einflussbereichen anzustoßen, in weiteren co-kreativen Prozessen die notwendigen Schritte zu konkretisieren und voranzubringen.

2. Veränderungsenergie einbringen und Strukturrahmen aufrechterhalten

Das führt uns zum nächsten entscheidenden Erfolgsfaktor für Veränderung: Die **Führung muss Veränderungsenergie** einbringen. Ohne eine signifikante Veränderungsenergie kommt eine Veränderung nicht ins Laufen oder versandet sehr schnell. In einem sozialen System wird Veränderungsenergie durch das bewusste Treffen von Entscheidungen und das aktive Handeln einer Funktion wirksam, die sowohl über Macht, Wille, und den Zugang zu den benötigten Mittel verfügt. Zunächst geht es dabei immer um die Basisentscheidung: »Verändern wir die Muster, die Identität unserer Organisation grundlegend? Oder reicht es, wenn wir unser bisheriges System optimieren, um es effizienter zu machen?« Selbstverständlich werden im weiteren Verlauf des Veränderungsprozesses weitere Impulse durch weitere Entscheidungen notwendig.

Macht

Hierarchische Macht ist essenziell, wenn es darum geht, eine Basisentscheidung zu treffen, zum Beispiel »Wir müssen agieren und zwar jetzt«. Oder wenn es darum geht, Einfluss auf Folgeentscheidungen zu nehmen. Macht ist notwendig, um Impulse zu setzen, Initiativen in Gang zu setzen und die Veränderung voranzutreiben.

Das ist auch in hochagilen, hierarchiearmen Kontexten so. Auch dort werden Entscheidungen vorausgesetzt, im Sinne von »An diesen Themen müssen wir arbeiten, diese Struktur wollen wir uns (vorläufig) dafür geben« und Ähnlichem. Diese Entscheidung kommt durch Führung zustande. Und nur Führung hält den Rahmen aufrecht, in dem Agilität und Selbstorganisation stattfinden kann. Zur Bedeutung von Macht in agilen Kontexten geht der Organisationssoziologie Stefan Kühl sogar noch einen Schritt weiter. Der Abbau von Hierarchieebenen in agilen Vorreiterfirmen führt aus seiner Sicht nicht zu reduzierter Macht (denn Macht ist Bestandteil jeder Organisation), sondern dazu, dass sich entweder eine andere informelle Macht etabliert oder der Machteinfluss der Führung an der Spitze verstärkt wird.[12]

Natürlich können Veränderungsprozesse auch von der Basis angestoßen werden. Insbesondere dann, wenn es darum geht, Themen an der Schnittstelle zum Kunden aufzugreifen und Veränderungen im Sinne einer verbesserten Customer Experience zu gestalten. Diese kundennahen Initiativen münden idealerweise in das übergreifende Zielbild ein oder können dieses um neue, bislang nicht bedachte Facetten ergänzen. Aber auch hier braucht es an entscheidenden Stellen den Einfluss einer machtvollen Führung, die den Rahmen dafür setzt, dass Initiativen nicht sofort wieder versanden, weil sie in der Komplexität der Organisation untergehen zu drohen oder an den »entscheidenden« Stellen kein Gehör finden.

Mittel

Führung muss auch für den Zugang zu den notwendigen Mittel sorgen. Denn Veränderung ist grundsätzlich nicht zum Nulltarif zu bekommen. Es braucht Zeit, Prioritäten müssen verändert, zusätzliche personelle, materielle und finanzielle Mittel müssen zur Verfügung gestellt werden. **Veränderung kostet!** Fehlen notwendige Mittel, beginnt sich die Organisation aufzureiben, wichtige Prozesse werden aufgeweicht oder umgangen, und es etabliert sich eine Kultur, die geprägt ist von Frustration, Schuldzuweisungen oder Wegducken. Es liegt auf der Hand, dass damit das Ende gewollter Veränderung eingeläutet wird.

Wille

Außer Macht und Mitteln braucht Führung den Willen und die Bereitschaft, die Veränderung durch aktives Handeln zu initiieren und voranzutreiben. Es ist ihre Aufgabe, die dadurch entstandene Veränderungsenergie über den erforderlichen Zeitraum im System zu halten und gleichzeitig immer wieder neue Impulse zu setzen.

Veränderungsinitiativen versanden immer dann, wenn wichtige Prozessschritte zu früh delegiert werden (meistens an die nächste Führungsebene oder den externen Berater) und die Aufmerksamkeit der Führung abnimmt. Dann verliert sich die Organisation häufig in ihrer Komplexität oder in Interessenkonflikten. **Veränderungsinitiativen verlangen** daher **der Führungskraft permanente Aufmerksamkeit**, das Aushalten von Rückschlägen sowie den konstruktiven Umgang mit Widerständen **ab**. Auf der anderen Seite bedarf es eines positiven Blicks auf das Ziel und auf bisher Erreichtes.

Fragen Sie sich also vor dem Start Ihres Veränderungsprozesses:

- Habe ich genügend Einfluss auf mein (Sub-)System, um die Veränderung zu initiieren, und auch den Willen und die Energie, den organisationalen Rahmen über eine längere Zeit zu halten?
- Bin ich in der Lage und dazu bereit, die notwendigen Mittel zur Verfügung zu stellen oder dafür zu sorgen, dass andere dies tun?

Falls Sie diese Fragen für Ihr Veränderungsvorhaben nicht eindeutig positiv beantworten können, lassen Sie besser die Finger davon. Denn sonst laufen Sie Gefahr, sich mit Ihrem Projekt in die große Schar aufreibender, erfolgloser und entmutigender Initiativen einzureihen und zur Veränderungsmüdigkeit Ihrer Organisation beizutragen.

Entscheidungen organisieren, Rahmen setzen, Organisation »enablen«

Komplexe Themen lassen sich nicht mit einfachen Antworten lösen. Trotzdem treffen viele Führungskräfte immer noch reflexartig schnelle Entscheidungen und erwarten wiederum von ihren Führungskräften, dass diese das »nach unten durchsteuern«. Dass dies nach wie vor gängige Praxis ist, liegt häufig daran, dass Führungskräften entweder das Bewusstsein für die Komplexität sozialer Systeme oder das Handlungsrepertoire zur Gestaltung erfolgreicher Veränderung fehlt. Und so kommt in vielen Fällen auf die Führungskraft vor dem eigentlichen Veränderungsprozess erst einmal ein notwendiger Wandel im eigenen Führungsdenken und -handeln zu.

Möglicherweise fragen Sie sich jetzt: Aber was genau ist zu tun? Wie kann ich durch eine veränderte Sicht auf meine Rolle und mein Handeln die Gelingensbedingungen für den organisationalen Wandel schaffen und entsprechende Ergebnisse erzielen? Dann haben wir für Sie eine gute Nachricht: Es gibt Fokuspunkte, auf die Sie sich als Führungskraft (als Erstes) konzentrieren können.

Von der Basisentscheidung zu Folgeentscheidungen führen

Unabhängig davon, welche Art organisationale Transformation Sie in Ihrer Organisation durchlaufen und welche Ziele Sie dabei verfolgen, am Ende geht es immer wieder darum, dass die maßgeblichen Entscheidungen getroffen und umgesetzt werden. Denken Sie daran, dass Organisationen einen besonderen Typ sozialer Systeme darstellen, die im Kern aus Entscheidungen bestehen.

Organisationale Transformationsprozesse haben grundlegende Entscheidungsphasen. Erst die konsequente Verknüpfung aller Phasen ermöglicht die erfolgreiche Veränderung. Sehen Sie anhand des Beispiels in der Übersicht »Phasen des Entscheidungsprozesses«, wie die Verknüpfung gelingen kann und welche Klippen es zu erkennen und überwinden gilt.

Phasen des Entscheidungsprozesses

Der Auslöser	Die Organisation reagiert auf einen Impuls. Beispiel: Das Inlandsgeschäft eines größeren Konzerns ist in den vergangenen beiden Jahren massiv eingebrochen.
GAP 1	Der Vorstand reagiert. Beispiel: Er beauftragt eine Unternehmensberatung, eine Analyse durchzuführen und Empfehlungen für das weitere Vorgehen zu geben. Die Beratung empfiehlt: Kundenorientierung erhöhen und gleichzeitig den globalen Markt angehen.
Die Basisentscheidung	Eine Basisentscheidung im Sinne einer Initialentscheidung durch den oder die Entscheider steht an. Soll eine Veränderungsinitiative initiiert werden, und wenn ja, mit welchem Zielfokus? Folgen wir der Empfehlung, oder machen wir etwas anderes? Wollen wir uns wirklich verändern oder nicht? Beispiel: Der Vorstand trifft die Basisentscheidung, sich zunächst auf das Inlandsgeschäft zu konzentrieren und erst in einem späteren Schritt die globale Präsenz auszubauen. Das Unternehmen soll im Kern stärker kundenzentriert ausgerichtet werden, um die Wettbewerbsfähigkeit im Inland zu erhöhen und verlorene Marktanteile zurückzuholen.

Phasen des Entscheidungsprozesses

GAP 2	Nach dem Treffen der Basisentscheidung gilt es, den weiteren Prozess aktiv zu gestalten und dafür zu sorgen, dass Folgeentscheidungen von weiteren Beteiligten getroffen werden können. Diese Aufgabe ist Chefsache! Auch wenn häufig so getan wird, als wüsste nach getroffener Basisentscheidung jeder Manager automatisch, was zu tun ist – in der Regel **treffen sich Folgeentscheidungen nicht von alleine!** Folgeentscheidungen sind alle Entscheidungen, die notwendig sind, damit die Basisentscheidung (»Wir verändern uns«) am Ende auch wirklich umgesetzt wird. Beispiel: In einer ressortübergreifenden Arbeitsgruppe werden verschiedene Vorschläge für Veränderungsinitiativen erarbeitet. Die Einrichtung, die Besetzung und der Arbeitsauftrag der Arbeitsgruppe ist von allen Vorstandsmitgliedern beschlossen worden. Der Vorstand hat einen Zeitplan aufgestellt. Darin enthalten sind Endtermine für die Erarbeitung der Entscheidungsvorlagen und Workshop-Termine für den Vorstand zur Evaluation der Entscheidungsvorschläge. Veränderungsprozesse kommen an dieser Stelle häufig ins Stocken. Gründe hierfür sind: Die Basisentscheidung ist nicht angemessen vergemeinschaftet worden. Das heißt, sie ist in ihrer Relevanz und Tragweite in der Organisation nicht verstanden. Die beteiligten Führungskräfte sind nicht ausreichend im Sinne eines co-kreativen Prozesses aktiviert worden (lesen Sie dazu auch Kapitel 3, »Das Handwerkszeug: Zentrale Elemente co-kreativer Veränderung«). Es existieren nicht bearbeitete Zielkonflikte, die zu Dilemmata im mittleren Management führen. Dies wiederum löst häufig Zuschreibungen wie »L(e)ähmschicht« aus. Ein solches Dilemma wäre in obigem Beispiel etwa, wenn zentrale Managementprozesse (Berechtigungskonzepte, Incentivierungen et cetera), die einer stärkeren Kundenorientierung im Sinne eines agileren Handelns entgegenlaufen, nicht angepasst oder verschlankt würden. Führungskräfte haben dann die Wahl, sich entweder über bestehende Regularien hinwegzusetzen und die Veränderung trotzdem weiter voranzutreiben oder aber wichtige Folgeentscheidungen »auszusitzen«, das heißt nicht zu treffen, wodurch in der Tat der Prozess ins Stocken gerät.

Phasen des Entscheidungsprozesses

Die Folgeentscheidungen	Aus der Basisentscheidung werden Folgeentscheidungen abgeleitet, die der weiteren Detaillierung des Veränderungsvorhabens dienen. Sie schaffen die Basis für die Entwicklung von Umsetzungsmaßnahmen. Beispiel: Im Rahmen der verschiedenen Aktivitäten zur Verstärkung der Kundenorientierung der Gesamtorganisation trifft der Vorstand auch die Entscheidung, dass die Veränderungsinitiative »Neuausrichtung Vertrieb« umgesetzt wird. Der Vertriebsvorstand erhält den Auftrag, dieses Projekt umzusetzen. Wichtige Folgeentscheidungen sind hier die räumliche Zusammenlegung der verschiedenen Vertriebsabteilungen, die Einführung einer CRM-Software und ein neues Konzept zur Kundenansprache durch die Vertriebsbeauftragten.
GAP 3	Nach dem Treffen der Folgeentscheidungen gilt es, den weiteren Prozess aktiv zu gestalten und dafür zu sorgen, dass Umsetzungsmaßnahmen konzipiert und realisiert werden können. Beispiel: Der Vertriebsvorstand bildet ein Projektteam, das unter seiner Leitung arbeitet. Mitglieder sind alle Vertriebsleiter, der Projektleiter aus dem Facility Management (= Umzug), der Projektleiter IT (neues CRM-System) und die OE-Abteilung (= neues Konzept zur Kundenansprache). Auch hier greifen ähnliche Ursachen (fehlende Vergemeinschaftung der Entscheidung, fehlende co-kreative Aktivierung der Führungskräfte, Zielkonflikte), die das Veränderungsprojekt behindern können. Weitere oft auftretende Phänomene sind: Es werden nur unzureichende Folgeentscheidungen getroffen, die zu schwach sind, um die durch die Basisentscheidung angestrebte Veränderung auch wirklich umzusetzen, Die Change Story wird nicht für die Zielgruppen übersetzt: Die Führungskräfte erarbeiten mit ihren Mitarbeitern kein gemeinsames mentales Modell von der Veränderung und wie diese im eigenen Kontext umzusetzen ist. Es werden Maßnahmen definiert, die nicht auf das Ziel einzahlen.
Umsetzungsmaßnahmen	Die Umsetzungsmaßnahmen konkretisieren die eigentliche Entwicklung und Implementierung von Veränderungsaktivitäten: Was wird wann von wem initiiert und umgesetzt? Beispiel: Am 1.7. ziehen wir um in die neue Etage. Ab dem 3.7. nutzen wir die neue CRM-Software, und wir starten unser neues Konzept der Kundenansprache. Der erste Review-Termin auf Projektteamebene ist der 15.7.

Das Beispiel zeigt, dass es aus Führungsperspektive nicht ausreicht, eine Entscheidung zu treffen und das Treffen von Folgeentscheidungen der (Selbst-)Organisation zu überlassen. Selbstorganisation braucht einen Rahmen und bedeutet weder Beliebigkeit noch Basisdemokratie.

Denn damit würde der Vorstand den bestehenden organisationalen Handlungsmuster freien Lauf geben. Und vermutlich würde das System genau das tun, was es immer tut, da das Innere des System-Diamanten auf Selbsterhalt ausgerichtet ist. Es hält trotz offensichtlicher Aktivität und grünen Ampeln, die nach oben berichtet werden, an Bestehendem fest und findet Wege, in Wahrheit alles beim Alten zu belassen (sich zum Beispiel Pfründe zu sichern, wegzuducken, Probleme wie heiße Kartoffeln weiterzureichen, statt sie gemeinschaftlich zu lösen).

Die in der Übersicht dargestellten sogenannten »GAPS« müssen daher von der jeweils hierarchischen Führungskraft beziehungsweise dem Führungsteam aktiv gestaltet und organisiert werden, damit sie nicht wirklich zur Handlungslücke werden, die den Veränderungsprozess versanden lässt. **Führung** muss auch hier den Rahmen gestalten und die Organisation mit der Kompetenz ausstatten (Stichwort: enablen), Folgeentscheidungen zielführend vorzubereiten und durchzuführen. Das heißt konkret: Sie **ist dafür verantwortlich, dass die entscheidenden Keyplayer** aus den verschiedenen Bereichen **zusammenkommen**, die verschiedenen Perspektiven zusammenführen **und co-kreativ Lösungen für das Gesamtsystem entwickeln, in dem die Veränderung stattfindet.**

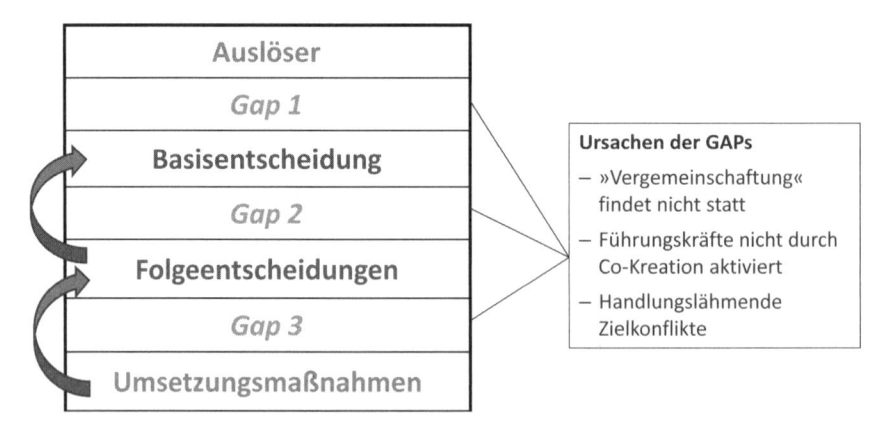

Abbildung 9: Phasen des Entscheidungsprozesses

Die Phasen bilden im Entscheidungsprozess keinen streng linearen Weg ab. Erkenntnisse, die in den folgenden Schritten erarbeitet werden, fließen selbstverständlich zurück und können getroffene Entscheidungen noch einmal beeinflussen. Dazu braucht es in jeder Phase der Entscheidungsfindung Zeit für Reflexionsschleifen, wie wir in Kapitel 3, »Das Handwerkszeug: Zentrale Elemente co-kreativer Veränderung« schon erklärt haben.

Rahmen setzen und Organisation enabeln

Um die Gelingensbedingungen für erfolgreiche Veränderung zu schaffen, muss Führung den notwendigen organisatorischen und kommunikativen Rahmen dafür stecken.
Die Verantwortung von Führung hierbei ist:

- Einen strukturellen Rahmen zu setzen, also die richtigen Menschen zu den anstehenden Themen zusammenzubringen, Ziele zu setzen oder gemeinsam festzulegen, Rollen und Zuständigkeiten zu klären, Regeln zu vereinbaren und Klarheit zu Entscheidungswegen und -befugnissen zu schaffen.
- Einen kommunikativen Rahmen herzustellen, in dem es nicht nur möglich, sondern auch gewünscht ist, Themen offen anzusprechen. Hier muss sich Führung vertrauenswürdig machen und als Vorbild agieren. Kernfrage ist: Was tue ich als Führungskraft dafür, dass es in meinem Kontext erlaubt ist, hinderliche Faktoren für die angestrebte Veränderung vorzubringen?
- Selbst ein echtes Interesse einzubringen, diese Kontexte so zu verändern, dass eine Gesamtlösung möglich ist. Ein Manager, der von seinen Führungskräften vehement unternehmerisches, bereichsübergreifendes Denken und Handeln einfordert, aber in den Bewertungs- und Belohnungssystemen ausschließlich die Bereichsergebnisse im Blick hat, sollte sich also nicht wundern, wenn Prioritäten anders gesetzt werden.

Wenn wir davon sprechen, dass es Aufgabe von Führung ist, die Organisation zu enabeln, denken wir an zwei Dinge: erstens: den Menschen Raum, Zeit, Kompetenzen und Mittel an die Hand zu geben, und zweitens: zum Beispiel Hindernisse aus dem Weg zu räumen, die die Umsetzung der Transformation erschweren oder gar unmöglich machen. Das braucht Mut und Engagement.

Die Intelligenz der Organisation nutzen

Ein co-kreativer Prozess setzt also eine bestimmte Führungshaltung voraus. In einem co-kreativen Prozess geht es um »Mehr-Hirn-Denken« und um eine aktive dialogische Auseinandersetzung mit den Themen, um das volle Potenzial der Organisation auszuschöpfen. Das ist fundamental, wenn wir verhindern wollen, dass Lösungen nicht mehr sind als Denkergebnisse einzelner oder weniger Führungskräfte.

Um Missverständnissen vorzubeugen: Es geht hierbei nicht darum, alle zu fragen und alle mitentscheiden zu lassen. Das wäre in einem großen Unternehmen nicht möglich. Es geht darum, **möglichst viele Keyplayer**, (Führungskräfte, Mitarbeiter und Kunden) **einzubeziehen und mitgestalten** zu **lassen**, weil das **in komplexen Umwelten das beste Ergebnis bringt**.

Erfolgreiche Führung von Veränderungsprozessen fordert also eine dialogische Haltung, aber auch einige Metakompetenzen, die Führungskräfte in die Lage versetzen, die Organisation zu aktivieren und ihre Intelligenz wirksam zu nutzen (siehe Kapitel 4).

Metakompetenzen der Führung

Metakompetenzen sind Kompetenzen, die wenig mit Wissen, aber viel mit Reflexionsfähigkeit, Kommunikation und Ermöglichung zu tun haben.

Wahrnehmen und reflektieren. Eine der zentralen Metakompetenzen ist die Wahrnehmung und die Reflexion der existierenden Kommunikations- und Entscheidungsmuster und der Wirklichkeitskonstruktionen (mentale Modelle) – also der Strukturmerkmale im Inneren des System-Diamanten.

Diese Beobachtung oder Analyse zielt nicht darauf ab, festzustellen, ob diese wahr oder falsch, gut oder schlecht, sondern ob diese – mit Blick auf

die jeweils zu realisierenden Aufgaben und Ziele – nützlich oder hinderlich sind, um dann daraus Handlungsoptionen abzuleiten.
Organisationale Perspektive einnehmen. Förderliche oder hinderliche Verhaltensmuster zu erkennen und diese von sinnlosen, sogar schädlichen personalen Zuschreibungen (Wer ist schuld?) zu entkoppeln, ist nur möglich, wenn es gelingt, das Geschehen immer wieder von der Distanz aus zu betrachten und eine organisationale Perspektive einzunehmen. Beispiele für nützliche Fragen sind: »Was haben wir im Führungsteam dafür getan, dass das Projekt nicht erfolgreich wurde?« »Wie werden wir unseren Lessons-Learned-Prozess verändern, damit wir in unseren nächsten Projekten von unseren Erkenntnissen profitieren werden?«
Verbinden und kooperieren. Führung muss dafür sorgen, dass die Verbindung zwischen den Organisationsteilen und ihren wichtigsten Umwelten im Sinne des Unternehmensziels positiv und kontinuierlich gestaltet wird. Ohne eine verbindende Kommunikation zwischen Mitarbeitern, Kunden und externen Partnern kann keine Organisation überleben. Verbinden bedeutet auch, Vielfalt und Unterschiedlichkeit anzuerkennen und nicht als Störung, sondern primär als Quelle von Innovation zu sehen.

Im Kontext der Digitalisierung hat die Fähigkeit des Verbindens nach Reinhard Sprenger noch eine weitere Dimension.[13] Zukünftig gewinnt das Unternehmen, so Sprenger, das nicht mehr (nur) produziert, sondern verbindet, zum Beispiel über neue Plattformen und neue und zukunftsorientierte Möglichkeiten der Vernetzungen, und damit auch Kooperationen zwischen Organisationen und Umwelten (Kunden, Wettbewerber, Partner, Öffentlichkeit et cetera) ermöglicht.

Mit Ambiguität umgehen. Komplexe Umwelten erzeugen Ambivalenz, Unschärfe, Vielfalt, Optionalität und Dynamik. Das bedeutet, dass **Führungskräfte eine Reihe von Paradoxien meistern müssen, um dem heutigen Anspruch an Führung gerecht zu werden.** Hans Wüthrich und seine Kollegen gehen in ihrem Buch *Musterbrecher*[14] davon aus, dass Paradoxien und Zielkonflikte es nötig machen, sich vom aristotelischen Denken in »wahr« und »falsch« zu verabschieden und stattdessen einer integrativen Grundhaltung im Sinne von »Sowohl als auch« zuzuwenden. Es stehen Fragen im Vordergrund wie: »Wie kann ich in einem sozialen System, das per se nicht direkt steuerbar ist, dennoch Gelingensbedingungen schaffen, die die Wahrscheinlichkeit eines Erfolges im Sinne des Zielbildes erhöht?« »Wie kann ich den Kundenerwartungen, schnelle und flexible Lösungen zu liefern, gerecht werden und quasi gleichzeitig im Beschleunigen innehalten, um Reflexion und Dialog zu ermöglichen?« »Wie kann ich im Sinne der Ambidextrie bisherige immer noch erfolgreiche Geschäftsmodelle weiter optimieren und gleichzeitig neue Geschäftsmodelle erkunden, um das Unternehmen zukunftsfähig zu halten?«

In Unsicherheit entscheiden. Komplexe Umwelten und komplexe Situationen erfordern immer wieder das Entscheiden in Unsicherheit. Auch wenn im Vorfeld Analysen gemacht, Daten und Perspektiven gesammelt und Experten einbezogen wurden, sind nie alle Einflussfaktoren bekannt, und niemand ist in der Lage, die Zusammenhänge vollständig zu durchschauen. Daher können Sie sich als Führungskraft in solchen Entscheidungssituationen nie ganz sicher über die Auswirkungen Ihrer Entscheidung sein. Sie sind eben nicht berechenbar. Ob sich die Entscheidung tatsächlich als zielführend und nützlich erweisen wird, offenbart sich immer erst im Rückblick.

Da wir ein natürliches Bedürfnis nach Sicherheit und Kontrolle über das Geschehen haben, **erzeugt die Unvorhersagbarkeit von Entscheidungen eine innere Spannung.** Und es braucht Mut, sich der Situation zu stellen und ihr eben nicht auszuweichen. Fehlen Entscheidungen an Schlüsselstellen, kann die Organisation schnell handlungsunfähig werden. Daher ist es **eine der wichtigsten Aufgabe von Führung, Komplexität durch Entscheidungen** auch **immer wieder zu reduzieren**, weitere Schritte einzuleiten und für die Organisation »bearbeitbar« zu machen.

Sollte sich eine Ihrer Entscheidung später als dysfunktional oder nicht zielführend erweisen, sollten Sie mit Blick auf den weiteren Prozess möglichst offen damit umgehen und die Auswirkungen als wichtige Informationsquelle zum Ableiten einer neuen Entscheidung nutzen. Durch Ihre Art des Umgangs mit vermeintlichen »Fehlentscheidungen« prägen Sie die Fehlerkultur Ihrer Organisation. Sie ist Grundlage dafür, dass Unternehmen lernen und sich weiterentwickeln.

Sich von der Tribüne aus selbst beobachten – die Macht der Metaperspektive

Führung, nicht nur in Veränderungsprozessen, braucht Nähe und Distanz. Nähe, um einen intensiven Dialog zu führen, anderen zuzuhören, sich einzulassen, Distanz, um von außen auf das System zu schauen und auf einer Metaebene zu reflektieren.

Es geht in Veränderungsinitiativen und Transformationsprozessen immer auch darum, grundlegende Denkmodelle und Haltungen auf den Prüfstein zu stellen. Es geht um Fragen wie: Was sind unsere mentalen Modelle, unsere Denk-und Handlungsmuster, die eine Veränderung beflügeln oder behindern? Von welchen »eingeübten« Verhaltensweisen müssen wir uns verabschieden, um die Veränderung möglich zu machen? Welche Haltung und welches Verhalten bringen uns unserem Ziel näher?

Bevor Sie das mit Ihrem Team diskutieren, stellen Sie sich bitte selbst diese Fragen: »Was sind meine eigenen Werte, Haltungen und Denkmodelle und wie passen sie zu dem, was ich anstrebe und tue?« »Wo bewirke ich einen Unterschied?« Oder: »Was sind meine impliziten Annahmen, wie das Spiel in diesem System zu spielen ist?« »Und inwiefern zementiere ich als Führungskraft selbst dysfunktionale Verhaltensweisen in der Organisation, weil ich sie nicht genügend hinterfrage und womöglich selbst vorlebe?«

Sich als Führungskraft von der Tribüne aus selbst zu beobachten hat also zwei Dimensionen, eine personale und eine organisationale. Es geht zum einen darum, sich als Führungskraft bewusst zu werden über die eigenen Vorannahmen, Sichtweisen und mentalen Modelle, und zum anderen einen Rahmen zu setzen, der andere dazu ermutigt, sich auf eine Metaperspektive einzulassen und sich als System mit ihren typischen Denk-Verhaltensmustern zu beobachten.

Fragen Sie Ihr Managementteam:

- »Was sehen wir, wenn wir aus organisationaler Perspektive auf den Prozess schauen?«
- »Was hat uns in der Vergangenheit erfolgreich gemacht, das uns heute eher Hindernisse in den Weg legt?«
- »Wovon müssen wir uns verabschieden und was gewinnen wir dadurch?«

Fragen dieser Art zu stellen bringt nicht nur eine organisationale Perspektive ein, sondern ist auch wertschätzend bezogen auf die Leistungen und Erfolge der Vergangenheit und ermöglicht eine konstruktiv kritische Sicht ohne Schuldzuweisungen. Gleichzeitig nimmt sie den unternehmerischen, lösungsorientierten Blick in den Fokus.

Zusammengefasst: Was ist also die Verantwortung von Führung in Transformationsprozessen? Führung fördert Selbstorganisation und hält die dafür notwendigen Strukturen aufrecht. Sie ist in der Lage, eine Basisentscheidung auch in Unsicherheit zu treffen, und sorgt damit dafür, dass sich die Organisation auf den Weg macht. Sie hält den Rahmen und die Aufmerksamkeit aufrecht, sodass Co-Creation den nötigen Raum bekommt und gleichzeitig die Kräfte auf das Gesamtziel gebündelt werden.

Führung ist Vorbild im Denken und Handeln und damit bereit, auch bewährte Strategien, Standards oder unreflektierte Verhaltensweisen auf den Prüfstein zu stellen und sie zu verändern, sollten sie sich als dysfunktional herausstellen. Dazu gehört Mut, sich etablierten Erwartungen entgegenzustellen und Zielkonflikte zu bearbeiten. Und gleichzeitig braucht es Achtsamkeit zu erkennen, bis zu welchem Maße diese Musterbrüche im aktuellen System (bereits) möglich sind, um die Anschlussfähigkeit an das Gesamtsystem nicht zu verlieren.

KAPITEL 4

Wie Sie Ihr Veränderungsvorhaben zielführend angehen

»Jetzt wird's praktisch!« Haben Sie das beim Lesen der Überschrift gedacht? Sie haben sich bis hierhin viel damit auseinandergesetzt, worin die Schwierigkeiten bei Veränderungen in Organisationen liegen und wie Sie diesen Schwierigkeiten durch einen Musterwechsel begegnen können. Sie haben eine Menge zu Modellen und Systemen erfahren. Nun sind Sie bereit für praktische Überlegungen, wie die Veränderung in Ihrer Organisation gelingen kann. Oder?

Natürlich sind Sie die ganze Zeit schon mittendrin in der Veränderung. Schon während Sie das Modell des System-Diamanten durchgearbeitet haben, haben Sie im Kopf die Parallelen zu Ihrem Unternehmen, Ihrer Organisation, Ihrem Fachbereich gezogen. Noch während Sie die Schritte und Möglichkeiten co-kreativer Prozesse durchgegangen sind, hat in Ihnen der Veränderungsprozess begonnen. Der Anfang ist gemacht. Nun geht es in diesem Kapitel tatsächlich um eine »greifbare« Struktur, auf deren Basis Sie Veränderungen in Ihrer Organisation zielführend gestalten können Aber: Sie werden in diesem Kapitel keinen »Algorithmus zum Erfolg« finden. **Die Zauberformel für Veränderung**, die »Fünf-Schritte-Methode« mit dem Versprechen, damit jedes Change-Projekt zu meistern, wenn man sie einmal gelernt hat, die **gibt es nicht**.

Die Struktur, die wir für Sie in diesem und den folgenden Kapiteln erarbeiten, ist Ihre zukünftige Basis. Mit ihrer Hilfe können Sie für jedes Veränderungsvorhaben die Weichen für den Erfolg stellen, den Prozess aufsetzen und die erfolgreiche Implementierung vorbereiten. Damit haben Sie die Wahrscheinlichkeit für ein Gelingen Ihres Projektes bereits deutlich erhöht. Doch zum endgültigen Erfolg bleibt Ihnen eines nicht erspart: immer wieder aufs Neue für jedes Veränderungsvorhaben im jeweiligen Kontext diese Struktur mit Leben zu füllen und Ihr individuelles Vorgehen zu überprüfen. Denn Sie müssen immer »mit dem arbeiten, was da ist«, also ressourcenorientiert planen.

So werden wir in diesem Kapitel unsere Erfahrungen aus zahlreichen Veränderungsprojekten und ein zentrales Fallbeispiel mit Ihnen teilen und Ihnen eine Fülle an handwerklichen Tipps geben. Wir werden Ihnen keine Entscheidungen abnehmen können. Doch wenn Sie auf der Basis dessen, was wir Ihnen vorschlagen, Ihr eigenes Konzept für die co-kreative Umsetzung von Veränderung erschaffen haben, dann haben Sie das auch gar nicht nötig.

Grundsätzlich: (Fast) Immer den Durchblick haben

Auch wenn es an die konkrete Gestaltung von Veränderungen geht, ist es doch wichtig, den Überblick zu behalten und strukturell auf dem Laufenden zu bleiben. Ziel ist es, mindestens in 90 Prozent der Zeit bei dem, was man gerade tut, zu wissen, warum man es tut. Das klingt als Satz ziemlich banal. Aber wenn Sie einmal nachdenken, wie oft Sie es selbst oder bei anderen erlebt haben, dass besonders in komplexen Projekten gerade nicht klar war, was der tiefere Sinn hinter einem bestimmten Vorgehen war (außer »das haben wir mal so festgelegt, wird also schon für irgendwas gedacht sein«), werden Sie feststellen, dass dieses Ziel alles andere als einfach ist.

Machen wir uns daher im ersten Schritt bewusst, welche Voraussetzungen für einen erfolgreichen Veränderungsprozess nötig sind: ein mentales Modell als Fundament, eine zentrale Herausforderung – das Kernproblem, das es zu lösen gilt – und die Umsetzung einer Veränderungsidee in ein konkretes Vorhaben.

Das Fundament

Wenn soziale Systeme erfolgreich verändert werden sollen, dann ist die erste und wichtigste Voraussetzung dafür das mentale Modell, also die

Haltung, aus der heraus Sie als Entscheider zusammen mit Ihrem Managementteam das Veränderungsvorhaben gestalten. Wir erinnern uns: Mentale Modelle sind unsere subjektiven Abbildungen der Wirklichkeit, die uns helfen, unser Handeln zu orientieren und Entscheidungen zu treffen. Um Veränderungen in Organisationen umsetzen zu können, braucht es ein mentales Modell, das diese Veränderungen ermöglicht. Es kommt in der Kommunikation auf allen Ebenen und durch das Verhalten des Managements in der Führungs- und Veränderungsarbeit zum Ausdruck. Wenn Sie sich an den hier beschriebenen Eckpfeilern orientieren, haben Sie damit die Basis für ein solches **veränderungstaugliches mentales Modell**.

> Eckpfeiler für ein veränderungstaugliches mentales Modell:
> **Anschlussfähigkeit, Vorläufigkeit, Iteration, Redundanz**

Anschlussfähigkeit – damit Sie mit Ihrem Vorhaben nicht alleine dastehen

Unterschätzen Sie niemals die Rolle der Kommunikation. Eine zentrale Herausforderung, mit der Sie sich gleich zu Beginn der Veränderungsarbeit intensiv beschäftigen sollten, ist, die Kommunikation mit dem Projektteam, den Betroffenen und Beteiligten und allen anderen Stakeholdern (zum Beispiel dem Betriebsrat oder der Presse) so zu gestalten, dass sie an deren Denken anschließt. »Den anderen dort abholen, wo er steht«, wird das auch gerne genannt. Nur wenn die Botschaft ankommt, kann sie neues Denken in Gang setzen und damit Wirkung entfalten.

Wichtige Faktoren sind hierbei:

- **Aktuelle Narrative aufgreifen.** Schauen Sie sich an, welche Begriffe und Metaphern in Ihrer Organisation verwendet werden, welche Symbole bei Ihnen gängig und erfolgreich sind. Überlegen Sie dann, wie Sie diese etablierten Bilder und Symbole verbinden können mit den neuen Begriffen, die Ihre geplanten Veränderungen unterstützen sollen. Machen Sie dabei auch klar, wenn und warum Begriffe sich ändern müssen. Beispiel: »In den vergangenen Jahren haben wir immer wieder davon gesprochen, dass wir ›flexibler auf Kundenwünsche eingehen‹ müssen. Damit haben wir wenig erreicht. Deshalb beschäftigen

wir uns zunächst damit, unser Denken und Verhalten so zu ändern, dass wir unsere ›Organisation fitter für Veränderungen‹ machen.«
- **Das richtige Timing finden.** Wenn Sie die Kommunikation zu Ihrem Veränderungsvorhaben starten und monatelange danach nichts kommt, sind Sie definitiv zu früh. Wenn Sie erst kommunizieren, nachdem die Gerüchteküche schon brodelt und sich massiver Widerstand gegen Ihr Vorhaben formiert hat, sind Sie definitiv zu spät.
- **An den aktuellen Informationsstand anknüpfen.** Machen Sie sich immer wieder klar: Das, was Sie auf Entscheiderebene durch co-kreative Prozesse intensiv erarbeitet haben und was in diesem Kreis vielleicht auch schon als selbstverständlich angesehen wird, ist möglicherweise noch meilenweit entfernt von dem, was bei den Mitarbeitern gerade gesprochen und gedacht wird.
- **Die richtige Form wählen.** Sie werden in ihrer Kommunikation Kanäle und Dialogformate brauchen, die auf der einen Seite Aufmerksamkeit erzeugen und auf der anderen Seite zugleich an die aktuelle Befindlichkeit der Organisation anknüpfen. Zum Beispiel ist in vielen Fällen der persönliche Dialog wirksamer als eine schriftliche Mittteilung. Oder ein anderes Beispiel: Im Rahmen einer Umstrukturierung erfahren einige Führungskräfte bei der Präsentation des Organigramms vor versammelter Mannschaft, dass es ihre Abteilung in Zukunft gar nicht mehr geben wird, ohne dass jemand vorher mit ihnen gesprochen hat.
- **Feedback aufgreifen und verarbeiten.** Seien Sie offen und sensibel für Feedback auf Ihre Kommunikation, greifen Sie es auf und vor allem: Reagieren Sie angemessen darauf. Hier gilt es, Vertrauen aufzubauen und die Balance zu halten zwischen der klaren Kommunikation eines Zielbildes, das in einem co-kreativen Prozess entstanden ist, und der Offenheit für neue Einsichten, die im Dialog mit den weiteren Beteiligten entstanden sind.
- **Das richtige Tempo setzen.** Nicht zu langsam, nicht zu schnell heißt hier die Devise. Es liegt an Ihnen, die Geschwindigkeit des gesamten Veränderungsprozesses so zu gestalten, dass sie einerseits das Projekt nicht ausbremst und es langwierig und mühsam werden lässt, aber andererseits auch nicht so sehr beschleunigt, dass die Organisation komplett überfordert wird und kein Raum für wichtige Reflexionsschleifen bleibt.

Also immer erst »Pacing«, dann »Leading«. Anders ausgedrückt: Im ersten Schritt schließt die Kommunikation an das an, was da ist. Dann können im zweiten Schritt neue Begriffe, Metaphern oder Themen eingeführt werden. Achten Sie darauf, je nach Situation die Geschwindigkeit der Kommunikation entweder zu verlangsamen, um Reflexion zu ermöglichen, oder sie zu beschleunigen, um den Prozess voranzutreiben.

Vorläufigkeit – im Kopf flexibel bleiben!

Machen Sie sich bewusst: Sämtliche Annahmen und Erkenntnisse, die in einem Veränderungsprojekt entwickelt werden, sind vorläufig! In jedem Veränderungsprojekt werden – bewusst oder unbewusst – Hypothesen gebildet und daraus Entscheidungen abgeleitet, die in Handlungen umgesetzt werden. Im Verlaufe des Projektes stellt sich jedoch oft heraus, dass die zugrunde liegende Informationsbasis nicht vollständig war oder sich verändert hat. Das ist nicht ideal, aber es passiert, und zwar sehr häufig.

Akzeptieren Sie das und nutzen Sie es als Möglichkeit, daraus neue Schlüsse und Entscheidungen abzuleiten. Geben Sie nicht dem allzu menschlichen Impuls nach, den Grund dafür zu analysieren, nach »Schuldigen« zu suchen oder trotz allem aus Prinzip an einer getroffenen Zielformulierung festzuhalten. Das ist kontraproduktiv. Ihre Aufgabe ist es, die Balance zu halten zwischen dem co-kreativ erarbeiteten Gesamtzielbild und der Anpassung von Detailzielen oder der Zielformulierung, wenn sich herausstellt, dass sie auf Basis der bisherigen Annahmen und des zur Verfügung stehenden Projektrahmens nicht erreicht werden können.

Iteration – schrittweise auf kurvigen Pfaden

Wir leben heute in einer VUCA-Welt: **V**olatilität, **U**nsicherheit, **K**omplexität und **A**mbiguität beschreiben die sich schnell wandelnden Bedingungen, die diese Welt bestimmen. Die linearen Veränderungskonzepte aus ruhigen und übersichtlichen Zeiten können unter diesen Voraussetzungen nicht mehr erfolgreich sein.

Sowohl die VUCA-Welt als auch das soziale System Organisation sind komplex. Das bedeutet nichts anderes als: Rechnen Sie jederzeit mit

Überraschungen, mit denen Sie nicht rechnen können. Diesem Paradox begegnen Sie durch iteratives – das heißt schrittweises – Vorgehen mit regelmäßigen Plananpassungen. Diese Vorgehensweise wird durch sogenannte Lern- oder Reflexionsschleifen dargestellt. Das bedeutet, dass die aktuelle Situation in regelmäßigen Abständen reflektiert wird und auf Grundlage der gewonnenen Erkenntnissen Entscheidungen getroffen werden, die zu Plananpassungen für das weitere Vorgehen führen.

Ein typisches Problem in der Praxis ist, dass die konkrete Planung für ein Projekt zunächst nur für die kommenden sechs Monate gemacht wird, der Aufsichtsrat aber schon heute wissen möchte, wie viele Kosten in den (vorläufig!) geplanten zwei Jahren Gesamtprojektlaufzeit anfallen werden. Der Anspruch des Aufsichtsrates steht dabei im Widerspruch zur notwendigen Flexibilität. Daher muss auch in Aufsichtsräten das Verständnis dafür wachsen, dass die Zeit der langen Planungszyklen vorbei ist und auch ihre Denk- und Arbeitsweise agiler werden muss.[15]

Redundanz – Wiederholen ausdrücklich erlaubt

Wer auf personaler und organisationaler Ebene Veränderungs- und Lernprozesse initialisiert, wird dies nicht dadurch erreichen, dass einmalig die Sinnhaftigkeit des Prozesses vermittelt wird. Selbst wenn zum Start eines Veränderungsprojekts durchgängig auf allen Ebenen und bei jedem einzelnen die kognitive Einsicht in die Veränderung besteht (und das ist in der Praxis nahezu unmöglich), muss sich diese Einsicht in der Folgezeit erst verfestigen, um dauerhaft zu sein. Um eine neue Haltung, ein neues Verhaltensmusters oder einen anderen Sprachgebrauch einzuüben, braucht es Wiederholungen: ausprobieren, Erfahrungen sammeln, korrigieren und wieder ausprobieren, Erfahrungen sammeln, korrigieren und so weiter.

In Kommunikationsprozessen geht es darum, die gleiche Botschaft wiederholt mitzuteilen, diese aber immer wieder aus verschiedenen Perspektiven und in neuen Kontexten zu reflektieren, um eine intensive Auseinandersetzung zu erreichen und damit zu einer tieferen Einsicht zu gelangen. Nur durch entsprechende Wiederholungen wird die Botschaft auf lange Sicht tragfähig und damit nachhaltig.

Die Notwendigkeit von Wiederholungen ist also nicht auf die mangelnde Intelligenz oder die Lernbereitschaft Einzelner beziehungsweise von Teams zurückzuführen. Sie sind schlichtweg notwendige Bestandteile für zielführende Veränderungs- und Lernprozesse in Organisationen und benötigen deshalb Zeit und Kapazität. Diese Erkenntnis müssen Sie in der Planung Ihrer Veränderungsarchitektur berücksichtigen.

Im Fokus: Die zentrale organisationale Herausforderung

Einer der wesentlichen Faktoren für den Erfolg Ihres Veränderungsvorhabens ist, dass es Ihnen gelingt, das »Problem hinter dem Problem« zu erkennen. Gemeint ist damit die zentrale organisationale Herausforderung, die in der Regel im Inneren des System-Diamanten zu finden ist. Wie wir in Kapitel 2, »Der System-Diamant – Ihr Zugang zum Herzen Ihrer Organisation« beschrieben haben, suchen Organisationen bei ihren Veränderungsvorhaben oft nach Lösungen in den äußeren Strukturmerkmalen der Organisation. Bei der Frage, wie sie agiler und innovativer werden können, werden flache Hierarchien vorgesehen und neue Prozesse und IT-Lösungen einführt. Doch oftmals setzt damit die Veränderungsarchitektur gerade nicht an der notwendigen Veränderung der Denk- und Verhaltensmuster an oder vernachlässigt diesen Aspekt sträflich. Das eigentliche »Problem hinter dem Problem« wird nicht erkannt und nicht gelöst. Dabei liegt der Schlüssel zur signifikanten Veränderung genau an diesem Punkt. Die zentrale organisationale Herausforderung ist der Hebel für eine zielführende Veränderungsarchitektur.

Ein Beispiel für eine solche organisationale Herausforderung kann etwa sein, dass mehrere Key Player nicht den Mut haben, Risiken einzugehen, und daher an alten Konzepten festhalten. Oder auch, dass in der Organisation bestimmte mentale Modelle und Muster verankert sind, die nicht offen gezeigt werden und die Veränderung praktisch hinter den Kulissen ausbremsen. **Solange die zentrale Herausforderung nicht erkannt ist** und selbst zum Gegenstand von Veränderung wird, **kratzt jedes Veränderungsvorhaben nur an der Oberfläche** und dringt nicht zum eigentlichen Kern vor. Das Ergebnis ist dann häufig nicht nur das Scheitern des Change-Projekts, sondern der Verlust an Vertrauen in das Management und eine länger andauernde Veränderungsmüdigkeit, die in vielen Organisationen heute anzutreffen ist.

Ein typisches Beispiel aus der Praxis: In einem Großunternehmen sind sich alle einig: »Die dritte Managementebene ist die ›Lähm-Schicht‹, an der alle substanziellen Veränderungen scheitern.« Der Vorstand beschließt als Veränderungsvorhaben deshalb eine Führungskräfteschulung für die zweite Managementebene mit dem Schwerpunkt »Umgang mit schwierigen Mitarbeitern und der Umgang mit Widerständen« (gemeinhin sehr beliebt). Außerdem will man alle Stellen auf der dritten Managementebene neu ausschreiben in der Form, dass die bisherigen Stelleninhaber erst nach einer Bewerbung auf ihre bisherige Stelle und dem erfolgreichem Bestehen eines Assessment-Centers weitermachen dürfen.

In den meisten Fällen verpuffen solche Aktionen wirkungslos. Und genauso häufig macht sich das Managementteam nicht die Mühe, die aktuellen Führungsmuster zu untersuchen, um zu den tiefer liegenden Ursachen des Phänomens vorzudringen, dass in ihrer Organisation substanzielle Veränderungen immer wieder scheitern. Es wird versäumt, zum Kern vorzudringen. Richtig wäre es, hierarchieübergreifend an Fragen zu arbeiten wie zum Beispiel:

- »Welches Verständnis (mentales Modell) haben wir als Management heute darüber, wie hierarchieübergreifende Veränderungen in unserer Organisation gelingen können?«
- »Welche Übersetzungsarbeit leistet die dritte Managementebene heute zwischen der zweiten und vierten Ebene?«
- »Wie müssen wir (Vorstand, zweite und dritte – und gegebenenfalls sogar die vierte –Managementebene) unser Denken und unser Handeln ändern, damit hierarchieübergreifende Veränderungen in unserer Organisation gelingen?«

Mit der Bearbeitung dieser Themen würde das Management selbst ein Verständnis dafür entwickeln, was die zentrale organisationale Herausforderung ist, wenn in Zukunft substanzielle Veränderungen nicht mehr scheitern sollen. Und es wird auch allen Beteiligten klar, dass das Thema nicht mit einer Führungskräfteschulung für die zweite Managementebene erledigt ist. Oder mit dem Austausch von Führungskräften auf der dritten Ebene.

Wenn Sie Ihr Veränderungsprojekt erfolgreich umsetzen wollen, müssen Sie herausarbeiten, worin die zentrale organisationale Herausforderung in Ihrer Organisation besteht. Bei dieser Arbeit können Sie sich an folgenden Fragen orientieren:

- »Was muss sich im Inneren unseres eigenen System-Diamanten ändern (zum Beispiel Denken und Verhalten der Führungskräfte), wenn das Veränderungsziel erreicht werden soll?«
- »Was sind in unserer Organisation typische Muster, mit denen wir Veränderungen und Lernen typischerweise bremsen beziehungsweise fördern?«
- »Wie müssen wir die Abhängigkeiten zwischen den inneren und äußeren Strukturmerkmalen des System-Diamanten in der Planung und Umsetzung des Projektes berücksichtigen?«

Irgendwo geht es los: Von der Veränderungsidee zum Veränderungsvorhaben

Wie konkret eine Veränderungsidee zu Beginn ist, kann sehr unterschiedlich sein. Vielleicht hat eine Strategieberatung Ihre Organisation untersucht und ein Gutachten mit klaren Handlungsempfehlungen erstellt. Eventuell sogar mit einer konkreten Budget- und Zeitvorstellung, wie etwa »20 Prozent Personalabbau in der Logistik innerhalb der nächsten zwölf Monate«. Oder Sie haben vielleicht erst eine vage Idee, wie etwa »die Organisation muss innovativer werden«.

Wenn Sie jetzt das Modell des System-Diamanten zur Hand nehmen, können Sie herausarbeiten, an welchem Strukturmerkmal sich Ihre Idee entzündet. Im Äußeren des System-Diamanten (Business, Ressourcen, Aufbaustruktur, Prozesse, Management- und Bewertungssysteme) zum Beispiel mit dem Vorhaben, die Belegschaft zu reduzieren, das Südamerika-Geschäft auszubauen oder eine neue Software einzuführen. Oder im Inneren des Diamanten (mentale Modelle, Muster, Narrative) mit dem Bedarf, mehr

Kundenorientierung oder einen konstruktiveren Umgang mit Fehlern zu erreichen.

Möglicherweise haben Sie schon erste Ideen, welche Teams, Abteilungen oder Bereiche (besonders) betroffen sein werden oder ob die Veränderung das ganze Unternehmen betreffen wird. Hat die Veränderungsidee schon einen Namen? Gibt es schon erste Zeit- und/oder Budgetvorstellungen? Vielleicht ist zu diesem Zeitpunkt noch vieles unklar. Das wäre normal. Trotzdem lohnt es sich, das festzuhalten, was bereits klar ist. Diese Darstellung dient der Basis für das weitere Vorgehen. Wohlwissend, dass sie sich noch verändern wird.

Indem Sie Ihre Veränderungsidee konkretisieren, so wie wir es jetzt hier beschreiben werden, wächst Ihr Veränderungsvorhaben. Ein Veränderungsvorhaben kann durch eine Maßnahme (zum Beispiel einen Workshop oder eine Workshop-Reihe), ein Projekt oder ein Programm[16] eingeleitet werden. Immer vor dem Hintergrund der Frage, was sich nach der Maßnahme, dem Projekt oder dem Programm verändert haben soll.

Unsere Empfehlung: Geben Sie Ihrer Veränderungsidee so früh wie möglich einen Namen. Die Konkretisierung ist ein wesentlicher Schritt, um aus einer eher vagen Veränderungsidee ein spezifisches Veränderungsvorhaben zu machen. Dieser Mosaikstein ist ein unverzichtbarer Bestandteil in dem Prozess, für das Veränderungsvorhaben einen Rahmen zu setzen.

Wir stellen Ihnen nun das Unternehmen »Fixelements« vor. Es wird Sie im weiteren Verlauf des Buches begleiten und die einzelnen Phasen eines Transformationsprozesses veranschaulichen. Das hier skizzierte fiktive Fallbeispiel basiert auf einem real erlebten Fall. Es folgt den einzelnen Schritten unseres prinzipiellen Vorgehens von der Veränderungsidee bis zur finalen Umsetzung. Wir haben dieses Fallbeispiel gewählt, weil es mit seinem Fokus auf bereichsübergreifende und agile Zusammenarbeit eine hochaktuelle Herausforderung spiegelt, vor der viele Organisationen heute stehen. Dabei werden typische Schwierigkeiten gezeigt, mit denen die Führung zu Beginn und auch im Laufe der Planung und Umsetzung konfrontiert ist, und mögliche Lösungsoptionen aus Sicht der Geschäftsführerin beschrieben, die im Sinne unseres co-kreativen Transformationsansatzes handelt. So haben Sie mit Fixelements buchstäblich ein lernendes Unternehmen vor sich.

FIXELEMENTS – DER KONTEXT

Das Fertigungsunternehmen Fixelements produziert Befestigungsmaterialien und beschäftigt rund 1200 Mitarbeiter. Die Produkte verkaufen sich seit mehr als 50 Jahren erfolgreich in großen Stückzahlen, vor allem in Baumärkten. Die Stimmung im Werk ist gut. Viele Mitarbeiter sind schon seit über 20 Jahren im Unternehmen tätig. Sie sind zufrieden mit ihrem Arbeitgeber, der sich um seine Mitarbeiter kümmert. Die Fluktuation ist gering. In allen Unternehmensbereichen gibt es gut eingespielte Teams, die routiniert ihre Arbeit erledigen. Jeder Bereich hat eigene Zielvorgaben, die entsprechend auf die Teams heruntergebrochen werden. Urlaubs- und Schichtpläne werden in den jeweiligen Bereichen selbstständig organisiert.

In den vergangenen Jahren hat sich jedoch das Marktumfeld rasant verändert. Die bisherigen Standardmarkenprodukte geraten durch globale Mitbewerber unter Preisdruck. Neue Märkte sind entstanden, und die Kunden fragen vermehrt neue Produkte nach – Varianten und auftragsspezifische Abwandlungen des Ursprungsproduktes. Die geforderten Entwicklungszeiträume für diese neuen Produkte und Verfahren sind kürzer geworden. Hinzu kommen Veränderungen im Verhalten der Kunden: Sie bestellen immer kurzfristiger, ihre Qualitätsansprüche sind trotzdem sehr hoch. Anfragen von global operierenden Hightech-Unternehmen lauten immer öfter so:

»Bitte erstellen Sie uns basierend auf den mitgelieferten technischen Anforderungen ein Angebot für eine auftragsspezifische Variante Ihres Standardproduktes. Wir brauchen das Angebot innerhalb der nächsten fünf Tage. Produktionsstart unserer Geräte – zu deren Bau wir die Produkte von Fixelements brauchen – ist in sechs Wochen von heute an gerechnet in China. Deshalb brauchen wir die Garantie, dass wir in sechs Wochen die ersten Lieferungen in der geforderten Null-Fehler-Qualität vor Ort haben.«

Auf solche Anfragen und die damit verbundenen Anforderungen ist das Unternehmen nicht vorbereitet. In der derzeitigen Situation ist das wichtigste Ziel der neuen Geschäftsführerin Lisbeth Peel, das Unternehmen an die veränderten Marktbedingungen anzupassen. Sie und ihre Bereichsleiter (das Managementteam) haben in zwei Meetings die Erkenntnis erarbeitet, dass die erhöhten Anforderungen (Markt und neue Prozesse/Produkte) nur durch eine bereichsübergreifende, cross-funktionale und agile Zusammenarbeit auf allen Hierarchieebenen erfüllt werden können. Das Managementteam sieht in der Überwindung der bisherigen Bereichs- und Abteilungsgrenzen durch die bereichsübergreifende Zusammenarbeit den entscheidenden Schlüssel für eine signifikante Zeitverkürzung zwischen der ersten Anfrage nach einem kundenspezifischen Produkt und der ersten Auslieferung. Außerdem verspricht man sich von dieser neuen Form der Zusammenarbeit eine höhere Produktinnovation, da damit unterschiedliche Sichtweisen und mehr Ideen in den Prozess einfließen können. Die Notwendigkeit zu einem agileren Verhalten der Organisation ergibt sich aus den immer dynamischeren Kundenanforderungen hinsichtlich konstruktiver Änderungen der Produkte, kürzerer Lieferzeiten und schrumpfender Losgrößen.

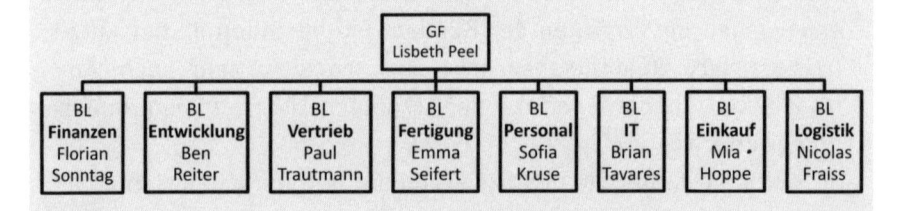

			GF Lisbeth Peel					
BL Finanzen Florian Sonntag	BL Entwicklung Ben Reiter	BL Vertrieb Paul Trautmann	BL Fertigung Emma Seifert	BL Personal Sofia Kruse	BL IT Brian Tavares	BL Einkauf Mia • Hoppe	BL Logistik Nicolas Fraiss

Abbildung 10: Das Managementteam von Fixelements

Um die dringendsten Probleme zu lösen und die notwendigen Veränderungsprozesse zu starten, wurde vom Managementteam eine bereichsübergreifende Projektgruppe eingesetzt. Jedes Mitglied des Managementteams hat dazu einen Vertreter seines Bereiches in die Gruppe geschickt. Die Projektgruppe wird von Emma Seifert geleitet, der Bereichsleiterin Fertigung. Doch die Arbeit der Projektgruppe führt nicht zum gewünschten Erfolg. In den Projektsitzungen fehlen oft einzelne Mitglieder, weil ihre Vorgesetzten sie mit »Feuerwehreinsätzen« im eigenen Bereich beauftragen. Außerdem kann sich die Projektgruppe bei Fragestellungen, die eine bereichs- und hierarchieübergreifende Zusammenarbeit erfordern, nicht auf ein gemeinsames Vorgehen einigen.

Zwischenfazit: Die Organisation benötigt zum Überleben Veränderungen. Dazu wurde ein Lösungsversuch gestartet. Dieser hat nicht zum beabsichtigten Ziel geführt.

FIXELEMENTS – Das Veränderungsvorhaben

Nach dem Scheitern der Projektgruppenlösung reflektiert Lisbeth Peel die Situation. Sie ist nach wie vor davon überzeugt, dass die Umstellung auf eine bereichsübergreifende und agile Zusammenarbeit und damit eine Überwindung der bisherigen »Silos« die richtige Zielsetzung ist. Doch ihr ist klar geworden, dass das Einsetzen eines bereichsübergreifenden Projektteams allein nicht ausreicht, um die Haltung und das Handeln der Führungskräfte und Mitarbeiter signifikant zu beeinflussen. Ebenso ist ihr klar geworden, dass sie die gesamten Change-Aktivitäten nicht an einen ihrer Bereichsleiter delegieren kann – unabhängig von deren persönlicher Qualifikation. Nicht die Projektleiterin Emma Seifert hat die Projektgruppe in den Sand gesetzt, sondern die Haltung und das Handeln mehrerer Mitglieder des Managementteams haben dazu geführt, dass die Projektgruppe keine Wirkung entfaltet hat: Mitarbeiter wurden immer wieder für »wichtigere Einsätze« aus dem Projektteam abgezogen, der eigene Bereich hatte immer Vorrang, und das Gesamtziel wurde nicht angemessen unterstützt.

Lisbeth Peel ist sich sicher, dass sie den grundlegenden Wandel in der Zusammenarbeit nicht alleine initiieren und umsetzen kann. Sie beschließt deshalb, einen neuen Anlauf für den Change zu starten und ein zielführendes Veränderungsvorhaben zu initiieren – allerdings nach einem anderen Lösungsmuster wie bisher. Damit startet sie sofort: Bevor sie Entscheidungen über die weitere Gestaltung des Vorgehens trifft, will sie zusammen mit ihrem Managementteam Zeit investieren, um das seinerzeit gemeinsam beschlossene Veränderungsvorhaben genauer anzuschauen. Sie ist überzeugt: **Je besser sie selbst** und ihr Managementteam **die Herausforderungen des Veränderungsvorhabens verstehen und akzeptieren, umso zielführender können sie das weitere Vorgehen gestalten.**

Als Vorbereitung auf das nächste Treffen mit ihrem Managementteam trifft Lisbeth Peel eine Reihe von Entscheidungen:

1. Das Veränderungsvorhaben wird als »Unternehmenstransformation« klassifiziert und kommuniziert werden. Damit will sie von vornherein deutlich machen, dass es nicht um eine bloße Weiterentwicklung des Unternehmens geht, sondern dass die Einführung einer bereichsübergreifenden, cross-funktionalen und agilen Zusammenarbeit auf allen Hierarchieebenen essenzielle Veränderungen für die gesamte Organisation bedeutet und einen Wandel des Unternehmenskerns selbst erfordert.
2. Es wird sehr umfassende Veränderungen geben. Vermutlich werden zur Realisierung unter dem Dach eines Programmes verschiedene Projekte notwendig sein, die alle auf dasselbe Ziel »einzahlen«.
3. Das Programm bekommt den vorläufigen Arbeitstitel »Vernetzte Zusammenarbeit 2022«. Den endgültigen Titel wird sie später mit ihrem Team klären.
4. Die angestrebten Veränderungen sind essenziell. Die Organisation benötigt dafür Zeit, Ressourcen und ein angemessenes Budget.
5. In den Arbeitssessions zum Vorhaben »Vernetzte Zusammenarbeit 2022« soll nicht nur daran gearbeitet werden, wie die Zusammenarbeit in der Organisation vernetzter gestaltet werden kann. Lisbeth Peel möchte schon jede einzelne Arbeitssession selbst dafür nutzen, die Vernetzung der Zusammenarbeit innerhalb des Managementteams und damit die organisationale Reflexionsfähigkeit zu fördern. Um die Vernetzung nicht dem Zufall zu überlassen, definiert sie einen strukturellen Rahmen:
   - Jede Arbeitssession startet mit einem »Check-in« mit Frage-

stellungen wie »Was hat sich seit unserem letzten Treffen in unserer Zusammenarbeit verändert?«, »Welche Erwartungen habe ich an das heutige Meeting?«, »Was soll heute auf jeden Fall angesprochen/geklärt/entschieden werden?«, »Was beschäftigt mich gerade in meinem Bereich?«
- Zu Anfang jeder Arbeitssession soll der Rahmen des Meetings klar kommuniziert werden: »Zu welchem Thema sind wir hier?«, »Was wollen am Ende des Meetings erreicht haben?«, »Welche Entscheidungen sollen wie von wem getroffen werden?«, »Wann wird dieses Meeting beendet sein?«
- Jede Arbeitssession endet mit einem »Check-out« mit Fragestellungen wie »Wie zufrieden sind wir mit den Arbeitsergebnissen?«, »Wie effektiv war heute unsere bereichsübergreifende Zusammenarbeit?«, »Was werden wir das nächste Mal anders machen?«

Lisbeth Peel will für dieses Veränderungsvorhaben die etablierten Denk- und Vorgehensmuster zur Lösungsfindung und zur Umsetzung verändern. Sie ist sich im Klaren darüber, dass sie das veränderte Vorgehen zusammen mit ihrem Managementteam zunächst einüben muss – und das wird Zeit und Energie kosten.

Analyse Ihres Veränderungsvorhabens: Um was geht es konkret?

Ein erfolgreiches Veränderungsvorhaben besteht aus vielen Mosaiksteinen. Der einzelne Mosaikstein an sich ist nicht besonders spektakulär. Aber alle zusammen ergeben ein spektakuläres Ergebnis.

Los geht es mit der Analyse des Veränderungsvorhabens. An diesem Punkt hören wir in unserer Beratung des Öfteren: »Die Strategieberatung XYZ hat schon eine 350-seitige Analyse erstellt!« oder »Wir haben aber kein Analyseproblem, sondern ein Umsetzungsproblem!« Das mag beides stimmen. Trotzdem: Wenn die Veränderungs- und Lernprozesse in Ihrer

Organisation Erfolg haben sollen, dann brauchen Sie für die Informationen, die für die Umsetzung der Veränderung entscheidend sind, eine fokussierte und gemeinsam geteilte Struktur, die Sie durch den gesamten Prozess hindurch nutzen. Stellen Sie sicher, dass Ihr Managementteam, mit dem Sie das Veränderungsvorhaben gemeinsam verantworten, mit den gleichen Denkbildern arbeitet! Wenn Sie die Analyse gemeinschaftlich in einem co-kreativen Prozess erarbeiten, werden die Ergebnisse ganz automatisch mit den anderen Mitwirkenden vergemeinschaftet.

Ziel dieser Analysephase ist es gerade nicht, einen dieser typischen 150-seitigen Foliensätze zu produzieren. Vielmehr geht es um eine kurze, prägnante Darstellung der Faktoren, die für den Erfolg des Veränderungsvorhabens entscheidend sind. In dieser Darstellung kann eine Visualisierung helfen, die Dinge auf den Punkt zu bringen.

Achten Sie darauf, dass der Untersuchungsfokus nicht statisch auf die Ist-Situation bezogen, sondern dynamisch ist. Es geht einerseits um die in die Zukunft gerichtete Entwicklungsperspektive, andererseits um die Berücksichtigung der relevanten Aspekte aus der Vergangenheit. Das hört sich kompliziert an? Das ist es nicht! Wir zeigen Ihnen, wie Sie das selbst für Ihr aktuelles Projekt umsetzen können.

Rot-Grün-Modell: Was ist Anlass und Ziel der Veränderung?

Wenn Sie anfangen, sich intensiver mit einem Veränderungsvorhaben auseinanderzusetzen, dann geht es zunächst um die Frage, wie Sie die Beschreibung dieses Veränderungsvorhabens strukturieren. Dazu schlagen wir Ihnen ein Modell vor, das wir pragmatisch das Rot-Grün-Modell nennen. Lassen Sie sich nicht vom schlichten Äußeren dieses Modells täuschen! Tatsächlich steckt eine Menge Power in diesem scheinbar so simplen Aufbau. Wir zeigen Ihnen nun, welche strategischen Vorteile Sie sich auf Basis dieses Modells erarbeiten können.

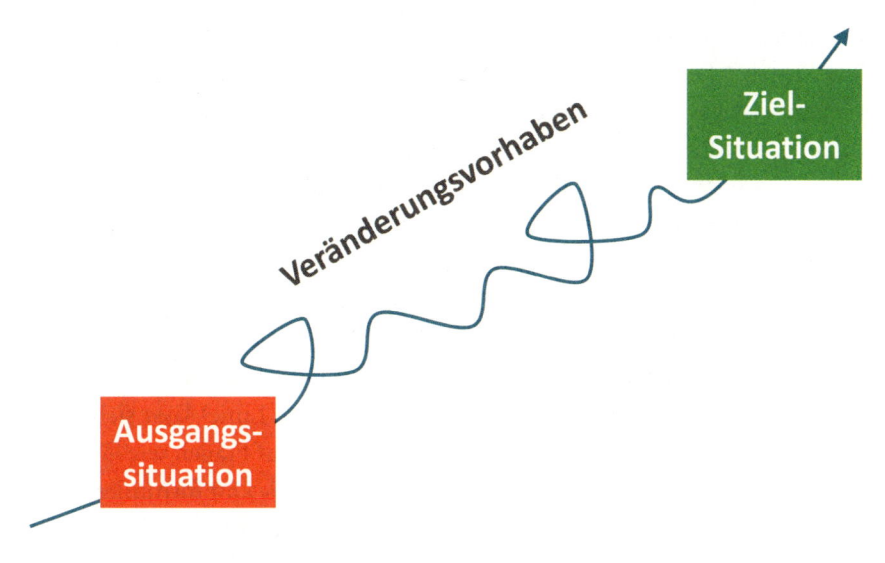

Abbildung 11: Rot-Grün-Modell

Das Rot-Grün-Modell gliedert die Beschreibung des Veränderungsvorhabens zunächst grob in drei Abschnitte:

- Der »rote Kasten«: Hier beschreiben Sie den Ausgangspunkt der Veränderungen. »Was ist der Anlass für dieses Projekt? Welches Problem soll mit diesem Projekt gelöst werden? Wer hat dieses Projekt initiiert? Kurz: Warum investieren Sie/Ihr Unternehmen in dieses Vorhaben?«
- Der »grüne Kasten«: Was soll nach dem Projekt anders sein? »Was wollen Sie erreichen?« »Woran können Sie feststellen (oder gar messen), dass dieses Projekt effektiv war – also eine echte Wirkung hatte?« Die Herausforderung ist hier, das Ziel von der Maßnahme unterscheiden – die gehört auf die blaue Linie.
- Die »blaue Linie«: Hier wird die eigentliche Veränderungsmaßnahme skizziert! »Wie heißt dieses Projekt überhaupt? Wie lange wird es voraussichtlich dauern, wie viel ungefähr kosten? Was ist das Thema? Geht es um eine Kostensenkung? Oder um eine Restrukturierung? Muss sich das Denken und das Verhalten der beteiligten Menschen ändern, damit der grüne Kasten erreicht wird? Und – falls es sie schon gibt – was sind die ersten strategischen Überlegungen zum Vorgehen?«

Sie denken jetzt womöglich: »Alles klar, so arbeiten wir schon seit Jahren! Alle Projekte laufen bei uns so! Das ist doch das Projektmanagement-Einmaleins.« Ja, das mag wirklich so sein. Aber sicher kennen Sie auch in Ihrer Organisation Projekte, bei denen Ihnen bevorzugt über die blaue Linie berichtet wird: »Wir bauen Mitarbeiter ab«. »Wir führen diese neue Software ein«. »Wir arbeiten demnächst agil«. Oder »Wir stellen jetzt auf activity-based working um.« Doch auf die Frage nach dem Warum und dem Zielbild erhalten Sie häufig keine oder nur ausweichende Antworten.

Ist das ein Problem? Zunächst vielleicht nicht. Hunderttausende Projekte laufen tagtäglich, ohne dass es präzise Rot-Grün-Definitionen gibt. Das Vorgehen in einem Veränderungsvorhaben (= die blaue Linie) lässt sich allerdings zielführender gestalten, wenn die Antworten auf Fragen wie »Warum dieses Projekt?« und »Was wollen wir damit erreichen?« klar formuliert sind. **Je zielführender das Vorgehen, desto besser die Erfolgsaussichten für eine Veränderung.** Zur Erinnerung: Nur 30 Prozent aller Veränderungsprojekte, die nach den üblichen Vorgehensweisen arbeiten, erreichen ihre Ziele. Und spätestens dann, wenn Ihr Projekt zu den restlichen 70 Prozent gehört, ist es ein Problem. Mit einer konsequenten Formulierung des »Von« und »Zu« machen Sie den Erfolg Ihres Projekts daher um ein Vielfaches wahrscheinlicher.

Die Rot-Grün-Formulierungen haben noch einen weiteren Zweck: Im weiteren Verlauf des Veränderungsvorhabens ist es eine Ihrer entscheidenden Aufgaben, Ihre Organisation weiter zu aktivieren (siehe dazu auch in Kapitel 3, »Das Handwerkzeug: Zentrale Elemente co-kreativer Veränderung«). Dazu brauchen Sie und Ihr Managementteam als Allererstes eine Change-Story – und für diese haben Sie mit den Rot-Grün-Formulierungen ein wunderbares Grundgerüst.

Ein entscheidender Erfolgsfaktor ist die Art des Vorgehens, mit dem das Rot-Grün-Modells erarbeitet wird. Bezahlen Sie dafür Berater? Delegieren Sie die Aufgabe an ein Projektteam? Oder arbeiten Sie daran mit Ihrem Managementteam, mit dem Sie das Veränderungsvorhaben verantworten, in einem co-kreativen Prozess? Unsere Antwort auf diese Frage werden Sie inzwischen kennen.

Der co-kreative Prozess startet übrigens genau hier! Die erste Aktivierung der Organisation im Transformationsprozess läuft immer auf Basis des Rot-Grün-Modells. Auf der Grundlage des Elements »Kontext gestalten« erarbeiten Sie mit Ihren Mitarbeitern Unterschiede, die tatsächlich einen Unterschied machen (von rot nach grün). Zudem erhöhen Sie die Komplexität durch detailliertes Hinterfragen der Motivlage und der Zielsetzungen, beziehungsweise verringern sie durch das Zuspitzen von Formulierungen.

FIXELEMENTS – ROT-GRÜN-MODELL

Lisbeth Peel hat für ihr Managementteam einen Zukunfts-Workshop angesetzt. Zu Beginn skizziert sie zunächst den Rahmen der Veranstaltung. Anschließend hält sie eine kurze Ansprache und schildert, wie sie die Situation des Unternehmens einschätzt und was aus ihrer Sicht als Nächstes passieren muss. Dabei fallen Sätze wie:
»Ich bin mir sicher, dass der Schlüssel für die Zukunftsfähigkeit der Organisation im bereichsübergreifenden und agilen Zusammenarbeiten liegt!«
»Unser erster Lösungsversuch mit der bereichsübergreifenden Projektgruppe ist gescheitert! Und wir als Managementteam haben zu diesem Scheitern beigetragen. Indem wir unter anderem nicht dafür gesorgt haben – aus welchen Gründen auch immer –, dass bei jedem Projekt-Meeting ein Vertreter pro Bereich teilgenommen hat.«
»Ich habe mich entschlossen, die notwendigen Veränderungen zur Chefsache zu machen, und werde mich ab sofort intensiv darum kümmern.«
»›Mich darum kümmern‹ bedeutet, dass wir uns als Managementteam unter meiner Leitung intensiv mit der Gestaltung und Umsetzung der notwendigen Veränderungen auseinandersetzen und mitarbeiten werden.«
»Wichtig ist mir dabei, dass wir jetzt nicht nach dem Motto ›Mehr Desselben‹ vorgehen, sondern dass wir unsere üblichen Vorgehensmuster – die ja nicht zum Erfolg geführt haben – infrage stellen und Neues wagen.«
Lisbeth Peel berichtet auch über den von ihr vorläufig festgelegten Rahmen des Programms »Vernetzte Zusammenarbeit 2022«. Nach einer ausführlichen Diskussion über die Inhalte ihrer

Ansprache teilt Lisbeth Peel ihre Detailüberlegungen zur Gestaltung der Arbeitssessions (siehe oben) mit. Nach einer Pause arbeitet das Managementteam einschließlich der Geschäftsführerin daran, das Rot-Grün-Modell mit folgenden Inhalten zu füllen:

Der Anlass (rot):
- Entwicklungszeiten sind zu lang
- Lieferzeiten sind zu lang
- Die bisherige Qualität der kundenindividuellen Produkte ist nicht mehr marktfähig

Das Ziel (grün):
- Die Marktfähigkeit der Organisation sichern beziehungsweise wiederherstellen
- Die Organisation vor dem Untergang bewahren

Der Weg (blau) von rot nach grün:
- Eine bereichs- und hierarchieübergreifende und agile Zusammenarbeit etablieren und institutionalisieren

Mit diesem Treffen und der Fixierung des Rot-Grün-Modells ist ein erster wichtiger Schritt ist geschafft. Doch wie so häufig im betrieblichen Alltag ist auch hier die erste Beschreibung dieses Veränderungsvorhabens eher oberflächlich. Im Nachgang zur Checkout-Runde wird Lisbeth Peel klar, dass die einzelnen Mitglieder ihres Managementteams den Ernst der Lage sehr unterschiedlich einschätzen. Einigen scheint nicht einmal die Tatsache bewusst zu sein, dass das Unternehmen in seiner Existenz bedroht ist. Das Narrativ »Existenzbedrohung« ist für sie nicht sprachfähig. Wenn Lisbeth Peel nun das Ziel formuliert, das »Unternehmen vor dem Untergang zu bewahren«, wird sie bei diesen Teammitgliedern damit nicht die benötigte Dringlichkeit auslösen.

Ihr wird außerdem bewusst, dass dem Managementteam noch der Wille fehlt, das Unternehmen so zu transformieren, dass es wieder zu einem der führenden Player im Markt wird. Und sie vermutet, dass weder sie selbst noch ihre Führungskräfte zum jetzigen Zeitpunkt die Brisanz erkennen, die in der grundlegenden und tief greifenden Veränderung hin zu einer bereichsübergreifend, cross-funktional und agil agierenden Organisation liegt. Lisbeth Peel muss daher im nächsten Schritt den Rot-Grün-Definitionen mehr Gewicht verleihen.

Die Beschreibung Ihres Veränderungsvorhabens durch die Ausarbeitung des Rot-Grün Modells, so simpel sie auf den ersten Blick wirkt, **ist** also ein ganz entscheidender Schritt. Sie geben damit bereits den Startschuss für den co-kreativen Prozess. Sie legen **die Basis für** die Gestaltung einer zielführenden **Veränderungsarchitektur** und schaffen die Grundlage für Ihre »Change Story«, die Antwort auf die Frage »Was machen wir hier überhaupt?« Im Übrigen ist die Beschreibung an sich schon Bestandteil des Veränderungsprozesses – häufig verändern sich die mentalen Modelle, die Narrative und das weitere Vorgehen bereits, wenn sich das Managementteam »nur« auf eine gemeinsame Problem-, Ziel- und Vorgehensdefinition geeinigt hat. Gewiss – das alles dauert, kostet und bedeutet Auseinandersetzung mit Mitarbeitern, Kollegen und Vorgesetzten. Lohnt sich das? Wir sagen: Ganz klar ja! Getreu dem bewährten Gesetz aus dem Projektmanagement werden auch hier 80 Prozent des Erfolges in den ersten 20 Prozent des Projektes bestimmt.

Haben Sie sich übrigens schon gefragt, warum die blaue Linie nicht geradlinig verläuft? Und warum sie schon vor dem roten Kasten beginnt und nach dem grünen Kasten weiterläuft? Darin wird deutlich, dass heutzutage kein Projekt mehr »gradlinig« verläuft, dass sich sowohl die Bewertung der Ausgangssituation als auch das angestrebte Ziel während des Projektverlaufes ändern kann und dass darauf prozessorientiert – agil – reagiert wird. Das heißt, die Reflexionsfrequenz muss notwendigerweise hoch sein.

Auch die Schleifen der blauen Linie zeigen: Die Vorgehensweise im Transformationsprozess ist iterativ, also reflektierend und wiederholend. Maßnahmen, die sich als nicht zielunterstützend erweisen, werden durch neue ersetzt. Denn: Nach der Veränderung ist vor der Veränderung. In unserer Zeit reiht sich eine Veränderung an die andere – viele überlagern sich sogar. Und unabhängig davon, ob dies dem Gesamtergebnis eher nützt oder schadet: Die Auseinandersetzung mit diesen Phänomenen bleibt keinem Entscheider erspart.

ANGEPACKT – TIPPS FÜR IHR WEITERES VORGEHEN

Für alle nachfolgenden Punkte gilt: Visualisieren Sie! Entwickeln Sie die Bilder gemeinsam mit Ihren »Co-Creatern«. Damit meinen wir konkret: Nutzen Sie eine Pinnwand, an der Sie ein gemeinsames Bild entwickeln können, und positionieren Sie sie so, dass alle Beteiligten jederzeit auf die gleiche Darstellung sehen können. Sie werden sehen, wie sehr Ihnen dieses Vorgehen bei der gemeinsamen Fokussierung hilft.

- Entwickeln Sie das Rot-Grün-Modell co-kreativ mit Ihrem Team.
- Würdigen Sie bei der Formulierung des roten Kastens das bisher Erreichte und arbeiten Sie die Veränderungsnotwendigkeit heraus.
- Geben Sie sich bei der Erarbeitung des grünen Kastens nicht mit den ersten und allgemeinen Formulierungen zufrieden. Konkretisieren Sie und hinterfragen Sie: »Um welches übergeordnete Ziel geht es? Was soll am Ende wirklich anders sein?« Dabei wird der klare Unterschied zwischen dem Ziel und der Maßnahme selbst deutlich.
- Während Rot ein »Weg-von« beschreibt, fokussiert Grün auf ein positives »Hin-zu«. Nur Ziele, die positiv formuliert sind, wirken später als Attraktoren, die das Potenzial haben, Veränderungsbereitschaft zu stimulieren und Menschen auch emotional zu bewegen.
- Markieren Sie auf der blauen Linie erste Meilensteine der Maßnahme.
- Nehmen Sie sich für diesen iterativen Entwicklungsprozess Zeit, auch wenn die Entschleunigung zunächst irritierend wirkt.

Und was, wenn die Situation komplexer wird? Beispiel 1: Zur Umsetzung eines Projektes müssen Teilprojekte abgeleitet werden (siehe dazu auch das Kapitel »Folgeentscheidungen«). Hier wird jedes dieser Teilprojekte durch ein eigenes Rot-Grün-Modell beschrieben. Die Rot-Grün-Visualisierung unterstützt dabei die jeweiligen Arbeitsschritte. Ziel ist, dass die einzelnen Beschreibungen konsistent sind, zueinander passen und die Teilprojekte auf das gleiche Gesamtziel einzahlen. Hier ist vor allem das (Programm-)Management gefragt!

Beispiel 2: In der Organisation entstehen verschiedene Veränderungsvorhaben mit jeweils einem Rot-Grün-Modell. Oft ist es sinnvoll, für diese bereits laufenden Veränderungsvorhaben ein übergeordnetes Rot-Grün-Modell zu entwickeln. Auf dessen blauer Linie steht dann zum Beispiel »Gesamtprojekt« oder »Programm«. Wird dieser Schritt in einem co-kreativen

Prozess durch die jeweiligen Projektverantwortlichen erarbeitet, entsteht ein gemeinschaftliches Problembewusstsein und mehr Orientierung für das weitere Vorgehen. Das Credo lautet: die Kräfte bündeln und die Organisation mobilisieren, indem man dem Handeln Sinn verleiht.

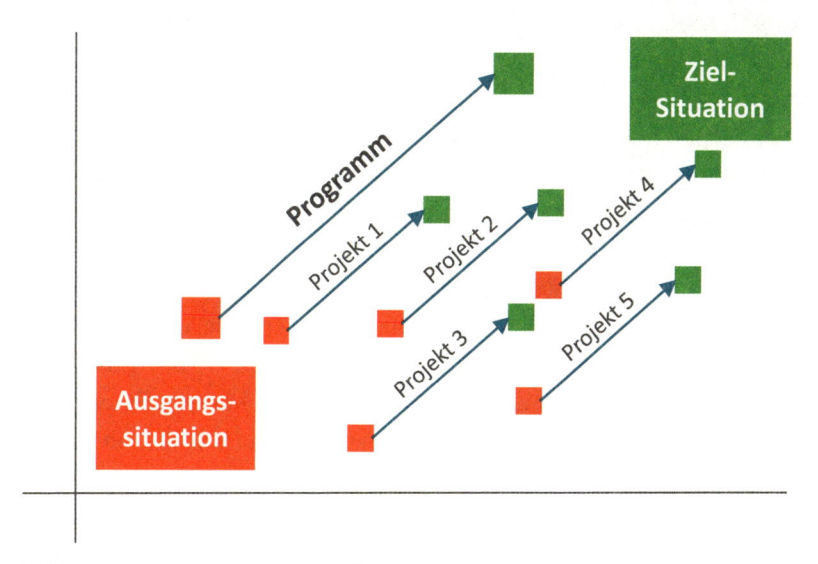

Abbildung 12: Programm und (Teil-)Projekte

Zusammengefasst: Bei der Ausarbeitung des Rot-Grün-Modells geht es nicht um den Anspruch, die »allumfassende Wahrheit« herauszufinden. Das Ziel ist vielmehr, durch eine fokussierte Betrachtung der Schlüsselelemente gute Gelingensbedingungen für den Projekterfolg zu schaffen. Gleichzeitig **führt die gemeinsame Arbeit am Rot-Grün-Modell direkt hinein in den co-kreativen Prozess.**

Business Impact – Was geschieht, wenn nichts geschieht?

FIXELEMENTS – BUSINESS IMPACT

Wie immer herrscht bei Fixelements Zeitdruck. Auf der Tagesordnung steht Vertiefung der Analyse mit Hilfe des Business Impacts.

Im Check-in äußern einige Mitglieder des Managementteams Unmut: »Entwicklungszeiten zu lang, Lieferzeiten zu lang, Qualität nicht mehr marktfähig, das war die Problemlage nach der ersten Ausarbeitung. Damit ist doch alles klar! Die Probleme kennen wir – jetzt sollten wir handeln! Stattdessen sitzen wir hier und sollen uns mit der Frage beschäftigen, worin denn nun die Auswirkungen dieser Probleme auf das Geschäft bestehen. Die liegen doch wohl auf der Hand, oder?«

Es stimmt, das Managementteam hat die möglichen geschäftlichen Konsequenzen der aktuellen Situation – den Business Impact – schon länger vor Augen: Marktanteile gehen verloren, der Umsatz stagniert oder sinkt teilweise bereits, das Unternehmen ist mittelfristig in seiner Existenz bedroht. Aber nach einem ersten Dialog[17] dazu wird den Anwesenden bewusst, dass die Auswirkungen – der Business Impact – mitnichten bei allen gleich verstanden werden. Es gibt im Team tatsächlich ganz unterschiedliche mentale Modelle über die tatsächliche Lage und auch über die Einschätzung, wie ernst es denn nun wirklich ist. Die Geschäftsführerin findet klare Worte: »Das Managementteam muss sich als Basis für das weitere Vorgehen eine gemeinsame Sichtweise und ein gemeinsames Wording erarbeiten. Jeder von Ihnen hier sollte sinngemäß das gleiche antworten, wenn er von seinen Mitarbeitern gefragt wird: ›Was sind die Ziele dieses Veränderungsvorhabens? Und was passiert, wenn nichts passiert?‹ Da müssen wir hin.«

Die Bereichsleiter willigen in das Vorgehen ein. Das Managementteam geht nun daran, die Auswirkungen der schon vorhandenen und benannten Probleme zu konkretisieren und damit wirkungsvoller zu operationalisieren. Im Folgenden werden Fragen erarbeitet wie zum Beispiel »Wie viel Marktanteil haben wir in den vergangenen drei Jahren verloren?«, »Wie hat sich das Kundenverhalten konkret verändert?«, »Um wie viele Wochen weichen unsere Entwicklungs- und Lieferzeiten von denen unserer Mitbewerber ab?«, »Wenn wir jetzt nichts unternehmen – wann werden wir die ersten Arbeitsplätze abbauen müssen?«, »Droht die Gefahr einer Insolvenz?«.

Dem wird das zu erwartende Szenario gegenübergestellt, wenn künftig bereichsübergreifendes, cross-funktionales und hierarchie-

> übergreifendes Zusammenarbeiten erfolgreich praktiziert wird. Dann rechnet das Managementteam mit folgendem Impact: »Die Marktfähigkeit der Organisation ist sichergestellt und damit die Organisation vor dem Untergang bewahrt.« Auch hier wird wieder konkretisiert und an der Beantwortung der Fragen gearbeitet:
> »Woran werden wir konkret erkennen, dass wir wieder marktfähig sind?«
> »In welchem Verhältnis werden unsere Lieferzeiten zu denen unseres stärksten Mittbewerbers stehen?«
> »Woran werden die Kunden merken, dass sich unser Unternehmen verändert hat?«
> Mit diesen Fragen hat sich das Managementteam von Fixelements bisher nicht befasst. Noch nie wurde der Business Impact in dieser Form analysiert und vergemeinschaftet. Nun sind tatsächlich einige der Bereichsleiter überrascht, wie ernst die Lage schon ist.
> So lautet das wichtigste Ergebnis dieser Session aus der Sicht der Geschäftsführerin: Die Dringlichkeit der Lage ist endlich bei allen Mitgliedern ihres Managementteams angekommen! Lisbeth Peel ist sich sicher: Es ist für den weiteren Projektverlauf wesentlich wirksamer und nachhaltiger, dass sich das Team die Einschätzungen und Formulierungen gemeinsam erarbeitet hat.

Wir kommen also noch einmal auf die Formulierung der Ausgangssituation und des Zielzustandes zurück. Obwohl ein gängiges Narrativ in unserer Business-Welt lautet: »Hier geht es nur um Zahlen!«, wird häufig viel Geld in Projekte investiert, bei denen die Auswirkungen der heute festgestellten Probleme und die der angestrebten Lösung überhaupt nicht betriebswirtschaftlich definiert werden! Die Anlässe und die angestrebten Ziele des Veränderungsvorhabens bleiben oft unkonkret. Sie aber können mit der Erarbeitung des Mosaiksteins »Business Impact« die Erfolgswahrscheinlichkeit Ihres Projektes deutlich steigern. Denn: **Je fokussierter und plakativer die Problem- und die Lösungsbeschreibung** ist, **desto besser gelingt es,** im weiteren Projektverlauf **Veränderungsenergie zu mobilisieren.**

Wenn für Ihr eigenes Projekt zum Beispiel im roten Kasten steht: »Die Durchlaufzeit im Prototypenbau/in der Angebotserstellung beträgt

4 Monate. Das ist doppelt so lange wie beim Mitbewerber. Und das hat uns im vergangenen Jahr 14 Prozent Marktanteil gekostet«, dann haben Sie bereits den Business Impact Ihres »Problems« definiert. Und wenn dann noch in Ihrem grünen Kasten zu lesen ist: »Wir verkürzen die Durchlaufzeit um 60 Prozent, um uns auf dieser Basis Marktanteile zurückzuerobern«, dann können Sie eigentlich gleich zum nächsten Kapitel springen.

Mit dem Modell des Business Impacts werden eher unspezifische Problem- und Lösungsbeschreibungen auf eine betriebswirtschaftlich bezifferbaren Ebene transformiert. Oftmals kann dies nicht aus dem Stegreif geschehen, sondern die Faktoren müssen erarbeitet werden. Typische Projektanlässe für eine solche Übersetzungsarbeit sind Formulierungen wie »Die Ergebnisse der Mitarbeiterbefragung sind schlecht ausgefallen – da müssen wir jetzt etwas tun!« oder »Wir müssen agiler werden!« oder »Wir müssen innovativer werden!«

Diese Transformationsarbeit bedeutet häufig, dass Sie neue Themen in die Denk- und Sprachräume Ihres Managementteams einführen. Sie erreichen das, indem Sie durch gemeinsame Arbeit an der Frage »Was ist unser eigentliches Problem?« Ihre Organisation mit sich selbst bekannt machen. Das ist eines der zentralen Elemente co-kreativer Veränderungen. Wirksam ist hier auch der konsequente Perspektivwechsel: »An welchen Faktoren merkt eigentlich der Kunde, dass wir dieses Projekt erfolgreich meistern?«

Business Impact

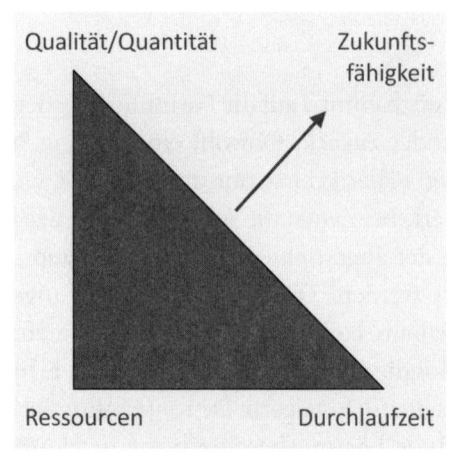

Abbildung 13: Das Modell des Business Impact ist aus dem klassischen Projektplanungs- und -steuerungsdreieck abgeleitet. Die drei Eckpunkte des magischen Projektdreiecks beeinflussen sich gegenseitig.

Bei der Erarbeitung des Business Impact hilft Ihnen und Ihrem Managementteam eine Reihe von Fragestellungen. Konzentrieren wir uns zunächst auf den roten Kasten. Hier können Sie sich zum Beispiel fragen:

- »Welchen konkreten und bezifferbaren Einfluss hat das Ausgangsproblem auf die Arbeitsergebnisse/die Qualität der Dienstleistung/die Stückzahlen (Quantität) in der Produktion/die Kundenzufriedenheit?«
- »Welche konkreten und bezifferbaren Auswirkungen hat das Ausgangsproblem auf den Ressourceneinsatz? Ist die Leistungserbringung zu teuer? Wenn ja, was genau ist um wie viel zu teuer? Im Vergleich zu was zu teuer? Oder wird Zeit und Energie mit der Lösung von personalen Konflikten verschwendet? Wenn ja, wie viel? Oder werden organisationale Probleme personalisiert?«
- »Welche konkreten und bezifferbaren Einflüsse hat das Ausgangsproblem auf die Durchlaufzeiten (zum Beispiel in der Bestellabwicklung, Produktentwicklung oder in der Produktion), auf die Einhaltung der zugesagten Liefertermine, die Reaktionsgeschwindigkeiten bei der Angebotserstellung oder bei Kundenreklamationen?«

Sie finden für das bisher von Ihnen definierten Problem keinen konkreten Impact auf das derzeitige Business? Dann haben Sie jetzt zwei Möglichkeiten:

Erstens: Sie stoppen das Projekt. Wenn das »Problem« keine Auswirkungen auf das Business hat – warum dann in ein »Problembehebungsprojekt« Zeit und Geld investieren? Beispiel: Die routinemäßige Mitarbeiterbefragung hat zum wiederholten Male ergeben, dass sich die Mitarbeiter vom Management ungenügend informiert fühlen. Wenn Sie wirklich keinen Business Impact aus »Wir fühlen uns vom Management ungenügend informiert« herausarbeiten können – auch keinen mittel- oder langfristigen –, dann sparen Sie sich das Geld und die Zeit für Alibimaßnahmen wie Workshops, bei denen am Ende To-do-Listen herauskommen, die dann – wenn überhaupt – nur halbherzig abgearbeitet werden.

Zweitens: Sie entscheiden sich trotzdem bewusst für ein Veränderungsprojekt. Aus strategischen Gründen! Zur Steigerung der Zukunftsfähigkeit Ihrer Organisation – ohne dass es aktuell ein betriebswirtschaftliches Problem gibt. Für ein solches Projekt wird es allerdings viel herausfordernder, die entsprechende Veränderungsenergie zu entwickeln (denn

Sie sind gefordert, gegen die durchaus nachvollziehbare Haltung anzukämpfen »Warum sollen wir denn jetzt etwas ändern – es läuft doch alles ganz prima!«). Gerade deshalb ist es umso wichtiger, diese Managemententscheidung nachvollziehbar zu begründen. Und das klappt am einfachsten durch die Definition des Business Impacts der zu erreichenden Projektziele.

Deshalb nun zum grünen Kasten. Die Erarbeitung des Business Impacts mit Blick auf den Zielzustand lässt sich gut anhand folgender Fragestellungen vornehmen: »Wenn die Ziele des Veränderungsvorhabens erreicht sind, welche Auswirkungen hat das Projekt dann auf die Gesamtorganisation/auf die einzelnen Strukturmerkmale (des System-Diamanten), also auch auf das Business?« Oder: »Worauf zahlt das Veränderungsvorhaben ein?« Dazu noch ein Beispiel: Das Veränderungsvorhaben führt zur Senkung der Kosten. Mit dem Business Impact wird nun die Auswirkung dieser Kostensenkung formuliert, und zwar in einer Art und Weise, das sich ein positives Ziel ergibt. Mögliche Statements wären: »Durch die Kostensenkung

- können wir den Preis unserer Produkte am Markt um 20 Prozent senken und werden so wieder wettbewerbsfähig,
- erhalten unsere Shareholder eine höhere Dividende/unser Management höhere Tantiemen,
- erwirtschaften wir das Geld, das wir dringend für die Entwicklung neuer Produkte/den Ausbau unseres Onlinegeschäftes/den Transformationsprozess in unserer Organisation hin zu mehr Agilität brauchen.«

Das **Herausarbeiten des Business Impacts erhöht also die Erfolgsaussichten Ihres Veränderungsvorhabens beträchtlich.** Durch einige wenige prägnante und durchaus zugespitzte Formulierungen legen Sie das Fundament für die weitere Aktivierung Ihrer Organisation.

⌈ ANGEPACKT – TIPPS FÜR IHR WEITERES VORGEHEN
- Formulieren Sie zugespitzt und fokussiert
- Lassen Sie auch Formulierungen zu, die Sie später vielleicht nicht weiter kommunizieren, die aber in dieser Phase für alle am Prozess Beteiligten entscheidend sein können

- Lassen Sie sich bei Bedarf von Spezialisten zuarbeiten, zum Beispiel vom Controlling. Hilfreiche Informationen können zum Beispiel sein:
  - »Wie viel ›Umsatz/Profit‹ ist uns dadurch entgangen, dass die Reklamationsquote von 5 Prozent auf 20 Prozent gestiegen ist?«
  - »Wie viel kostet das ›Auswechseln‹ einer Führungskraft der zweiten Ebene?«
  - »Wie viel hat uns die letzte wirkungslos verpuffte Lean-Management-Initiative gekostet?«
  - »Wie viel kostet es, wenn ein Abteilungsleiter ein 60-minütiges Konfliktgespräch mit einem Mitarbeiter führt (und der Betriebsrat dabei ist, die Personalabteilung, die Rechtsabteilung involviert wird ...)?«

Aber beachten Sie: Hier geht es um zeitnahe »pi-mal-Daumen«-Überschlagungen, also lassen Sie sich nicht auf eine exakte langwierige Berechnung der Transaktionskosten auf Basis der Neuen Institutionenökonomik ein. 80-prozentige Genauigkeit reicht vollkommen (analog zu: Agilität/Design Thinking/Rapid Prototyping / ...)! (Ihr Controlling ist auf die kurzfristige Beantwortung solcher Fragen gar nicht vorbereitet? Dann ist es vielleicht Zeit für eine neue Veränderungsidee ...)

Wie sieht der System-Diamant IST und ZIEL aus?

Nachdem wir also im vorigen Schritt das Veränderungsvorhaben in das Rot-Grün Modell inklusive Business Impact übersetzt und damit ziemlich vereinfacht haben, wird es nun Zeit, die Komplexität wieder zu erhöhen. Doch keine Sorge: Was nun folgt, ist nichts anderes als die strukturierte, zielgerichtete Fortschreibung der bereits erarbeiteten Rot-Grün-Definitionen und des Business Impact. Mit diesem entscheidenden Schritt bereiten Sie Ihr Veränderungsvorhaben auf den Tiefgang vor, der für eine nachhaltige Veränderung erforderlich ist. Analysieren Sie zunächst die inneren und äußeren Strukturmerkmale des System-Diamanten und deren Verknüpfungen untereinander. Damit erarbeiten Sie sich nach und nach ein Bild von dem, was Sie grundlegend verändern müssen, um die gesetzten Ziele zu erreichen. Als Nächstes kommt die Dimension Zeit hinzu. Erstellen Sie nun »VON →

ZU«-Beschreibungen, das heißt »vom Zustand vor dem Veränderungsvorhaben« hin »zum Zustand nach dem Veränderungsvorhaben«.

Ein Beispiel: Das Veränderungsprojekt heißt Kosteneinsparung. Die Kosteneinsparung soll über Personalabbau erfolgen. Die Kosteneinsparung betrifft das Strukturmerkmal *Ressourcen*. Zu diesem Punkt gehören etwa Mitarbeiteranzahl und Personalaufwendungen (monetär). Für eine »VON → ZU«-Beschreibung ergeben sich damit Formulierungen wie zum Beispiel »Durch das Projekt wird sich die Anzahl der Mitarbeiter von 1000 auf 800 reduzieren. Die Personalaufwendungen werden dadurch von 50 Millionen Euro auf 36 Millionen Euro sinken.«

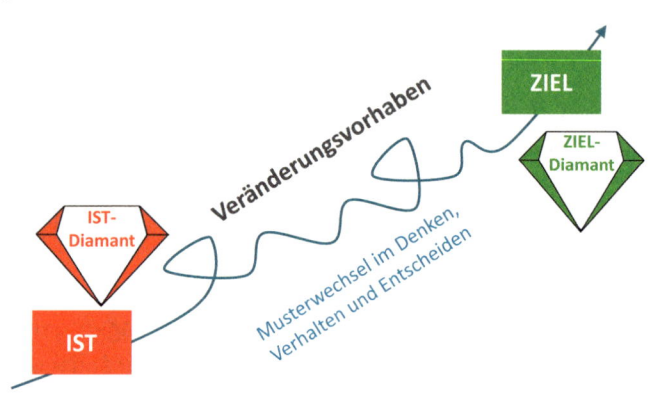

Abbildung 14: IST- und ZIEL-Diamant als Vertiefung der Rot-Grün-Definition

Nun sind Sie dran. Gehen Sie im ersten Schritt für Ihr Veränderungsvorhaben alle äußeren und inneren Strukturmerkmale durch und arbeiten Sie für jedes Strukturmerkmal die VON-ZU-Facetten heraus, die Ihnen bewusst sind und die für Ihr Veränderungsvorhaben relevant sind. (Schauen Sie dazu ruhig noch einmal ins Kapitel »Der System-Diamant – Ihr Zugang zum Herzen Ihrer Organisation« nach, Abschnitt »Strukturmerkmale bestehen aus Facetten«.) So entsteht nach und nach ein »roter Diamant« auf der einen Seite, der den IST-Zustand abbildet, und ein »grüner Diamant« auf der anderen Seite, dessen Ausprägungen den angestrebten ZIEL-Zustand repräsentieren. Die Strukturmerkmale, um die es dabei geht, sind:

- das Business der Organisationseinheit (Team/Abteilung, auch mehrere, die zusammenarbeiten/Bereich/Gesamtorganisation), die von dem Veränderungsvorhaben betroffen ist

- die Ressourcen, die zum Betreiben des Business benötigt werden
- die Aufbaustruktur – das Organigramm
- die Prozesse – die Organisation der Arbeitsabläufe
- Management- und Bewertungssysteme – Regeln, Jahres- und Beurteilungsgespräche, Zielvereinbarungen, Kennzahlen und so weiter
- die kollektiven Narrative, also die Stories, Redewendungen und Metaphern, die typischerweise in der Organisation benutzt werden
- die beobachtbaren Verhaltensmuster – das Verhalten, das typischerweise immer wieder zu beobachten ist
- die kollektiven mentalen Modelle – die Wirklichkeitskonstruktionen, die das Denken und die Entscheidungen der Organisation prägen

Stellen Sie dann zunächst sich und Ihrem Team die Frage: »Haben wir alle Strukturmerkmale des roten und grünen System-Diamanten berücksichtigt? Alle, die notwendig sind, um die im grünen Kasten definierten Projektauswirkungen auch wirklich zu erreichen?« Die Herausforderung für diesen co-kreativen Prozess ist die Gratwanderung zwischen dem hartnäckigen Hinterfragen einerseits und andererseits der Entscheidung, mit einem vorläufigen Ergebnis weiterzuarbeiten (das zu diesem Zeitpunkt nach bestem Wissen und Gewissen entstanden ist).

Als Nächstes müssen Sie herausfinden, wo es erfolgsrelevante Verknüpfungen zwischen äußeren und inneren Strukturmerkmalen gibt. Dazu gibt es zwei Ansatzpunkte. Entweder beginnen Sie im Äußeren des System-Diamanten. Fragen Sie sich dann: »Welche Veränderungen braucht es im Inneren des System-Diamanten, damit die angestrebten Veränderungen am Äußeren des Diamanten (zum Beispiel Umbau des Business-Modells, Ressourceneinsparung, Restrukturierung, Prozessoptimierung oder ein neues Managementsystem) wirklich wirksam werden können?« Der Schlüsselfaktor für den Projekterfolg ist auch ein anderes Denken und ein anderes Verhalten der betroffenen Führungskräfte und Mitarbeiter! Vielleicht sind Ihnen einige der eventuell notwendigen Veränderungen der Narrative, Verhaltensmuster und mentalen Modelle schon bewusst.

Oder Sie starten im Inneren des System-Diamanten. Dann stellen Sie sich die Frage: »Welche Veränderungen im Äußeren des System-Diamanten braucht es, damit die angestrebten Veränderungen im Inneren des System-Diamanten (zum Beispiel ein anderes Denken und Verhalten der Führungskräfte und Mitarbeiter) wirklich wirksam werden können?« Für den

Projekterfolg ist auch eine Veränderung von einem oder mehreren betriebswirtschaftlichen Strukturelementen ein Schlüsselfaktor! Vielleicht sind Ihnen die eventuell notwendigen Veränderungen des Business-Modells, der Ressourcen, der Aufbaustruktur, der Prozesse, der Management- und Bewertungssysteme schon bewusst.

Kommen wir noch einmal auf das eben erwähnte Beispiel Kosteneinsparung zurück. Hier lautete die Formulierung: Die Anzahl der Mitarbeiter wird sich durch das Kosteneinsparprojekt von 1000 auf 800 reduzieren. Die Personalaufwendungen werden durch das Projekt von 50 Millionen Euro auf 38 Millionen Euro sinken. Fragen Sie nun also:

- »Wenn die Anzahl der Mitarbeiter um 200 sinkt, kann dann das bisherige Business-Modell noch aufrechterhalten werden? Und wenn nein: Wie soll sich das Business-Modell ändern?«
- »Muss die Aufbauorganisation anpasst werden? Fallen zum Beispiel Abteilungen weg oder eine ganze Führungsebene?«
- »Gibt es Prozesse, die sich verändern müssen? Wenn ja: Welche Prozesse werden vermutlich betroffen sein? Sind die wesentlichen Änderungen schon absehbar?«
- »An welchen Stellen müssen die Zielvereinbarungen an die neue Situation angepasst werden? Oder entfallen sogar die Zielvereinbarungsgespräche in Zukunft ganz?«
- »Welche kollektiven mentalen Modelle müssen zwangsläufig auf den Prüfstand, wenn der Betrieb mit einer um 20 Prozent reduzierten Belegschaft weitergeführt werden soll? Werden die bisherigen Qualitätsansprüche aufrechterhalten, oder sind in Zukunft an der einen oder anderen Stelle auch 80 Prozent genug?«
- »Wie wird der Personalabbau beschrieben? Ist er ›der Anfang vom Ende‹ oder ›ein unvermeidlicher Schritt in einem umfassenden Veränderungsprozess‹? Und welche Botschaften werden an die Kunden vermittelt?«
- »Was bedeuten die Veränderungen für die typischen Verhaltensmuster? Welche Auswirkungen wird es auf die Zusammenarbeit im Managementteam geben? Wird zum Beispiel schneller entschieden?«

Nach dieser ersten Definitionsrunde folgen mehrere Reflexionsschleifen – Stichwort Iteration. Diese Schleifen nutzen Sie, um das Ergebnis zu präzisieren, gegebenenfalls zu ergänzen und auf Wirkzusammenhänge und mögliche Verknüpfungen zu überprüfen.

Die von Ihnen und Ihrem Team herausgearbeiteten VON-ZU-Definitionen bilden im weiteren Prozess die Basis zur Ausarbeitung der Veränderungsarchitektur. Sie liefern die »Zielfelder« für Maßnahmen oder Projekte. Schlüsselgröße ist dabei der im Kern angestrebte Musterwechsel im Denken, Handeln und Entscheiden, also die zentrale Veränderung, die im Inneren des System-Diamanten geschehen soll.

Geschafft! Jetzt haben Sie schon einen guten Überblick, was sich durch das Projekt vom heutigen Zustand ausgehend verändern soll – und woran der Erfolg beobachtbar sein wird! Seien Sie froh über Arbeit und Zeit, die Sie an dieser Stelle investiert haben – Sie werden es im späteren Projektverlauf nie wieder so preiswert bekommen wie heute!

ANGEPACKT – TIPPS FÜR IHR WEITERES VORGEHEN

- Als Führungskraft und Entscheider ist es Ihre Aufgabe, »vorzudenken« und sich über die wesentlichen und Ihnen wichtigen »VON → ZU«-Aspekte Gedanken machen. Die endgültigen Formulierungen, die Abhängigkeiten und Verknüpfungen erarbeiten Sie dann zusammen mit Ihrem Team in einem co-kreativen Prozess. Nur so legen Sie den Grundstein dafür, dass alle Mitglieder Ihres Teams das Vorhaben mittragen und später alle aktiv an der Umsetzung mitarbeiten.
- Nicht alle Strukturelemente sind für jedes Veränderungsprojekt relevant: Priorisieren Sie mit Ihrem Team die Elemente mit Hebelwirkung!
- Die oben genannten Aspekte sind nicht unbedingt vollzählig: Wenn es für Ihr Projekt notwendig ist, definieren Sie mit Ihrem Team den einen oder anderen Aspekt dazu!
- Falls es mehrere (Teil-)Rot-Grün-Modelle gibt, prüfen Sie, ob alle auf ein übergeordnetes Zielbild (zum Beispiel in Form eines übergeordneten grünen Kastens) einzahlen.
- Sammeln Sie alle VON-ZU-Definitionen, inklusive des zentralen Musterwechsels im Denken, Verhalten und Entscheiden – sie fließen später als Zielfelder in die Architektur ein.

- Zugegeben: Die hier beschriebene Aufgabenstellung ist fachlich und häufig auch emotional anspruchsvoll. Für Managementteams gehört es in der Regel nicht zum Alltag, organisationale Muster zu beschreiben und Zusammenhänge zwischen betriebswirtschaftlichen Facetten und dem Denken und Handeln der Verantwortlichen herauszuarbeiten. Es bedarf deshalb einiger Übung und der Bereitschaft, sich auf einen Lernprozess 2. Ordnung einzustellen, bei dem Sie und Ihr Team sich immer wieder gedanklich auf die Tribüne setzen, sich selbst beim Spielen zusehen und sich analysieren (siehe Kapitel »Co-Creation ermöglicht Lernen 2. Ordnung«.) Auf den nächsten Seiten erfahren Sie anhand unseres Unternehmens Fixelements, wie diese Aufgabenstellung gelingen kann.

FIXELEMENTS – DER ROT-GRÜN-DIAMANT

Lisbeth Peel und ihre Bereichsleiter treffen sich zu einem zweitägigen Workshop. Ziel ist die Erarbeitung des roten und grünen System-Diamanten für das Veränderungsvorhaben »Vernetzte Zusammenarbeit 2022«.

Lisbeth Peel hat zur Gestaltung und Durchführung dieses weichenstellenden Workshops einen fachkundigen, externen Berater hinzugezogen. Sie setzt darauf, dass der Berater ihr und den anderen Teammitgliedern dabei helfen wird, blinde Flecken in der Analysearbeit aufzuspüren, zum Beispiel bei der Frage, welche Muster der Zusammenarbeit sich denn wie ändern müssen, damit Entscheidungen agiler als heute getroffen werden. Dadurch, dass sie den Workshop nicht selbst moderiert, gewinnt sie zudem den Freiraum, sich in ihrer Rolle als Chefin auch selber fachlich einbringen zu können. Darüber hinaus sieht sie in ihrem Team noch Defizite im Change-Management-Denken. Der Berater soll hier je nach Prozessverlauf und Bedarf gezielt Input geben

Während des Workshops unterstützt der Berater die Organisation dabei, »«sich mit sich selbst bekannt zu machen«, indem er das Managementteam durch entsprechende Fragen kontinuierlich dazu bringt, darüber nachzudenken, woran man bei Fixelements typischerweise glaubt und wie man sich typischerweise verhält. Mit anderen Worten: Im Workshop kommen wesentliche co-kreative Elemente der Veränderung zum Einsatz (wie wir sie im Kapitel »Das Handwerkszeug: Zentrale Elemente co-kreativer Veränderung« beschrieben haben).

Auszug aus dem Ergebnisbericht:

- Ausgangspunkt für das Veränderungsvorhaben ist der sich verändernde Markt und die neuen Kunden mit ihren neuen anspruchsvollen Anforderungen. Daraus leiten sich Veränderungen in der Gestaltung der Kundenbeziehungen ab. So soll etwa der Verkauf an Großhändler und Baumärkte ergänzt werden durch einen Vertrieb, der sich analog zu den Anforderungskategorien der neuen Kunden strukturiert.
- Das kollektive mentale Modell »Wenn jeder Unternehmensbereich für sich optimiert ist, ist auch das Gesamtunternehmen erfolgreich« soll sich ändern zu »Nur mit bereichsübergreifender und cross-funktionaler Zusammenarbeit können wir den heutigen Anforderungen der Kunden gerecht werden«.
- Das Narrativ »Wir sind ein Fertigungsunternehmen und stellen dem Markt innovative Produkte zur Verfügung« soll abgelöst werden durch »Wir sind Dienstleister und Problemlöser für unsere Kunden«.
- Zur Einführung der bereichsübergreifenden und agilen Zusammenarbeit müssen sich wesentliche Kooperationsmuster ändern. Ein Zielfeld sind die Muster der Marktbeobachtung. Sie sollen sich ändern von »Beobachtung der neuesten Maschen der Einkaufsabteilungen« hin zu »Beobachtung der heutigen und zukünftigen Märkte auf Hinweise für neue Anwendungsgebiete von innovativer Befestigungstechnik«.

Anmerkung des Teams: Um das heutige Muster der Marktbeobachtung zu erarbeiten, sind wir folgendermaßen vorgegangen: Zunächst haben wir uns bewusst gemacht hat, dass dieses Muster die

Basis dafür ist, wie die Organisation »den Markt« überhaupt wahrnimmt. Diese derzeit praktizierte Marktwahrnehmung hat zu einer eingeschränkten Sichtweise geführt, die zur Schieflage des Unternehmens beigetragen hat. Nach dieser Erkenntnis haben wir uns die Frage gestellt, welche Funktionen sich heute in der Organisation mit der Marktbeobachtung beschäftigen, welche Beobachtungskriterien zugrunde gelegt werden und wie die Erkenntnisse heute zusammenfließen. Bei der anschließenden Bewertung sind wir zu dem Schluss gekommen, dass das heute praktizierte Muster dysfunktional ist. Wir haben daraufhin gemeinsam beschlossen, dass sowohl die Beobachtungskriterien geändert als auch die verschiedenen Marktbeobachtungen bereichsübergreifend vergemeinschaftet werden.

Weitere Zielfelder, die durch die VON-ZU Definitionen erarbeitet wurden:

- Die Entscheidungsmuster sollen sich dahingehend ändern, dass in Zukunft agil, das heißt schnell und dezentral entschieden wird, und das mit einer angemessenen gelebten Fehlertoleranz und hoher Reflexionsfrequenz, statt wie bisher vor allem den hierarchischen »Dienstweg einzuhalten«, nicht zuletzt, um sich abzusichern.
- Die bestehende Aufbauorganisation soll sich ändern. Die neue Abteilung Business Development soll etabliert und projektbezogene Organisationsformen massiv gefördert werden.
- Die bestehenden Prozesse sollen an die neuen Anforderungen angepasst werden und so die bereichsübergreifende, vernetzte und agile Zusammenarbeit zwischen Vertrieb, Entwicklung, Einkauf, Produktion und Logistik fördern.
- Und nicht zuletzt sollen die Zielvereinbarungen verändert werden. Um sich eine gute Bewertung, Incentives und Beförderungschancen zu erarbeiten, reicht es in Zukunft nicht mehr aus, den einzelnen Bereich/die Abteilung/das Team zu optimieren. Belohnt wird nicht mehr die Verwaltung des Status quo, sondern die aktive Mitarbeit am Erreichen der übergreifenden Ziele.

In der gesamten Diskussion ist dem Managementteam bewusst geworden, dass auch das Thema »Neues Führungsdenken und neues Führungsverhalten« ein Schlüsselfaktor ist.

Allen ist klar geworden, dass die geplanten Veränderungen auch Ressourcen benötigen und zusätzliche Kosten verursachen werden: Eine Abteilung »Business Development« soll eingerichtet werden, der Vertrieb gestärkt, die Prozesse verändert, am Führungsverhalten gearbeitet, neue Formen der Zusammenarbeit gelernt werden und so weiter. Außerdem fasst das Managementteam die Implementierung einer unternehmensweiten effektiven Kollaborations-Software ins Auge. Andererseits sollen durch mehr Vernetzung und kürzere Kommunikations- und Entscheidungswege auch mittelfristig Ressourcen eingespart werden.

Besonders herausfordernd während des Workshops war für Lisbeth Peel und ihre Bereichsleiter die Arbeit an der Fragestellung »Wie müssen wir eigentlich unser Denken und Verhalten in unserem Managementteam verändern, damit wir selbst in Zukunft bereichsübergreifend und agil zusammenarbeiten?«. Es war das erste Mal, dass das Managementteam kollektiv über die Muster der eigenen Zusammenarbeit und die Notwendigkeit eines Musterwechsels reflektiert hat. Mithilfe des externen Beraters haben sich Führungskräfte die Erkenntnis erarbeitet, dass das Prinzip der Silo-Optimierung und der hierarchisch strukturierten Kommunikation tief im Kern von Fixelements verankert ist. Und das ist kein Zufall: Schließlich wird die Unternehmenswelt seit Jahrzehnten von diesem tayloristisch geprägten Managementkonzept bestimmt. Im Team wächst die Einsicht, dass der wesentliche Musterwechsel für Fixelements bedeutet: weg von der alleinigen, bisher jahrelang erfolgreich praktizierten Bereichsoptimierung hin zur Gesamtentwicklung der Organisation. Und dies bedeutet, beides im Blick zu halten: Es gilt weiterhin in den Bereichen effektiv zu arbeiten und sogar die Effektivität weiter zu erhöhen **und gleichzeitig** (!) bereichsübergreifendes, cross-funktionales und agiles Denken und Handeln auf allen Hierarchieebenen zu fördern – ein Musterwechsel, der ein Kraftakt zu werden verspricht. Zunächst bedeutet es vor allem Veränderungen in der Zusammenarbeit der Bereichsleiter untereinander und mit der Geschäftsführerin. Über ein verändertes Führungshandeln wird es sich dann auf die ganze Organisation auswirken.

Insgesamt ist der Workshop gut gelaufen. Alle sind mit den Ergebnissen zufrieden und haben den Eindruck, dass sie einen entscheidender Schritt vorwärts gekommen sind.

Eine Woche nach dem Workshop bittet die Bereichsleiterin Personal, Sonja Kruse, bei Lisbeth Peel um einen Termin. Sie berichtet ihr von ihrem Besuch auf einem Strategiekongress zum Thema »Unternehmensführung der Zukunft«, bei dem das Thema Ambidextrie im Mittelpunkt stand. Ambidextrie ist hier tatsächlich wörtlich zu verstehen. Es geht nämlich um die Frage, wie Organisationen parallel, sozusagen »beidhändig« zwei voneinander völlig verschiedene Geschäfts- und Unternehmensmodelle steuern können. Beispielsweise wenn einerseits das etablierte, auf Effizienz getrimmte Geschäft als Cash Cow zum Erhalt des Unternehmens und zur Finanzierung der neuen Welt benötigt wird und zugleich ein neues, innovatives Geschäfts- und Unternehmensmodell entwickelt wird, das mittel- bis langfristig das bisherige Geschäft ablöst.

Lisbeth Peel wird klar, dass Ambidextrie in den bisherigen Überlegungen noch kein Thema war, aber die Auseinandersetzung darüber essenziell für den Erfolg des Veränderungsprojekts sein wird. Daher beschließt sie, eine zusätzliche Analyseaktivität zu starten: Gemeinsam mit ihren Bereichsleitern will sie sich kundig machen, wie andere Unternehmen mit diesen Herausforderungen umgehen, und dann zwei Szenarien beleuchten: Szenario 1: Das Veränderungsvorhaben »Vernetzte Zusammenarbeit 2022« wird in der bestehenden Fixelements-Organisation umgesetzt. Szenario 2: Die bisherige Organisation macht einfach so weiter wie bisher, und das innovative Geschäft wird in einer neu zu gründenden Tochterfirma abgewickelt.

Die Erarbeitung der Vor- und Nachteile und der Chancen und Risiken der beiden Szenarien ist für die Geschäftsführerin eine gute Grundlage für ihre Entscheidung, welches Szenario am Ende realisiert werden wird. Diese Entscheidung wird sie sich dann noch von der Gesellschafterversammlung genehmigen lassen müssen.

Welche Entscheidungen sind bereits getroffen? Welche sind zu treffen?

In dieser Phase geht es um die ersten Konkretisierungen des Veränderungsvorhabens. Nach der Basisentscheidung »Wir werden uns verändern« gilt es nun, die mögliche Lücke zwischen Basis- und Folgeentscheidung mit Leben zu füllen und zu organisieren (siehe dazu das Entscheidungsmodell im Kapitel »Entscheidungen organisieren, Rahmen setzen, Organisation enabeln«). Dazu müssen aus der Basisentscheidung die nötigen Folgeentscheidungen abgeleitet und die Führungskräfte dazu entsprechend aktiviert werden. Idealerweise sorgen Sie dafür, dass es für diesen Schritt in Ihrem Projekt eine klare Entscheidungsstruktur gibt. Diese sollte schon vor der eigentlichen Problembearbeitung beziehungsweise Lösungsfindung feststehen und allen Beteiligten bekannt sein. In der Entscheidungsstruktur definieren Sie und Ihr Team vorläufig, welches Thema wie, durch wen, mit wem, bis wann und nach welchem Verfahren entschieden wird:

- »Welche unternehmerischen oder strategischen Entscheidungen gibt es, die durch Sie oder ein Entscheidungsgremium (Aufsichtsrat, Geschäftsleitung, Projektsteuerkreis und so weiter) getroffen werden?«
- »Benötigen Sie als Input für Ihre Entscheidungsfindung die Vorarbeit von einzelnen oder mehreren Personen, die zum Beispiel in einer Arbeitsgruppe co-kreativ verschiedene Handlungsoptionen erarbeiten und diese gegebenenfalls aus Sicht der Arbeitsgruppe schon vorpriorisieren?«
- »Welche Entscheidungen können und sollten Sie sinnvollerweise delegieren, zum Beispiel an ein Gremium (Projektteam, Arbeitsgruppe und so weiter)?« Voraussetzung für diese Variante ist, dass Sie als Auftraggeber das Ergebnis des Entscheidungsprozesses akzeptieren, unabhängig davon, wie es ausfällt.
- »Sind für die Entscheidung Vorgaben sinnvoll?« Zum Beispiel um den Entscheidungsspielraum zu begrenzen: »Egal für welchen Lösungsansatz wir uns entscheiden, das Projekt darf nicht mehr als 250 000 Euro kosten.« Oder zum Entscheidungsverfahren: »Treffen Sie im Team eine Entscheidung, die dann jedes Teammitglied mitträgt?«

Passen Sie die so **geplante Entscheidungsstruktur regelmäßig an die aktuellen Entwicklungen in den Veränderungsprozessen an.**

Doch wie entsteht eine solche Entscheidungsstruktur? Hier können Sie das co-kreative Element »Das Thema ins Thema einführen« nutzen. Gestalten Sie einen Prozess, in dem darüber entschieden wird, wie Entscheidungen in diesem spezifischen Veränderungsprozess gefällt werden sollen. Vor allem in größeren Unternehmen, in denen es häufig viele Mitentscheider gibt, ist es sinnvoll, die Entscheidungsstruktur co-kreativ zu erarbeiten.

Zusammengefasst: Wie immer die Entscheidungsstruktur entsteht, Effektivität und Energie werden nur dann in der Organisation aktiviert, wenn die Struktur transparent gemacht wird. Es ist wichtig, dass alle Beteiligten die Entscheidungsstruktur kennen und als Orientierung für das weitere Vorgehen nutzen.

⌈ ANGEPACKT – TIPPS FÜR IHR WEITERES VORGEHEN

- Gestalten Sie transparente Entscheidungsprozesse und kommunizieren Sie diese.
- Erarbeiten Sie gemeinsam mit Ihrem Team eine Liste mit den Entscheidungen, die schon getroffen wurden, und den Entscheidungen, die noch zu treffen sind.
- Überprüfen Sie diese Liste regelmäßig.
- Stimmen Sie sich mit Ihrem Team darüber ab, welche Entscheidungen von wem und nach welchem Verfahren getroffen werden.
- Visualisieren Sie getroffene Entscheidungen im Rot-Grün-Modell, zum Beispiel als Meilensteine auf der blauen Linie oder einzelne abgeleitete Teil-Projekt-Rot-Grün-Modelle.
- Reflektieren Sie mit Ihrem Team, ob die einzelnen Entscheidungen das jeweils übergeordnete Ziel unterstützen.

FIXELEMENTS – ENTSCHEIDUNGEN

In einem nächsten Meeting mit Lisbeth Peel und ihrem Managementteam geht es darum, den Zwischenstand des Veränderungsvorhabens festzustellen, zu visualisieren und zu reflektieren und die nächsten Schritte festzulegen. Lisbeth Peel gibt das Motto vor: »Alle Bedenken auf den Tisch!«

Zunächst stellt sie selbst fest: Wir haben als Managementteam eine Basisentscheidung getroffen: Wir werden die Zusammenarbeit in unserem Unternehmen grundlegend ändern. Dazu haben wir das Programm »Vernetzte Zusammenarbeit 2022« ins Leben gerufen. Und wir haben erste Folgeentscheidungen getroffen, die wir heute auf die »blaue Linie« unseres Rot-Grün-Modells markieren werden:

- Wir werden innerhalb der nächsten 12 Monate eine Abteilung Business Development aufbauen als Knotenpunkt zwischen den Abteilungen Vertrieb, Entwicklung, Einkauf, Produktion und Logistik.
- Wir werden unsere Entscheidungsmuster ändern – und sofort damit bei den Entscheidungen hier in unserem Managementteam anfangen.
- ... (hier können Sie gedanklich alle weiteren im Kapitel »Wie sieht der System-Diamant IST-ZIEL aus?« beschriebenen Maßnahmen einsetzen)

In der Entscheidungsvorbereitung ist zum einen der Bereichsleiter IT, Brain Tavares. Er untersucht gerade mit einer Projektgruppe, welches Instant-Messaging-System zu Fixelements am besten passt. Die Projektgruppe ist übrigens mit Mitarbeitern aus allen Unternehmensbereichen und Hierarchiestufen besetzt und soll später die Einführung unterstützen. Zum anderen die Bereichsleiterin Personal Sofia Kruse. Sie bereitet eine Diskussion im Managementteam vor zur Frage, ob die bisherigen Zielvereinbarungen in einer agil entscheidenden Führungsmannschaft überhaupt noch sinnvoll sind.

Auf die Liste der noch zu treffenden Folgeentscheidungen setzt das Managementteam unter anderem folgende Themen:

- Weitere Entscheidungen über die Definition von Einzelprojekten, des Gesamtprogrammumfangs und der dazugehörigen Aufbauorganisation.
- Wie soll das Thema »Neues Führungsverhalten« konkret angegangen werden?
- Die strategische Entscheidung: Realisierung der Veränderungen durch die Errichtung einer neuen Innovations-Tochterfirma oder innerhalb der bestehenden Organisation?

Das gesamte Meeting läuft sehr konstruktiv ab. Alle Mitglieder des Managementteams arbeiten aktiv mit. Im Check-out äußern alle ihre Zufriedenheit mit den erarbeiteten Ergebnissen. Doch einen Tag später sucht der Bereichsleiter Finanzen, Florian Sonntag, das Gespräch mit Lisbeth Peel. Er versucht ihr nahezubringen, dass die besprochenen Veränderungen Wunschträume sind, ziemlich blauäugig angegangen werden und viel zu viel Geld kosten. Sie unterbricht ihn und stellt klar, dass sie diese Diskussion mit ihm nicht bilateral führen wird. Das Thema gehört ins Managementteam: »Wir alle werden ein gemeinsames Kostenbewusstsein entwickeln und zusammen die Investments und die entstehenden Risiken verantworten. Und wir werden jede geplante Aktivität zunächst nach Kosten und Nutzen bewerten, bevor wir sie starten.« Sie wird ein weiteres Meeting ansetzen, um das Thema Finanzierbarkeit in die Diskussion einzuführen.

Lisbeth Peel macht ihrem Bereichsleiter Finanzen außerdem klar, dass das Veränderungsvorhaben einen wesentlichen Beitrag für die Existenzsicherung der Firma leisten wird. Das ist keines der bisher üblichen »Wasch mich, aber mach mir den Pelz nicht nass«-Projekte. Und das gilt auch für den Einsatz der finanziellen Mittel. Sie ist sich bewusst, dass es um ein großes Investment geht. Deshalb erwartet und braucht sie gerade von ihm Loyalität, Unterstützung ihrer Pläne und aktive Mitarbeit im Managementteam. Florian Sonntag soll sich überlegen, ob er sich dazu bereit und in der Lage sieht, und dann seine Entscheidung treffen.

Sind Ihre Key Player zur Veränderung wirklich bereit?

Stellen Sie sich folgendes Szenario vor: Sie haben mit Ihrem Managementteam ein Change-Projekt gestartet. Sie haben gemeinsam Folgeentscheidungen getroffen. Alle relevanten Keyplayer haben genickt. Und trotzdem kommt das Veränderungsvorhaben nicht richtig in Gang. Wie ist das zu erklären? Die Erklärung hat sowohl personelle als auch organisationale Aspekte.

Jede signifikante Veränderung, die von außen auf ein Individuum trifft, geht praktisch immer nicht nur mit offensichtlichen Vorteilen, sondern auch mit Anstrengung, Loslassen und Umdenken und manchmal auch mit enttäuschten Erwartungen einher. Damit stößt sie zunächst einmal auf Widerstand – auch wenn dieser unwillkürlich entsteht. Widerstand gegen Veränderungen ist normal und Teil eines jeden Veränderungsprozesses. In einem gut geführten Veränderungsprozess gelingt es, Widerstandsreaktionen rechtzeitig zu erkennen, aufzugreifen und konstruktiv zu bearbeiten. Damit vermeiden Sie, dass durch Verdrängung oder unangemessene Reaktionen der Führung der Widerstand noch weiter befeuert wird und die Veränderungen schlimmstenfalls zum Stillstand kommen.

Sie kennen wahrscheinlich die berühmte Veränderungskurve, die in den vergangenen Jahrzenten von fast jedem Change-Management-Lehrbuch zitiert wurde. Wir wollen hierauf nicht näher eingehen, folgen jedoch dem Leitgedanken, dass Menschen auf Veränderungen häufig zunächst mit Ablehnung und bisweilen auch mit unterschiedlichen Formen von Widerstand reagieren.

Widerstandsreaktionen können sich in vielen Facetten äußern: von offensichtlicher oder gar lautstarker Ablehnung über Trotz, Verweigerung und Schweigen bis hin zum subtilen »So-tun-als-ob« oder »Sich zurückziehen und erst mal die anderen machen lassen«. Diese Phase kann sehr kurz sein, kann sich aber auch über einen längeren Zeitraum hinziehen. Erst wenn ein direkter oder zumindest mittelbarer persönlicher Nutzen sichtbar wird (zum Beispiel die Zukunftssicherung des Unternehmens und der damit verbundene Arbeitsplatzerhalt), ein sozialer Sog entsteht oder das Individuum erkennt, dass ein Blockieren persönliche Nachteile mit sich bringt, wird Widerstand in der Regel sukzessive aufgegeben. Gerade beim letztgenannten Fall besteht immer die Möglichkeit, dass das Individuum seinen Widerstand nur scheinbar aufgibt. Dennoch folgt darauf in allen

Fällen eine Phase des Ausprobierens, Antestens und der Beschäftigung mit der Frage: »Was kann ich aus dieser Situation machen? Was ist drin für mich?« Dies ist unverkennbar der Startpunkt für Veränderungsbereitschaft.

Essenziell für das Gestalten von organisationaler Transformation ist die Erkenntnis, dass Widerstand nicht nur auf individueller Ebene stattfindet, sondern dass **Individuen häufig nur die Symptomträger für organisationale Beharrungskräfte sind.** Das heißt, Widerstandreaktionen von Personen oder Personengruppen sind im Grunde wichtig und nützlich, da durch sie organisationale Abwehrroutinen und Beharrungskräfte sichtbar werden. Dabei handelt die Person oder Gruppe, die den Widerstand artikuliert beziehungsweise auslebt, oft unbewusst, sozusagen »im Auftrag« des sozialen Systems, das von dem Veränderungsvorhaben betroffen ist. Der psychologische Sinn und Zweck dieser Anstrengung liegt darin, Veränderungen abzuwehren und so dafür zu sorgen, dass möglichst alles so bleibt, wie es bisher war (siehe dazu in Kapitel 3, »Warum sich soziale Systeme mit Veränderungen schwertun«).

Wenn Sie als Führungskraft **Widerstand gegen Ihr Veränderungsprojekt** auf diese Weise **betrachten, als organisationales Phänomen** und nicht als bewusste persönliche Handlung, dann verschieben Sie damit Ihren Blick weg vom einzelnen Mitarbeiter hin zur gesamten Organisation. Eine solche Metaperspektive ermöglicht Ihnen nicht nur, sich emotional zu distanzieren und von etwaigen individuellen Zuschreibungen zu befreien. Es entsteht auch gleichzeitig ein Freiraum für eine konstruktive Auseinandersetzung mit den organisationalen mentalen Modellen und Mustern, die dem Widerstand zugrunde liegen könnten. Sie können dann der Frage nachgehen, wofür der Widerstand in organisationaler Hinsicht steht.

In vielen Unternehmen wurden in den vergangenen Jahren immer wieder über die sogenannte »Lähmschicht« geklagt. Damit sind meist Führungskräfte des mittleren Managements adressiert, die eine Veränderung vermeintlich behindern. Häufig reagieren Organisationen darauf mit personalen Interventionen wie Führungstraining oder Auswechseln der Verantwortlichen. Solche Maßnahmen haben jedoch selten einen wirklichen Effekt. Immer dann, wenn eine ganze Gruppe von Menschen vermeintlich Widerstandsreaktionen zeigt, sollten Sie hellhörig werden. Denn dann geht es um ein organisationales Phänomen, das möglicherweise ein Indikator für kollektive Schuldzuweisungen, Versäumnisse oder Unstimmigkeiten im Veränderungsprozess ist. Dem sollten Sie dringend nachgehen! Auf Widerstandsreaktionen reflektiert zu reagieren ist also nicht zuletzt deshalb wichtig, weil das, was Sie in einer emotional geführten Kommunikation möglicherweise reflexartig als Widerstand einstufen, auch ein fachlich begründeter und sinnvoller Einwand sein kann, der zu konstruktiven und nützlichen Impulsen führt.

Ein Beispiel dazu: Im Rahmen eines Change-Projekts besteht bei den Betroffenen ein bislang nicht offen angesprochener Zielkonflikt. Die Führung greift Unmutsäußerungen über dessen Auswirkungen auf und macht den Zielkonflikt zum Thema. Dazu wird gemeinsam die Frage bearbeitet: »Wie gehen wir mit dem Dilemma um, dass jeder Einzelne von uns im Tagesgeschäft ambitionierte Ergebnisse liefern muss und wir alle gleichzeitig viel Zeit und Energie in ein neues Denken und Handeln stecken müssen, um die Zukunftsfähigkeit des Unternehmens zu sichern?« Wird diese Herausforderung stattdessen unter den Teppich gekehrt und es der einzelnen Führungskraft überlassen, täglich im Stillen den Spagat zwischen den widersprüchlichen Positionen zu bewältigen, kommt es zu den eingangs beschriebenen Widerstandsphänomenen, die das Veränderungsvorhaben ernsthaft gefährden können.

Machen wir einen kurzen Ausflug in die Welt der High-Performance-Teams. Sie zeichnet unter anderem Folgendes aus:

- Alle Teammitglieder einschließlich der Leitung teilen das mentale Modell, dass Widerstände gegen Veränderungen sowohl auf der personalen als auch auf der organisationalen Ebene in der Natur der Sache liegen.
- Es werden immer wieder Situationen geschaffen, in denen jedes Teammitglied frei und ohne Angst vor Sanktionen über die eigenen Sorgen, Befürchtungen und Vorbehalte sprechen kann.
- Das Team setzt sich aktiv mit auftretenden Widerständen auseinander, auch wenn es emotional anstrengend ist und den Prozess scheinbar zunächst verlangsamt.
- Es ist keine Option, Widerstände »zu brechen«, sie jemanden auszureden oder »wegzucoachen«.

Jetzt werden Sie sich vielleicht fragen: Und was ist mit denen, die sich in der Rolle des Widerständlers oder des Opfers auf Dauer einrichten? Und die trotz vieler Versuche, sie zu überzeugen, in dieser Rolle verharren? Mitarbeiter mit einem solchen Verhalten können notwendige Veränderungen erschweren und kosten Sie und alle am Veränderungsprozess Beteiligten viel Energie, die Sie für zukunftsorientiertes Denken und Handeln dringend benötigen. Hier sind Sie gefordert, Konsequenzen zu ziehen. Besonders, wenn es sich um die Key Player handelt, von deren aktiven und gestaltenden Mitarbeit der Erfolg Ihres Vorhabens abhängt. Denn machen wir uns nichts vor – Widerstandsreaktionen treten auch bei Führungskräften und selbst in den oberen Managementebenen auf.

Um es deutlich zu sagen: Es geht nicht darum, Widerstandsreaktionen zu sanktionieren! Ganz im Gegenteil – die Energien, die durch sie zum Ausdruck kommen, lassen sich idealerweise von einer negativen, bremsenden in eine positive, fördernde Energie umwandeln. Gleichzeitig ist es für das Gelingen des Veränderungsvorhabens essenziell notwendig, dass Menschen in Schlüsselpositionen die Veränderungen aktiv unterstützen. Tun sie das nicht und lassen sich auch mit angemessenem Aufwand nicht überzeugen, dann können diese Personen nicht länger eine Funktion zielführend ausüben, von der die Zukunftsfähigkeit der Organisation abhängt – so hart die Konsequenz im Einzelfall auch sein mag.

Zusammengefasst: Je mehr und je offener Sie das gemeinschaftliche Reflektieren und Arbeiten an den aktuellen Fragestellungen und den künftigen Herausforderungen in Ihren Arbeitsalltag überführen, je weniger Sie politische Spielchen zulassen und je offener Sie über eigene Motive und Dilemmata sprechen, also co-kreatives Arbeiten praktizieren, umso konstruktiver können Sie mit Widerständen umgehen und damit Ihr Veränderungsvorhaben voranbringen.

ANGEPACKT – TIPPS FÜR IHR WEITERES VORGEHEN

- Nehmen Sie die Haltung ein, dass Widerstand normal ist und zu jedem Veränderungsprozess dazugehört.
- Schärfen Sie Ihre Wahrnehmung und die Ihrer Teammitglieder zum Erkennen von Widerstandsreaktionen.
- Stellen Sie sich mit Ihrem Team immer wieder die Frage: »Gehen wir konstruktiv mit Widerständen um?« Richten Sie sich darauf ein, dass jeder Mensch in unterschiedlichen Geschwindigkeiten mit Veränderungen umgeht.

- Seien Sie darauf gefasst, dass die Zustimmung jedes einzelnen Teammitgliedes in Einzelgesprächen nicht automatisch bedeutet, dass alle zusammen als Team auch zustimmen – hier wirken oft die Prinzipien des sozialen Systems und der Gruppendynamik.
- Bei Widerständen auf organisationaler Ebene setzen Sie auf einen Gruppenkontext (Team, Managementteam, Arbeitsgruppe und so weiter). Nachdem Sie erneut den Kontext des Veränderungsvorhabens auf Basis des Rot-Grün-Modells erläutert haben, initiieren Sie die aktive Auseinandersetzung mit dem Thema »Widerstand durch Fragestellungen« wie
    - »Welche Chancen sehen wir?/Welche Bedenken haben wir?«
    - »Welche Veränderungen werden uns leichtfallen?/Welche schwer?«
    - »Was fördert dieses Vorhaben?/Was hindert uns an der Umsetzung?«
- Danach klären Sie: »Was werden wir auf der Basis der gewonnenen Erkenntnisse konkret tun, um den Veränderungsprozess weiter voranzutreiben? «
- Setzen Sie ein Zeitlimit für die Auseinandersetzung mit Widerständen. Besonders, wenn Sie den Eindruck haben, das Widerstände »aus Prinzip« geäußert werden oder aus Ihrer Sicht dazu dienen sollen, den Prozess aufzuhalten.

FIXELEMENTS – BEREIT ZUR VERÄNDERUNG?

Das Managementteam von Fixelements hat sich inzwischen ein gemeinsames Bild des Veränderungsvorhabens erarbeitet. Lisbeth Peel beschließt, als Nächstes herauszufinden, ob ihr Managementteam die geplanten Veränderungen aus heutiger Sicht mitträgt und bereit ist, mit den absehbaren Konsequenzen zu leben – auch wenn dies für die meisten das Erlernen von neuem Denken und Verhalten erfordert.

Zunächst trifft sie sich mit jedem ihrer Teammitglieder zu einem Einzelgespräch. Sie ist besonders gespannt auf das Gespräch mit dem Bereichsleiter Finanzen, Florian Sonntag. Er hat sich entschieden: Er will sie als Geschäftsführerin und das Veränderungsvorhaben mit seiner ganzen Kraft unterstützen. Sie macht ihm daraufhin den Vorschlag, dass er ihr Sparringspartner zum Thema Projektcontrolling werden und sich verstärkt um die Organisation der Gestaltung der Reflexions-Meetings und der Monitoringprozesse kümmern soll. Er ist von ihrem Angebot positiv überrascht und stimmt spontan zu.

Die anderen Gespräche laufen alle in eine positive Richtung. Der Bereichsleiter Entwicklung, Ben Reiter, deutet seine Skepsis an, aber Lisbeth Peel ist froh, dass es auch kritische Stimmen in Ihrem Team gibt. Abgesehen davon gibt es in den Gesprächen natürlich Situationen, in denen sie auf Fragen ihrer Gesprächspartner Antworten gibt wie »Dazu kann ich auch noch nichts sagen« oder »Das müssen wir später entscheiden«.

Nachdem sie mit allen ihren Teammitgliedern bilateral gesprochen hat, trifft sich das Managementteam zu einem Meeting. Zusätzlich nehmen der Betriebsratsvorsitzende und die Gleichstellungsbeauftragte daran teil. Die Geschäftsführerin hat diese beiden seit dem Start des Veränderungsvorhabens informiert und auf dem Laufenden gehalten.

Gleich zu Beginn des Meetings ergreift Ben Reiter das Wort und macht vehement Stimmung gegen das Vorhaben. Er glaubt nicht an das Konzept einer vernetzten Zusammenarbeit: »Das brauchen wir nicht. Wir sind auch ohne diese ganzen Meetings und Check-in und Check-outs jahrzehntelang ein erfolgreiches Unternehmen gewesen. Und überhaupt: Wenn ich mir vorstelle, dass sich der Vertrieb und die Entwicklung austauschen sollen – das klappt nie! Der Vertrieb wird nie verstehen, welche Herausforderungen in der Entwicklungsabteilung zu bewältigen sind. Die Dampfplauderer haben doch keine Ahnung!«

Das Meeting droht aus dem Ruder zu laufen. Doch Lisbeth Peel gelingt es, die Lage zu beruhigen. Sie organisiert einen Austausch zu folgender Frage: »Stellen wir uns jetzt mal vor, wir würden unser bisher ausgearbeitetes Veränderungsvorhaben wirklich umsetzen. Tauschen Sie sich bitte zu folgenden Fragen aus: ›Welche Chancen würden sich dadurch für die Organisation ergeben?‹ ›Welchen Preis müssten wir als Organisation dafür zahlen beziehungsweise auf was müssten wir als Organisation verzichten?‹«

Nachdem sich die Gruppen gegenseitig die Ergebnisse vorgestellt haben und Verständnisfragen geklärt wurden, teilt auch die Geschäftsführerin ihre Meinung zu den beiden Fragestellungen mit. Danach beendet sie die Session und gibt ihren Teammitgliedern folgenden Auftrag: »Überlegen Sie sich bitte bis zu unserem nächsten Treffen, ob die Chancen, die wir uns mit dem Programm ›Vernetzt Arbeiten 2022‹ erarbeiten, den Preis wert sind, den wir dafür zahlen müssen!« Anschließend verabredet sie mit Ben Sonntag ein bilaterales Gespräch.

In dem Gespräch mit dem Bereichsleiter Entwicklung, Ben Reiter, erzählt er ihr, dass er sich selbst als der »Chefentwickler des Hauses« sieht. Seit 15 Jahren arbeitet er in dieser Position sehr erfolgreich bei Fixelements, und er sieht keinen Grund, seine Arbeitsweise zu ändern, zumal sein Bereich nachweisbar tolle Arbeit leistet.

Lisbeth Peel erklärt Ben Reiter nochmal das Konzept »Vernetzte Zusammenarbeit« und die Schlüsselrolle, die der Bereichsleiter Entwicklung darin einnimmt. Sie würdigt seine Verdienste für das Unternehmen und macht ihm deutlich, dass sie seine persönliche Haltung dazu gut nachvollziehen kann. Doch ebenso macht sie klar, dass die Entwicklungsleitung zukünftig anders als früher agieren muss. Sie kann sich allerdings gut vorstellen, dass er sich in die neue Rolle hineinentwickelt. Zur Unterstützung seines persönlichen Veränderungsprozesses und seines Lernprozesses bietet sie ihm ihre persönliche Hilfe an, ist aber auch gerne bereit, ein Coaching für ihn zu organisieren. Er soll sich innerhalb der nächsten acht Tage entscheiden, ob er ihr Angebot annehmen will.

Zwei Wochen später verkündet Lisbeth Peel in einem Managementteam-Meeting das Ausscheiden von Ben Reiter. Die anderen Bereichsleiter sind zunächst geschockt, ebenso wie die Mitarbeiter der Entwicklungsabteilung. Glücklicherweise kann die Geschäftsführerin gleichzeitig Kai Faller als neuen Bereichsleiter Entwicklung vorstellen. Kai Faller war bisher einer der Abteilungsleiter in

> der Entwicklungsabteilung. Er genießt aufgrund seiner Fachkompetenz und seiner verbindlichen Art großes Ansehen in der Firma. Ben Reiter hat ihn als seinen Nachfolger vorgeschlagen. Und Lisbeth Peel hat zwei intensive Gespräche mit Kai Faller geführt, bevor sie ihm die Übernahme der Bereichsleitung angeboten hat. In diesen Gesprächen ging es vor allem um die sozialen Kompetenzen von Kai Faller und seine Einstellung zum Konzept »Vernetzte Zusammenarbeit«.

Retrospektive I

FIXELEMENTS – ZURÜCKBLICKEN, UM VORWÄRTS ZU KOMMEN

Reflexion als grundlegendes Element für organisationale Transformation

In einer Sitzung des Managementteams hat der Bereichsleiter IT, Brian Tavares, vorgeschlagen, eine Retrospektive in den weiteren Projektverlauf einzubauen. Er kennt Retrospektiven aus dem Scrum-Entwicklungsprozess in der Softwareentwicklung und hat sie dort als sehr hilfreich erlebt. Er kann sich vorstellen, dass das Format in ähnlicher Form auch für das Programm »Vernetzte Zusammenarbeit 2022« sinnvoll sein wird. Lisbeth Peel findet die Idee gut und setzt zum Ende der Phase »Analyse des Veränderungsvorhabens« einen eintägigen Workshop »Retrospektive I« für das Managementteam an.

Element Möglichkeitsraum erweitern/Neues Thema einführen

Element Kontext gestalten

In einem Meeting bereitet sie den Workshop zusammen mit Florian Sonntag (Finanzen) und Brian Tavares (IT) vor. Brain Tavares soll sein Wissen und seine Erfahrungen über ein zielführendes Vorgehen einbringen. Florian Sonntag soll den Workshop leiten und moderieren. Lisbeth Peel betrachtet es als ihre Aufgabe, die Eingangssequenz des Workshops zu übernehmen. Sie wird den Kontext des Veränderungsvorhabens nochmals erläutern, über den Sinn und die Zielsetzung des Retrospektive-Workshops sprechen und mit den Teilnehmern dazu einen Dialog führen.

Co-Creation Element Organisation aktivieren – Co-Creation beginnen

Element Kontext gestalten

Element Organisation aktivieren – Co-Creation beginnen

Ergebnisse aus dem Workshop, die von der Mehrheit der Teilnehmer getragen werden, sind:

Reflexion der inhaltlichen Themen, zum Beispiel:

- Überraschend für uns war, festzustellen, dass wir anfangs zwar oft die gleichen Begriffe verwendet haben – wie zum Beispiel »Ernst der Lage« –, aber erst in der Auseinandersetzung darüber gemerkt haben, dass sich dahinter bei jedem ganz unterschiedliche Vorstellungen verbargen.

  Co-Creation
  Vergemeinschaftung

- Die Einigung auf ein gemeinsames Verständnis zu »Was ist der Anlass dieses Programms?/Welche Probleme wollen wir damit lösen?« und »Was soll nach dem Programm anders sein?/Woran werden wir den Erfolg wahrnehmen?« hat sehr viel Energie in unserem Managementteam mobilisiert.

  Rot-Grün-Modell

- Weil wir uns viel detaillierter als in früheren Projekten mit den einzelnen Facetten unseres Veränderungsvorhabens beschäftigt haben, ist uns klar geworden, dass die Einführung des bereichsübergreifenden und agilen Arbeitens grundlegende Musterwechsel erfordert.

  Element
  Kontext gestalten

- Die gemeinsame Erarbeitung der System-Diamanten IST/ZIEL war sehr herausfordernd! Aber jetzt wissen wir alle, dass wir an verschiedenen Ebenen ansetzen müssen, wenn unser Vorhaben Erfolg haben soll.

  Co-Creation
  System-Diamant
  IST-ZIEL
  Vergemeinschaftung

Reflexion des Vorgehens:

- Mit der Entschleunigung haben wir uns anfangs ziemlich schwergetan, jetzt sind wir froh, dass wir uns Zeit zum Nachdenken und für bewusstes Planen nehmen.

  Element
  Die Organisation mit sich selbst bekannt machen

- In den meisten Fällen finden wir durch die neue Art der Zusammenarbeit bessere Lösungen – auch wenn das vermeintlich zunächst mehr Zeit kostet.

  Element
  Unterschiede einführen, die einen Unterschied machen

- Die Einführung des Rot-Grün-Modells, des Business Impacts und des System-Diamanten hat dazu geführt, dass wir neue Perspektiven entwickelt haben und so unser Vorgehen viel zielgerichteter gestalten können.

  Element
  Komplexität erweitern – Komplexität reduzieren

- Zunächst dachten wir, dass Lisbeth Peel von uns erwartet, in den Check-ins und Check-outs über unsere Gefühle zu sprechen und unser Inneres nach außen zu kehren. Deshalb waren wir zunächst sehr zurückhaltend. Inzwischen nutzen wir diese Runden, um wichtige Themen sprachfähig zu machen und unseren Lernprozess als Gruppe zu gestalten.

  Element
  Die Organisation mit sich selbst bekannt machen

- Die Bereichsleiterin Fertigung, Emma Seifert, sagt in einem persönlichen Statement: »Ich bin froh, dass Lisbeth Peel die Sache in die Hand genommen hat. Was sie hier in den vergangenen Wochen geleistet hat, um die notwendigen Veränderungen auf den Weg zu bringen und uns alle in den Prozess mit einzubinden, ist großartig. Ich hätte das als bisherige Leiterin der bereichsübergreifenden Projektgruppe nie so hinbekommen.«

  Element
  Kontext gestalten

  Element
  Musterwechsel durch Probehandeln

- Ein persönliches Statement vom Bereichsleiter Logistik, Nicolas Fraiss: »In jedem unserer Co-Creation-Prozesse geht es letzten Endes jedes Mal erneut um die Frage: ›Wollen wir das Problem gemeinsam lösen?‹«

  Element
  Lernprozesse in Rückkopplungsschleifen anregen

Die wichtigsten Lessons Learned zum weiteren Vorgehen:

Element
Lernprozesse in Rückkopplungsschleifen anregen

- Wo immer es sinnvoll ist, wollen wir Co-Creation-Prozesse inszenieren.

  Element
  Musterwechsel durch Probehandeln

- Wir wollen durchhalten und dranbleiben, auch wenn wir zwischendurch Konflikte haben oder uns das Alltagsgeschäft zu überrollen droht.

  Element
  Organisation aktivieren – Co-Creation beginnen

- Wir wollen unseren Abteilungsleitern klarmachen, dass der von uns eingeschlagene Weg keine exotische Episode ist, sondern dass wir dabei sind, den Kern der Organisation nachhaltig zu ändern. Und wir wollen sie ab sofort stärker in den Prozess einbinden.

  Element
  Die Organisation mit sich selbst bekannt machen

- Wir werden die Lessons Learned von heute an nicht wie in so vielen Workshops in der Vergangenheit in der Schublade verschwinden lassen, sondern wir werden sie agil umsetzen. Ab sofort.

  Element
  Musterwechsel durch Probehandeln

In der letzten Sequenz des Workshops stellt der Moderator Florian Sonntag mit Unterstützung durch die Geschäftsführerin schließlich zwei Fragen an die Teilnehmer:

1. Wie haben Sie heute in diesem Workshop die bereichsübergreifende und cross-funktionale Zusammenarbeit erlebt?

   Element
   Das Thema ins Thema einführen

2. Auf einer Skala von 1 bis 10: In welchem Maße zahlt unserer derzeitiges Vorgehen auf die Zukunftsfähigkeit unserer Organisation ein?

   Element
   Die Organisation mit sich selbst bekannt machen
   Selbstvergewisserung
   Ernte einfahren

Untersuchen Sie Ihre Organisation: Wie tickt sie?

Städte, so sagt man oft, haben einen ganz charakteristischen Rhythmus, ihren ganz eigenen Pulsschlag. Was für die Metropolen der Welt zutreffen mag, gilt in jedem Fall auch für Ihr Unternehmen. Denn jede Organisation ist individuell, und das Herz jeder Organisation schlägt nach einem bestimmten Rhythmus. Aus diesem Grund können standardisierte Change-Prozesse niemals zu optimalen Ergebnissen führen. Denn so wenig es eine Blaupause gibt für supererfolgreiche, hochinnovative und flexibel-agile Organisation, so wenig gibt es einen Standard für Change-Prozesse!

Diese Erkenntnis schmerzt. Vor allem, weil die Veränderungsberatungsindustrie seit eh und je auf Gleichmacherei basiert. Ein Modell für alle, one size fits all. Das Was und Wie der Gestaltung Ihrer persönlichen Organisation und der dahin führende Veränderungsprozess sollen sich bitte an anderen, vergleichbaren Unternehmen ausrichten. Diese Denke ist einfach, schlicht – und falsch. Selbst wenn es möglich wäre, Ihr Unternehmen so zu verbiegen, dass es den Prozess eines anderen Unternehmens 1:1 durchläuft (und nach allem, was Sie bisher zum System-Diamanten und zum

Wesen von Organisationen gelesen haben, sollte Ihnen sofort einleuchten, dass das nicht funktioniert), so wäre das Ergebnis bestenfalls eine durchschnittliche Me-too-Organisation, die über kurz oder lang im Meer der Beliebigkeit untergeht. Nicht das Ende, das Sie sich für einen erfolgreichen Veränderungsprozess wünschen!

Jede Organisation ist in ihrem Kern anders. Jede Organisation entwickelt zum Beispiel andere Routinen, um Veränderungen abzuwehren. Deshalb ist eine entscheidende Voraussetzung für den Erfolg Ihres Veränderungsvorhabens, dass Sie sich gerade mit diesen Spezifika Ihrer Organisation auseinandersetzen. Die dabei gewonnenen Erkenntnisse nutzen Sie später zur optimalen Ausgestaltung der Veränderungsarchitektur.

Um Ihre Organisation mit sich selbst bekannt zu machen‹ (siehe dazu das gleichnamige Element im Kapitel »Das Handwerkszeug: Zentrale Elemente co-kreativer Veränderung«), haben Sie zwei Möglichkeiten: Sie können eine Unternehmensberatung damit beauftragen, Ihre Organisation zum Beispiel auf Basis von Einzelinterviews zu analysieren und die Ergebnisse dann zu präsentieren. Der Nachteil dieses Vorgehens liegt darin, dass die gewonnenen Erkenntnisse von Ihrer Organisation in der Regel mit »Die wissen doch gar nicht, was wirklich bei uns los ist« abgewertet werden und sich eher Widerstand dagegen entwickelt. Wesentlich nachhaltiger und tragfähiger werden die Erkenntnisse, die Sie sich zusammen mit Ihren Führungskräften und weiteren Organisationsmitgliedern selbst erarbeiten. Dabei kann sich zwischenzeitlich durchaus auch die Beschäftigung mit Benchmarks lohnen – nicht um sie zu kopieren, sondern um sich mit Anregungen und Impulsen zu versorgen.

Ziel der Organisationsanalyse ist es nicht, ein vollständiges Bild der Organisation zu erhalten, sondern vor allem, die Aspekte zu untersuchen, die das Veränderungsvorhaben fördern oder bremsen können. Der System-Diamant dient hierfür als strukturelles Gerüst. Das Ergebnis der Organisationsanalyse ist eine Mischung aus Zahlen, Daten und Fakten (ZDF) und Hypothesen über Muster und Mentale Modelle in der Organisation – mit Bezug auf das anstehende Veränderungsvorhaben.

Zwar sind Zahlen, Daten und Fakten eine wichtige Basis für alle weiteren Überlegungen. Doch kann es leicht passieren, dass ihre Bedeutung überschätzt wird. Dies führt in vielen Projekten dazu, dass viel zu viele Daten gesammelt werden. Am Ende sehen alle Beteiligten den Wald vor lauter Bäumen nicht mehr. Oft wird es ihnen daher in ihrem Veränderungsvorhaben mehr helfen, Komplexität herauszunehmen und mit wenigen, eventuell plakativ zugespitzten Daten zu arbeiten. Erheben Sie jedoch auf jeden Fall ein Mengengerüst für Ihr Vorhaben, um allen Beteiligten eine realistische Einschätzung über die Größenordnung des Vorhabens zu ermöglichen. Zum Beispiel »60 Prozent unserer A-Kunden werden durch die Veränderung unmittelbar einen besseren Service erhalten«, oder »Acht von zehn Niederlassungen sind betroffen« und so weiter.

Abgesehen von den betriebswirtschaftlichen Daten besteht der Hauptteil der Analyse darin, Hypothesen über die Organisation zu erarbeiten: Die Strukturelemente im Inneren des System-Diamanten sind nicht messbar, nur beobachtbar. Sie hören beziehungsweise lesen über sie (= Narrative), Sie können selbst Muster beobachten oder erleben (und danach abstrahieren). In der Regel bilden Sie zusammen mit Ihrem Team basierend auf wenigen Erzählungen oder Beobachtungen Hypothesen, die Sie auf die gesamte Organisation anwenden. Als Legitimation für dieses Vorgehen dient die Idee der Selbstähnlichkeit in sozialen Systemen. Salopp ausgedrückt: Was sich in einem Ausschnitt des sozialen Systems abspielt, ist sehr ähnlich zu dem, was sich im System als Ganzem abspielt. Da bei dieser Art des Vorgehens stets die Möglichkeit besteht, dass die von Ihnen gezogenen Schlüsse nicht zutreffen, sollten Sie sich immer wieder klarmachen, dass es sich um Hypothesen handelt. Im weiteren Verlauf des Veränderungsvorhabens handeln Sie auf Basis dieser Hypothesen – und überprüfen dabei immer wieder deren Wirksamkeit, damit Sie sie im Laufe des Prozesses an neue Erkenntnisse anpassen können.

Wo fangen Sie nun an? Welche der vielen Aspekte Ihrer Organisation sollten Sie sinnvollerweise zuerst untersuchen? Im folgenden Abschnitt gehen wir auf die Faktoren ein, die eine große Hebelwirkung besitzen für den Erfolg oder Misserfolg von Veränderungsprozessen.

Wo im System steckt Veränderungsenergie?

Wir haben es bereits in Kapitel 3, »Verantwortung und Haltung der Führung« beschrieben: Wenn ein Veränderungsvorhaben erfolgreich umgesetzt werden soll, muss sich Veränderungsenergie entfalten können. Veränderungsenergie bedeutet: Die Macht, notwendige Entscheidungen zu treffen, der Einsatz der benötigten Mittel und der Wille zur Umsetzung manifestieren sich in konkreten Handlungen. Und diese Handlungen wiederum treiben das Veränderungsvorhaben voran. Zum Beispiel: Sie stellen ein Budget für ein Change-Projekt zur Verfügung, Projektaktivitäten laufen an. Nun braucht Ihr Projekt Energie, damit es auch dann noch weiterläuft, wenn zwischendurch der Wind kräftig von vorne bläst (und das wird er früher oder später).

Auf der Suche nach der Veränderungsenergie in Ihrem eigenen Vorhaben sollten Sie idealerweise zunächst und vor allem bei sich selbst anfangen. Als verantwortlicher Entscheider haben Sie den größten unmittelbaren Einfluss auf das Geschehen. Darüber hinaus geht es darum, die anderen Personen und Gremien zu identifizieren, deren tatkräftige Unterstützung für den Fortschritt des Veränderungsvorhabens notwendig ist. Die für Ihr Veränderungsvorhaben relevanten Entscheider sollten auf jeden Fall auf Ihrer Liste stehen. Denken Sie daran: Wichtig ist nicht, was die Betroffenen sagen, wichtig ist, was sie aktiv beitragen.

Und was tun, wenn Sie feststellen, dass bei relevanten Entscheidern nicht die erforderliche Veränderungsenergie für Ihr Vorhaben vorhanden ist, zum Beispiel bei Ihrem Aufsichtsrat oder Ihrer Führungskraft? Auch dann müssen Sie nicht gleich Ihr Vorhaben aufgeben. Entwickeln Sie eine Nutzenstrategie, mit der Sie den Betroffenen deutlich machen können, welcher Nutzen für die Organisation oder idealerweise für sie selbst in der Unterstützung des Veränderungsvorhaben liegt. Eine solche individuell gestaltete Argumentation erleichtert Ihren »Zielpersonen« den Erkenntnisprozess.

⌈ ANGEPACKT – TIPPS FÜR IHR WEITERES VORGEHEN
- Visualisieren Sie zusammen mit Ihrem Team die aktuelle »Veränderungsenergie-Landkarte«.
- Machen Sie sich dabei klar, dass Leidensdruck (»Es ist alles ganz schlimm! Man müsste dringend .../Da sollte aber unbedingt ... / ...«) noch keine Veränderungsenergie (»Jetzt handeln wir!«) ist.
- Wenn Sie auf die Veränderungsenergie anderer angewiesen sind und diese Personen zunächst keine oder wenig aktive Unterstützung einbringen, überlegen Sie, wie Sie gezielt diese Personen aktivieren können. Wie Sie sie vom Nutzen des Veränderungsvor-

habens für die Organisation so überzeugen können, dass sie sich diesen Nutzen aneignen und aktiv mitmachen.

- Dabei helfen die klare und zugespitzte Beschreibung des zu lösenden Problems (der rote Kasten), das anvisierte Zielbild (der grüne Kasten) und der jeweilige Business Impact. Wenn es dann noch gelingt, neben dem Nutzen für die Organisation auch einen individuellen Nutzen für die jeweilige Person herauszuarbeiten, ist das Vorhaben kaum noch aufzuhalten.

FIXELEMENTS – DIE VERÄNDERUNGSENERGIE

Da Lisbeth Peel im Urlaub ist, leitet Florian Sonntag diesmal das Meeting des Managementteams. Zum Thema »Veränderungsenergie« sind sich alle einig: Nachdem die Chefin die Geschäftsführung übernommen hat, hat sie dafür gesorgt, dass das Programm »Vernetzte Zusammenarbeit 2022« konkretisiert wurde und nun zügig Fahrt aufgenommen hat. Sie bringt ihre persönliche Veränderungsenergie »auf die Straße«.

Die Teammitglieder nutzen die Abwesenheit der Chefin und tauschen sich aus zur Frage: »Zu wie vielen Prozent bin ich dabei?« Es stellt sich heraus, dass alle Managementteammitglieder hinter dem Projekt stehen. Einige sind allerdings unzufrieden, weil sie noch nicht wissen, wie es denn nun ganz genau weitergeht. Andere berichten, dass sie anfangen, das eher prozessorientierte Vorgehen als wirksam und nützlich wahrzunehmen.

Florian Sonntag lenkt den Fokus der Diskussion zunächst noch einmal kurz in die Vergangenheit, anschließend in die Zukunft. Als Ergebnisse hält das Managementteam fest:

Beim vorerst gescheiterten Lösungsversuch 1 – dem Einsatz der Projektgruppe – hatte das Managementteam zwar eine Basisentscheidung gefällt (»Wir wollen bereichsübergreifend zusammenarbeiten.«) und dazu auch die Projektgruppe ins Leben gerufen. Aber im Unterschied zu heute gab es damals keine Veränderungsenergie: Niemand hatte dafür gesorgt, dass bei jeder Projektsitzung pro Bereich auch wirklich jedes Mal ein Vertreter anwesend war.

> Und niemand hatte dafür gesorgt, dass die Bereichsvertreter mit crossfunktionalen Entscheidungsbefugnissen ausgestattet wurden. Das Programm »Vernetzte Zusammenarbeit 2022« ist so komplex und so groß, dass die Veränderungsenergie des Managementteams einschließlich der Chefin allein nicht ausreicht. Es braucht eine aktive Rückendeckung durch die Gesellschafterversammlung. Und es gibt die Notwendigkeit, dass die Führungskräfte der nächsten Ebenen die Veränderungen aktiv und eigenverantwortlich mitgestalten – auch sie müssen Veränderungsenergie entwickeln.

Wer sonst ist wichtig und ist wie positioniert?

Erweitern Sie die im vorherigen Kapitel erstellte Veränderungsenergie-Landkarte zu einer Stakeholder-Analyse, in der die unmittelbar von Ihrem Veränderungsvorhaben Betroffenen und deren Positionierung zueinander und zum Veränderungsvorhaben Berücksichtigung finden.

Dabei geht es um folgende Fragen:

- »Wer oder welche Personengruppen sind für den Erfolg des Veränderungsvorhabens besonders wichtig und sollten daher unbedingt eng in den co-kreativen Prozess eingebunden werden?«
- »Wer sind die Meinungsmacher, die dadurch einen besonderen Einfluss auf andere Stakeholder ausüben?«
- »Wo gibt es Konflikte zwischen den einzelnen Parteien, die unterschiedliche Interessen vermuten lassen?«

Visualisieren Sie die einzelnen Personen und Personengruppen und deren Positionierung zum Veränderungsthema. Indem Sie sich dies vor Augen führen, erhalten Sie ein Bild von den Kräften, die Ihr Veränderungsvorhaben unterstützen beziehungsweise die es auszubremsen versuchen. Zudem können Sie durch das Einnehmen verschiedener Perspektiven die Ergebnisse der Stakeholder-Analyse weiter anreichern. Stellen Sie zum Beispiel zusätzlich zur Überlegung »Wo ist Veränderungsenergie zu identifizieren?« auch die Frage »Wer hat welches Problem?« Hier sind diejenigen gemeint, die unter der derzeitigen Situation (roter Kasten) »leiden« oder denen durch die Veränderung (grüner Kasten) objektive Nachteile entstehen, weil zum Beispiel ihr Arbeitsplatz bedroht ist.

Achten Sie bei der Identifizierung von Personen oder Personengruppen, die »ein Problem haben«, besonders auf zwei Dinge:

1. Was für Menschen ein Problem darstellt, ist individuell unterschiedlich. Daher vermeiden Sie Zuschreibungen wie »Wenn ich an dessen Stelle wäre, dann ...«!
2. Jemand, der ein Problem hat und dieses vielleicht sogar auch eindringlich artikuliert, hat deshalb nicht automatisch Veränderungsenergie!

ANGEPACKT – TIPPS FÜR IHR WEITERES VORGEHEN

- Visualisieren Sie die Stakeholder-Analyse in einem co-kreativen Prozess
- Damit die Analyse auch neue Erkenntnisse bringt, arbeiten Sie projektiv. Das bedeutet, Sie verwenden zur Visualisierung der verschiedenen Protagonisten verschiedene Größen (zum Beispiel je nach Einfluss in diesem Vorhaben), Formen und Farben, arbeiten mit Symbolen und stellen Informationsflüsse zwischen den Stakeholdern zum Beispiel durch Verkehrswege dar.
- Kreieren Sie unterschiedliche Stakeholder-Analysen, indem Sie verschiedene Perspektiven einnehmen. Zum Beispiel eine Stakeholder-Analyse aus Sicht der Anteilseigner, eine aus Sicht einer betroffenen Expertengruppe und so weiter. Werten Sie die verschiedenen Analysen gemeinsam mit Ihrem Team aus und erarbeiten Sie Unterschiede zwischen den einzelnen Perspektiven. Überlegen Sie, welche Konsequenzen Sie aus den Unterschieden ableiten.

Wie groß ist Ihr Manövrierraum?

Wir haben eingangs schon darüber gesprochen, wie wichtig Anschlussfähigkeit in der Kommunikation und im Handeln für Ihr Veränderungsvorhaben ist. Veränderung wird sich jedoch nur initiieren lassen, wenn das System neue Impulse im Denken und Verhalten erfährt und damit sukzessive der Manövrierraum erweitert wird. Unter »Manövrierraum« verstehen wir den Raum, in dem Sie und Ihr Team entscheiden und handeln können. Dieser Raum wird einerseits geöffnet durch emotionale, geistige und materielle Ressourcen und andererseits begrenzt durch formale Rahmenbedingungen, durch mentale Modelle sowie etablierte Verhaltensmuster einer mehr oder weniger trägen Organisation. Deshalb bietet sich auch hier der System-Diamant als Strukturierungsgrundlage an.

Die Definition Ihres Manövrierraums startet mit der Beschreibung Ihrer Möglichkeiten und Ressourcen für Ihr Veränderungsvorhaben. Zum Beispiel:

- die vorhandene Veränderungsenergie inklusive der Entscheidungsbefugnisse, des zur Verfügung gestellten Budgets und der personellen Ressourcen,
- die verfügbaren Ressourcen auch außerhalb ihres unmittelbaren Einflussbereiches,
- Ihr Zugang zu relevanten Entscheidern und Informationsquellen und
- der offizielle Auftrag und die dazu erforderliche Rückendeckung, bestimmte Ziele zu erreichen, insbesondere wenn unpopuläre Maßnahmen notwendig werden sollten.

Die **formalen Grenzen des Manövrierraums** ergeben sich unter anderen aus betriebswirtschaftlichen Rahmenbedingungen, gesetzlichen Vorgaben und Branchenstandards. Beispiele sind:

- Das zur Verfügung stehende Budget ist begrenzt.
- Die Mitbestimmungspflichten müssen beachtet werden.
- Es müssen gesetzliche Publizitätspflichten eingehalten werden.
- Die Investoren erwarten eine Mindestrendite.

Die **informellen Grenzen** sind die, die in der Organisation als Narrative in Form von Geschichten und Metaphern überliefert werden – an die sich aber alle halten:

- Nachdem vor 5 Jahren einige Millionen Euro erfolglos in einem »Change-Management-Projekt« versenkt wurden, darf der Begriff

Change-Management nicht mehr in der Organisation erwähnt werden. Als Folge davon werden in Veränderungsprojekten die betriebswirtschaftlichen Aspekte in den Vordergrund gerückt.
- Der Vertriebsbeauftragte X verkauft so erfolgreich, dass er es sich leisten kann, Dinge, zu denen er keine Lust hat, einfach nicht zu tun. So sieht er zum Beispiel gar nicht ein, warum er seine Kundenbesuche im CRM-System dokumentieren soll. Die Unvollständigkeit der CRM-Daten wird toleriert, obwohl dadurch das neue CRM seine Wirkung nicht entfalten kann.
- Die Bereichsleiterin Y, die sehr zum Erfolg der vergangenen zehn Jahre beigetragen hat, geht in drei Jahren in Rente. Auf Basis des Narrativs »Große Veränderungen will sie ihrem Bereich bis dahin nicht mehr zumuten« akzeptiert die Organisation, dass in den nächsten drei Jahren keine Veränderungen stattfinden sollen, obwohl gerade diese Abteilung eine Schlüsselfunktion im Veränderungsvorhaben einnimmt.
- Statusmeldungen über wichtige Projekte erhält der Vorstand auf der Basis eines Ampelsystems. Werden rote Ampeln gemeldet, startet das Management aufwendige Analysen, und nicht selten beginnt die Organisation nach Schuldigen zu suchen. Dadurch ist das Narrativ entstanden: »Der Vorstand will keine roten Ampeln sehen«. In der Folge werden ihm nur noch grüne Ampeln gemeldet, unabhängig von der Frage, wie es um die Projekte wirklich steht. Dieses Verhalten hat zur Folge, dass der Vorstand kein realistisches Bild erhält und weitere Entscheidungen auf Basis von unzulänglichen Daten trifft.

Die **unbewussten Grenzen** werden häufig befolgt, ohne dass über sie explizit geredet wird. Falls sie doch zur Sprache kommen, lautet ein typischer Kommentar: »Das haben wir doch immer schon so gemacht!«:

- Ja, wir brauchen dringend gravierende Veränderungen – aber nicht bei uns, sondern die anderen sollen sich ändern! Das mentale Modell hier: Wasch mir den Pelz, aber mach mich nicht nass! Oder: Nach uns die Sintflut.
- Anträge für die Tagesordnung sind mit allen vollständig ausgearbeiteten Unterlagen spätestens drei Wochen vor der Vorstandssitzung im Sekretariat einzureichen! Das mentale Modell: Für Agilität sind die nachgeordneten Ebenen zuständig.

- Vorgesetzte werden bei uns die Menschen mit der meisten Fachkompetenz, selbst wenn es ihnen an Führungsfähigkeiten mangelt! Das mentale Modell: Unsere Kunden kaufen nur High-End-Produkte – deshalb zählt bei uns vor allem Fachwissen.
- Seit der Gründung unseres Unternehmens ist unser Credo: »Wir sind hier alle eine Familie.« Deshalb schleppen wir auch viele Low Performer mit durch. Das mentale Modell: Wir sind alle lieb zueinander, selbst wenn unsere Firma dabei den Bach runtergeht.

Einen weiteren Beitrag zur Definition des Manövrierraumes leisten die ausgesprochenen und unausgesprochenen Erwartungen an die Zielsetzung und die Art und Weise der Durchführung des Veränderungsvorhabens. Je deutlicher die Erwartungen formuliert werden, umso leichter können Sie auf dieser Basis entscheiden, welchen Erwartungen Sie gerecht werden wollen und welchen nicht. Beispiele hierfür sind:

- die inoffizielle Erwartungen (Hidden Agenda), die neben den offiziell formulierten Ziele bestehen;
- die Erwartung, an dem Vorhaben aktiv beteiligt zu werden beziehungsweise bestimmte Personen auszuschließen. Es gibt Ansprüche, bei Entscheidungen gefragt zu werden beziehungsweise dabei die Deutungshoheit zu haben;
- die Erwartung einzelner Personen, bestimmte »Posten« während oder nach dem Vorhaben zu besetzen und damit verbunden das Bestreben, den Posten auch wirklich zu bekommen, anstatt sich zunächst auf die Lösung von Sachfragen zu konzentrieren;
- die Überzeugung, als Vorstand jederzeit das Recht zu haben, Änderungen zu veranlassen, selbst wenn die Realisierungsphase schon begonnen hat.

Zusammengefasst: Machen Sie sich gemeinsam mit Ihrem Team die Möglichkeiten, Chancen und Grenzen bewusst, die Ihnen die Organisation für Ihr Veränderungsvorhaben bietet. Diese Transparenz schafft einen weiteren Stützpfeiler für die Basis, auf der Sie und Ihr Team die Umsetzungsmaßnahmen effektiv gestalten und unnötigen Verschleiß an bisher gelebten Grenzen vermeiden. Achten Sie zugleich darauf, an welchen Stellen Sie Ihren Manövrierraum sukzessive und mit Bedacht erweitern können, um Muster zu überwinden, die die Veränderung ernsthaft gefährden. Und manchmal benötigen Sie dafür auch ausdrücklich die Unterstützung der Hierarchie, um den Weg dafür zu ebnen oder zusätzliche Mittel freizumachen.

ANGEPACKT – TIPPS FÜR IHR WEITERES VORGEHEN

- Reflektieren Sie Ihren Manövrierraum zunächst für sich, bevor Sie ihn zusammen mit Ihrem Team erkunden.
- Sorgen Sie dafür, dass die informellen und die unbewussten Grenzen sprachfähig werden. Arbeiten Sie zum Beispiel mit Ihrem Team an der Frage »Welche Tabuthemen gibt es bei uns, die die Entwicklung unserer Organisation behindern?«
- Immer wieder gibt es Grenzen, die zu Zeiten ihrer Entstehung sinnvoll waren, inzwischen aber längst überholt sind. Prüfen Sie deshalb zusammen mit Ihrem Team erkannte Grenzen auf Sinnhaftigkeit.
- Nur wenn Sie die Komfortzone verlassen, das Risiko einer Grenzüberschreitung eingehen und dabei idealerweise anschlussfähig bleiben, werden Sie Ihren Manövrierraum erweitern können.
- Zum Erweitern Ihres Manövrierraumes können Sie zum Beispiel folgende Elemente der Veränderung nutzen (siehe das Kapitel »Das Handwerkszeug: Zentrale Elemente co-kreativer Veränderung«):
  - Möglichkeitsraum erweitern/neues Thema einführen
  - Unterschiede einführen, die wirklich einen Unterschied machen
  - Perspektivwechsel ermöglichen
- Und Sie können Entscheidungen treffen, die von den bisher üblichen abweichen und die Organisation überraschen.
- Durch die gemeinsame Reflexion der neuen Grenzen des Manövrierraums unterstützen Sie deren Institutionalisierung.

FIXELEMENTS – WER SONST IST WICHTIG UND WIE POSITIONIERT? WIE GROSS IST DER MANÖVRIERRAUM?

Das Managementteam plant das weitere Vorgehen. Wie in der ersten Retrospektive-Session beschlossen, sollen nun die Abteilungsleiter in den weiteren Prozess involviert werden. Im Managementteam gibt es dazu zwei Meinungen: Die eine Gruppe befürwortet, dass alle Abteilungsleiter einbezogen werden. Schließlich werden alle Bereiche und Abteilungen einen Beitrag zur Zielerreichung leisten müssen, auch wenn dieser unterschiedlich ausfallen wird. Die andere Gruppe ist der Meinung, dass das Einbeziehen aller Abteilungsleiter zu viel des Guten ist. Schließlich müsse der Betrieb weiterlaufen, und es gebe schon jetzt zu viele Meetings. Außerdem seien die meisten Abteilungsleiter sowieso froh, wenn man ihnen einfach nur sage, was sie zu tun hätten. Auch in der Frage, ob darüber hinaus noch einige ausgewählte »graue Eminenzen« beziehungsweise wichtige Multiplikatoren aus den Ebenen unterhalb der Abteilungsleiter schon jetzt mitmachen sollen, ist man sich uneins.

Noch bevor es zu einer Entscheidung kommt, berichtet Paul Trautmann (Bereichsleiter Vertrieb), dass aus verschiedenen Quellen an ihn herangetragen wurde, dass in der Organisation die Gerüchteküche brodelt. So wird verbreitet, die Geschäftsleitung würde in diversen Geheimsitzungen große Umstrukturierungen vorbereiten. Auch der Abbau von Arbeitsplätzen sei bereits beschlossene Sache. Große Teile der Belegschaft seien beunruhigt.

Lisbeth Peel erkennt, dass sie den informellen Informationsfluss im Unternehmen unterschätzt hat. Ihr wird klar, dass eine Informationskampagne für das Programm »Vernetzte Zusammenarbeit 2022« dringend starten muss. Sie bittet Paul Trautmann, zusammen mit ihr und der Beauftragten für die Unternehmenskommunikation, Anna Elbe, eine erste Information an die gesamte Belegschaft so weit vorzubereiten, dass sie mit dem Managementteam abgestimmt werden kann. Ihr ist wichtig, dass alle Mitglieder des Managementteams die gleichen Botschaften in der Organisation verbreiten. Inhaltliche Basis der Kommunikation soll das gemeinsam erarbeitete Rot-Grün-Modell sein.

Da sich das Managementteam zur Beteiligung der Abteilungsleiter nicht auf eine Linie verständigen konnte, hat Lisbeth Peel entschieden: Alle Abteilungsleiter werden einbezogen. Ihre Begründung: Die Gesellschafterversammlung hat inzwischen ihrem Vorschlag zugestimmt, dass das innovative Geschäft nicht in eine Tochterfirma ausgelagert, sondern innerhalb der bestehenden Organisation realisiert wird. Deshalb ist es erforderlich, dass alle Führungskräfte auf allen Hierarchieebenen an den notwendigen Musterwechseln mitarbeiten. Sie nimmt bei der Gelegenheit auch Stellung zu dem Argument, viele Abteilungsleiter würden gern einfach nur gesagt bekommen, was sie zu tun hätten: Das mag in der Vergangenheit so gut funktioniert haben. Aber in einer cross-funktional und agil agierenden Organisation ist die aktive und eigenverantwortliche Mitarbeit aller erforderlich. Das mentale Modell »Die meisten unserer Führungskräfte und Mitarbeiter wollen keine Verantwortung übernehmen«, das dieser Argumentation scheinbar zugrunde liegt, teilt sie zudem nicht.

Das Managementteam trifft sich mit den Abteilungsleitern zu einem Workshop, um die Stakeholder-Analyse durchzuführen und den Manövrierraum auszuloten. Zunächst geht es darum, die Abteilungsleiter abzuholen. Zum Auftakt setzt Lisbeth Peel den Rahmen für den Workshop und verdeutlicht die Notwendigkeit für signifikante Veränderungen in der Organisation. Danach erläutern drei der Bereichsleiter auf der Grundlage des Rot-Grün-Modells und des System-Diamanten die bisher erarbeiteten Erkenntnisse und die bereits getroffenen Basis- und Folgeentscheidungen für das Veränderungsvorhaben, die als Rahmen für die weitere Arbeit gelten. Zum Abschluss dieser Sequenz lässt Florian Sonntag in seinem Statement keinen Zweifel daran, dass das Veränderungsvorhaben vom gesamten Managementteam gewollt und aktiv unterstützt wird.

Auf dieser Basis tauschen sich die Abteilungsleiter in Gruppen mit jeweils einem Bereichsleiter über ihre aktuellen Fragen, Hoffnungen und Sorgen zu dem Programm aus. In der Gesamtgruppe werden dann die diskutierten Themen ausgetauscht. Anschließend fordern die Bereichsleiter die Abteilungsleiter auf, bei allen in der Zukunft auftauchenden Fragen und Sorgen zu dem Programm zeitnah das Gespräch mit ihnen zu suchen.

Im zweiten Teil des Workshops arbeiten die Bereichs- und Abteilungsleiter in gemischten Gruppen zunächst an der Stakeholder-Analyse für das Programm. Dazu visualisieren sie ihre gruppenindividuellen Sichten und analysieren danach die Gemeinsamkeiten und Unterschiede der Gruppenergebnisse. Die Diskussion über die herausgearbeiteten Unterschiede führt zu der Erkenntnis, dass die Mithilfe weiterer Schlüsselpersonen nötig ist. Konkret wird beschlossen, je einen Teamleiter aus der Entwicklung und dem Vertrieb sowie Michael Frankfurt, den Einkäufer mit der längsten Berufserfahrung, mit an den weiteren Planungsprozessen zu beteiligen.

Die gemeinsame Reflexion über den für das Programm zur Verfügung stehenden Manövrierraum ergibt die folgenden wesentlichen Erkenntnisse:

- Grundsätzlich gibt es in der aktuellen Situation für das Gelingen ideale Rahmenbedingungen: Die notwendigen Mittel sind vorhanden, die Gesellschafterversammlung hat grünes Licht gegeben, und die Geschäftsführerin und ihre Bereichsleiter treiben das Vorhaben gemeinsam voran.
- Emma Seifert wurde im Zuge des ersten Lösungsversuchs (Installation der Projektgruppe durch das Managementteam) mit einem zu kleinen Manövrierraum ausgestattet.
- Das Ausscheiden des früheren Bereichsleiters Entwicklung Ben Reiter, der nicht bereit war, sich im Sinne des Veränderungsprozesses zu bewegen, stellt sich im Nachhinein als eine wichtige Vergrößerung des Manövrierraumes heraus.
- Als größtes Hindernis für die Einführung der cross-funktionalen und bereichsübergreifenden Zusammenarbeit wird das tief verwurzelte und seit Jahrzehnten erfolgreich praktizierte Silo-Denken und -Handeln bewertet. Vielen Führungskräften fehlt es noch immer an Vorstellungskraft, wie eine andere Art der Zusammenarbeit funktionieren soll und vor allem, welchen Nutzen die Gesamtorganisation davon haben wird.

Im Check-out wird deutlich, dass nicht alle Abteilungsleiter dem Programm positiv gegenüberstehen, aber das hat das Managementteam auch nicht erwartet. Was Lisbeth Peel freut: Die Abteilungsleiter zeigen sich mehrheitlich überrascht darüber, wie aktiv und geschlossen die Bereichsleiter auftreten, und werten dies positiv.

Komfort, Stretch und Panik – das Zonenmodell

Kommen wir zu einem weiteren Aspekt mit wichtiger Hebelwirkung, den Sie untersuchen sollten: In welchem emotionalen Zustand befindet sich Ihre Organisation? Bei dieser Frage geht es um den maximalen »Stretch«, den Sie Ihrer Organisation zumuten können.

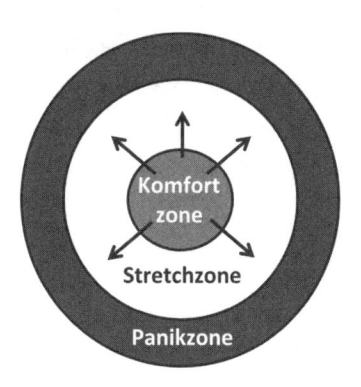

Abbildung 15: Die drei Zustände des Zonenmodells

Das Zonenmodell veranschaulicht drei Zustände:
Die Komfortzone ist der Zustand, in dem sich die Mitarbeiter einer Organisation sicher und wohl fühlen. Dieser Zustand ist gleichsam geprägt von Konstanz. Wenn überhaupt Veränderungen stattfinden, werden sie als überschaubar, einschätzbar und ohne große Risiken für die Beteiligten erlebt. Es ist der Zustand, in dem vor allem Bekanntes fortgesetzt wird und es keine unliebsamen Überraschungen gibt. Was zunächst positiv klingt, hat auch Schattenseiten: Eine Organisation, die sich dauerhaft in der Komfortzone bewegt, leidet an Innovationsarmut und – im Extremfall – Stillstand und ist nicht in der Lage, neugierige, innovative Menschen anzuziehen oder zu halten. Konkret für Ihr Veränderungsvorhaben bedeutet das: Die Menschen in Ihrer Organisation werden sich nicht in dem Maße bewegen, wie es für Ihre Zielsetzung erforderlich ist.

Möchten Sie Veränderungen umsetzen, durch die eingeübte Routinen, gewohnte Denk- und Verhaltensmustern hinterfragt werden (was bei Veränderungsvorhaben fast immer der Fall ist, wie Sie inzwischen gesehen haben), dann muss Ihre Organisation dafür das bekannte und gefühlt sichere Terrain verlassen, also raus aus der Komfortzone. Ihre Organisation ist gefordert, einen Stretch zu vollziehen, um Altes bewusst loszulassen und Neues zu wagen. Dieser Stretch muss durch Sie als Führungskraft initiiert und durch das (Vor-)Leben einer neuen Fehler- und Lernkultur behutsam gestaltet werden. Denn nur dann können die Menschen in Ihrer Organisation die Notwendigkeit des Wandels verstehen und gefordert werden, diesen aktiv mitzugestalten. Außerdem müssen sie in ihren Lernprozessen ungestraft Fehler machen dürfen, damit die Organisation nicht Gefahr läuft, in die Panikzone zu geraten. Denn diese bedeutet gleichsam das Ende von Lernen und bewusster Veränderung.

Eine Organisation kann auch durch permanente Überforderung in die Panikzone geraten, nämlich wenn viele Veränderungsprozesse parallel stattfinden und auf die Beteiligten dabei ein erheblicher Druck ausgeübt wird. Ist dies der Fall, sind Sie als Führungskraft zusammen mit Ihrem Managementteam gefordert, zu fokussieren und die Komplexität zu verringern, etwa indem neue Entscheidungen getroffen werden (»Wir werden unsere Kraft in den nächsten sechs Monaten in X investieren und Z zunächst zurückstellen oder zumindest auf kleiner Flamme weiterfahren«). Achtung: Es ist ganz wichtig und erfolgsentscheidend, dass Sie es mit dieser Fokussierung ernst meinen und tatsächlich Produktivitätsverluste in einem bestimmten Bereich oder Verzögerungen für eine gewisse Zeit in Kauf nehmen, um in Ihrem Veränderungsprojekt voranzukommen. Es gilt einmal mehr der Satz: Veränderung kostet.

ANGEPACKT – TIPPS FÜR IHR WEITERES VORGEHEN

- Gehen Sie in den Dialog mit Ihren Mitarbeitern und reflektieren Sie in regelmäßigen Abständen Ihre Situation. Überlegen Sie, ob Sie das System aktivieren müssen, um die Komfortzone zu verlassen, oder ob Sie ggf. neue Entscheidungen treffen müssen, zum Beispiel neue Prioritäten festlegen, um aus der Panikzone wieder herauszukommen.

- Treffen Sie mit Ihrem Team tragfähige Entscheidungen und sorgen Sie für eine konsequente Umsetzung.

Wie wird in Ihrer Organisation entschieden? Und von wem?

Wenn das Entscheidungsverhalten zu den Schlüsselfaktoren in Ihrem Veränderungsvorhaben gehört, haben Sie womöglich die Entscheidungsmuster in Ihrer Organisation bereits in der Phase »Wie sieht der System-Diamant IST und ZIEL aus?« intensiv untersucht. Etwa weil es darum geht, Ihre Organisation agiler zu machen, die Fehlerkultur konstruktiver zu gestalten, Wissen mehr zu teilen als bisher oder in Zukunft bereichsübergreifend zusammenzuarbeiten. Und Sie haben sich vermutlich schon bei der Initialisierung des Veränderungsvorhabens erste Gedanken darüber gemacht, wie denn innerhalb des Veränderungsvorhabens Ihre Entscheidungsprozesse gestaltet werden sollen. Wenn nicht, dann steht spätestens jetzt eine intensive Auseinandersetzung mit den typischen Entscheidungsmustern Ihrer Organisation mit Blick auf die Umsetzung von Veränderungen und Innovationen an, bevor Sie in die weitere Planung gehen.

Denn zur Gestaltung der Veränderungsarchitektur und der Umsetzung von Maßnahmen wird eine Reihe von Entscheidungen notwendig, von denen der weitere Erfolg der Veränderung abhängt. Organisationen sind »soziale Systeme, die aus Entscheidungen bestehen« – damit haben Sie sich bereits im gleichnamigen Kapitel auseinandergesetzt. Sie sehen, es ist also mehr als sinnvoll, sich mit dem Entscheidungsverhalten Ihrer Organisation auseinanderzusetzen. Sollten Sie bei Ihrer Organisationsdiagnose auf Muster stoßen, die Veränderungen letztendlich immer wieder be- oder verhindern, so ist die Wahrscheinlichkeit sehr hoch, dass Sie auch in Ihrem Veränderungsvorhaben auf das gleiche, eingeübte Entscheidungsverhalten stoßen. Dann laufen Sie Gefahr, dass letztendlich alles so bleibt, wie es war.

Damit die anstehenden Entscheidungen bewusst getroffen werden können, ist es an dieser Stelle also notwendig, den Fokus der Reflexion auf die Frage zu lenken: Wie entscheiden wir üblicherweise, wenn es um Veränderungen und die Einführung von Innovationen in unserer Organisation geht?

Ist das Entscheidungsverhalten zum Beispiel dadurch geprägt, dass sich zunächst alle Beteiligten »committen«, aber dann an entscheidender Stelle doch alles wieder hinterfragt, aufgeweicht oder einfach stillschweigend umgangen wird, so ist der erste und wichtigste Schritt zur Verhaltensveränderung, dieses Verhalten sprachfähig zu machen und gemeinsam über die Auswirkungen zu reflektieren. Weitere Anregungen dazu finden Sie in Kapitel 3, »Das Handwerkzeug: Zentrale Elemente co-kreativer Veränderung« im Abschnitt »Element ›Die Organisation mit sich selbst bekannt machen‹ und in den handwerklichen Tipps.

Und was passiert, nachdem Sie mit Ihrem Team die Entscheidungsmuster der Organisationen identifiziert, reflektiert und bewertet haben? Systemisch gesehen ist die Organisation durch diese Erkenntnisse gestört beziehungsweise irritiert. Jetzt haben Sie die Chance, ein neues Entscheidungsmuster zu etablieren, das im besten Fall zielführender ist als das bisherige.

Dies passiert immer dann, wenn die Key Player co-kreativ die Entscheidung treffen »So wie bisher machen wir nicht mehr weiter!« Überraschenderweise geschieht dies in der Praxis oft eher implizit, ohne dass die Beteiligten eine neue Prozessbeschreibung aufsetzen und diese dann »mit ihrem Blut unterschreiben«, wie Vorgesetzte das manchmal gerne fordern. Wir erleben häufig, dass neues Denken und Verhalten allein dadurch initiiert wird, dass co-kreative Prozesse gemeinsam durchlaufen und Erkenntnisse gemeinsam erarbeitet werden. Manchmal helfen aber auch offizielle Vereinbarungen oder symbolische Akte dabei, die neuen Muster zu etablieren.

Natürlich gibt es auch Situationen, in denen es nicht gleich beim ersten Mal mit dem Musterwechsel klappt. Wenn aber in der nächsten Reflexionsschleife realisiert wird, dass der Leidensdruck gestiegen ist, der Business Impact zugenommen hat und die Veränderungsenergie gewachsen ist, erhöhen sich dadurch die Chancen, dass sich im nächsten Anlauf etwas Gravierendes verändert.

Unabdingbare Voraussetzung für jeden Musterwechsel ist, dass sich die Key Player ihre Erkenntnisse gemeinsam erarbeiten, also ihren Reflektionsprozess co-kreativ gestalteten. Nur dadurch werden Betroffene zu Beteiligten!

Um es an dieser Stelle noch einmal deutlich zu betonen: Es reicht nicht aus, dass eine einzelne Person eine Lösung entwickelt und dann versucht, alle anderen zu überreden, auch an diese Lösung zu glauben. In der Praxis wird dieses mentale Modell häufig mit dem Narrativ »Wir müssen die Menschen« mitnehmen« ausgedrückt. Doch genau das klappt in der Regel eben nicht! Der Schlüssel zur Gestaltung von nachhaltigen Musterwechseln ist die gemeinsame Erarbeitung der Erkenntnisse (»Wie läuft das bisher bei uns?«), die gemeinsame Bewertung (»Was davon hilft uns? Was davon behindert/verhindert unsere Weiterentwicklung?«) und die gemeinsame Schlussfolgerung (»Wie machen wir in Zukunft anders weiter als bisher?«). Weitere Erfolgsfaktoren für erfolgreich gestaltete Musterwechsel sind:

- Keine »moralische Empörung« darüber, wie es bisher gelaufen ist oder dass der letzte Veränderungsversuch nicht erfolgreich war!
- Keine Suche nach Schuldigen! Der Versuch herauszufinden, wer das heutige Verfahren erschaffen hat oder wer für das Scheitern der letzten Veränderungsinitiative verantwortlich ist, kostet nur unnötig Zeit und Produktivität und führt letztendlich zu keinen verwertbaren Erkenntnissen.
- Die intensive Auseinandersetzung mit den zugrunde liegenden mentalen Modellen/Glaubenssätzen und gegebenenfalls deren Entstehung suchen! Sie ist gerade bei hartnäckigen Mustern, an deren Veränderung schon erfolglos gearbeitet wurde, notwendig, damit sich neue Narrative, Muster und mentale Modelle entwickeln können.
- Den »Musterwechsel durch Probehandeln« ermöglichen! Mit diesem Thema haben Sie sich bereits im Rahmen des gleichnamigen Abschnitts (Kapitel 3, »Das Handwerkzeug: Elemente co-kreativer Veränderung«) auseinandergesetzt.

Wenn es im 5. Kapitel an die Umsetzung geht, werden wir noch einmal auf diese Erfolgsfaktoren zurückkommen.

⌐ ANGEPACKT – TIPPS FÜR IHR WEITERES VORGEHEN
- Auch wenn Ihnen das zunächst überflüssig erscheinen mag: Durch eine weitere Beschäftigung mit der Frage »Wie treffen wir in unserer Organisation Entscheidungen?« kommen Sie und Ihr Team den Mustern mit der großen Hebelwirkung immer mehr auf die Spur. Denken Sie an die Kraft der Iteration.
- Konzentrieren Sie sich zunächst darauf, die Entscheidungsmuster zu identifizieren. Die Bewertung, ob diese in bestimmten Kontexten zielführend oder eher hinderlich sind, oder gar die Frage, wie und warum diese Muster in der jetzigen Ausprägung entstanden sind, stellen Sie zurück. Ebenso die Frage, wie die Muster geändert werden können. Zunächst geht es also um das Erkennen, nicht um das Erklären oder Bewerten der Muster.

- Sorgen Sie für ein passendes Setting (Raum, Zeit und Ungestörtheit).
- Initiieren Sie einen Dialog, der es erlaubt, schwierige Themen anzusprechen.
- Sorgen Sie für emotionale Distanz, indem Sie immer wieder die Metaebene einführen. Folgende Fragestellungen unterstützen die Beschreibung der Entscheidungsmuster:
  - »Wer macht für gewöhnlich in welcher Situation den ersten Vorschlag?«
  - »Wer stimmt sofort zu, wer ist routinemäßig erst mal dagegen, wer braucht in der Regel noch Bedenkzeit?«
  - »Wer macht Gegenvorschläge und wie wird damit umgegangen?«
  - »Welches Tempo hat im Allgemeinen der Entscheidungsprozess, wer verzögert ihn, wer beschleunigt?«
  - »Gibt es nur Entweder-/oder-Entscheidungen? Oder werden auch gemeinsam neue Lösungen erarbeitet?«
  - »Begegnet man sich auf Augenhöhe, spielt die Hierarchie eine Rolle, wird mit Ab- und Aufwertungen gearbeitet?«
  - »Wer hat in der Regel die meisten Redeanteile? Welche Stimme hat mehr Gewicht?«
  - »Wie und von wem wird die endgültige Entscheidung gefällt? Wer ist König und wer Königsmacher?«
  - »Was passiert, nachdem wir gemeinsam eine Entscheidung getroffen haben? Wer hält sich daran, wer nicht?«
- Jede am Entscheidungsprozess beteiligte Person sollte sich fragen: »Was ist mein persönlicher Anteil/Zutun/Unterlassen in diesem Prozess?«
- Diese Detailfragen helfen ihnen, den Entscheidungsprozess zu dekonstruieren und gemeinsam daran zu arbeiten, Ihre Muster erkennbar zu explizieren. Letztlich geht es um die Beantwortung der zentralen Fragen:
  - »Was sind die üblichen Entscheidungsmuster in unserer Organisation?«
  - »Ist es im Hinblick auf unserer Veränderungsvorhaben hilfreich, wenn wir unsere üblichen Entscheidungsmuster anwenden, oder würden diese die Zielerreichung unseres Veränderungsvorhabens eher gefährden?«

- Bevor Sie mit einer Mustererkennung starten, wappnen Sie sich zusammen mit Ihrem Team: Oftmals kommt bei einer solchen Musteranalyse etwas heraus, dass Sie gar nicht wissen wollten oder das Ihnen unangenehm ist. Bevor Sie dann Ihre Arbeitsergebnisse in einer Schublade verschwinden lassen, bedenken Sie, dass der Impuls dazu einerseits zutiefst menschlich ist, es aber andererseits ja gerade darum geht, hinderliche Muster zu identifizieren und sie bewusst zu verändern.

FIXELEMENTS – WIE WIRD IN DER ORGANISATION ENTSCHIEDEN? UND VON WEM?

Das Managementteam trifft sich im erweiterten Kreis. Es geht um die Untersuchung des bisherigen Entscheidungsverhaltens bei Fixelements. Durch ein entsprechendes Setting erarbeiten sich die Teilnehmer sukzessiv gemeinsam wesentliche Erkenntnisse:

- Zielvereinbarungen werden bei Fixelements bereichsbezogen definiert. Dabei steht die Optimierung des jeweiligen Bereiches im Vordergrund. Entscheidungen im Tagesgeschäft werden in diesem Sinne getroffen. Bereichsübergreifende Zusammenarbeit wird nicht honoriert.
- Bereichsziele werden einmal im Jahr für die nächsten zwölf Monate festgelegt. Ändern sich die Rahmenbedingungen oder werden die Ziele durch aktuelle Erkenntnisse als nicht erreichbar betrachtet, bleiben sie trotzdem bestehen. Einmal getroffene Entscheidungen werden also nicht hinterfragt und an aktuelle Gegebenheiten angepasst.
- Alle wichtigen Entscheidungen laufen über die Geschäftsführerin.
- Wenn es um Neuerungen oder Veränderungen im Unternehmen geht, entscheidet nur ein sehr kleiner Kreis, die Meinung der Experten zählt dann meistens nicht.
- Entscheidungen des Managements werden in der Regel nicht erklärt oder begründet.
- Viele Entscheidungen benötigen sehr lange. Handlungsleitend

scheint das mentale Modell zu sein: »Wichtig ist, Fehler zu vermeiden und immer die ›richtigen‹ Entscheidungen zu treffen.«
- Wenn eine Entscheidung mehrere Bereiche betrifft, geht es häufig darum, zunächst den kleinsten gemeinsamen Nenner zu finden, auf den sich alle einigen können.
- Im Zweifelsfall sind »Feuerwehreinsätze« wichtiger als die Entwicklung der Organisation – so wie das einige der Anwesenden bereits in der Projektgruppe erlebt und teilweise auch selbst mitgestaltet haben.

Es gab bei Fixelements schon Workshops, in denen den Teilnehmern suggeriert wurde, sie sollten Lösungen erarbeiten. Tatsächlich aber waren die Entscheidungen schon im Vorfeld getroffen worden. Das erwünschte Ergebnis des Workshop stand damit von vornherein fest und sollte den bereits getroffenen Entscheidungen entsprechen. Der einzige Sinn des Workshops bestand im Grunde darin, den Teilnehmern das Gefühl zu vermitteln, sie hätten selbst an der Problemlösung mitgearbeitet.

Als eine Bereichsleiterin stolz darüber berichtet, dass mit dem Start des Programms »Vernetzte Zusammenarbeit 2022« die Entscheidungsfindung viel transparenter und schneller läuft als bisher, meldet sich der Teamleiter aus dem Bereich Entwicklung, Manuel Limberg, zu Wort: »Davon ist bei uns unten aber noch gar nichts angekommen! Wenn wir zum Beispiel für den Prototypenbau schnell etwas vom Einkauf besorgen lassen wollen, dann nützt es nix, wenn ich da einfach anrufe. Da ist der Dienstweg einzuhalten! Heute werden sage und schreibe sechs Unterschriften gebraucht, bis der Einkauf tätig werden kann! Bis die durch sind, hat der Kunde längst beim Mitbewerber bestellt!«

Bei der Reflexion der Ergebnisse sind sich alle einig: Die bewusste co-kreative Neugestaltung der Entscheidungsmuster muss einen entscheidenden Teil des weiteren Programmes einnehmen, wenn der grüne Kasten mit der bereichsübergreifenden/cross-funktionalen Zusammenarbeit und das agile Reagieren auf die Kundenanforderungen wirklich umgesetzt werden soll.

Abwehrroutinen – Wie Ihre Organisation normalerweise Veränderung verhindert

Im Kapitel »Warum sich soziale Systeme mit Veränderungen schwertun« haben wir eine Reihe von Phänomenen beschrieben, die dazu führen, dass Unternehmen ihren jeweiligen Zustand bewahren und verteidigen: Erfahrungen werden tendenziell im Licht unseres mentalen Modells interpretiert, Entscheidungsprämissen fließen in jede relevante Entscheidung ein und werden durch diese Entscheidung wieder bestätigt (positive Erfahrungen bestätigen das mentale Modell, negative werden ausgeblendet). Diese Verhaltensweisen führen dazu, dass Organisationen Muster und Routinen zur Abwehr von Veränderungen entwickeln. Diese Muster und Routinen sind den in der Organisation handelnden Personen in der Regel nicht bewusst – auch wenn sie von (fast) allen gelebt werden.

Wenn Sie in Ihrer Organisation beobachten, dass Veränderungsvorhaben regelmäßig scheitern, abgebrochen beziehungsweise nicht zu Ende geführt werden oder versanden, dann sollten Sie und Ihr Team sich mit den Abwehrroutinen Ihrer Organisation beschäftigen. Wenn Sie diese nicht kennen und im weiteren Verlauf nicht darauf reagieren, ist die Wahrscheinlichkeit hoch, dass es auch Ihrem aktuellen Veränderungsvorhaben so geht wie den Vorgängern.

FIXELEMENTS – ABWEHRROUTINEN: WIE DIE ORGANISATION NORMALERWEISE VERÄNDERUNG VERHINDERT

Als im Anschluss an die Untersuchung der Entscheidungsmuster das Thema Untersuchung der Abwehrroutinen auf die Tagesordnung kommt, kocht die Stimmung hoch. »Da wird uns ja unterstellt, dass wir den Fortschritt aufhalten würden! So eine Sauerei! Wir haben noch nie in unserer Firmengeschichte Neuerungen sabotiert!« Die Diskussion schlägt hohe Wellen. Einige würden sich gerne um das Thema Abwehrroutinen kümmern. Aber ihre Stimmen gehen in der allgemeinen Empörung unter.

Schließlich schaltet sich Lisbeth Peel ein: »Blicken wir realistisch auf unserer Organisation: Wir haben in den vergangenen Jahrzehnten auf der Insel der Glückseligen gelebt. Und klar gab es Veränderungen! Wir haben die neue Produktionshalle gebaut, die schnelleren Maschinen angeschafft, die Prozesse optimiert und kommen nun in der Verwaltung mit 10 Prozent weniger Personal aus. Aber die Art und Weise, wie wir hier zusammenarbeiten und wie wir unsere Firma führen, die haben wir nicht geändert. In unserem Kern sind wir gleich geblieben. Doch jetzt zwingen uns die Veränderungen des Marktes, auch diese Themen anzugehen. Nur so werden wir wieder wettbewerbsfähig, und nur dann bewahren wir uns die Chance, auch weiterhin am Markt zu überleben. Wir haben also die Wahl: entweder so weitermachen wie bisher oder neue Wege gehen. Ich bin mir sicher: Mehr vom Selben wird uns nicht helfen.

Einen wichtigen Schritt raus aus unserer ›Komfortzone‹ machen wir, wenn wir uns eingestehen, dass wir wie jede andere Organisation auch alles dafür getan haben, so zu bleiben wie wir sind. Wir haben dabei unbewusst gehandelt, und das in guter Absicht! Deshalb geht es nicht darum, Schuldige zu finden. Wir müssen uns klarmachen, dass wir durch unser Zusammenspiel einen ungewollten Beitrag dazu geleistet haben, dass unsere Organisation nun in der Krise steckt.

Daher meine Bitte: Wagen wir gemeinsam den Sprung in die Stretchzone, und lassen Sie uns untersuchen, wie wir in unserer Organisation routinemäßig Veränderungen verhindern. Wenn es uns gelingt, hier unsere eigenen Muster zu erkennen, dann haben wir die Chance, für unser Programm »Vernetzte Zusammenarbeit 2022« eine Veränderungsarchitektur zu konzipieren, die diese Abwehrroutinen unterbricht. Als Startpunkt schlage ich vor, dass wir zunächst unseren ersten Lösungsversuch zur Etablierung der cross-funktionalen Zusammenarbeit untersuchen: Wie haben wir verhindert, dass die Projektgruppe unter der Leitung von Emma Seifert zum Fliegen gekommen ist? Welche unserer Entscheidungen haben dazu geführt?«

Nach dieser Intervention von Lisbeth Peel beruhigt sich die Situation, und fast alle Anwesenden machen sich an das Aufspüren der Abwehrroutinen.

Aus dem Ergebnisprotokoll:

- Das Managementteam hat das Transformationsvorhaben »Umstellung auf bereichsübergreifende, cross-funktionale und agile Zusammenarbeit auf allen Hierarchieebenen« nicht selbst in die Hand genommen, sondern delegiert.
- Das Managementteam hat nach der Basisentscheidung »Wir stellen auf bereichsübergreifende, cross-funktionale und agile Zusammenarbeit auf allen Hierarchieebenen um« die Folgeentscheidung getroffen, die Projektgruppe einzurichten. Es gab aber keine weiteren Folgeentscheidungen, die dafür gesorgt hätten, dass zu jeder Projektsitzung ein Vertreter jeden Bereiches anwesend und mit entsprechenden Entscheidungsbefugnissen ausgestattet ist.
- Der Projektgruppe wurden vom Managementteam kein klarer Rahmen, kein klarer Auftrag und kein klares Ziel mitgegeben.
- Auch wurden der Projektleitung nicht die Kompetenzen und Verantwortungen übertragen, die notwendig gewesen wären, um die Anwesenheit der Mitglieder und deren Entscheidungsfähigkeit sicherzustellen.
- Die Projektleitung hat bei den aufkommenden Schwierigkeiten nicht um Hilfe gebeten. Folgeerkenntnis: In unserer Firma wird eine Bitte um Hilfe als Führungsschwäche ausgelegt!
- Die Führungskräfte der jeweiligen Projektgruppenmitglieder haben sich im Zweifelsfall immer dafür entschieden, ihre Mitarbeiter zu »Feuerwehreinsätzen« zu schicken anstatt in die Projektgruppensitzung. Auf die Idee, in einem solchen Fall statt des nominierten Mitgliedes einen Stellvertreter zu schicken oder einfach selbst teilzunehmen, ist keine der Führungskräfte gekommen.
- Das Narrativ »Feuerwehreinsatz« wurde nie untersucht. So wurde nie geklärt, bei wie vielen dieser Einsätze eine »akute Brandbekämpfung« wirklich notwendig war und wie oft lediglich »Brandschutzvorkehrungen« durchgeführt wurden, die auch zu einem anderen Zeitpunkt hätten erfolgen können.

> Diese Untersuchungsergebnisse werden auch durch die Arbeit von drei Bereichsmanagementteams (jeweils Bereichsleiter und die zugeordneten Abteilungsleiter) bestätigt, die an diesem Reflexionsprozess beteiligt waren: »Wenn uns unser Bereichsleiter darüber berichtet, welche Neuerungen sich ›die da oben‹ wieder mal ausgedacht haben, dann werten wir die Neuerungen als sehr hilfreich und dringend notwendig und kündigen die baldige Umsetzung in unseren Abteilungen an. In dem Moment, in dem wir dann den Raum verlassen, gerät das Thema aus unserem Fokus, und wir machen unser bewährtes Tagesgeschäft so weiter wie bisher.«
>
> Die Reflexion aller Arbeitsergebnisse führt zu der überraschenden Erkenntnis, dass es bei Fixelements viele intelligente und gleichzeitig nicht bewusste Strategien gibt, um Veränderungen abzuwehren und den Status quo aufrechtzuerhalten.

Um in Ihrem Organisationsbereich Abwehrroutinen aufzuspüren, sollten Sie sich mit diesen Fragen befassen, die Sie zum Teil bereits aus dem Abschnitt »Business Impact – Was geschieht, wenn nichts geschieht?« kennen:

Wie reden wir uns ein, dass wir gar keine Veränderung benötigen? Häufig kommen notwendige Veränderungsinitiativen gar nicht erst in Gang, da die Muster der Marktbeobachtung und die entsprechenden Narrative auf Beschwichtigung eingestellt sind: »Wir sind mit unseren Produkten der Konkurrenz überlegen«, »Dieser Trend geht vorüber«, »Wir haben doch noch so viel in der ‚Entwicklungs-Pipeline« oder »Für Veränderung haben wir keine Zeit, unsere Auftragsbücher sind voll. Erst mal müssen wir liefern!« Mit allen diesen Aussagen wird die Notwendigkeit der Veränderung ausgeblendet. Beim Aufspüren solcher Routinen hilft das Motto »Ich hinterfrage kritisch, was wir in unserer Organisation mit Blick auf den Markt und Wettbewerb für ›wahr‹ und ›gegeben‹ halten.«

Welche Vorteile haben wir, wenn alles so bleibt, wie es ist? Eine Frage, die zunächst paradox erscheint. Spontane Antworten gehen in die Richtung von »Wenn nichts passiert, haben wir gar keine Vorteile!« Bohren Sie tiefer! Getreu dem Motto »In jeder Situation steckt auch etwas Positives«. Häufig kommen dabei Themen zum Vorschein wie »Wenn alles so bleibt wie es ist, dann können wir auch weitermachen wie bisher, haben unsere Ruhe,

wissen, was zu tun ist, brauchen nichts Neues zu lernen und müssen uns nicht mit der Frage auseinandersetzen, ob wir dem Neuen gewachsen sind.«
Wie haben wir es hinbekommen, dass das Vorhaben scheitert? Oder: Welche Entscheidungen haben wir getroffen, die zum Scheitern des Vorhabens geführt haben? Bei der Analyse von Prozessen, die zum Scheitern eines Veränderungsvorhabens geführt haben, ist es besonders wichtig, emotionale Distanz aufzubauen und aufrechtzuerhalten und unbedingt von Schuldzuweisungen abzusehen.

Erinnern Sie sich noch an die Unterscheidung zwischen Leidensdruck und Veränderungsenergie im Abschnitt »Wo steckt Veränderungsenergie«? Bemerkenswert ist, dass Organisationen, die gefühlt schon lange leiden, auch dann noch ihre Abwehrroutinen aktivieren, wenn vermeintlich positive Veränderungen anstehen. Ein Beispiel: Eine Organisation verfehlt seit zehn Jahren regelmäßig ihre Wachstumsziele. Systemisch gesehen hat diese Organisation Muster entwickelt, die dazu führen, das jedes Jahr aufs Neue die Ziele verfehlt werden. Inzwischen ist das Verfehlen der Ziele Bestandteil der organisationalen Identität der Organisation. Kommt nun jemand auf die Idee, das bestehende Muster zu stören, indem zum Beispiel die Wachstumsziele für das nächste Geschäftsjahr an die realistischen Möglichkeiten des Marktes und der Organisation angepasst oder Maßnahmen getroffen werden, um das Wachstum anzukurbeln, dann reagiert die Organisation nicht etwa positiv darauf, sondern sie wehrt sich routinemäßig gegen die Veränderungen und aktiviert die eingeübten Abwehrmuster. Soll sich trotz alledem etwas verändern, wird neben dem eigentlichen Plan (Planzahlen runter, Absatz und Produktion hochfahren) und der notwendigen Veränderungsenergie auch noch eine clevere Architektur benötigt, die die bisherigen Abwehrroutinen aushebelt und Lernprozesse fördert.

ANGEPACKT – TIPPS FÜR IHR WEITERES VORGEHEN

- Machen Sie sich gemeinsam mit Ihrem Team klar, dass Abwehrroutinen auch in Ihrer Organisation normal sind. Durch entsprechende Entscheidungen werden Veränderungsvorhaben häufig unbewusst und ungewollt zum Scheitern gebracht.
- Auch hier gilt: Oftmals stoßen Sie bei der Untersuchung von Abwehrroutinen und organisationalen Mustern auf etwas, das Sie gar nicht wissen wollten oder das Sie irritiert. Trotzdem helfen

gerade diese Erkenntnisse dabei, die Erfolgschancen Ihres Veränderungsvorhabens signifikant zu steigern.
- Hilfreich ist, wenn Sie als Startpunkt Ihrer Diskussionen gescheiterte Vorhaben oder Projekte nennen können. Je mehr das Scheitern allgemein bekannt ist, je kürzer es zurückliegt und je spektakulärer es war, umso mehr eignet es sich als Fundus, in dem Sie mit Ihrem Team Abwehrroutinen entdecken können.
- Bearbeiten Sie mit Ihrem Team Fragen wie:
  - »Was passiert, wenn nichts passiert?«
  - »Welche Vorteile haben wir, wenn alles so bleibt, wie es ist?«
  - »Wie haben wir es hinbekommen beziehungsweise welche Entscheidungen haben wir getroffen, damit das Vorhaben scheitert?«
- Reflektieren Sie gemeinsam: »Welche Schlüsse für unser weiteres Vorgehen ziehen wir aus unseren Erkenntnissen?«

Wie steht es um den Change-Reifegrad Ihrer Organisation?

Sie haben nun Ihre Organisation gründlich analysiert. Sie haben festgehalten, wie es um die Veränderungsenergie steht, wie Entscheidungsprozesse ablaufen, in welcher Zone Sie sich befinden und welche Abwehrroutinen gegen Veränderungen es gibt. Das gibt Ihnen die Möglichkeit abzuschätzen, wie Ihre Organisation den geplanten Veränderungsprozess bewältigen kann. Man bezeichnet dies als »Change-Reifegrad«. Dieser hat unmittelbaren Einfluss auf die Gestaltung Ihrer Veränderungsarchitektur. Ist Ihre Organisation zum Beispiel veränderungsunerfahren und die Reflexionsfähigkeit eher schwach ausgeprägt, ist es sinnvoll, in Ihrem Veränderungsprozess Maßnahmen einzuplanen, die die Reflexionsfähigkeit Ihrer Organisation fördern, um damit eine der wichtigsten Voraussetzungen für erfolgreiche Veränderungen zu schaffen. Wenn allerdings Ihre Organisation routiniert darin ist, komplexe Veränderungen zu bewältigen, brauchen Sie vermutlich keinen zusätzlichen Aufwand zur Verbesserung der Change-Fitness, damit Ihr Veränderungsvorhaben die geplanten Ziele erreicht.

Wenn Sie und Ihr Team den Change-Reifegrad Ihrer Organisation einschätzen, können Sie beispielsweise gemeinsam und gewissermaßen »freihändig« erarbeiten, welche Faktoren in Ihrer Organisation Veränderung fördern und welche Veränderung verhindern. Eine andere Möglichkeit ist, den Change-Reifegrad Ihrer Organisation systematisch anhand wissenschaftlich fundierter Kriterien zu erheben. In diesem Fall können Sie sich die »Change-Reifegrad-Analyse« zunutze machen.[18] Dieses Tool wurde speziell entwickelt, um die Frage zu beantworten: »Wie geht meine Organisation heute typischerweise mit Veränderungen um?« Aus den daraus gewonnenen Erkenntnissen erhalten Sie Impulse für Veränderungsmaßnahmen, die entscheidend zum Erfolg Ihres Veränderungsvorhabens beitragen und mittel- und langfristig den Change-Reifegrad Ihrer Organisation verbessern.

Die Matrix zur Feststellung des Change-Reifegrades einer Organisation besteht aus fünf Kategorien:

1. **Erkennen und Verstehen – die Ausprägung des Situationsbewusstseins:** Inwieweit werden interne und externe Veränderungsimpulse wahrgenommen und begriffen? Inwieweit werden neue Zusammenhänge geprüft und bewertet und eine Relevanz abgeleitet?
2. **Akzeptieren und Wollen – die Ausprägung der Veränderungsbereitschaft:** Wie steht es um die Bereitschaft, Veränderungen anzunehmen, anzuerkennen und damit einverstanden zu sein? Wie wird typischerweise das Erreichen der festgelegten Ziele organisiert?
3. **Umsetzen und Kultivieren – das Vorgehen in der Umsetzungsphase:** Wie werden Vorhaben typischerweise verwirklicht? Wie werden erwünschte Verhaltensweisen weiterentwickelt?
4. **Lernen und Entwickeln – die Ausprägung der Lernkompetenz:** Wie steht es um die Fähigkeit und Bereitschaft zum Lernen? Werden Erkenntnisse (zum Beispiel aus Lessons Learned) erinnert und abgerufen? Organisieren wir einen Prozess, der dafür sorgt, dass aus Wissen Können wird? Werden Entwicklungen antizipiert?
5. **Veränderung ermöglichen – die Ausprägungen des Organisationsrahmens für Veränderungen:** Werden Möglichkeiten geschaffen und Hindernisse aus dem Weg geräumt? Wird der Kontext aktiv gestaltet, zum Beispiel durch die Bereitstellung von zeitlichen und materiellen Mitteln?

Für jede dieser Kategorien können vier Reifegradstufen beschrieben werden: inaktiv, aktionistisch, systematisch und exzellent. Jeder Reifegradstufe sind typische beobachtbare Ausprägungen zugeordnet. Mithilfe dieser Ausprägung können Sie im co-kreativen Prozess idealerweise zunächst Transparenz und Awareness zur aktuellen Veränderungsfähigkeit der Organisation erhalten. In einem weiteren Schritt leiten Sie dann Entwicklungspotenziale und relevante Handlungsfelder ab und priorisieren diese, um die Erfolgswahrscheinlichkeit der Veränderung weiter zu erhöhen. Sehen Sie sich die Change-Reifegrad-Matrix mit der Aufteilung nach Kategorien und Stufen einmal an.

	Inaktiv	Aktionistisch	Systematisch	Exzellent
Erkennen und Verstehen				
Akzeptieren und Wollen				
Umsetzen und Kultivieren				
Lernen und Entwickeln				
Veränderung ermöglichen				

Abbildung 16: Die Change-Reifegrad-Matrix

FIXELEMENTS – WAS IST DER AKTUELLE CHANGE-REIFEGRAD?

Das Managementteam beauftragt eine Arbeitsgruppe, sich über die Change-Reifegrad-Analyse zu informieren und herauszufinden, ob und, wenn ja, inwieweit diese in der aktuellen Situation zum Einsatz kommen soll. Die Arbeitsgruppe ist bereichsübergreifend und cross-funktional besetzt und wird von der Bereichsleiterin Personal, Sofia Kruse, geleitet.

Die Arbeitsgruppe macht sich mit der Change-Reifegrad-Matrix vertraut und erarbeitet folgende Erkenntnisse:

- Von den fünf Reifegrad-Kategorien verspricht – bezogen auf das Programm »Vernetzte Zusammenarbeit 2022« und unter Berücksichtigung der bereits erarbeiteten Erkenntnisse – vor allem die Kategorie »Lernen und Entwickeln« noch wirksame und nützliche Impulse:
- Dort wird die Ausprägung »exzellent« unter anderem beschrieben mit »Es wird aus jeder Veränderung gelernt; dazu dienen Mechanismen für bewusstes Reflektieren der Lernerfahrung. Fehler werden als Chance genutzt. Ein Fehler passiert nur einmal und tritt in der Organisation kein weiteres Mal auf.«

Von diesem Idealzustand ist Fixelements weit entfernt. Gerade das Lernen aus Fehlern ist heute ein großer Schwachpunkt – in jedem Bereich! Das führt zum Beispiel dazu, dass am Ende von durchgeführten Veränderungsprozessen und Projekten die vorgesehenen Lessons-Learned-Sessions entweder ganz ausfallen oder deren Ergebnisse zwar archiviert, aber nicht weiter genutzt werden.

In Zukunft aber soll Lernen sogar bereichsübergreifend und cross-funtional stattfinden. Das erhöht den Druck, das Thema grundsätzlich anzugehen.

Damit sich Lernen aus Veränderungen und Fehlern signifikant verbessert, müssen vor allem die Führungskräfte auf allen Ebenen ihre Haltung (Lernen aus Fehlern ist eben keine Zeitverschwendung, sondern bringt der Organisation mittel- und langfristig Nutzen) und ihr Handeln ändern (Zeit und Gelegenheit schaffen, Reflexionsprozesse fördern und anleiten). Zum Anleiten und Fördern von Reflexionsprozessen fehlen vielen Führungskräften neben einer entsprechenden Haltung auch die erforderlichen handwerklichen Kompetenzen.

Die Arbeitsgruppe schlägt deshalb vor, in die zu planende Veränderungsarchitektur auch ein entsprechendes Entwicklungsprogramm für Führungskräfte zu integrieren. Dieses Programm soll nicht nur die notwendigen handwerklichen Kompetenzen auf personaler Ebene entwickeln, sondern auch einen Beitrag dazu leisten, das Denken und Verhalten auf organisationaler Ebene zu verändern.

Co-Creation: Wie bereit ist Ihre Organisation?

Durch die vorangegangenen Schritte haben Sie bereits wesentliche Erkenntnisse über die organisationale Identität Ihrer Organisation gewonnen. Ein letzter Aspekt vervollständigt diesen Erkenntnisprozess: Wie wird Co-Creation bereits in Ihrer Organisation gelebt?

Auch wenn für Sie und Ihr Team co-kreative Prozesse schon zur Routine gehören, ist damit noch lange nicht gesagt, dass diese auch in dem Teil der Organisation etabliert sind, in dem das Veränderungsvorhaben umgesetzt werden soll. Da die zielführende Gestaltung von co-kreativen Prozessen aber die Basis für den Erfolg Ihres Veränderungsvorhabens bildet, ist das Aufspüren eines eventuellen Entwicklungsbedarfes ein wichtiger Mosaikstein für die weitere Arbeit. Spätestens wenn Sie die Architektur für Ihr Veränderungsvorhaben entwickeln, sollten Sie diesen Punkt angehen.

⌈ ANGEPACKT – TIPPS FÜR IHR WEITERES VORGEHEN

Zur Untersuchung »Wie ist es um das Thema Co-Creation in unserer Organisation bestellt?« beschäftigen Sie und Ihr Team sich mit Fragen wie:
- »Welche Erfahrungen hat unsere Organisation mit co-kreativen Prozessen?«
- »Welche Bereitschaft und Fähigkeit zur Reflexion und Metakommunikation hat unsere Organisation?«
- »Ist unsere Organisation grundsätzlich fähig und bereit, sich selbst zu beobachten, das heißt sich ihre typischen mentalen Modelle und Handlungsmuster bewusst zu machen?«
- »Gibt es in unserer Organisation eine grundlegende Bereitschaft, sich zu wesentlichen (aktuellen) Herausforderungen immer wieder ein gemeinsames Verständnis zu erarbeiten?«
- »Sind die Führungskräfte unserer Organisation in der Lage, gemeinsame Denk- und Kreativprozesse zu gestalten?«

Retrospektive II

FIXELEMENTS – ZURÜCKBLICKEN, UM VORWÄRTS ZU KOMMEN

Reflexion als grundlegendes Element für organisationale Transformation

Der eintägige Workshop »Retrospektive II« wird von Florian Sonntag geleitet. Inhaltlich geht es um die gerade abgeschlossene Analysephase »Wie tickt die Organisation?« Teilnehmer sind das Managementteam, die Abteilungsleiter, der Teamleiter Manuel Limberg, seine Kollegin aus dem Vertrieb und der Einkäufer Michael Frankfurt.

Lisbeth Peel eröffnet mit einem dicken Lob an alle Anwesenden. Sie ist sowohl von den inhaltlichen Fortschritten als auch von der Entwicklung der Zusammenarbeit positiv überrascht. Ausdrücklich hebt sie hervor, dass im Zuge der Analyse des Veränderungsvorhabens und der Organisation schon jede Menge Veränderung umgesetzt worden sei. Das Managementteam arbeite inzwischen bereichsübergreifend und cross-funktional und habe gemeinsam bereits eine neue Form der Zusammenarbeit entwickelt und setze diese um.

Element
Kontext gestalten

Nach dem Check-in bringt Florian Sonntag die Erweiterung des Kreises durch die Abteilungsleiter zu Beginn der Analysephase zur Sprache. Er lädt die Anwesenden ein, diese Maßnahme in der Rückschau zu reflektieren und zu bewerten. Wie gewinnbringend wurde die Erweiterung des Kreises erlebt? Von den Abteilungsleitern selbst und vom Managementteam? Dieser Austausch erfolgt zunächst in getrennten Gruppen, anschließend stellen die Gruppen sich die Ergebnisse gegenseitig vor.
Die Abteilungsleiter starten:

Element
Organisation aktivieren –
Co-Creation beginnen

Element
Perspektivwechsel ermöglichen

»Wir finden es gut, dass uns die Bereichsleitung in fachlichen Fragen hinzugezogen hat und uns als wichtige Gesprächspartner ansieht.
Zu Beginn waren wir etwas skeptisch, aber da die Bereichsleitung unsere Fragen, Hoffnungen und Sorgen ernst nahm, haben wir die anschließende Zusammenarbeit als gewinnbringend erlebt, und wir konnten von Anfang an aktiv mitgestalten.

Co-Creation

Wichtig war vor allem der Austausch zu den gelebten Entscheidungsmustern und der Frage nach dem Manövrierraum für das Programm »Vernetzte Zusammenarbeit 2022« in der gesamten Führungsriege. Über solche Themen hatten wir vorher noch nie gemeinsam reflektiert. Es hat uns positiv gestimmt, dass sich auch das Managementteam selbstkritisch gezeigt hat. Das heißt für uns, dass die Leitung es dieses Mal wirklich ernst meint und uns ihre Entscheidungen nicht einfach ›hinwirft‹, wie es früher meistens der Fall war.«

Element
Möglichkeitsraum erweitern/neues Thema einführen

Danach berichtet das Managementteam:

»Die Arbeit im erweiterten Kreis kostet zwar Zeit – aber alles selbst zu machen ist keine Alternative.
Durch die Mitarbeit der Abteilungsleiter haben wir neue Erkenntnisse gewonnen, die sowohl unsere bisherigen Überlegungen bereichern als auch teilweise zu Recht kritisch infrage stellen.

Co-Creation

Manchmal haben wir uns gefragt, ob die Integration von neuen Erkenntnissen nicht zu lange dauert und die Komplexität zu hoch wird. Aber wir erkennen, dass die Impulse, die wir von der nächsten Ebene bekommen, unser Vorhaben stärken, realistischer machen und uns Gewissheit geben, dass die Organisation das später mitträgt.«

Reflexion als grundlegendes Element für organisationale Transformation

Zum Ende des Workshops verständigen sich die Teilnehmer auf weitere Ergebnisse.

Erstens bei der Reflexion der inhaltlichen Themen:

- Die einzelnen Schritte zu gehen erschien zwischendurch auch mal recht mühsam, aber viele kleine Mosaiksteine wachsen zu einem großen Bild zusammen.
- Die Veränderung hat schon begonnen, denn wir arbeiten in unserem Kreis schon bereichsübergreifend und cross-funktional zusammen. Und offensichtlich profitieren wir alle davon, dass wir unsere Entscheidungsfindung mittlerweile viel agiler organisieren.

Reflexion als grundlegendes Element für organisationale Transformation

Element
Das Thema ins Thema einführen

- Unserer Organisation ist es in den vergangenen Jahren sehr gut gegangen, und wir befanden uns in der Komfortzone. Obwohl wir das nie so gesehen haben – schließlich haben wir immer sehr viel gearbeitet und hatten viele Stresssituationen zu bewältigen.
- Wir muten nun uns und der gesamten Organisation einen Stretch zu. Nicht weil wir wieder eine »neue Sau durchs Dorf treiben wollen«, sondern weil uns die Veränderungen des Marktes keine Wahl lassen. Es gibt keine Alternative!

Zonenmodell

Ein persönliches Statement vom Bereichsleiter Vertrieb, Paul Trautmann: »Mir geht das Thema bereichsbezogene Zielvereinbarungen nicht aus dem Kopf. Mir ist bisher nicht klar gewesen, wie sehr diese eine bereichsübergreifende Zusammenarbeit ausbremsen.«

Mentale Modelle

Zweitens zur Reflexion des Vorgehens:

- Wenn wir diese Phase ausgelassen und gleich einen Maßnahmenplan entwickelt hätten, dann hätten wir wesentliche erfolgskritische Erkenntnisse nicht gewonnen.

Element
Komplexität erweitern

- Durch die regelmäßige Reflexion unserer Fortschritte, unseren Umgang mit Problemen und unserer Zusammenarbeit lernen wir »ganz nebenbei« viele Dinge, die wir schon jetzt in unseren Arbeitsalltag integrieren können.

Element
Das Thema ins Thema einführen

Ein persönliches Statement von Shirin Barry, Abteilungsleiterin im Bereich Finanzen: »Ich bin bisher immer davon ausgegangen, alle Unsicherheiten müssen geklärt sein, bevor man mit der Arbeit beginnt, sonst sind wir zum Scheitern verurteilt. Die Arbeit hier zeigt mir, dass es auch anders geht: einfach anfangen und dann agil reagieren, indem wir immer wieder reflektieren und justieren.«

Mentale Modelle

Ein persönliches Statement vom Moderator Florian Sonntag (Bereichsleiter Finanzen): »Ich gewinne durch unsere Arbeit ganz neue Erkenntnisse. Bisher habe ich mich komplett auf die Welt der Zahlen fokussiert. Hier tun sich nun für mich neue Dinge auf, die ich persönlich spannend finde und die mich interessieren. Und ich lerne immer mehr, dass es für den Erfolg eines Unternehmens nicht ausreicht, sich nur an Zahlen zu orientieren.« **Mentale Modelle**

Ein persönliches Statement vom Bereichsleiter Logistik, Nicolas Fraiss: »Ich habe durch unsere gemeinsame Arbeit in den vergangenen Wochen begriffen, dass uns eine klassische Analyse unserer Unternehmenskultur mittels Fragebogen und durchgeführt durch externe Berater niemals zu dem Kenntnisstand geführt hätte, auf dem wir heute sind.« **Mentale Modelle**

Die wichtigsten Lessons Learned zum weiteren Vorgehen:

Wir verstehen immer besser, welchen Wert es hat, wenn wir die neuen Konzepte und Vorgehensweisen zusammen erarbeiten. Es funktioniert heute eben nicht mehr, dass wir per Anweisung unserer Organisation ein neues Denken und Verhalten überstülpen. Die Annahme »Wir können unsere Kultur durch Beschluss und auf Anordnung verändern« hat ausgedient. Das hat ja auch unser gescheiterter Lösungsversuch mit der Projektgruppe gezeigt.
Die informellen Kommunikationskanäle funktionieren bei uns besser, als wir bisher dachten. Um die zwangsläufig rund um den Veränderungsprozess entstehenden Geschichten und Gerüchte soweit es geht zu minimieren, werden wir in Zukunft darauf achten, so zeitnah wie möglich die Organisation zu informieren und alle auf dem Laufenden zu halten.

Element
Organisation aktivieren–
Co-Creation beginnen

Mentale Modelle

In der letzten Sequenz des Workshops stellt Moderator Florian Sonntag mit Unterstützung durch die Geschäftsführerin zwei Fragen an die Teilnehmer:

1. »Wie haben wir heute in diesem Workshop die crossfunktionale und agile Zusammenarbeit erlebt?« **Element**
Das Thema ins Thema einführen

2. »Auf einer Skala von 1 bis 10: In welchem Maße zahlt unserer derzeitiges Vorgehen auf die Zukunftsfähigkeit unserer Organisation ein?«

Element
Die Organisation mit sich selbst bekannt machen
Selbstvergewisserung
Ernte einfahren

Und jetzt die Diagnose: Was ist die zentrale organisationale Herausforderung im Rahmen der Veränderung?

Im Kapitel »Wie sieht der System-Diamant IST und ZIEL aus?« haben Sie und Ihr Team erarbeitet, welche Strukturmerkmale sich wie verändern müssen, damit Ihr Veränderungsvorhaben seine Ziele erreicht. Für das Business, die Ressourcen, die Struktur, die Prozesse und die Management- und Bewertungssysteme haben Sie Optionen in Form von VON-ZU-Beschreibungen definiert. Und Sie haben den dazugehörigen wesentlichen Musterwechsel im Denken, Verhalten und Entscheiden herausgearbeitet.

Im Kapitel »Untersuchen Sie Ihre Organisation: Wie tickt sie?« haben Sie analysiert, mit welchen generellen fördernden und welchen hindernden mentalen Modellen und Mustern Ihre Organisation Ihr Veränderungsvorhaben beeinflusst.

Jetzt geht es um das »Thema hinter dem Thema«: Welche mentalen Modelle, Narrative und Muster müssen sich in Ihrer Organisation zunächst grundlegend ändern, damit der durch das Veränderungsvorhaben angestrebte Musterwechsel überhaupt erst möglich wird? Beziehungsweise: Was muss sich im Denken und Verhalten der Organisation prinzipiell verändern, damit das Veränderungsvorhaben überhaupt eine Chance hat? Diese »Ermöglicher der Veränderung« bezeichnen wir als *Key Enabler*.

Sie stehen also nun vor der Aufgabe, aus den Erkenntnissen, die Sie und Ihr Team in der bisherigen Arbeit an Ihrem Veränderungsvorhaben gewonnen haben, diese Key Enabler abzuleiten. Sie bilden zusammen mit dem wesentlichen Musterwechsel im Denken, Verhalten und Entscheiden die zentrale organisationale Herausforderung für Ihr Veränderungsvorhaben. Diese spielt im weiteren Verlauf eine zentrale Rolle bei der Gestaltung der Veränderungsarchitektur. In dem Moment, in dem Sie die zentrale organisationale Herausforderung herausgearbeitet haben, haben sie die entscheidenden Zielfelder der Veränderungsarchitektur vor Augen. Gelingt es Ihnen im Rahmen der Umsetzung Ihrer Architektur, die zentrale organisationale Herausforderung zu bewältigen, erhöht sich die Erfolgswahrscheinlichkeit Ihres Veränderungsvorhabens dramatisch.

Was sind die Key Enabler für Ihr Veränderungsvorhaben?

Wenn Sie und Ihr Team sich daranmachen, die Key Enabler herauszufinden, dann dreht es sich dabei fast immer um diese Frage: »Wie muss sich die organisationale Identität ihrer Organisation verändern für den notwendigen Musterwechsel im Denken, Verhalten und Entscheiden?«

Hier geht es also um eine zweite Dimension der Veränderung im Inneren des System-Diamanten, nämlich um die, die das eigentliche Veränderungsvorhaben erst möglich macht. Die Führungskräfte, die in der Folge mit ihren Mitarbeitern in einen co-kreativen Prozess gehen, sind bei der Herausarbeitung der Key Enabler als Erste gefordert.

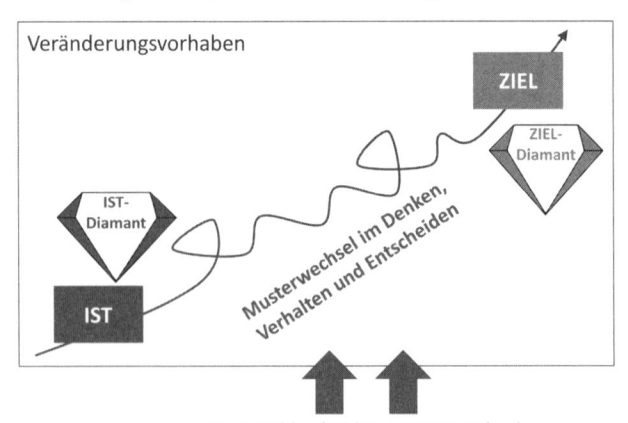

Abbildung 17: Die zentrale organisationale Herausforderung

Wie also arbeitet man die »Hauptveränderungsermöglicher« heraus? Leider gibt es für die Identifikation der Key Enabler keine klar definierte Formel. Sie lassen sich nicht mathematisch beziehungsweise per Algorithmus bestimmen. Außerdem hat jedes Veränderungsvorhaben, jede Organisation eigene spezifische Herausforderungen. Aber das braucht Sie nicht zu schrecken: Schließlich haben Sie und Ihr Team inzwischen einen intensiven Lern- und Erfahrungsprozess für die co-kreative Bearbeitung von komplexen Aufgaben durchlaufen. Das ist die optimale Grundlage, um die Key Enabler für Ihr Veränderungsvorhaben zu identifizieren. Außerdem haben wir für Sie im Folgenden fünf typische organisationale Herausforderungen beschrieben einschließlich der darin enthaltenen Musterwechsel und Key Enabler. Sie alle begegnen uns so oder so ähnlich immer wieder in der Praxis. Es ist sehr wahrscheinlich, dass Sie sich mit Ihrem Veränderungsvorhaben in einem dieser Szenarien wiederfinden. Wie wir wissen, erreichen über 70 Prozent der Veränderungsprojekte ihr Ziel nicht oder nur teilweise. Hier erfahren Sie die häufigsten Gründe für dieses Scheitern.

In der Regel lassen sich in jedem Veränderungsvorhaben ein bis drei Key Enabler identifizieren. In den folgenden Beispielen konzentrieren wir uns der Einfachheit und Klarheit halber auf einen Key Enabler.

Organisationale Herausforderung 1: Die Wirkkraft der organisationalen Identität erkennen

Typische Szenarien für Situationen, die einen Wandel im Geschäftsmodell zwingend erforderlich machen: Zunächst ein Beispiel aus der Energiewirtschaft. Früher konnten Stromkonzerne de facto als Monopolisten am Markt agieren, heute müssen sie im gegenseitigen Preiswettbewerb mit besseren Angeboten um die Kunden kämpfen. Früher kam der Kunde zum Energieversorger (weil er keine Alternative hatte), heute müssen die Energieversorgen aktiv auf den Kunden zugehen und um ihn werben. Ein zweites Beispiel: Customer-Intelligence-Systeme. Bei den Banken ersetzen sie künftig im Zuge der Digitalisierung auf Basis von Big Data und Analytics die heutigen Vertriebssteuerungsabteilungen. Diese Systeme schlagen den Kundenberatern künftig auf der Basis von Algorithmen vor, welchen Kunden wann welche Produkte angeboten werden sollen. Bei internetbasierten Warenhäusern funktionieren diese datengetriebenen

Marketingsysteme schon heute recht gut: Wenn der Kunde die Warenhausseite aufruft, bekommt er dort nicht etwa das gesamte Angebotsportfolio zu sehen, sondern nur die Angebote, für die seine Kaufwahrscheinlichkeit besonders hoch liegt, abgeleitet aus seinem bisherigen Kaufverhalten, aus den von ihm verwendeten Suchbegriffen, den Kaufgewohnheiten seiner Altersklasse, seinem Wohnort – heruntergebrochen auf die Straße, die Lieferadressen und so weiter.

Das Veränderungsvorhaben, um das es hier geht, in Kurzform: Das Business-Modell muss sich radikal verändern; der Vertrieb muss von klassischer Produktorientierung auf radikale Kundenorientierung umgestellt werden, bei der die Kundenbedürfnisse der Maßstab für die angebotenen Lösungen sind.

Einer der zentralen Gründe für das Scheitern solcher Veränderungsvorhaben ist häufig dieses mentale Modell: Die verantwortlichen Entscheider sind überzeugt, dass sich die Organisation allein durch die Einführung neuer Prozesse oder innovativer Technologien, also durch Veränderung der äußeren Strukturmerkmale des System-Diamanten, verändert, und zwar »automatisch« auch in ihrem Denken und ihrem Verhalten. Das klappt aber in den seltensten Fällen. In der Regel agiert die Organisation so weiter wie vor der Einführung der neuen Prozesse und Verfahren. Die Ursache dafür liegt – wir haben es bereits erklärt – in der Beharrungskraft der organisationalen Identität des sozialen Systems, also dem Inneren des System-Diamanten. Diese Identität wird aber meistens auf Entscheiderseite völlig ausgeblendet. Dementsprechend beinhalten die meisten Veränderungsprojekte auch keinerlei Maßnahmen zur Transformation der organisationalen Identität. Noch einmal: Die zentrale organisationale Herausforderung für das Gelingen eines Veränderungsvorhabens setzt sich zusammen aus dem Musterwechsel und den Key Enablern, die diesen Musterwechsel möglich machen.

Für die oben beschriebene Art von Veränderungsvorhaben lautet die Herausforderung also:

1. Das Denken, Verhalten und Entscheiden der Organisation so verändern, dass es dem neuen Business-Modell entspricht (Musterwechsel). Statt darauf zu warten, dass der Kunde sich meldet, wird er in Zukunft aktiv angesprochen. Statt als Erstes das Angebotsportfolio zu

präsentieren, wird in Zukunft zunächst der Bedarf des Kunden erhoben und ihm daraufhin ein maßgeschneidertes Angebot gemacht.
2. Erkennen, was den Kern des Unternehmens, die organisationale Identität, ausmacht, wie er auf das gesamte Geschäft wirkt und wie dieser Kern selbst so verändert wird, dass ein Musterwechsel gelingt (Key Enabler). Also bei den Entscheidern ein Bewusstsein für die Wirkkraft der organisationalen Identität schaffen, die Organisation aktivieren und unter Anwendung der Elemente der Veränderung dafür sorgen, dass die Bedeutung der aktuellen mentalen Modelle und Muster reflektiert wird. Weiterhin bedeutet es, co-kreativ Veränderungsstrategien zu erarbeiten, die das Ziel haben, dass das Narrativ »Der Kunde steht im Mittelpunkt unseres Denken und Handelns« kein Lippenbekenntnis bleibt, sondern integraler Bestandteil der organisationalen Identität wird.

Organisationale Herausforderung 2: Die Auseinandersetzung mit den Menschen wagen

Typisches Szenario für eine Situation, in der mehr Flexibilität in der Arbeitsstruktur gefordert ist: In der Fertigung eines Unternehmens wird ein neues Arbeitszeitsystem eingeführt. Das neue System soll dazu genutzt werden, die Mitarbeiter den Schichten viel kurzfristiger zuordnen zu können als heute. Damit kann wesentlich flexibler auf den schwankenden Arbeitsanfall reagiert werden. Das Vorhaben stößt auf deutlichen Widerstand. Nachdem die Betroffenen klar zu erkennen gegeben haben, dass sie lieber bei ihrem bisherigen System bleiben wollen, werden zwei parallele Maßnahmen eingeleitet: Die Geschäftsführung verkündet, dass sie an der Entscheidung für das neue Arbeitszeitsystem festhalten wird, und beauftragt zeitgleich eine Werbeagentur damit, einen Erklärfilm im Comicstil, bunte Poster und einige Gadgets zu produzieren, um damit für ein besseres Verständnis der Veränderungen zu werben und auf diese Weise die Menschen »mitzunehmen«.

Das Veränderungsvorhaben, um das es hier geht, in Kurzform: Agilere Anpassung der Personalkapazität an den aktuellen Bedarf.

Einer der zentralen Gründe für das Scheitern solcher Veränderungsvorhaben ist häufig dieses mentale Modell: Die verantwortlichen Entscheider glauben, die Organisation würde sich durch eine ausgefeilte Kommunikation, also gewissermaßen per »Proklamation« ändern lassen, und Motivation könnte durch elaborierte Werbemaßnahmen erzeugt werden. Eine direkte Auseinandersetzung mit den Menschen, den Hoffnungen, Ängsten und Bedürfnissen, die sie mit der Veränderung verbinden, wird vermieden. Eine solche Einwegkommunikation führt aber in den seltensten Fällen zum Erfolg.

Für die oben beschriebene Art von Veränderungsvorhaben lautet die Herausforderung also:

1. Das Denken, Verhalten und Entscheiden der Organisation so verändern, dass die neue Arbeitsweise funktionieren kann (Musterwechsel). Für die Produktionsplaner besteht dieser darin, dass sie – nachdem sie das neue System gelernt haben – viel häufiger als heute die Pläne überarbeiten und viel öfter mit der Auftragsabwicklung und den Mitarbeitern kommunizieren müssen. Sie müssen mehr Entscheidungen treffen und haben zukünftig keine Zeit mehr, sich bei jeder ihrer Entscheidungen vorher bei ihren Vorgesetzten rückzuversichern. Für die Mitarbeiter ist der Musterwechsel folgender: Es gibt heute langfristig feststehende Schichtpläne. Ihre privaten Termine können sie bis zu sechs Monate im Voraus planen und entsprechend mit der Familie, Freunden und Bekannten abstimmen. Und sie haben heute die Möglichkeit, durch den Abbau von Plusstunden kurzfristig einige Tage freizunehmen. Das alles wird mit dem neuen Arbeitszeitsystem so nicht mehr möglich sein. Deshalb müssen viele ihr Privatleben ganz anders organisieren. Sie könnten in Zukunft keine langfristigen Verabredungen mehr treffen oder müssten dafür Urlaub nehmen. Und sie müssen akzeptieren, dass die Firma sie kurzfristig wegen einer Auftragsflaute zum Abbau der Plusstunden nach Hause schickt, an Tagen, die sie nicht frei wählen können.
2. Erkennen, was den Kern des Unternehmens, die organisationale Identität, ausmacht, wie er auf das gesamte Geschäft wirkt und wie dieser Kern selbst so verändert wird, dass ein Musterwechsel gelingt (Key Enabler). Das bedeutet, mit den Beteiligten in den Dialog zu gehen und dabei die Veränderungen zum Thema zu machen. Echte Dialoge eröffnen einen co-kreativen Raum, in dem Mitarbeiter Fragen stellen, Hoffnungen und Ängste äußern und Anregungen geben können und

das Management die Notwendigkeit und den Sinn der geplanten Veränderungen vermitteln kann. Damit entsteht eine Basis zur Gestaltung von solchen Veränderungen, die von allen getragen und aktiv gelebt werden. Lernen findet häufig auf beiden Seiten statt: Die Betroffenen finden Wege, sich an die neuen Rahmenbedingungen anzupassen und das dazu notwendige Denken und Handeln zu lernen. Die Entscheider können in einem co-kreativen Prozess lernen, wie sie das neue Arbeitszeitsystem mitarbeiterorientierter gestalten können, ohne dabei Abstriche am Business-Ziel machen zu müssen.

Organisationale Herausforderung 3: Organisationales Denken fördern, personale Zuschreibungen auflösen

Typisches Szenario für Problemlösungen, die nicht den gewünschten Erfolg bringen: Ein Geschäftsbereich eines großen Unternehmens erreicht zwei Jahre in Folge seine Umsatzziele nicht. Es muss etwas passieren. Alle Verantwortlichen sind sich einig: Der Leiter des Geschäftsbereiches ist seinen Aufgaben nicht gewachsen. Er soll ausgetauscht werden. Es wird ein Headhunter eingeschaltet, der schon seit Langem für das Unternehmen tätig ist. Er präsentiert einen Kandidaten, der bereits bei einem Mitbewerber einen vergleichbaren Bereich wirksam saniert und zu großem Erfolg geführt hat. Der Neue startet mit vielen Vorschusslorbeeren. Nach zwei Jahren hat er zwar viele Veränderungen im Geschäftsbereich angestoßen, die Umsatzziele werden aber immer noch nicht erreicht. Die Verantwortlichen sind sich einig: »Das war ein Fehlgriff.« Sie entschließen sich, die Stelle neu zu besetzen. Die Personalentwicklungsabteilung erhält den Auftrag, ein ausgefeiltes Assessment für die Position zu entwickeln und im hauseigenen Talent-Pool nach einem passenden Kandidaten zu suchen. Tatsächlich wird ein hervorragend geeigneter High Potential für die Stelle gefunden. Als unter seiner Leitung nach weiteren zwei Jahren die Geschäfte immer noch nicht erfolgreicher laufen, sind sich alle Verantwortlichen einig: Die Personalentwicklungsabteilung hat ihren Job nicht gut gemacht. Für die Suche nach der neuen Führungskraft, die den Bereich nun aber wirklich zum Erfolg führen soll, wird diesmal eine renommierte, global agierende Personalvermittlungsagentur eingeschaltet ...

Das Veränderungsvorhaben, um das es hier geht, in Kurzform: Performance-Steigerung in einem Geschäftsbereich.

Zentrale Gründe für das Scheitern dieser und vergleichbarer Veränderungsvorhaben:

1. Unangemessene Personalisierung. Ausgangspunkt ist ein Problem – wie in diesem Fall das Nichterreichen der Umsatzziele. Dieses Problem wird personalisiert, also der vermeintlichen Nicht-Kompetenz einer Person zugeschrieben, und zur Lösung des »Problems« wird diese Person durch eine vermeintlich besser für die Aufgabe geeignete ausgetauscht. Natürlich kommt es vor, dass Führungskräfte oder Mitarbeiter ihren Aufgaben nicht gewachsen sind und dass auch nach Unterstützungs- und Entwicklungsmaßnahmen nicht anderes übrig bleibt, als sie auszuwechseln. Aber **die Tatsache, dass Probleme in Organisationen viel häufiger organisationale als personale Ursachen haben, wird meistens ignoriert.** So wird in den allermeisten Fällen versäumt, die Situation vor einem Austausch von Personen unter organisationalen Gesichtspunkten zu analysieren und zu verstehen, welche Strukturmerkmale – sowohl betriebswirtschaftlich und prozessuale als auch dysfunktionale Narrative, Muster und Mentale Modelle – mögliche Ursachen für die auftauchenden Probleme sind. Die Möglichkeit, dass das Problem durch Rahmenbedingungen hervorgerufen wird, die weder der Neue noch eine andere einzelne Person einfach per Entscheidung verändern kann, wird ausgeblendet. Und damit werden organisationale Alternativen zur personalen Lösung, also zum Auswechseln von Personen, nicht in Erwägung gezogen.

2. Mehr Desselben führt nicht zum Erfolg. Hier geht es um die Implementierung von Lösungen, die nicht zum Problem passen. Solche nicht passenden Lösungen entstehen, wenn die Verantwortlichen den Aufwand für eine Reflexion der Situation auf Basis des Rot-Grün-Modells und des System-Diamanten IST und ZIEL scheuen oder wenn sie die Beharrungskräfte und Abwehrroutinen der Organisation unterschätzen. Solche Lösungen sind zum Beispiel »Wir wechseln die Leitung so oft aus, bis der Bereich wieder erfolgreich ist«, »Wir wiederholen die Schulung, damit endlich die Kundenfreundlichkeit steigt« oder »Wir appellieren zum x-ten Mal: Halten Sie die Regeln ein!« Selbstverständlich können diese Ansätze zielführend sein. Vielen

Organisationen fehlt es aber an Reflexionsfähigkeit, die sie erkennen lässt, wann die Wiederholung desselben Lösungsansatzes – auch mit mehr Anstrengung und größerer Perfektion wie bisher – nicht zum Erfolg führt und dass es in diesen Fällen darum geht, alternative Lösungsstrategien zu entwickeln.

Für die oben beschriebene Art von Veränderungsvorhaben lautet die Herausforderung:

1. Das Denken, Verhalten und Entscheiden der Organisation so verändern, dass das eigentliche Problem erkannt werden kann (Musterwechsel). Die Personalisierung des Problems durch die Suche nach einem Schuldigen führt dauerhaft in die Sackgasse. Nur durch eine organisationale Sicht auf die Problemlage wird es gelingen, die Muster »Mehr Desselben« zu unterbrechen und die entscheidenden Verhinderer des Erfolgs zu identifizieren und zu bearbeiten.
2. Erkennen, was den Kern des Unternehmens, die organisationale Identität, ausmacht, wie er auf das gesamte Geschäft wirkt und wie dieser Kern selbst so verändert wird, dass ein Musterwechsel gelingt (Key Enabler). **Das Management muss von der Wirksamkeit und dem Nutzen der organisationalen Sichtweise überzeugt werden.** Außerdem gilt es, **die Reflexionsfähigkeit der Organisation zu erhöhen** und **regelmäßige Reviews zu institutionalisieren**, in denen immer wieder intensiv über die Wirksamkeit und den Nutzen der aktuellen Lösungsansätze und Veränderungsmaßnahmen reflektiert wird.

Organisationale Herausforderung 4: Neue Regeln im Verhalten verankern

Typisches Szenario für eingeführte Veränderungen, die ohne Wirkung bleiben: In einem Unternehmen werden neue Führungsleitlinien erarbeitet. In der Folgezeit bleibt diese Veränderung aber ohne erkennbare Wirkung, das Verhalten der Führungskräfte ändert sich nicht. Oder es wird eine neue Regel eingeführt, zum Beispiel: »Bei der Neubesetzung einer Stelle ist zunächst zu prüfen, ob ein Kandidat aus dem hauseigenen Talent-Pool geeignet ist. In diesem Fall muss die Stelle mit diesem Kandidaten besetzt werden.« In der Folgezeit stellt die Organisation fest, dass man sich über diese Regel ständig hinwegsetzt.

Das Veränderungsvorhaben, um das es hier geht, in Kurzform: Die Einführung und Umsetzung von neuen Verhaltensstandards, zum Beispiel für das Führungshandeln oder für den Stellenbesetzungsprozess.

Zentrale Gründe für das Scheitern dieser und vergleichbarer Veränderungsvorhaben: In diesem Fall sind die Gründe dafür mehrschichtig.

- Die hier geplanten Veränderungen benötigen zu ihrer Realisierung ein anderes Denken, Verhalten und Entscheiden der Organisation. Dazu sind Lernprozesse 2. Ordnung notwendig, wie Sie sie im Kapitel »Co-Creation ermöglicht Lernen 2. Ordnung« bereits kennengelernt haben. Lernen 2. Ordnung wird erst möglich durch Einsatz der co-kreativen Elemente der Veränderung (auch das haben wir bereits beschrieben). Doch die Einführung von neuen Führungsleitlinien oder anderen (Verhaltens-)Regeln wird von den Verantwortlichen häufig nicht als Veränderungsvorhaben eingestuft. **Ohne** die aktiv gestaltete Veränderung der organisationalen Identität mittels **Lernprozessen 2. Ordnung wird sich aber kein neues Denken, Verhalten und Entscheiden etablieren lassen.**
- Nicht selten fehlt die Veränderungsenergie. Bei der Einführung neuer Führungs- oder anderer Leitlinien sind nicht nur alle Führungskräfte des Unternehmens, sondern auch alle Mitarbeitenden betroffen. Deshalb wird hier die Veränderungsenergie des Top-Managements benötigt. Oftmals ist das Top-Management aber nicht entsprechend in das Veränderungsvorhaben involviert. **Ohne Veränderungsenergie wird kein Lernen 2. Ordnung stattfinden.**
- Bei der Einführung von neuen Verhaltensstandards wird gerne die Auseinandersetzung mit den Menschen vermieden. Stattdessen wird häufig in eine »Einweg-Kommunikation« investiert. Als Kommunikationsmedium sind professionell aufbereitete Flyer, Poster, Give-aways und Videos beliebt. Man appelliert damit schlicht an die Belegschaft, das neue Verhalten umzusetzen. Meistens verpuffen diese Maßnahmen wirkungslos.
- Häufig aktiviert eine Organisation bei der Einführung von Standards,

Leitlinien oder Regeln ihre Abwehrroutinen, weil sie sich durch die Anwendung der neuen Standards in ihren bisherigen Routinen bedroht sieht. Dabei wird das langjährig erprobte und bewährte Vorgehen oft als »Freiheit« gelabelt, die es zu verteidigen gilt. **Ohne Auseinandersetzung mit den Abwehrroutinen werden die Veränderungen nicht wirksam.**

Für die oben beschriebene Art von Veränderungsvorhaben lautet die Herausforderung:

1. **Das Denken, Verhalten und Entscheiden der Organisation so verändern, dass die Veränderung wirksam werden kann (Musterwechsel).** Den Change vom heutigen Führungshandeln hin zum neuen Führungshandeln oder von dem heute praktizierten Vorgehen im Stellenbesetzungsprozess hin zum Einhalten der neuen Regeln im Sinne der neuen Führungsleitlinien realisieren.
2. Erkennen, was den Kern des Unternehmens, die organisationale Identität, ausmacht, wie er auf das gesamte Geschäft wirkt und wie dieser Kern selbst so verändert wird, dass ein Musterwechsel gelingt (Key Enabler). In diesem Szenario besteht der Key Enabler in der Einführung des Themas »Einschränkung der Entscheidungsfreiheit«. Damit meinen wir die bewusste Auseinandersetzung mit dem Nutzen und Sinnhaftigkeit der zumindest gefühlten Einschränkung der Entscheidungsfreiheit, die sich durch die Einführung von Verhaltensstandards ergibt. »Was werden wir durch die Einführung von Leitlinien gewinnen? Und welchen Preis werden wir dafür auch zahlen?« So könnten hier die zentralen Fragen lauten. Dabei geht es darum, die organisationale Aspekte der neuen Vorgehensweise in den Vordergrund zu rücken: »Was hat die Organisation kurz-, mittel- und langfristig davon, wenn wir die neuen Standards oder Regeln konsequent anwenden?«

Organisationale Herausforderung 5: Mit Dilemmata konstruktiv umgehen

Typisches Szenario für eine Situation, in der die Zukunftsfähigkeit eines Unternehmens auf dem Spiel steht: Dem Unternehmen geht es aktuell (noch) gut, das Stammgeschäft läuft. Der Markt ändert sich jedoch gerade rapide, ebenso die Ansprüche der Kunden an die Produkte und Dienstleistungen des Unternehmens. Obwohl das Stammgeschäft für einen stabilen Umsatz sorgt, ist die Zukunftsfähigkeit des Unternehmens gefährdet. Populär sind für ein solches Szenario meist zwei Lösungsansätze:

Lösungsansatz A: Zwei in eins

Innerhalb der bestehenden Organisation wird ein zweites Geschäftsmodell implementiert: Neben dem etablierten, auf Effizienz getrimmten Geschäft, das als Cash Cow zum Erhalt des Unternehmens und zur Finanzierung der neuen Welt benötigt wird, wird zugleich ein neues innovatives Geschäfts- und Unternehmensmodell entwickelt, das mittel- bis langfristig das bisherige Geschäft ablösen soll.

Das Veränderungsvorhaben, um das es hier geht, in Kurzform: Die Entwicklung und Einführung eines zweiten Geschäfts- und Unternehmensmodells innerhalb der bestehenden Organisation.

Der wesentliche Musterwechsel im Denken, Verhalten und Entscheiden zur Umsetzung des Veränderungsvorhabens liegt zunächst im Managementhandeln. Bisher ging es darum, mit der bestehenden Mannschaft ein einziges Geschäfts- und Unternehmensmodell umzusetzen. Nun müssen die vorhandenen Ressourcen inklusive der Management- und Steuerungskapazitäten aufgeteilt werden – wenn dabei Zielkonflikte auftreten, müssen Prioritäten gesetzt werden. Und parallel zum bisherigen muss für das neue innovative Geschäfts- und Unternehmensmodell aktiv eine neue organisationale Identität entwickelt werden. Ein Betrieb des neuen Modells mit den Denk- und Verhaltensweisen der bisherigen Organisation wäre zum Scheitern verurteilt.

Lösungsansatz B: Vernetzte und agile Organisation

Die gesamte Organisation wird flexibler und innovativer gestaltet, damit sie sich schneller und wirksamer an die sich verändernden Rahmenbedingungen anpassen kann und damit wieder wettbewerbsfähig wird.

Das Veränderungsvorhaben, um das es hier geht, in Kurzform: Entwicklung einer vernetzten Organisation mit bereichsübergreifender, cross-funktionaler und agiler Zusammenarbeit auf allen Hierarchieebenen.

Der wesentliche Musterwechsel im Denken, Verhalten und Entscheiden zur Umsetzung des Veränderungsvorhabens lässt sich formelhaft etwa so beschreiben: weg von der bisher allein auf Optimierung des bestehenden Stammgeschäfts ausgerichteten Steuerung hin zu einem verlässlichen Fortbetrieb des Stammgeschäfts UND *gleichzeitige* Weiterentwicklung und Innovierung der Organisation (im Sinne von mehr Vernetzung und bereichsübergreifender Zusammenarbeit). Und das im Rahmen ein und desselben Unternehmens – also keine Schaffung von zwei unterschiedlichen Organisationswelten wie beim ersten Lösungsansatz. Treten dabei Zielkonflikte auf, müssen Prioritäten gesetzt werden. Darüber hinaus muss sich zur Implementierung einer bereichsübergreifenden, cross-funktionalen und agilen Zusammenarbeit die bisherige organisationale Identität, das Innere des System-Diamanten, auf allen Hierarchieebenen gravierend verändern.

Einer der zentralen Gründe für das Scheitern solcher Veränderungsvorhaben (das gilt für beide beschriebenen Lösungsansätze) ist häufig dieses mentale Modell: Die verantwortlichen Entscheider gehen davon aus, beim Setzen von Prioritäten (zum Beispiel in der Frage »Effizienzgeschäft vs. Innovativgeschäft« oder »Optimierung der bestehenden, meist funktionalen und silo-artigen Organisation vs. Weiterentwicklung der Organisation im Sinne von Vernetzung und bereichsübergreifender Zusammenarbeit«) handle es sich um »normale« Zielkonflikte, über die einmal grundlegend in der Organisation entschieden werden müsse. Danach sei dann alles geklärt und in geregelten Bahnen und bedürfe keiner weiteren Aufmerksamkeit mehr. Diese grundlegende Entscheidung sieht in etwa so aus: »Im Zielkonfliktfall zwischen A und B priorisieren wir immer A, weil A für die Organisation wichtiger ist.« Doch eine solche Denkweise funktioniert in den hier beschriebenen Szenarien nicht, da A und B für die Organisation gleichermaßen überlebenswichtig ist.

Ein anderes bei solchen Veränderungsvorhaben häufig anzutreffendes mentales Modell: Es wird davon ausgegangen, dass das Erreichen beider Ziele (A und B) gleichermaßen und in gleichem Umfang *gleichzeitig* möglich sei. »Geht nicht, gibt's nicht« ist dann der Leitspruch.

Oder »Das eine tun und das andere nicht lassen«. Diese Ansprüche führen jedoch zu einer permanenten Überforderung der Organisation, weil sie nicht erfüllbar sind. Die Organisation sucht und etabliert dann Muster, wie sie die Überforderungssituation bewältigen kann, zum Beispiel durch Meldung der berühmten »grünen Ampeln«, obwohl sie eigentlich »rot« sind, durch Aussitzen, Verdrängen oder hohe Krankenstände.

Die beschriebenen Strategien zur Lösung von Zielkonflikten führen hier in eine Sackgasse. Der Grund dafür ist, dass es sich nicht um »normale« Zielkonflikte, sondern um Dilemmasituationen handelt, die nicht mit den bisher eingeübten Denk-, Verhaltens- und Entscheidungsmustern gelöst werden können. Dass es sich bei Dilemmasituationen um eine bisher in Organisationen unübliche Problemqualität handelt, ist den Entscheidern häufig nicht bewusst. Ebenso wenig ist ihnen bewusst, dass zum Umgang mit Dilemmasituationen eine neue Lösungsqualität benötigt wird. (Nähere Erläuterungen zum Thema »Umgang mit Dilemmata« finden Sie im anschließenden Exkurs.)

Der Key Enabler, der hier erarbeitet und zur Anwendung gebracht werden muss, damit die im Rahmen von Lösungsansatz A und Lösungsansatz B skizzierten Musterwechsel (A: Einführung des beidhändigen Steuerns zweier unterschiedlicher Geschäfts- und Unternehmensmodelle und B: Einführung einer bereichsübergreifenden, cross-funktionalen und agilen Zusammenarbeit auf allen Hierarchieebenen) realisiert werden können, liegt hier

1. im Schaffen eines Bewusstseins dafür, dass es überhaupt Dilemmata gibt und
2. welche Dilemmasituationen es aktuell zu bewältigen gibt, sowie
3. darin, für den konstruktiven Umgang mit dem Dilemma grundlegend neue mentale Modelle, Narrative und Muster zu entwickeln.

Und es geht in diesem Zusammenhang häufig darum, auch das Bewusstsein zu fördern, dass angesichts komplexer, dilemmahafter Herausforderungen nicht mehr eine Einzelperson »alle Fäden in der Hand halten« kann, sondern dass co-kreative Entscheidungsprozesse institutionalisiert und eingeübt werden müssen, um die Komplexität angemessen bewältigen zu können.

Die typischen zentralen organisationalen Herausforderungen auf einen Blick

Damit haben Sie eine gute Orientierung, worauf Sie bei den allermeisten Veränderungsvorhaben im Kern fokussieren müssen, um den Erfolg dieser Vorhaben zu verdoppeln:

- Die Wirkkraft der organisationalen Identität erkennen
- Die Auseinandersetzung mit den Menschen wagen
- Organisationales Denken fördern, personale Zuschreibungen auflösen
- Neue Regeln im Verhalten verankern
- Mit Dilemmata konstruktiv umgehen

Exkurs »Umgang mit Dilemmata«

Der Umgang mit Dilemmasituationen stellt für immer mehr Unternehmen eine große Herausforderung dar. Es lohnt sich daher, an dieser Stelle in die Tiefe zu gehen.

Ein Dilemma bezeichnet eine Situation, die zwei Möglichkeiten der Entscheidung bietet, die beide zu einem unerwünschten Resultat führen. Im betrieblichen Alltag sind das in der Regel solche Zielkonflikte, die nicht verlustfrei entschieden werden können. Etwa: Wird Ziel A verfolgt, kann nicht gleichzeitig Ziel B erreicht werden, und umgekehrt.

Zur Charakteristik eines Dilemmas gehört, dass es gar nicht beziehungsweise nicht kurzfristig gelöst werden kann. Um konstruktiv mit einem Dilemma umzugehen, muss daher der Faktor Zeit hinzugezogen werden. Zum Beispiel: Über einen bestimmten Zeitraum wird Ziel A verfolgt, unter bewusster Vernachlässigung von Ziel B. Im nächsten Zeitabschnitt wird dann Ziel B fokussiert, bei gleichzeitiger bewusster Vernachlässigung von Ziel A. Das bedeutet, dass die Verantwortlichen immer wieder aufs Neue – also iterativ – entscheiden müssen, welches Ziel als Nächstes für wie lange in den Vordergrund rückt.

In der Nachfolge von Max Webers Organisationstheorie galt es jahrzehntelang als unbedingtes Ziel von Unternehmen, dilemmafrei zu agieren, das heißt, Zielkonflikte zu vermeiden oder einseitig aufzulösen. Das ist jedoch in einer immer komplexer werdenden Welt kein angemessenes Strategiekonzept mehr. Hier noch zwei Beispiele für Dilemmata, die heute viele Organisationen beschäftigen.

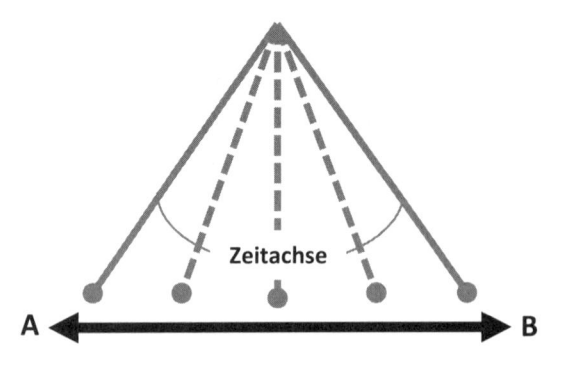

Abbildung 18: Dilemma-Schema

Beispiel A: Zwei völlig verschiedene Geschäftsmodelle werden parallel betrieben und beidhändig gesteuert. Diese beidhändige Steuerung wird Ambidextrie genannt. Hier entsteht das Dilemma, zwischen der Investition in den effizienzorientierten Teil der Organisation und der Investition in den innovationsorientierten Teil entscheiden zu müssen.

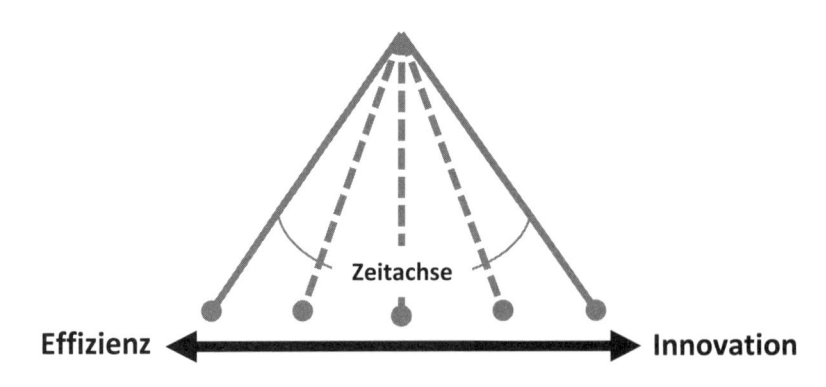

Abbildung 19: Dilemma zwischen Effizienz und Innovation

Wieso ist das überhaupt ein Dilemma? Das einfachste wäre doch, beides parallel zu machen. Prinzipiell stimmt das so. In den vergangenen Jahrzehnten haben sich aber die meisten Organisationen in unserem Wirtschaftsraum an einem Effizienzideal ausgerichtet. In der Praxis hat das dazu geführt, dass alle Puffer und Reserven (sowohl personell als auch monetär) wegrationalisiert wurden.

Heute werden von vielen Organisationen massive Anpassungsleistungen gefordert. In diesem Zusammenhang ist häufig von Paradigmenwechseln,

Disruption, Digitalisierung und so weiter die Rede. Um diese massiven Anpassungsleistungen parallel zu dem effizienzgetriebenen Geschäft leisten zu können, fehlen dazu häufig schlichtweg die vormals existierenden Puffer und Reserven.

Dadurch entsteht ein Dilemma im Umgang mit der Ressourcenknappheit: Einerseits muss das effizienzgetriebene Tagesgeschäft mit voller Kraft aufrechterhalten werden. Unter anderem auch deshalb, um sich die notwendigen Innovationen in neue Geschäftsmodelle leisten zu können. Wenn sich aber die gesamte Organisation um das Effizienzgeschäft kümmert, fehlen Kapazitäten und Kreativität, um das Innovationsgeschäft voranzutreiben. Wenn jedoch andererseits das Innovativgeschäft einseitig in den Fokus gerückt wird, weil nur so das mittel- und langfristige Überleben der Organisation sicherzustellen ist, fehlen Kapazitäten zum Aufrechterhalten und Optimieren des Effizienzgeschäftes.

Die Organisationen haben sich das Dilemma der Ressourcenknappheit also selbst »eingebrockt«. Zumindest theoretisch könnten sie es wieder auflösen, indem sie Investitionsentscheidungen treffen und wieder mehr Kapazität aufbauen, um sowohl das Innovations- als auch das Effizienzgeschäft parallel stemmen zu können. Das Dilemma löst sich auch in dem Moment auf, in dem das Innovationsgeschäft selbst zum neuen Effizienzgeschäft geworden ist und das alte Effizienzgeschäft vollständig verdrängt hat.

Zunächst gilt es aber für viele Organisationen, sich mit der Bewältigung des Dilemmas der Ressourcenknappheit zu beschäftigen.

Beispiel B: Das Dilemma, zwischen der Optimierung weitgehend voneinander unabhängiger Funktionsbereiche (die oft als »Silos« bezeichnet werden) und der Weiterentwicklung der Organisation als zusammenhängendem Ganzen entscheiden zu müssen. Auch hier ist die Frage berechtigt, warum dies überhaupt ein Dilemma sein soll.

Unternehmen sind seit Jahrzehnten in ihrer organisationalen Identität, ihren Aufbaustrukturen und in den Management- und Bewertungssystemen geprägt von dem tayloristischen Prinzip der Arbeitsteilung. Das daraus resultierende handlungsleitende mentale Modell heißt: »Die Einzelleistung eines Mitarbeiters/eines Teams/einer Abteilung/eines Bereiches ist messbar. Die Summe der Einzelleistungen ergibt die Gesamtleistung des Unternehmens.« Dieses mentale Modell hat in den einzelnen Abteilungen und Bereichen zu einem selbstbezogenen Weltbild (»Wir in der Forschung –

die im Vertrieb«) und darauf ausgerichteten Aufbaustrukturen, ausgefeilten Zielvereinbarungssystemen sowie »Fürstentümern und »Silo-Denken« und dem Muster »Bereich(soptimierung) first« geführt.

Diese Ausprägungen der Organisationen haben sehr gut funktioniert in Zeiten träger Märkte mit geringer Komplexität. In den vergangenen beiden Jahrzehnten sind die Märkte allerdings wesentlich dynamischer geworden, und die zu bewältigenden Aufgaben werden immer komplexer. Organisationen, die nach dem Prinzip der Optimierung von weitgehend unabhängigen Bereichs- und Funktionseinheiten gesteuert werden, sind häufig diesen neuen Anforderungen nicht mehr gewachsen: Ihre Reaktionsgeschwindigkeit ist zu gering. Und ihre Innovationskraft bleibt hinter den eigentlichen Möglichkeiten zurück, da nicht die gesamte Intelligenz genutzt wird, die in der Organisation vorhanden ist. Deshalb geraten sie immer mehr ins Hintertreffen und suchen verstärkt nach Lösungen, ihre Organisationen auf die sich verändernde Märkte auszurichten.

Ein prominenter Lösungsansatz der vergangenen Jahrzehnte ist die Einführung von Matrixorganisationen. Diese haben grundsätzlich das Potenzial, konstruktiv mit den beschriebenen Dilemmata umzugehen, bleiben aber in den allermeisten Fällen deutlich hinter ihren Möglichkeiten zurück. Das liegt daran, dass bei der Einführung der Matrix in Unternehmen selten die Anstrengung unternommen wird, dies als echte Transformation zu organisieren, bei der sich auch die organisationale Identität des Unternehmens grundlegend verändern und der konstruktive Umgang mit Dilemmata und matrixbedingter Komplexität aktiv eingeübt werden muss.

Ein weiterführender Lösungsansatz, mit dem sich heute viele Unternehmen beschäftigen, ist die konsequente bereichsübergreifende, cross-funktionale und agile Zusammenarbeit auf allen Hierarchieebenen. Ziel ist eine zukunftsgerichtete Entwicklung der Gesamtorganisation. Dafür muss die Steuerungslogik der Organisation (»Steuern wir zentral oder dezentral? Wie entscheiden wir? Wem setzen wir welche Ziele? Wie gehen wir mit Konflikten um?« ...) verändert werden, und das führt zu folgendem Dilemma: Wird – wie jahrzehntelang eingeübt – alle Energie in die erprobte Optimierung der einzelnen Bereiche gesteckt, kann nicht gleichzeitig die Weiterentwicklung der gesamten Organisation als vernetzt und bereichsübergreifend funktionierendes Ganzes erreicht werden. Wird umgekehrt verfahren und der Fokus ganz auf die Entwicklung der Gesamtorganisation und damit auf deren Zukunftsfähigkeit gelegt, können nicht gleichzeitig die kurzfristigen Bereichsziele erreicht werden.

Auch dieses Dilemma kann weitgehend gelöst werden, wenn zum Beispiel das mentale Modell »Das Ergebnis ist mehr als die Summe der Einzelleistungen« an Bedeutung gewinnt und die tayloristisch geprägte Fokussierung auf die Optimierung einzelner Bereiche abgelöst wird durch kleinere Organisationseinheiten, die agil in hochflexiblen Netzwerken zusammenwirken. Diese Entwicklungen sind derzeit vereinzelt auch schon in größeren Organisationen beobachtbar. Ein aktuelles Beispiel für diese Entwicklungen ist, dass große Konzerne anfangen, sich in kleinere, besser steuerbare und mit flexibleren Reaktionsmöglichkeiten ausgestattete Einheiten aufzugliedern. Ein weiteres Beispiel ist, dass Zielvereinbarungen statt auf Mitarbeiterebene immer häufiger auf Team- oder sogar Unternehmensebene definiert werden.

Doch die allermeisten Organisationen sind von solchen (Auf-)Lösungen noch weit entfernt. Für sie steht an, sich mit dem beschriebenen Dilemma auseinanderzusetzen.

ANGEPACKT – TIPPS FÜR IHR WEITERES VORGEHEN

- Wenn Sie mit Ihrem Team die zentrale organisationale Herausforderung erarbeiten, die Ihrem Veränderungsvorhaben zugrunde liegt, sollten Sie zunächst den Entscheidungsprozess klären und transparent machen. Denn am Ende dieser Auseinandersetzung wird die Entscheidung stehen, an welchen Denk- und Verhaltensmustern Sie – ausgehend vom Entscheiderteam – in Ihrer Organisation arbeiten müssen, wenn Sie das Ziel Ihres Vorhabens wirklich erreichen wollen.

- Für die Erarbeitung der zentralen organisationalen Herausforderung werten Sie mit Ihrem Team alle bisher erarbeiteten Erkenntnisse und Hypothesen über das Veränderungsvorhaben und die Organisation aus.

- Gegebenenfalls ergänzen Sie Ihre Erkenntnisse durch die Perspektive eines externen Beraters.

- Um optimale Voraussetzungen für die Auswertung zu schaffen, visualisieren Sie idealerweise alles bisher Erarbeitete an einem

zentralen Ort, sodass Sie und Ihr Team bei Ihrer Arbeit alle Informationen im direkten Zugriff haben.
- Am Ende der Auswertung stehen häufig noch mehrere Möglichkeiten zur Wahl, was denn nun die »zentralste« organisationale Herausforderung ist. Hier müssen Sie fokussieren und eine Entscheidung treffen.
- Spitzen Sie die Beschreibung der zentralen organisationalen Herausforderung zu und wählen Sie eine einfache, allgemein verständliche Darstellung.
- Arbeiten Sie sorgfältig, aber sorgen Sie sich nicht wegen einer möglichen »Fehlentscheidung«. Wenn Sie und Ihr Team in der Umsetzungsphase merken, dass Sie auf das »falsche Pferd« gesetzt haben, dann gilt es agil zu reagieren und neue Entscheidungen zu treffen.

FIXELEMENTS – WAS IST DIE ZENTRALE ORGANISATIONALE HERAUSFORDERUNG DES UNTERNEHMENS?

Zur Rekapitulation: Eine Organisation, die jahrzehntelang durch Bereichsoptimierung und klassisch-funktionale Arbeit erfolgreich war und die dann auf bereichsübergreifende und agile Zusammenarbeit setzt, muss einen grundlegenden organisationalen Musterwechsel durchlaufen, wenn sie erfolgreich sein will. Zur Gestaltung eines solchen Musterwechsels reichen Absichtserklärungen des Managements und die Bildung einer Projektgruppe nicht aus. Erfolgsentscheidend sind die aktive Arbeit an der Veränderung der organisationalen Identität, also der Veränderung der mentalen Modelle, der Narrative und der Verhaltens- und Entscheidungsmuster, und die wirksame Verknüpfung mit den äußeren Strukturmerkmalen.

Der wesentliche Musterwechsel im Denken, Verhalten und Entscheiden lässt sich im Fall von Fixelements in die folgende Formel bringen: weg von der alleinigen, jahrelang erfolgreich praktizierten Bereichsoptimierung hin zur Gesamtentwicklung der Organisation durch

- weitere Optimierung der Bereiche und
- gleichzeitig (!) bereichsübergreifendes, cross-funktionales und agiles Denken und Handeln auf allen Hierarchieebenen.

Dazu müssen die Optionen, die im Rahmen des Veränderungsvorhabens erarbeitet wurden, für neue Strukturen und Prozesse »mit Leben gefüllt« werden.

Die ersten großen Herausforderungen sind schon bewältigt: Das Managementteam um Lisbeth Peel hat ein Bewusstsein dafür entwickelt, dass es um eine signifikante Veränderung im Kern der Organisation geht und dass ein Vorgehen nach dem Motto »mehr Desselben« zum Scheitern führen würde, wie schon der Fall der Projektgruppe gezeigt hat. Außerdem hat sich inzwischen eine co-kreative Arbeitsweise etabliert. Die zweite Führungsebene ist bereits in das Veränderungsvorhaben eingebunden.

Nun ist die Organisation mit einem Dilemma konfrontiert: Auf der einen Seite soll das aktuelle Geschäft weiterlaufen und auch in den Bereichen weiter optimiert werden, wo Konkurrenten, die billiger produzieren, auf den Markt drängen. Auf der anderen Seite besteht die Notwendigkeit, auf allen Hierarchieebenen bereichsübergreifend, cross-funktional und agil zusammenzuarbeiten. Nur dann lässt sich die Gesamtorganisation so entwickeln, dass diese künftig schnell und effizient auf wachsende Kundenbedarfe reagieren, innovative Ideen produzieren und die Produktentwicklungszyklen verkürzen kann. Aber genau in dieser Gleichzeitigkeit steckt das oben beschriebene Dilemma.

Der Key Enabler zur Einführung der bereichsübergreifenden, cross-funktionalen und agilen Zusammenarbeit auf allen Hierarchieebenen bei Fixelements ist das Erlernen eines konstruktiven Umgangs mit diesem Dilemma und damit die Überwindung des etablierten tayloristischen Denkens. Am Beispiel der gescheiterten Projektgruppe lässt sich das Resultat eines dysfunktionalen Umgangs erkennen: Wird die Priorität im entscheidenden Moment allein auf den Betrieb des aktuellen Geschäfts und die Bereichsoptimierung gelegt (zum Beispiel durch den permanenten Abzug der

Projektmitarbeiter zu bereichsinternen Feuerwehreinsätzen), hat die zukunftsgerichtete Entwicklung der Gesamtorganisation keine Chance.

Die Lösung: Es **muss in der Organisation ein permanentes Neu-Entscheiden** über den jeweils aktuellen Fokus zwischen Tagesgeschäft und Bereichsoptimierung einerseits und Gesamtentwicklung und Innovation andererseits **stattfinden – und es muss ein Weg gefunden werden, dies zu institutionalisieren.** Diese Institutionalisierung **kann durch die Etablierung eines »Verhandlungssystems« realisiert werden.** Damit ist gemeint, dass die Entscheidung »Fokus auf Tagesgeschäft und Bereichsoptimierung ODER Fokus auf Gesamtentwicklung und Innovation« regelmäßig auf der Agenda der Managementteams von Fixelements steht – auf allen Hierarchieebenen. Und **immer wieder neu über die aktuellen Prioritäten entschieden wird.**

Das hier benötigte neue Denken und Verhalten der Führungskräfte erfordert intensive Lernprozesse auf der personalen und organisationalen Ebene. Um diese Lernprozesse zu unterstützen, sollte der Vorschlag der Arbeitsgruppe »Change-Reifegrad« aufgenommen und in die zu planende Veränderungsarchitektur ein Entwicklungsprogramm für Führungskräfte integriert werden. Darüber hinaus ist es notwendig, die Entwicklung der neuen Muster, Narrative und mentalen Modelle in Verbindung mit den Veränderungen der betriebswirtschaftlichen Strukturmerkmale gezielt voranzutreiben und in die verschiedenen Einzelmaßnahmen zu integrieren.

Setzen Sie Ihre Change-Erfolgsformel auf

Sie und Ihr Führungsteam und eventuell weitere Stakeholder haben sich nun schon mit den verschiedensten Aspekten Ihres Veränderungsvorhabens beschäftigt. Nachdem Sie auch gemeinsam die zentrale organisationale Herausforderung erarbeitet haben und bevor Sie sich an die Planung der Umsetzung der Veränderung in die Gesamtorganisation machen, müssen

Sie in diesem Schritt klarstellen, ob alle relevanten Personen in Ihrer Organisation das Veränderungsvorhaben mittragen. Das erreichen Sie mithilfe der Change-Erfolgsformel, die wir für einen solchen Zweck entwickelt haben.

(Auslöser ×	Zielbild ×	Weg ×	Bereitschaft ×	Fähigkeit)	> Preis = Erfolgreiche Veränderung
Auslöser	**Zielbild**	**Der Weg**	**Bereitschaft**	**Fähigkeit**	**»Preis«**
Im Führungsteam geteilte Einsicht:	Im Führungsteam geteilte Einsicht:	Im Führungsteam geteilte Basisentscheidung über die grundsätzliche Form der Veränderungen und die Veränderungsarchitektur	Vorhandensein von Veränderungsenergie:	Der aktuelle Change-Reifegrad der Organisation	Objektive und subjektive Kosten, die durch die Veränderungen entstehen
• Was ist das Problem? • Was ist der Business Impact des Problems?	• Was soll nach dem Wandel anders sein? • Wie messen / erkennen wir das?		• Macht • Mittel / Ressourcen • Wille		**Ready to Go**

Abbildung 20: Change-Erfolgsformel

Wenn Sie sich die Abbildung »Change-Erfolgsformel« ansehen, werden Sie feststellen, dass Ihnen alle einzelnen Faktoren dieser Formel bekannt sind. Sie haben sie mit Ihrem Team schon bearbeitet. Es geht nun um die Frage, ob Sie und Ihr Managementteam in der Formulierung und Auslegung der einzelnen Faktoren jeweils übereinstimmen.

Die einzelnen Faktoren sind hier durch das Multiplikationszeichen »×« zu einer Formel verbunden. Dadurch wird deutlich, was passiert, wenn einer der Faktoren nicht zutrifft, also »null« ist: Dann ist die Wahrscheinlichkeit hoch, dass das ganze Ergebnis »null« wird und Ihr Veränderungsvorhaben seine Ziele nicht erreicht. Deshalb ist es nun Ihre Aufgabe, hier für die Kreation eines gemeinsamen mentalen Modells zu sorgen. Es geht darum sicherzustellen, dass die Entscheider das Vorhaben mittragen und auch die Umsetzung aktiv mitgestalten werden.

Diese Reflexion ist einer der entscheidenden Mosaiksteine auf Ihrem Weg, Ihr Veränderungsvorhaben zum Erfolg zu führen. In Abbildung 21 »Auswirkungen bei fehlender Vergemeinschaftung einzelner Faktoren« sehen Sie, was üblicherweise passiert, wenn einer der Faktoren nicht vergemeinschaftet ist:

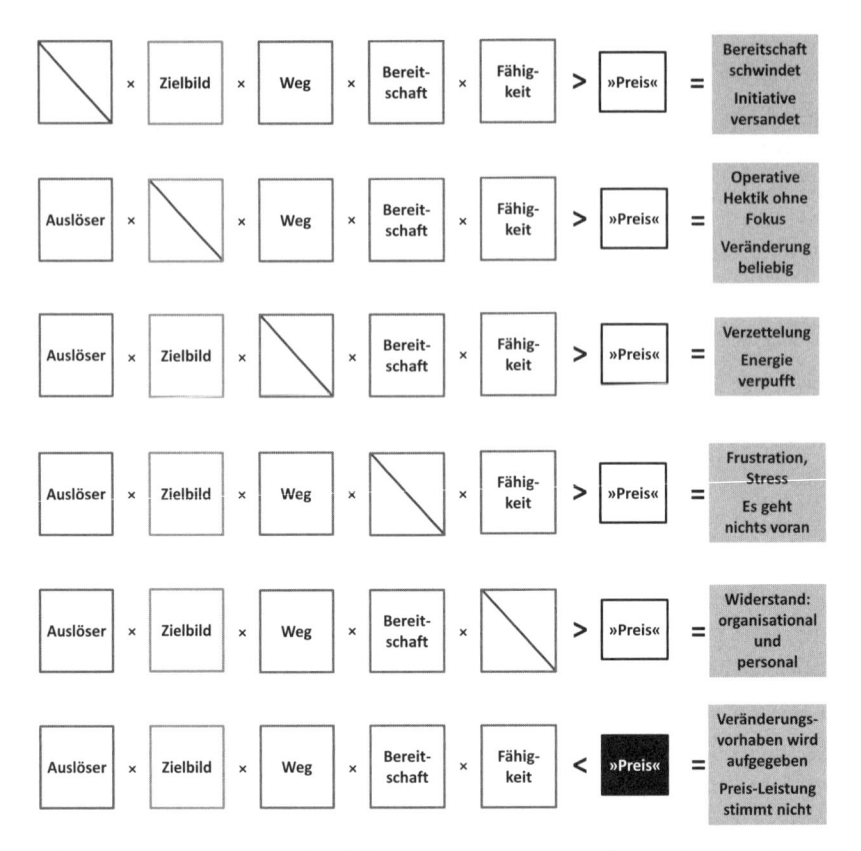

Abbildung 21: Auswirkungen bei fehlender Vergemeinschaftung einzelner Faktoren

Dazu drei konkrete Beispiele aus unserer Praxis:

Beispiel 1: Ein Unternehmen führt »Agiles Management« ein. Dieses Veränderungsvorhaben wird versanden, wenn sich die Entscheider zum Beispiel nicht darüber verständigen,

- dass agile Verfahren nur innerhalb von festen Strukturen funktionieren und diese zunächst definiert werden müssen.
- dass agiles Arbeiten eine hohe Reflexions- und Entscheidungsfrequenz erfordert. Die Anzahl der Meetings wird deshalb steigen und den Entscheidern viel häufiger als heute klare und dokumentierte Entscheidungen abverlangen. Das ist der Preis, der dafür zu zahlen ist, dass die Organisation schneller Entscheidungen trifft und sich so schneller den Veränderungen des Marktes anpassen kann.

- dass agiles Arbeiten nicht bedeutet, dass es keine Führung mehr gibt, sondern dass die Führungskräfte ihre Rolle und ihr Handeln anders gestalten müssen als heute.

Beispiel 2: Ein Unternehmen schickt eine große Anzahl von Mitarbeitern zu Design-Thinking-Seminaren. Das Investment in diese Weiterbildungen wird wirkungslos verpuffen, wenn sich die Entscheider zum Beispiel nicht darüber verständigen, dass bei dem Einsatz von Design-Thinking-Verfahren

- sich die heute üblichen Muster zur Problemlösung grundlegend verändern werden. Von »Hier ist das Problem – das ist die Lösung« hin zu »Hier ist das Problem – wir untersuchen zunächst gründlich das Problem und die Anforderungen des Auftraggebers – wir entwickeln verschiedene Handlungsoptionen – hier ist unser Vorschlag für die Lösung«.
- der Einsatz von cross-funktional besetzten Arbeitsgruppen zum Grundkonzept gehört und Design Thinking co-kreatives Arbeiten voraussetzt.
- der innerbetriebliche Einsatz von Design-Thinking-Methoden zunächst aufwendiger ist und länger dauert als die bisherigen Verfahren und dass dies der Preis dafür ist, dass die Problemlösungen nach der Lernphase innovativer und nachhaltiger sind als heute.

Beispiel 3: Ein Unternehmen fördert cross-funktionale Zusammenarbeit. Dieses Veränderungsvorhaben wird versanden, wenn sich die Entscheider zum Beispiel nicht darüber verständigen, dass cross-funktionale Zusammenarbeit

- ein anderes Denken und Handeln der Führungskräfte erfordert und dass diese ein Verfahren brauchen, nach dem sie cross-funktionale Arbeitsgruppen besetzen.
- cross-funktional besetzte Arbeitsgruppen erfordert, die sich die Art und Weise ihrer Zusammenarbeit zunächst selbst erarbeiten und dann auch üben müssen, und dass diese Lernprozesse nicht von alleine passieren, sondern dass sie bewusst organisiert und angeleitet werden müssen.
- also Zeit und Kapazität kostet, bis sich die Arbeitsergebnisse von den cross-funktional besetzten Arbeitsgruppen signifikant von denen der herkömmlich besetzten Arbeitsgruppen unterscheiden.

ANGEPACKT – TIPPS FÜR IHR WEITERES VORGEHEN

- Setzen Sie die Change-Erfolgsformel erst ein, nachdem die Beteiligten eine gewisse Tiefe in ihren Erkenntnisprozessen erreicht haben – sich also in der Stretch-Zone befinden.
- Bereiten Sie sich und Ihr Team vor: Bearbeiten Sie gemeinsam die Fragestellungen »Wenn wir uns vorstellen, dass wir unser Veränderungsvorhaben so wie bisher geplant umsetzen und dabei auch unsere zentrale organisationale Herausforderung bewältigen:
    1. Welchen Preis müssen wir dafür zahlen/auf was müssen wir verzichten?
    2. Welche Chancen ergeben sich für unsere Organisation?
    3. Sind wir bereit, den Preis für die Realisierung der Chancen zu zahlen?«
- Weil die Ergebnisse je nach Setting unterschiedlich ausfallen können, klären Sie das Commitment der Beteiligten nicht in Einzelgesprächen, sondern in Gruppensituationen.
- Wenn Sie feststellen, dass es bei den Entscheidern zu bestimmten Faktoren kein Commitment oder keine inhaltliche Übereinstimmung gibt, schließen Sie die »Lücke«, indem Sie erneut in den Dialog gehen und sich auseinandersetzen.
- Markieren Sie einen Punkt auf der Timeline, indem Sie eine bewusste Entscheidung über den weiteren Fortgang Ihres Veränderungsvorhabens treffen.

FIXELEMENTS WENDET DIE CHANGE-ERFOLGSFORMEL AN

Lisbeth Peel berät sich mit ihrem Managementteam, wie sie mit der Change-Erfolgsformel arbeiten werden. Sie sind sich schnell einig, dass sie diese in einem Meeting im erweiterten Kreis zum Thema machen werden. In diesem Meeting sollen alle bisher am Prozess Beteiligten auf den gleichen Stand gebracht werden. Deshalb sollen von der Geschäftsführerin und einigen Bereichsleitern folgende Punkte erläutert werden:

- der Kontext und die Grundzüge des Veränderungsvorhabens,
- die gerade erarbeitete zentrale organisationale Herausforderung,
- die Einführung der Change-Erfolgsformel und
- das weitere Vorgehen.

Nach diesem gemeinsamen Meeting reflektiert jeder Bereichsleiter mit seinem Führungsteam die Situation des Bereiches im Zusammenhang mit dem Programm »Vernetzte Zusammenarbeit 2022«. Die Change-Erfolgsformel dient dabei als Strukturierungshilfe. Alle Bereichsmanagementteams beschäftigen sich sowohl mit der Frage des Preises, den der Bereich für die Umsetzung zahlen wird, als auch mit der Frage, welche Argumente dafür sprechen, die Veränderungen trotz des zu zahlenden Preises anzugehen.

Anschließend trifft sich das Top-Management-Team um Lisbeth Peel. Jeder Bereichsleiter berichtet nacheinander über den Verlauf und die Ergebnisse seiner Bereichssession. Zwei Bereichsleiter berichten, dass einige Abteilungsleiter trotz intensiver Gespräche dem Programm immer noch skeptisch gegenüberstehen. Insgesamt bewertet das Managementteam die Situation jedoch so, dass der größte Teil der Abteilungsleiter »im Boot« ist und die wahrgenommenen Widerstandsreaktionen nicht so stark sind, dass sie den Erfolg des Programmes gefährden könnten. Es wird vereinbart, dass die beiden betroffenen Bereichsleiter noch einmal das persönliche Gespräch mit den Abteilungsleitern suchen werden, um die kritischen Themen im Einzelgespräch aufzugreifen und zu bearbeiten.

Alle Bereichsleiter bewerten die bisher erarbeiteten Ergebnisse und die Art und Weise, wie sie entstanden sind, als sehr positiv und zukunftsweisend. Jeder von ihnen bekennt sich noch einmal persönlich zur weiteren aktiven Mitarbeit an der Gestaltung und Umsetzung des Programms »Vernetzte Zusammenarbeit 2022«.

Daraufhin bedankt sich Lisbeth Peel bei ihren Bereichsleitern für die konstruktive und schon teilweise bereichsübergreifende Zusammenarbeit und spricht ihren Entschluss explizit aus: »Wir machen weiter!« Nicht anders hat es das Team erwartet.

Retrospektive III

FIXELEMENTS – ZURÜCKBLICKEN, UM VORWÄRTS ZU KOMMEN

Reflexion als grundlegendes Element für organisationale Transformation

Die letzte Retrospektive ist noch nicht lange her, und es wurden in der zurückliegenden Phase nur wenige neue Ergebnisse erarbeitet. Trotzdem bestehen Lisbeth Peel und Florian Sonntag auf einen Workshop:
Sie wollen sich selbst und ihrer Organisation die Wirksamkeit und den Nutzen von regelmäßigen Reflexionssessions durch Vorleben in Erinnerung rufen. Neue Muster etablieren sich in der Organisation eben nicht nur durch kognitive Einsicht. Dazu gehört auch das »Einüben«. Deshalb sehen die beiden diesen Workshop auch als ein Teil der Übungssequenz.
Sowohl inhaltlich als auch prozessual sind entscheidende Dinge passiert, und es lohnt sich auf jeden Fall, diese Ergebnisse und den Weg dorthin aus der Metaperspektive zu analysieren und daraus für das weitere Vorgehen zu lernen.

Co-Creation

Element
Lernprozesse in Rückkopplungsschleifen anregen

Die wichtigsten Erkenntnisse, die im Workshop gemeinsam erarbeitet wurden, sind aus inhaltlicher Sicht:
»Wir haben jetzt verstanden, wie die mentalen Modelle und Routinemuster in unserem Führungshandeln dazu geführt haben, dass unser Ansatz gescheitert ist, die bereichsübergreifende Zusammenarbeit durch die Delegation an eine Projektgruppe einzuführen und dass wir uns im Vorfeld nicht intensiv genug mit dem Thema beschäftigt haben.«

Element
Perspektivwechsel ermöglichen

»Wir haben jetzt verstanden, dass wir unser Gesamtziel, die bereichsübergreifende und agile Zusammenarbeit auf allen Hierarchieebenen, nur dann erreichen können, wenn es uns gelingt, wesentliche Musterwechsel im Denken, Verhalten und Entscheiden hinzubekommen – bei uns im Managementteam und auch auf den anderen Hierarchieebenen. Und wenn uns gleichzeitig die Entfaltung des Key Enablers gelingt, des wirksamen Umgangs mit dem Dilemma zwischen aktuellem Geschäft und Bereichsoptimierung einerseits und Gesamtentwicklung und Innovation andererseits. Beide Herausforderungen sind untrennbar verbunden.«

Element
Perspektivwechsel ermöglichen

Element
Möglichkeitsraum erweitern/neues Thema einführen

»Wir verabschieden uns von unserem bisherigen Glaubenssatz ›Wenn wir Aufgaben und Verantwortlichkeiten klar regeln, entstehen kaum Missverständnisse und Reibungen in den Prozessen.‹«

Mentale Modelle

»Wir haben verstanden, dass die ernsthafte Umsetzung unseres Veränderungsvorhabens an den Grundfesten unserer Organisation rüttelt. Wir verändern unsere organisationale Identität – und darauf kommt es an!«

Element
Perspektivwechsel ermöglichen

»Nach diesem intensiven Prozess und den Auseinandersetzungen über die vielen verschiedenen Facetten unseres Vorhabens sind wir als Führungsmannschaft »committet« und motiviert und sehr zuversichtlich, dass wir auch den Rest der Organisation aktivieren und unser Vorhaben gemeinsam zum Erfolg führen werden.«

Die Reflexion des Vorgehens:

Ein persönliches Statement von Lisbeth Peel: »Die zentrale organisationale Herausforderung herauszuarbeiten war anspruchsvoll. Zum Glück hatte Florian Sonntag als Erster erkannt, dass unser zentrales Thema der konstruktive Umgang mit dem diskutierten Dilemma ist.«

Element
Möglichkeitsraum erweitern/neues Thema einführen

»Die Change-Erfolgsformel hat alles bisher Erarbeitete zusammengefasst und auf den Punkt gebracht.«

Element
Möglichkeitsraum erweitern/neues Thema einführen

»Die Frage nach dem Preis, den wir für die Veränderungen zahlen müssen, war hart. In letzter Konsequenz ist unser Ja zu den Veränderungsprozessen doch ein Sprung ins Ungewisse.«

»Die Auseinandersetzung mit unseren Abteilungsleitern hat uns Bereichsleiter nochmals gefordert. Aber wir haben daraus gelernt und durch das Bearbeiten der verschiedenen individuellen Perspektiven ein tieferes Verständnis und neue Impulse zur anstehenden Veränderung bekommen.«

Co-Creation
Element
Lernprozesse in Rückkopplungsschleifen anregen

Die wichtigsten Lessons Learned für die Zukunft:

»Unsere Investitionen in die Entwicklung von neuen Perspektiven zu den zu lösenden Problemen, der angestrebten Zielsetzung und den angedachten Lösungen zahlen sich aus: Wir als Entscheider haben uns zusätzliche Handlungsoptionen erarbeitet, die weit über diejenigen Optionen hinausgehen, die wir mit unserer üblichen Herangehensweise erreicht hätten.«

Element
Möglichkeitsraum erweitern/neues Thema einführen

»Beim weiteren Vorgehen werden wir an vielen Stellen Neuland betreten und mit Problemen konfrontiert werden, die wir heute noch nicht mal erahnen. Das wird Phasen der Unsicherheit in unserem Top-Management-Team und in der gesamten Führungsmannschaft mit sich bringen. Diesen Phasen der Unsicherheit wollen wir uns bewusst stellen.«

Element
Möglichkeitsraum erweitern/Neues Thema einführen

Das Resümee im Check-out:

»Wir sind als Managementteam inzwischen schon ganz schön fit geworden in der Gestaltung von Reflexionsprozessen und in der bereichsübergreifenden Zusammenarbeit. Das haben wir durch unsere gemeinsame Bearbeitung der vielen Aufgaben und Fragestellungen in immer wieder wechselnden Konstellationen erreicht. Und als Nebeneffekt hat sich durch unsere gemeinsamen Lernprozesse im Zusammenhang mit unserem Programm auch schon unsere Zusammenarbeit im Tagesgeschäft deutlich verbessert.«

Element
Die Organisation mit sich selbst bekannt machen

KAPITEL 5
Kreieren Sie Ihre Veränderungsarchitektur

Die zur Umsetzung erforderlichen Schritte

Sie haben die Phase »Diagnose« mit der zentralen organisationalen Herausforderung gemeistert. Die Zielfelder (VON-ZU-Definitionen) für Ihr Veränderungsvorhaben haben Sie bereits in der Phase »Von der Veränderungsidee zum Veränderungsvorhaben« erarbeitet. In diesem Kapitel geht es nun darum, eine Veränderungsarchitektur für die Umsetzung Ihres Vorhabens zu konzipieren. Auf der Grundlage der bisher erarbeiteten Ergebnisse werden Sie Bausteine der Veränderung entwickeln und diese in Ihr Konzept und den Plan zur Umsetzung Ihres Veränderungsvorhabens integrieren.

Sie haben es längst bemerkt: Um das Veränderungsvorhaben bis an diese Stelle zu bringen, sind Sie bereits einer Architektur gefolgt! Genau genommen startet die Veränderungsarchitektur schon in dem Moment, in dem Sie der Veränderungsidee einen Namen geben (siehe dazu Kapitel 4, »Irgendwo geht es los: Von der Veränderungsidee zum Veränderungsvorhaben«). Sobald Sie die Analyse Ihres Veränderungsvorhabens oder die Untersuchung Ihrer Organisation angehen, brauchen Sie – je nach Größe der betroffenen Organisationseinheit und Tiefe des zu gestaltenden Musterwechsels – einen Projektplan, eine Projektorganisation und ein entsprechendes Projektmanagement. In der Regel ist in diesen ersten Phasen des Veränderungsvorhabens eine überschaubare Anzahl Personen involviert, sodass auch die Projektorganisation noch überschaubar ist. Trotzdem benötigen die verschiedensten Aktivitäten von der Analyse bis zur Diagnose eine entsprechende Planung und Steuerung.

Aber braucht es immer ein so aufwendiges Verfahren? Sicher kennen Sie aus Ihrer Erfahrung viele Veränderungen, die so überschaubar sind, dass dafür nicht einmal ein Projekt aufgesetzt wird. Da muss man doch nicht immer gleich mit Kanonen auf Spatzen schießen, oder?

In der Tat gibt es verschiedene Arten von Veränderungsvorhaben, und natürlich sollten Sie nicht alle über einen Kamm scheren. Wie tief und aufwendig das Projekt gestaltet werden muss, entscheidet sich je nach Art des Vorhabens. Die Unterscheidung orientiert sich aber nicht an Kategorien wie »große Veränderungen« oder »kleine Veränderungen«. Wichtig ist vielmehr die Frage: Reicht ein Lernprozess 1. Ordnung aus, um die gesetzten Ziele zu erreichen, oder muss in der Organisation ein Lernprozess 2. Ordnung initiiert werden? (Das kennen Sie bereits aus dem Kapitel »Co-Creation ermöglicht Lernen zweiter Ordnung«.) Die Abbildung »Verschiedene Kategorien von Veränderungsvorhaben« macht diese Unterscheidung sichtbar. Im Kern geht es um die Frage, ob zum Erreichen der Ziele ein Prozess in Gang gesetzt werden muss, der auf eine Änderung der organisationalen Identität zielt. Das heißt: Wird eine grundlegende Änderung im Denken und Verhalten der Betroffenen und Beteiligten in Form der Änderung bestehender Muster, mentaler Modelle und Narrative benötigt? Das ist die Art von Veränderungen, um die es in diesem Buch geht. Denn sie verursachen zur erfolgreichen Gestaltung und Umsetzung einen deutlich höheren Aufwand.

Neben der Kategorisierung der Veränderungsvorhaben möchten wir Sie an dieser Stelle noch zu einer weiteren grundlegenden Überlegung einladen: Oft wird die Umsetzung von Veränderungen in die Gesamtorganisation als »Roll-out« bezeichnet und organisiert – mit mäßigem

		Präventive Selbsterneuerung	Substanzielle Transformation
Betriebswirtschaftliche Faktoren Business, Ressourcen, Prozesse, Aufbaustruktur, Management- und Bewertungssysteme **Personale Faktoren** Know-how, Fähigkeiten und Fertigkeiten, personale mentale Modelle **Organisationale Identität (Unternehmenskultur)** Kollektive mentale Modelle, Narrative und (Verhaltens-)Muster	Lernen / Lösungen 2. Ordnung	›Zukunftsfähigkeit sichern‹	›Strategischer Wandel‹
Betriebswirtschaftliche Faktoren Business, Ressourcen, Prozesse, Aufbaustruktur, Management- und Bewertungssysteme **Personale Faktoren** Know-how, Fähigkeiten und Fertigkeiten, personale mentale Modelle	Lernen / Lösungen 1. Ordnung	Kontinuierlicher Verbesserungsprozess ›Optimierung‹	Krisenbewältigung ›Punktuelle Problemlösung‹
		Geringer Zeit- und Veränderungsdruck	Hoher Zeit- und Veränderungsdruck

Abbildung 22: Verschiedene Kategorien von Veränderungsvorhaben

Erfolg. Was steckt dahinter? Und warum sprechen wir im Zusammenhang mit der Veränderungsarchitektur von Umsetzung und nicht von Roll-out? Das Narrativ, für das der Begriff Roll-out steht, stammt ursprünglich aus dem Projektmanagement für IT-Systeme. Gemeint ist damit, dass die IT-Abteilung eine neue Hardware und/oder Software konzipiert, einen Prototyp testet, dann die Hard- oder Software über die gesamte Organisation verteilt und dabei den Prototypen quasi klont.

Es ist genau dieses Konzept des Klonens, in dem heute vielfach auch organisationale Veränderungen gedacht werden – und scheitern. Denn die Idee, dass das, was im Top-Management auf eine bestimmte Art und Weise eingeführt wurde, gewissermaßen in die Organisation hineinkopiert werden kann, ist falsch. Ein »Jetzt müssen es alle anderen in der Organisation nur noch genauso machen wie wir da oben« ist zwar nachvollziehbar, funktioniert aber in sozialen Systemen nicht. Nicht einmal, wenn der Roll-out welchen Themas auch immer durch eine Werbekampagne begleitet wird, die eine Top-Marketingagentur gestaltet hat. (Rufen Sie sich hierzu noch einmal Kapitel 2, »Warum sich soziale Systeme mit Veränderungen schwer tun« in Erinnerung.)

Ein Beispiel: Eine Organisation will sich durch konsequente bereichsübergreifende Zusammenarbeit neu aufstellen (so wie unser Unternehmen Fixelements). Das Top-Management hat in einem gemeinsamen co-kreativen Entwicklungsprozess erarbeitet, wie es in Zukunft als *bereichsübergreifendes Team* zusammenarbeitet statt in den bisherigen Zuständigkeits-Silos, in denen jeder Top-Manager im Wesentlichen nur die Interessen seines Silos vertritt. Da die Organisation keine Maschine, sondern ein soziales System ist, kann dieser Entwicklungsprozess nicht geklont werden. Er muss an vielen Stellen der Organisation neu initialisiert und inszeniert werden. Daran führt kein Weg vorbei!

Die Aufgabe für Sie und Ihr Team ist hier, eine Architektur zu entwickeln, die den Rahmen und die Struktur für die Initialisierung und Inszenierung solcher Entwicklungsprozesse bildet. Und dabei gilt es auch immer wieder dafür zu sorgen, dass jeder einzelne Baustein der Veränderungsarchitektur auf das übergeordnete Transformationsziel (= den grünen Kasten) ausgerichtet wird.

Sicherlich können Sie bei der Erarbeitung der Umsetzungsarchitektur Hilfe in Anspruch nehmen. Was Sie aber nicht können, ist, diese Aufgabe ausschließlich an interne oder externe Profis zu delegieren. Schließlich geht es um Ihre Organisation, um Ihr Veränderungsvorhaben. Lassen Sie sich das nicht aus der Hand nehmen. Sie werden nur dann Ihre Ziele erreichen, wenn Sie die inhaltlichen Themen und die Ausprägungen der Veränderungsprozesse nicht nur verstehen und teilen, sondern auch aktiv mitgestalten.

Standardisierte Veränderungsarchitekturen sind ein wesentlicher Grund dafür, dass so viele Veränderungsvorhaben ihre Ziele nicht erreichen. Konzipieren Sie deshalb Ihre Veränderungsarchitektur individuell – basierend auf den spezifischen Anforderungen Ihres Veränderungsvorhabens und Ihrer Organisation.

Das bedeutet nicht, dass Sie in jeder Hinsicht das Rad neu erfinden sollen. Selbstverständlich darf jede Veränderungsarchitektur auch bewährte Vorgehensweisen und Bausteine enthalten. Die Individualisierung der Architektur findet statt durch deren aufgabenspezifische Zusammenstellung und zeitliche Reihung, durch die Integration der co-kreativen Elemente der Veränderung und – wenn nötig – der Konzeption von individuellen ergänzenden Maßnahmen.

Der Prozess der Entwicklung einer Veränderungsarchitektur ist eine Synthese aus allen bisherigen Analyseergebnissen und hat sowohl kognitive als auch kreative Anteile. Er erfolgt in iterativen Schritten. Deshalb gibt es keinen fertigen Plan oder Algorithmus, den Sie und Ihr Team nur »abarbeiten« müssten, um eine für Ihr Veränderungsvorhaben optimale Architektur zu erhalten. Sie können sich aber an den entscheidenden Aspekten für die Architekturentwicklung orientieren, die wir Ihnen im Folgenden auflisten. Sie skizzieren den Rahmen und geben Ihnen aus verschiedenen Perspektiven Anregungen für Ihr eigenes Veränderungsvorhaben. Den sicheren Umgang mit den dazu notwendigen Projektmanagementkonzepten setzen wir an dieser Stelle voraus, er ist nicht Gegenstand dieses Buches.

Wie kommen Sie und Ihr Team ausgehend von Ihrem Veränderungsvorhaben zu einem Umsetzungskonzept mit konkreten Maßnahmen? Das Fundament der Architekturentwicklung sind die Ziele, die mit der Veränderungsarchitektur erreicht werden sollen. Dazu kommen alle bisher erarbeiteten Erkenntnisse aus der Analyse des Veränderungsvorhabens und der Untersuchung der Organisation. Der Prozess der Architekturentwicklung berücksichtigt darüber hinaus folgende Aspekte:

- Komponenten, mit denen die Beharrungskräfte und Pfadabhängigkeiten zeitweise »verflüssigt« werden (da es sich um Veränderungen in einem sozialen System handelt);

- gezielte Aktivitäten zur Bewältigung der zentralen organisationalen Herausforderung, um die Veränderung der organisationalen Identität zu ermöglichen;
- die betriebswirtschaftlichen Rahmenbedingungen für das Veränderungsvorhaben.

Die Architekturentwicklung ist ein Designprozess, in den im hohen Maße kreative Aspekte einfließen. Dieser Prozess lässt sich nicht algorithmusgleich schematisieren. Wir können jedoch folgende großen Schritte unterscheiden:

1. das Design zielführender Bausteine der Veränderungsarchitektur;
2. die Entwicklung der erforderlichen Projekt- beziehungsweise Programmorganisation;
3. die Entwicklung eines konkreten Plans – sowohl terminlich als auch kapazitätsbezogen;
4. die Planung institutionalisierter, iterativer Reflexionsschleifen, die dafür sorgen, dass sich die Architektur durchgehend an den Zielen ausrichtet und sich gleichzeitig an sich verändernde Rahmenbedingungen anpasst.

Diese Schritte der Architekturentwicklung werden wir in den nächsten Kapiteln weiter ausführen.

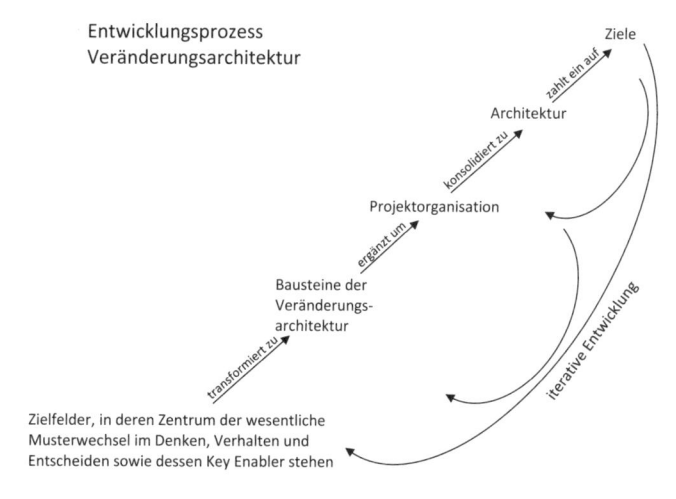

Abbildung 23: Ablauf Architekturentwicklung

Die hier beschriebenen Vorgehensweisen, Modelle und Methoden sind voll skalierbar: Sie sind sowohl auf einen Bereich, eine Abteilung oder auf ein einzelnes Team anwendbar als auch auf die Gesamtorganisation von sehr großen Unternehmen. In diesem Fall gilt es jedoch ein Axiom des Projektmanagements zu berücksichtigen: Der Aufwand für Steuerung, Koordination und Vernetzung steigt jeweils überproportional zur Anzahl der Bausteine der Veränderungsarchitektur und zur Anzahl der Stakeholder.

Der Kreativprozess: So kommen Sie von Ihren Zielen zu konkreten Umsetzungsideen

FIXELEMENTS – DER KREATIVPROZESS

Für die Erarbeitung der Architektur hat Fixelements eine hochkarätige, bereichsübergreifend und cross-funktional besetzte Designgruppe ins Leben gerufen. Sie wird von Lisbeth Peel geleitet.

Kontextgestaltend führt die neu zusammengesetzte Gruppe zunächst eine kurze Bestandsaufnahme durch. Dazu vergegenwärtigt sie sich die definierten Ziele des Veränderungsvorhabens und trägt die Zielfelder zusammen, die durch das Programm »Vernetzte Zusammenarbeit 2022« umgesetzt werden sollen. Basis dafür sind vor allem das Rot-Grün-Modell, die Ausprägungen der System-Diamanten, »IST« und »ZIEL« und die zentrale organisationale Herausforderung. Nach der Bestandsaufnahme clustert die Designgruppe die Zielfelder nach inneren und äußeren Strukturmerkmalen und kommentiert sie anschließend. Nicht immer stimmen die Mitglieder in ihren Ansichten überein. Hier das Ergebnis, das bei genauerer Betrachtung deutlich macht, wie wichtig es ist, die einzelnen Zielfelder intensiv zu durchdringen:

Innere Strukturmerkmale – die zentrale organisationale Herausforderung

ZIELFELDER	KOMMENTARE DER DESIGNGRUPPE
1. Die Organisation soll den Umgang mit Dilemmata lernen und dazu Verhandlungssysteme aufbauen. → **Der Key Enabler**	»Der Knackpunkt in unserem Programm!« »Da ist das Managementteam um Lisbeth Peel besonders gefordert!« »Erfordert ein intelligentes Konzept!«
2. Das kollektive mentale Modell »Wenn jeder Unternehmensbereich optimiert ist, ist das Unternehmen erfolgreich.« soll sich ändern zu »Nur mit gleichzeitiger bereichsübergreifender, cross-funktionaler, agiler Zusammenarbeit auf allen Hierarchieebenen wird das Unternehmen eine Zukunft haben.«	»Hier geht es um die Gesamtorganisation.« »Es geht um ein grundlegend anderes Selbstverständnis mit direkter Auswirkung auf unsere interne Zusammenarbeit.« »Einführung von Dilemma-Arbeit und Verhandlungssystemen ist dafür Voraussetzung!«
3. Das Narrativ »Wir stellen dem Markt innovative Produkte zur Verfügung.« soll sich ändern zu »Wir sind Dienstleister und Problemlöser für unsere Kunden.«, um die Veränderung der Verhaltensmuster im Umgang mit Interessenten und Kunden zu unterstützen.	»Hier geht es um die Gesamtorganisation.« »Es geht um ein anderes Selbstverständnis mit direkter Auswirkung auf unsere Außenwirkung und auf alle Kundenkontakte, die wir haben.« »Betroffen ist zum Beispiel auch die Finanzbuchhaltung, die den Zahlungsverkehr mit unseren Kunden und Lieferanten regelt.«

ZIELFELDER	KOMMENTARE DER DESIGNGRUPPE
4. Damit wir in Zukunft schneller auf Marktveränderungen reagieren können, sollen sich die Entscheidungsmuster ändern: in Zukunft agil (schnell und dezentral), mit angemessener Fehlertoleranz und hoher Reflexionsfrequenz.	»Vor allem die Führungskräfte sind betroffen.« »Oben geht's los!« »Damit es nicht bei Appellen und guten Vorsätzen bleibt, müssen wir konkret werden, gegebenenfalls müssen wir bestimmte Entscheidungsprozesse institutionalisieren – getreu dem Motto ›Agilität braucht einen klaren Rahmen!‹« »Erst mal in Pilotbereichen und bei ausgewählten Entscheidungsstrukturen beginnen.« »Hier sollten wir die Entwicklung in Richtung Agilität und mehr Fehlertoleranz zeitnah und regelmäßig reflektieren und die gemachten Erfahrungen möglichst zügig in die gesamte Organisation umsetzen.«
5. Die Muster der Marktbeobachtung sollen sich ändern von »Beobachtung der neuesten Maschen der Einkaufsabteilungen« hin zu »Beobachtung der heutigen und zukünftigen Märkte ...«, damit wir in Zukunft schneller Marktveränderungen wahrnehmen.	»Betroffen ist hier nur ein kleiner Kreis im Marketing.« »Da bin ich anderer Meinung! Wir sollten alle verfügbaren Quellen in der Organisation auswerten, die durch ihre Kundenkontakte an Informationen kommen. Bereichsübergreifend!« »Wir sollten ein Trendradar einrichten und anders als bisher dazu auch externe Informationsquellen nutzen!«

Äußere Strukturmerkmale

	ZIELFELDER	KOMMENTARE DER DESIGNGRUPPE
6.	Die Gestaltung der Kundenbeziehungen soll geändert werden durch Etablierung einer zusätzlichen Vertriebseinheit, die sich auf die potenziellen neuen Kunden ausrichtet. So können diese individuell betreut und damit die Verkaufswahrscheinlichkeit gesteigert werden.	»Was genau soll die neue Vertriebseinheit anders machen?« »Wie vernetzt sich die neue Vertriebseinheit mit dem bisherigen Vertrieb, und wie stellen wir sicher, dass die gesamte Organisation aus den Erfahrungen der neuen Vertriebseinheit lernt?«
7.	Die bestehenden Prozesse sollen an die neuen Anforderungen angepasst werden und die crossfunktionale und agile Zusammenarbeit zwischen Vertrieb, Entwicklung, Einkauf, Produktion und Logistik fördern.	»Das ist für uns eine Routineaufgabe.« »Nein, das ist für uns keine Routineaufgabe! Bisher haben wir Prozessoptimierungen fast ausschließlich bereichsintern betrieben. Jetzt sollen aber Prozesse eingeführt oder optimiert werden, die die Zusammenarbeit von fünf Bereichen regeln!« »Sollen wir hier ein Verhandlungssystem einrichten, an dem die fünf Bereiche teilnehmen, sich regelmäßig treffen und gemeinsam über die Prioritäten für die nächste Zeitperiode entscheiden?«
8.	Die bestehende Aufbauorganisation soll sich ändern: I: Die neue Abteilung Business Development soll etabliert werden. Sie soll die Zusammenarbeit der Bereiche bündeln und vertriebsunterstützend wirken.	»Wie werden es eigentlich unsere Kunden merken, dass wir jetzt eine Abteilung Business Development haben?« »Wie soll die neue Abteilung in unsere Supply Chain eingebunden werden?« »Welches Problem wollen wir überhaupt mit der Einrichtung der neuen Abteilung lösen?«

ZIELFELDER	KOMMENTARE DER DESIGNGRUPPE
9. Die bestehende Aufbauorganisation soll sich ändern II: Um die bereichsübergreifende Zusammenarbeit zu stärken, sollen projektbezogene Organisationsformen massiv gefördert werden.	»Ja, wir sollten viel mehr in Projekten arbeiten als heute und die Projektteams so häufig wie möglich bereichsübergreifend zusammenstellen.« »Sollten wir unbedingt so machen!« »Wer sorgt dafür, dass es hier nicht nur beim Wunsch bleibt? Und wie wollen wir das vorantreiben?«
10. Das Zielvereinbarungssystem soll geändert werden: In Zukunft soll nicht mehr die Verwaltung des Status quo, sondern neben dem Erreichen der Bereichsziele auch die aktive Mitarbeit am Erreichen der bereichsübergreifenden Ziele gemessen werden.	»Das soll der Bereich Personal erledigen!« »Die Federführung sollte in der Tat der Bereich Personal übernehmen. Aber hier geht es ja um die Frage, wie mit entsprechenden Zielvereinbarungen die Steuerung des Unternehmens unterstützt wird. Da ist eigentlich die gesamte Führungsmannschaft gefragt.« »Und das letzte Wort sollte dabei unser Top-Management-Team haben!«
11. Um die bereichs- und hierarchieübergreifende Kommunikation zu stärken, soll eine effektive, unternehmensweite Kollaborationssoftware implementiert werden.	»Wer will diese Software eigentlich?« »Wollen wir die Software für die Organisation unseres Programms nutzen oder für unser Tagesgeschäft?« »Damit diese Software auch wirklich die bereichsübergreifende Kommunikation fördert, müssen in den Auswahlprozess und die Implementierung Vertreter aller Bereiche eingebunden werden – und die sollen dabei schon im Vorfeld kommunizieren (natürlich zunächst noch ohne Software ...)!«

ZIELFELDER	KOMMENTARE DER DESIGNGRUPPE
	»Diesmal darf die IT-Abteilung aber nicht davon ausgehen, dass ihr Job erledigt ist, wenn die Software installiert ist und die Anwender darin geschult sind. Die IT-Abteilung hat ihre Aufgabe erst dann erfüllt, wenn die Software flächendeckend genutzt wird.« »Dazu muss sie aber mit vielen Linienfunktionen kommunizieren! Und sie braucht die Unterstützung des gesamten Managementteams!«
12. Um den Change-Reifegrad der Organisation zu verbessern und die Erfolgswahrscheinlichkeit des Programms »Vernetztes Denken 2022« signifikant zu steigern, sollen die Führungskräfte ihr Denken, Verhalten und Entscheiden in Veränderungssituationen professionalisieren. Dazu wird ein Change-Management-Qualifizierungsprogramm in das Veränderungsvorhaben integriert.	»Wir brauchen hier aber kein Standardprogramm – das muss schon auf unseren Bedarf zugeschnitten sein!« »Bloß keine abgehobenen Theorien. Das muss zu unseren aktuellen Themen passen!« »Kleine Gruppen, Eingehen auf die aktuellen Bedürfnisse der Teilnehmer und direkte Umsetzung des Gelernten durch die Arbeit an Fällen der Teilnehmer aus deren Arbeitsalltag.« »Grundlegende Themen wie soziale Systeme, mentale Modelle, die Gestaltung von Reflexionsprozessen, den Umgang mit Widerstand, das Rot-Grün-Modell und den System-Diamanten sollte aber am Ende des Programms jeder Teilnehmer draufhaben!«

Die Erkenntnisse der Designgruppe aus dieser Arbeit sind, dass sich die Gruppe in vielen Dingen schon einig ist, es aber auch noch einigen Klärungsbedarf gibt. Sie nimmt sich zudem vor, die co-kreative Arbeit fortzusetzen, einige Formulierungen zu schärfen beziehungsweise an ihre neuesten Erkenntnisse anzupassen. Die Gruppe ist sich zudem darüber bewusst, dass es auch in ihrer Organisation Abwehrroutinen gegen die Veränderung geben wird. Wie wirksam diese Abwehrroutinen sind, hat sich am Beispiel der gescheiterten Projektgruppe schon einmal gezeigt. Deshalb gilt es innerhalb der Veränderungsarchitektur Prozesse einzubauen, mit deren Hilfe sie den Abwehrroutinen der Organisation auf die Spur kommen kann, um sie durch entsprechende Interventionen zu überwinden.

Danach beschäftigt sich die Designgruppe mit den gerade erarbeiteten Ergebnissen. Dabei wird allen deutlich:

- »Die Zielfelder, die sich auf innere Strukturmerkmale beziehen, müssen wir konkretisieren und operationalisieren, wenn sie eine Chance auf Umsetzung haben sollen. Dies werden wir im weiteren Vorgehen berücksichtigen.«
- »Die Zielfelder, die sich auf äußere Strukturmerkmale beziehen, erfordern bei genauerer Betrachtung ebenfalls, dass sich auch das Denken und Verhalten der jeweils Beteiligten ändert, wenn die erwarteten Ergebnisse wirklich erreicht werden sollen. Dies müssen wir bei der Gestaltung der Veränderungsarchitektur berücksichtigen.«
- »Den angestrebten zentralen Musterwechsel – bereichsübergreifende und cross-funktionale Zusammenarbeit und agile Entscheidungsprozesse – werden wir als Querschnittsthema in die Architektur integrieren. Querschnittsthema bedeutet, dass dieses Thema quer durch alle anderen Bausteine der Veränderungsarchitektur hindurch organisiert und in diese ›eingewoben‹ wird. Damit erreichen wir, dass der Musterwechsel in allen Bausteinen und in der Gesamtorganisation präsent und wirksam ist.«

In einem nächsten Meeting entwickelt die Designgruppe ausgehend von den Zielfeldern und den anderen genannten Überlegungen folgende Bausteine der Veränderungsarchitektur:

ZIELFELDER	BAUSTEINE DER VER-ÄNDERUNGSARCHITEKTUR
1. Die Organisation soll den Umgang mit Dilemmata lernen und dazu Verhandlungssysteme aufbauen. → **Der Key Enabler**	Dieses Zielfeld wird zusammen mit den Veränderungen der mentalen Modelle (2.) und den Entscheidungsmustern (4.) als Querschnittsthema organisiert, das alle anderen Bausteine durchwirkt. Das Querschnittsthema wird mithilfe einer Vernetzungsgruppe umgesetzt (siehe die weiteren Ausführungen im Anschluss an diese Tabelle).
2. Das kollektive Mentale Modell »Wenn jeder Unternehmensbereich optimiert ist, ist das Unternehmen erfolgreich.« soll sich ändern zu »Nur mit gleichzeitiger bereichsübergreifender, cross-funktionaler, agiler Zusammenarbeit auf allen Hierarchieebenen wird das Unternehmen eine Zukunft haben.«	Dieses Zielfeld wird zusammen mit der Entwicklung und Anwendung des Key Enablers (1.) und der angestrebten Veränderung der Entscheidungsmuster (4.) als Querschnittsthema organisiert. Auch für dieses Thema ist die Vernetzungsgruppe zuständig.
3. Das Narrativ »Wir stellen dem Markt innovative Produkte zur Verfügung.« soll sich ändern zu »Wir sind Dienstleister und Problemlöser für unsere Kunden.«, um die Veränderung der Verhaltensmuster im Umgang mit Interessenten und Kunden zu unterstützen.	Die aktive Veränderung des Narrativs wird durch eine Maßnahme unterstützt, die aus mehreren Workshops und daraus abgeleiteten Kommunikationsinitiativen besteht. Die Verantwortung für diese Maßnahme soll ein Team unter der Leitung des Bereichsleiters Vertrieb, Paul Trautmann, übernehmen.
4. Damit wir in Zukunft schneller auf Marktveränderungen reagieren können, sollen sich die Entscheidungsmuster ändern: in Zukunft agil (schnell und dezentral), mit angemessener Fehlertoleranz und hoher Reflexionsfrequenz.	Dieses Zielfeld wird zusammen mit der Entwicklung und Anwendung des Key Enablers (1.) und der angestrebten Veränderung der mentalen Modelle (2.) als Querschnittsthema organisiert und der Vernetzungsgruppe zugeordnet.

ZIELFELDER	BAUSTEINE DER VERÄNDERUNGSARCHITEKTUR
5. Die Muster der Marktbeobachtung sollen sich ändern von der »Beobachtung der neuesten Maschen der Einkaufsabteilungen« hin zu »Beobachtung der heutigen und zukünftigen Märkte …«, damit Marktveränderungen in Zukunft schneller wahrgenommen werden.	Für die Konzeption und die Implementierung der neuen Marktbeobachtungsstrategie wird ein Projekt etabliert.
6. Die Gestaltung der Kundenbeziehungen soll geändert werden durch die Etablierung einer zusätzlichen Vertriebseinheit, die sich auf die potenziellen neuen Kunden ausrichtet. So können diese individuell betreut und damit die Verkaufswahrscheinlichkeit gesteigert werden.	Zur Konzeption und Etablierung der neuen Vertriebseinheit wird ein Projekt eingerichtet.
7. Die bestehenden Prozesse sollen an die neuen Anforderungen angepasst werden und die crossfunktionale und agile Zusammenarbeit zwischen Vertrieb, Entwicklung, Einkauf, Produktion und Logistik fördern.	Zur Entwicklung neuer Formen der Zusammenarbeit zwischen Vertrieb, Entwicklung, Einkauf, Produktion und Logistik und deren Implementierung wird ein Lab »Neue Zusammenarbeit« ins Leben gerufen. Ziel dieses Labs ist, in einem geschützten Umfeld und mit einem cross-funktional besetzten Team bestehende Hindernisse zu identifizieren und neue innovative Ideen zu generieren und umzusetzen. Die Leitung soll der neue Bereichsleiter Entwicklung, Kai Faller, übernehmen.
8. Die bestehende Aufbauorganisation soll sich ändern: I: Die neue Abteilung Business Development soll etabliert werden. Sie soll die Zusammenarbeit der Bereiche bündeln und vertriebsunterstützend wirken.	Zur Konzeption und Etablierung der neuen Abteilung Business Development wird ein Projekt eingerichtet.

ZIELFELDER	BAUSTEINE DER VER-ÄNDERUNGSARCHITEKTUR
9. Die bestehende Aufbauorganisation soll sich ändern: II: Um die bereichsübergreifende Zusammenarbeit zu stärken, sollen projektbezogene Organisationsformen massiv gefördert werden.	Zur Förderung von projektbezogenen Organisationsformen wird das Lab »Projektorganisation« eingerichtet. Die Leitung dieses Labs soll dem Bereichsleiter Finanzen, Florian Sonntag, übertragen werden.
10. Das Zielvereinbarungssystem soll geändert werden: In Zukunft soll nicht mehr die Verwaltung des Status quo, sondern neben dem Erreichen der Bereichsziele auch die aktive Mitarbeit am Erreichen der bereichsübergreifenden Ziele gemessen werden.	Zur Neugestaltung der Zielvereinbarungen wird eine Maßnahme aufgesetzt, bestehend aus verschiedenen Meetings, Konzeptionsarbeiten und Workshops. Die Leitung des hierfür eingesetzten bereichsübergreifenden Teams übernimmt der Bereich Personal. Das neue Zielvereinbarungssystem wird in enger Abstimmung mit dem Managementteam um Lisbeth Peel entwickelt.
11. Um die bereichs- und hierarchieübergreifende Kommunikation zu stärken, soll eine effektive, unternehmensweite Kollaborationssoftware implementiert werden.	Zur Auswahl, Realisierung und Implementierung der Software wird ein Projekt unter der Leitung des Bereichsleiters IT, Brian Tavares, implementiert.
12. Um den Change-Reifegrad der Organisation zu verbessern und die Erfolgswahrscheinlichkeit des Programms »Vernetztes Denken 2022« signifikant zu steigern, sollen die Führungskräfte ihr Denken, Verhalten und Entscheiden in Veränderungssituationen professionalisieren. Dazu wird ein Change-Management-Programm in das Veränderungsvorhaben integriert.	Unter Federführung des Bereichs Personal wird in enger Abstimmung mit dem Managementteam um Lisbeth Peel ein Entwicklungsprogramm für die Führungskräfte in Form einer Qualifizierungsmaßnahme bestehend aus drei Modulen durchgeführt. Die Bereichsleiter sollen das Programm selbst durchlaufen und sich auch an der Durchführung aktiv beteiligen.

Nach diesem umfangreichen Abschnitt aus unserem Fallbeispiel kommen wir zurück zu Ihrem Veränderungsprozess. Was sind – in Orientierung an der Architekturentwicklung im Fallbeispiel – also die wesentlichen Schritte zum Design und zur Planung Ihrer Veränderungsarchitektur?

Sie und Ihr Team entwickeln die Bausteine der Veränderungsarchitektur aus folgenden Aspekten, die Sie bereits erarbeitet haben:

- den Zielfeldern der Veränderung,
- dem durch das Veränderungsvorhaben angestrebten Musterwechsel
- sowie den für das Gelingen des Musterwechsels identifizierten Key Enablern.

In einem zweiten Schritt ordnen Sie jedem Baustein eine Aktionsform zu. Das heißt, Sie entscheiden in Ihrem Führungsteam, ob die Umsetzung des jeweiligen Zielfeldes durch eine *Maßnahme*, ein *Projekt*, ein *Lab* et cetera erfolgen soll oder ob es als Querschnittsthema in verschiedene Maßnahmen, Projekte oder Labs integriert und von einer *Vernetzungsgruppe* verantwortet wird.

Seit Ihrer ersten Definition der Zielfelder im Rahmen der Arbeit mit dem System-Diamanten IST und ZIEL (Analysephase!) haben Sie und Ihr Team sich viele weitere Erkenntnisse erarbeitet. Überprüfen Sie im nächsten Schritt, ob die bisherigen Zielfeldbeschreibungen konkretisiert und erweitert werden müssen. Ebenso gilt es zu hinterfragen, was sich gleichsam bei den inneren Strukturmerkmalen verändern muss, um eine Veränderung in den äußeren zu bewirken und umgekehrt. Beispiele für eine solche Erweiterung der Zielfeldbeschreibungen sind etwa:

- Ist das Zielfeld ein inneres Strukturmerkmal – zum Beispiel »Die Muster der Marktbeobachtung sollen sich ändern.« –, wird die geplante Veränderung spätestens an dieser Stelle konkretisiert und beobachtbar definiert im Sinne von »Woran werden wir merken, dass die neuen Muster der Marktbeobachtung andere/bessere Ergebnisse bringen als die bisherigen?« Und gegebenenfalls wird spätestens jetzt ein Bezug zu einem äußeren Strukturmerkmal hergestellt. Zum Beispiel: »Wir werden einen Marktbeobachtungsbeauftragten ernennen.« oder »Wir werden den neuen Marktbeobachtungsprozess entsprechend dokumentieren und als Kernprozess in unserer Organisation verankern.«
- Ist das Zielfeld ein äußeres Strukturmerkmal – zum Beispiel »Die neue Abteilung Business Development soll etabliert werden.« –, wird

spätestens an dieser Stelle konkretisiert, welche Änderungen im Denken, Verhalten und Entscheiden der jeweils Beteiligten erreicht werden müssen, damit die erwarteten Ergebnisse auch eintreten. Sie könnten mit Ihrem Team zum Beispiel an folgenden Fragen arbeiten: »Welchen Stellenwert erhält die neue Abteilung im Zusammenspiel mit den anderen, alteingesessenen Abteilungen? Welche Muster der Zusammenarbeit sind nützlich? Und welche Entscheidungen trifft die neue Abteilung hinsichtlich der Vertriebs-, Entwicklungs- und Produktionsprozesse?«

Mit Blick auf die konkrete Umsetzung jedes Bausteins der Veränderungsarchitektur legen Sie fest, welche Elemente der Veränderung jeweils besonders zum Tragen kommen müssen. Die Elemente der Veränderung sind der entscheidende Hebel, um das Veränderungsvorhaben in der Praxis umzusetzen. Zur Erinnerung hier noch einmal die Elemente der Veränderung:

- Kontext gestalten
- Organisation aktivieren – Co-Creation beginnen
- Perspektivwechsel ermöglichen
- Unterschiede einführen, die einen Unterschied machen
- Möglichkeitsraum erweitern/neues Thema einführen
- Komplexität erweitern – Komplexität reduzieren
- Die Organisation mit sich selbst bekannt machen
- Das Thema ins Thema einführen
- Musterwechsel durch Probehandeln
- Lernprozesse in Rückkopplungsschleifen anregen

Die Elemente »Kontext gestalten«, »Organisation aktivieren – Co-Creation beginnen« und »Lernprozesse in Rückkopplungsschleifen anregen« sind eine Art Standard in nahezu jedem Baustein. Alle anderen Elemente der Veränderung können vorkommen, müssen aber nicht – nicht jeder Baustein benötigt sie. Die entsprechende Auswahl müssen Sie individuell treffen. Für diesen Auswahlprozess gibt es keinen Algorithmus, da es sich um einen kreativen Akt im Rahmen der Architekturentwicklung handelt. Im Kapitel »So setzen Sie Ihr Veränderungsvorhaben wirksam um« werden wir Ihnen noch weitere Anregungen geben und zeigen, wie Sie die Elemente der Veränderungen durch konkrete Interventionen mit Leben füllen.

Schließlich erarbeiten Sie und Ihr Team für jeden Baustein der Veränderungsarchitektur eine separate Beschreibung im Sinne eines Arbeitsauftrages. Dieser Arbeitsauftrag dient dann den einzelnen Bausteinverantwortlichen als Rahmen, den sie im nächsten Schritt jeweils co-kreativ mit ihren Arbeitsgruppen mit Leben füllen: Entwicklung eines bausteinspezifischen Rot-Grün-Modells, Erarbeitung von Prozessen und Vorgehensweisen, Definition eines Umsetzungsplans und so weiter.

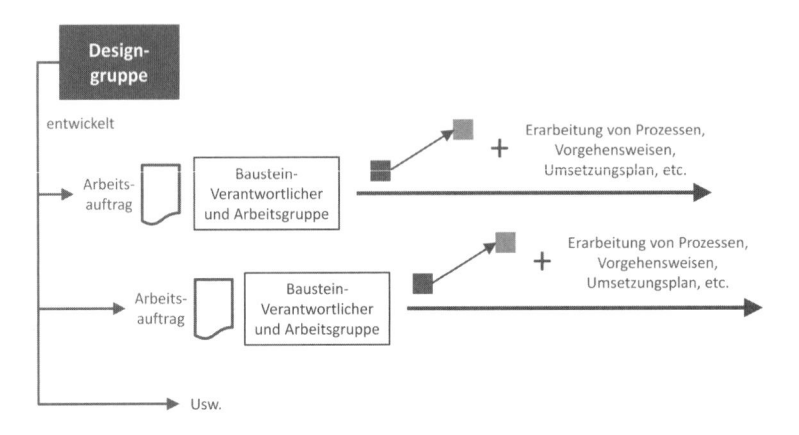

Abbildung 24: Arbeitsaufträge für die Bausteine

Die Bausteine Ihrer Veränderungsarchitektur können Sie durch verschiedene Aktionsformen (Vernetzungsgruppe, Lab, Projekt, Maßnahme et cetera) realisieren. In allen Aktionsformen arbeiten Menschen als Gruppen oder Teams zusammen. Deren Zusammenarbeit sollte grundsätzlich auszeichnen, dass

- das Team einen klaren Arbeitsauftrag und einen Auftraggeber hat, an den es berichtet. Auftraggeber kann eine einzelne Führungskraft oder ein Führungsteam sein – zum Beispiel die Geschäftsleitung oder eine Steuerungsgruppe,
- co-kreativ am Musterwechsel gearbeitet wird,
- die Gruppe zeitlich begrenzt agiert,
- cross-funktional besetzt ist und
- Perspektivwechsel und intensiven Dialog nutzt.

Wir werden nun die einzelnen Aktionsformen kurz charakterisieren.

Maßnahmen

Eine Maßnahme besteht in der Regel aus einer Reihe von zusammenhängenden beziehungsweise aufeinander aufbauenden Workshops, Meetings, Konzeptarbeiten, Kommunikationsinitiativen und so weiter.
Jede Maßnahme hat einen Verantwortlichen und ein Team zu deren Realisierung. Jede Maßnahme wird geplant, kontrolliert und gesteuert und ist somit ein »Mini-Projekt« – mit einem reduzierten formalen Rahmen.

Projekte

Das ist der Klassiker. Die Etablierung von Projektteams ist das am häufigsten genutzte Instrument im Veränderungsmanagement. Wirksame Projektteams zeichnen sich dadurch aus, dass sie

- richtig besetzt sind: Es nehmen hier nicht die Mitarbeiter teil, die Sie am besten im Alltagsgeschäft entbehren können, so verlockend dies auch sein mag, sondern die, die einen besonders wirksamen und nützlichen Beitrag zum Thema leisten können.
- mit wichtigen Ressourcen und Kompetenzen ausgestattet sind.
- gut vernetzt und im Austausch mit anderen Gruppierungen sind, sodass die Projektgruppe auch immer das Gesamtbild im Blick hat.
- über ihre Projektleitung Zugang zu Entscheidern haben.

Projektteams können in Projekten, Teilprojekten und Pilotprojekten arbeiten. Von Pilotprojekt sprechen wir, wenn vor einer flächendeckenden Umsetzung eines Konzepts dieses zunächst in definierten Teilbereichen erprobt wird. Hierbei ist eine typische Herausforderung die konsequente Reflexion der Erfahrungen und Ergebnisse aus dem Pilotprojekt. Nur wenn diese systematisch ausgewertet und nutzbar gemacht werden, kann die Erfolgswahrscheinlichkeit des »Restprojekts« signifikant gesteigert werden.

Labs

Labs werden zur Generierung und Umsetzung neuer innovativer Ideen in einem geschützten Umfeld genutzt. Hier werden cross-funktional zusammengesetzte Teams eines oder mehrerer Unternehmen häufig auch unter Beteiligung von Kunden und Wissenschaftlern zusammengebracht, um Kommunikation und Austausch außerhalb etablierter Unternehmensstrukturen zu ermöglichen.

Ein Lab kann auch als »Business Innovation Lab« fungieren, wenn es darum geht, schnell, fokussiert und systematisch Ideen zu Produkten, Dienstleistungen und Geschäftsmodellen zu entwickeln. Ziel eines solchen Business Innovation Labs ist es, mit außergewöhnlichen Maßnahmen in kurzer Zeit Konzepte zu schaffen, die kurzfristig umsetzbar sind und schnelle finanzielle Erfolge bringen können.

Die Vorteile eines solchen Labs liegen auf der Hand, aber auch leider seine Herausforderungen. Werden die Konzepte im Nachgang nicht in bestehende Strukturen integriert oder bestehende Strukturen nicht an die neuen Konzepte angepasst, verbleiben diese immer in einem Sonderstatus und tragen nicht zur Entwicklung der Gesamtorganisation bei. Unser Lösungsansatz hierzu ist der im Exkurs »Umgang mit Dilemmata« schon beschriebene Umgang mit dem Ambidextrie-Dilemma (siehe Kapitel »Und jetzt die Diagnose: Was ist die zentrale Herausforderung im Rahmen der Veränderung?«).

Vernetzungsgruppen

Das herausragende Querschnittsthema eines Veränderungsvorhabens ist die zentrale organisationale Herausforderung, bestehend aus dem wesentlichen Musterwechsel im Denken, Verhalten und Entscheiden und den Key Enablern für diesen Musterwechsel. Diese Themen werden in den definierten Maßnahmen, Projekten und Labs als Teil des jeweiligen Arbeitsauftrags vorangetrieben und verantwortet. Das heißt, die Kernaufgabe der verschiedenen Gruppen und Teams ist nie allein die Umsetzung eines fachlichen Themas (zum Beispiel Aufbau einer neuen Abteilung, Einführung neuer Mechanismen der Marktbeobachtung et cetera), sondern immer zugleich die Initialisierung und Inszenierung des zentralen Musterwechsels.

Eine Vernetzungsgruppe agiert darüber hinaus als übergeordnete Instanz. Sie stellt aktivitätsübergreifend sicher, dass das Querschnittsthema organisationsweit erfolgreich umgesetzt wird. Dazu entwickelt sie zu einzelnen Aspekten des Querschnittsthemas organisationsspezifische Definitionen und Vorschläge für den Umgang mit herausfordernden Situationen. Beispielsweise »Das verstehen wir in unserer Organisation unter dem Begriff ›agiles Arbeiten‹« oder »Tipps für das Erkennen von und den Umgang mit einem Dilemma«.

```
Maßnahme A  →
Projekt B   →
Lab C       →
Maßnahme B  →
Projekt D   →
```

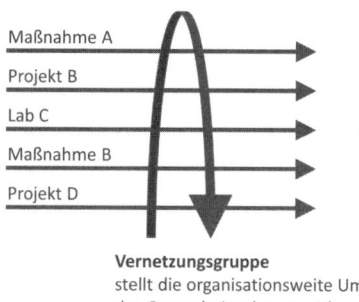

Vernetzungsgruppe
stellt die organisationsweite Umsetzung
des Querschnittsthemas sicher

Abbildung 25: Vernetzungsgruppe

Die Vernetzungsgruppe reflektiert ihrerseits regelmäßig den Fortschritt und die Hindernisse in der Umsetzung des Querschnittthemas. Und sie entscheidet abhängig von den Ergebnissen immer wieder neu über Interventionen zur Steuerung des weiteren Vorgehens. So greift die Vernetzungsgruppe zum Beispiel ein, wenn deutlich wird, dass das Leitungsteam eines Labs keine Kompetenzen oder Erfahrungen darin hat, zielführende Reflexionsprozesse zu initiieren und zu inszenieren oder wenn in einem Projekt »aus Zeitmangel« immer wieder die Retrospektiven ausfallen beziehungsweise die Arbeitsergebnisse aus Retrospektiven im weiteren Vorgehen unbeachtet bleiben. Ein weiteres Beispiel: Ein Maßnahmenteam ist zwar wie vereinbart hierarchieübergreifend besetzt worden. Aber die Vernetzungsgruppe realisiert, dass in den Arbeitssitzungen üblicherweise das hierarchiehöchste Mitglied 70 Prozent Redeanteil hat und die Beiträge aller anderen zwar dankend zur Kenntnis genommen, jedoch bei der weiteren Arbeit regelmäßig nicht berücksichtigt werden.

Voraussetzungen für die Wirksamkeit einer Vernetzungsgruppe sind:

- maßnahmen-/projekt-/lab- und hierarchieübergreifende Zusammensetzung
- regelmäßige Meetings in kurzen Zeitabständen
- die Ausstattung mit Veränderungsenergie – also der Macht und den Mitteln und dem Willen –, die es der Vernetzungsgruppe ermöglicht, aktiv in die laufenden Maßnahmen, Projekte und die Arbeit der Labs einzugreifen. Deshalb wird die Vernetzungsgruppe von einem Top-Entscheider geleitet.

Um die Nachhaltigkeit der angestrebten Veränderungen sicherzustellen, ist es oft notwendig, dass die Vernetzungsgruppe über die Laufzeit der Maßnahmen, Projekte und Labs hinaus aktiv bleibt. Nur so kann sichergestellt werden, dass ein Rückfall der Organisation in alte Muster zeitnah erkannt wird und die Möglichkeit besteht, agil darauf zu reagieren.

Führung statt Multiplikatoren

Der Einsatz von Multiplikatoren, häufig auch als Change Agents bezeichnet, ist ein weitverbreitetes Instrument in Change-Prozessen. Hier werden in der Praxis Mitarbeiter – bisweilen rekrutiert aus Talent-Pools oder Nachwuchsförderprogrammen – in Kurzschulungen mit Instrumenten des Change-Managements vertraut gemacht und erhalten dann den Auftrag, die Umsetzung von Veränderungsvorhaben in ihren Bereichen eigeninitiativ zu unterstützen.

Dieses Konzept ist in der Praxis wenig erfolgreich. Gründe hierfür sind meistens, dass diese Mitarbeiter selten mit einer expliziten Rolle in Maßnahmen, Projekten, Labs oder Querschnittsthemen eingebunden werden beziehungsweise keine (Entscheidungs-)Befugnisse haben, die es ihnen ermöglichen würde, Initiativen, die über Gespräche oder kleine Vorträge hinausgehen, wirklich auf die Straße zu bringen. Meistens werden Multiplikatoren oder Change Agents von einer Zentralfunktion installiert, aber in ihren Bereichen als Treiber der Veränderung nicht akzeptiert. Da ihnen Macht und Mittel fehlen, können sie keine Veränderungsenergie entwickeln.

Deutlich erfolgversprechender und wirksamer ist es, wenn Sie auf Ihre Führungskräfte als Vorbilder und Gestalter für Veränderungen fokussieren. Dies gelingt jedoch nur, wenn Sie Ihr Führungsteam durch co-kreative Prozesse unmittelbar in die Veränderungsinitiative einbezogen haben, sodass jede einzelne Führungskraft Veränderungsenergie entwickelt. Jede Führungskraft ist dann in der Verantwortung, diese Veränderungsenergie im eigenen Verantwortungsbereich wirksam werden zu lassen und mit ihrem Team an der Umsetzung der Veränderung zu arbeiten. Konkret bedeutet das, dass Führungskräfte in ihren Teams sich jeweils mit den folgenden Fragen beschäftigen: »Wenn wir in unserem Projekt/Lab/Maßnahme/Gruppe den Musterwechsel im Denken, Verhalten und Entscheiden wirklich umsetzen wollen,

- wovon müssen wir uns verabschieden,
- wovon müssen wir mehr tun und
- welche Kompetenz müssen wir neu entwickeln?«

Wirkungsvoll sind in diesem Zusammenhang auch Konzepte, die innerhalb eines Projektes mit der Bildung von sogenannten Veränderungsclustern starten: Jede Führungskraft, jeder Multiplikator arbeitet selbst organisiert mit einer von ihm zu bildenden Arbeitsgruppe an einer selbst definierten Maßnahme oder einem Teilprojekt, das jeweils einen Beitrag zum Erreichen der übergeordneten Projekt- beziehungsweise Veränderungsziele leistet. Das hier zugrunde liegende mentale Modell setzt darauf, dass sich die so erarbeiteten Ideen, Konzepte und Lösungen quasi automatisch in der ganzen Organisation verbreiten, dass also Veränderungs-Cluster entstehen und sich immer größere Zusammenhänge bilden, ähnlich wie wenn sich kleine einzelne Feuer sukzessive zu einem großen vereinen.

FIXELEMENTS – KONKRETISIERUNG DER BAUSTEINE

Die Designgruppe beschäftigt sich intensiv mit der Detaillierung und Konkretisierung der einzelnen Bausteine der Veränderungsarchitektur. Im Folgenden findet sich eine Auswahl an **Ergebnissen** ihrer Arbeit. Diese Ergebnisse lassen deutlich werden, wie die Umsetzung der einzelnen Bausteine angegangen werden soll. Dabei spielen die »Elemente der Veränderung« (siehe Kapitel »Das Handwerkszeug: Die Elemente co-kreativer Veränderung«) eine zentrale Rolle:

Querschnittsthema »Vernetzung der Zusammenarbeit«
Die für dieses Thema ins Leben gerufene Vernetzungsgruppe soll den wesentlichen Musterwechsel im Denken, Verhalten und Entscheiden über alle Bausteine der Veränderungsarchitektur hinweg fördern. Dazu fokussiert sie auf den Key Enabler: Die Vernetzungs-

gruppe unterstützt die Organisation dabei zu lernen, konstruktiv mit ihrem zentralen Dilemma umzugehen: Die Gesamtentwicklung der Organisation durch sowohl eine weitere Optimierung der Bereiche als auch gleichzeitig (!) bereichsübergreifendes, cross-funktionales und agiles Denken und Handeln auf allen Hierarchieebenen zu fördern.

Der konstruktive Umgang mit diesem zentralen Dilemma erfordert das Entwickeln und Einüben von neuen Entscheidungsmustern: In Zukunft soll regelmäßig immer wieder neu über das Setzen der Prioritäten entschieden werden: »Müssen wir uns gerade mehr auf A fokussieren? Oder verlangt B unsere Aufmerksamkeit und wir stellen A zurück?« Und das agiler als heute, das heißt in kurzen Abständen, dezentral und schnell. Dazu gehört auch, dass die regelmäßige Reflexion der Entscheidungen und deren Auswirkungen – im agilen Kontext »Retrospektive« genannt – zur Selbstverständlichkeit wird. Damit einher geht eine höhere Fehlertoleranz als heute: Es werden im Nachhinein Entscheidungen als Fehler identifiziert, werden keine Schuldigen mehr gesucht, sondern daran gearbeitet, wie die weiteren Entscheidungen zielführender gestaltet werden.

Die Vernetzungsgruppe wird so hochkarätig mit Entscheidern besetzt und dadurch mit Veränderungsenergie ausgestattet, dass ein aktives Involvieren in die Veränderungsprozesse auch bausteinübergreifend jederzeit möglich ist. Die Vernetzungsgruppe wird auch dann in ihrer ursprünglichen Zusammensetzung bestehen bleiben, wenn die aufgesetzten Maßnahmen, Projekte und Labs nach und nach ihre Aufgaben erfüllt haben und beendet werden.

Entscheidend für den Erfolg des Veränderungsvorhabens ist, dass das Querschnittsthema bei allen Entscheidungen durch Steuerungs- und Projektmanagementgruppen beziehungsweise durch das Management die höchste Priorität erhält. Das Querschnittsthema erhält damit einen höheren Stellenwert als die anderen Bausteine der Veränderungsarchitektur!

Folgende Elemente co-kreativer Veränderung werden zur Umsetzung dieses Querschnittsthemas im Vordergrund stehen (siehe Kapitel »Das Handwerkszeug: Zentrale Elemente co-kreativer Veränderung«):

- Element »Kontext gestalten«: Der Gestaltung des Kontextes durch die Entscheiderebene – also Setzung eines klaren Rahmens sowie Fokussierung der Aufmerksamkeit der Organisation auf das, was hier geschieht – kommt sowohl bei der Etablierung als auch in der kontinuierlichen Arbeit der Vernetzungsgruppe eine besondere Bedeutung zu. Da bei Fixelements das erste Mal eine Vernetzungsgruppe eingesetzt wird, muss sie zunächst ihren Platz finden und sowohl nach innen als auch nach außen in die Gesamtorganisation hinein ihre eigene organisationale Identität entwickeln. Das heißt, die Vernetzungsgruppe muss ein eigenes Selbstverständnis entwickeln und herausfinden, wie sie ihre Aufgaben, ihre Verantwortung und ihre Veränderungsenergie nutzt und umsetzt. Und im zweiten Schritt muss sie für die Anerkennung ihrer Funktion in der Organisation sorgen, damit sie dem Anspruch des bausteinübergreifenden und organisationsweiten Agierens auch gerecht werden kann.
- Element »Möglichkeitsraum erweitern/neues Thema einführen«: Das Managementteam um Lisbeth Peel hat sich in den vergangenen Monaten mit verschiedenen neuen mentalen Modellen beschäftigt, nutzt daraus abgeleitet neue Narrative und übt sich in neuen Mustern der Zusammenarbeit und Entscheidungsfindung. Um die Umsetzung dieses Musterwechsels jetzt auch in der gesamten Organisation zu fördern, wird die Vernetzungsgruppe unter anderem aus dem Querschnittsthema relevante Aspekte ableiten wie zum Beispiel »Wie erkennen wir ein Dilemma?« und »Wie gehen wir idealerweise mit einem Dilemma um?« Die dazu entstehenden Beschreibungen und Umsetzungshilfen werden als »neues Thema« den Beteiligten in den Maßnahmen, Projekten und Labs zur Verfügung gestellt. Darüber hinaus bietet die Vernetzungsgruppe zur Gestaltung und Durchführung von Dialogen und Reflexionen auch Beratung für die Führungskräfte und die Moderation von Workshops an.
- Element »Das Thema ins Thema einführen«: Die Vernetzungsgruppe wird den Umgang mit ihren eigenen Dilemmasituationen offen und transparent gestalten. Zur Erinnerung für Sie als Leser:

> Dieses Element geht davon aus, dass die Ziele der organisationalen Transformation bereits während des Veränderungsprozesses aktiv praktiziert und reflektiert werden. Mit Blick auf die Vernetzungsgruppe bedeutet das, dass der Umgang der Mitglieder der Vernetzungsgruppe mit ihren eigenen Entscheidungsdilemmata immer wieder gemeinsam reflektiert wird. Beispiel: »Welche Überlegungen sind in meine Entscheidung eingeflossen, heute zur Sitzung der Vernetzungsgruppe zu gehen und an der Weiterentwicklung der gesamten Organisation mitzuarbeiten ODER an meinem Arbeitsplatz zu bleiben und mich um die aktuell brennenden Probleme in meinem Bereich zu kümmern?«

Neben diesen Elementen wird sich die Vernetzungsgruppe vor allem darauf konzentrieren, die Reflexionsfähigkeit der Organisation zu erweitern. Mit Reflexionsfähigkeit ist in diesem Zusammenhang die Bereitschaft und Fähigkeit der Beteiligten und Betroffenen gemeint, gemeinsam auf den Veränderungsprozess Bezug zu nehmen, die eigenen Denk- und Handlungsmuster zu reflektieren und infrage zu stellen sowie daraus Entscheidungen abzuleiten. Die größte Herausforderung ist dabei die »Entemotionalisierung« der Reflexionsprozesse, das heißt der sachliche und angemessene Austausch trotz eventuell vorhandener persönlicher Animositäten und organisationaler Zielkonflikte.
[...]

7. Lab »Neue Zusammenarbeit«
Zur Entwicklung neuer Formen der Zusammenarbeit zwischen Vertrieb, Entwicklung, Einkauf, Produktion und Logistik und deren Implementierung wird ein Lab »Neue Zusammenarbeit« ins Leben gerufen. Die Leitung soll der neue Bereichsleiter Entwicklung, Kai Faller, übernehmen.

Als Resultat sollen die bestehenden Prozesse an die neuen Anforderungen angepasst und die cross-funktionale und agile Zusammenarbeit zwischen Entwicklung, Einkauf, Produktion und Logistik organisiert werden.

Folgende Elemente der Veränderung werden zur Umsetzung dieses Querschnittsthemas im Vordergrund stehen:

- Element »Die Organisation mit sich selbst bekannt machen«: Im Lab werden zunächst die Muster der heutigen Zusammenarbeit zwischen den Zielbereichen untersucht, welche typischen Aussagen und Sprüche es übereinander gibt (Narrative) und welche hindernden, welche fördernden mentalen Modelle existieren.
- Element »Möglichkeitsraum erweitern/Neues Thema einführen«: Bevor im Lab neue Formen der Zusammenarbeit zwischen den fünf Unternehmensbereichen entwickelt werden, werden die Mitglieder des Labs sich mit externem Input in Form von aktuellen wissenschaftlichen Konzepten und Best-Practice-Anwendungen aus anderen Unternehmen bis hin zu New-Work-Ideen versorgen. Das Motto lautet »Womit beschäftigt sich der Markt/der Mitbewerber/die Zukunftsforscher?« und dient dazu, den möglichen Handlungs- und Themenraum zu erweitern.
- Element »Das Thema ins Thema einführen«: Das Lab-Team soll idealerweise schon bei seiner Arbeit »die neue Zusammenarbeit« praktizieren und seine Erfahrungen dabei reflektieren und daraus lernen. Ein Beispiel: Schon in seiner ersten gemeinsamen Sitzung analysiert das Lab-Team die bisherigen Muster der Zusammenarbeit zwischen Entwicklung, Einkauf, Produktion und Logistik, identifiziert sowohl fördernde als auch hindernde Faktoren und trifft basierend darauf erste Vereinbarungen unter der Überschrift: »Für die Zusammenarbeit in unserem Lab-Team ist uns – im Gegensatz zu unserem bisher praktiziertem Vorgehen –besonders wichtig, dass ...«. Der Grundgedanke ist dabei, dass das Lab-Team selbst so schnell wie möglich die neuen Formen der Zusammenarbeit praktiziert, die später für die Zusammenarbeit der vier Abteilungen gelten sollen.

[...]

11. Projekt »Kollaborationssoftware«

Um die bereichs- und hierarchieübergreifende Kommunikation zu stärken, soll eine effektive unternehmensweite Kollaborationssoftware implementiert werden.

Zur Auswahl, Realisierung und Implementierung der Software wird ein Projekt unter der Leitung des Bereichsleiters IT, Brian Tavares, implementiert. Folgende Elemente der Veränderung sollen hier im Vordergrund stehen:

- Element »Unterschiede einführen, die einen Unterschied machen«: Dieses Projekt ist nicht damit abgeschlossen, dass die Software installiert und alle potenziellen Anwender in der Bedienung geschult sind. Die Softwareeinführung wird als Transformationsprojekt begriffen und erst dann als erfolgreich gewertet, wenn sich die Kollaborationsmuster in der Organisation auch wirklich geändert haben. Das Projektdesign enthält deshalb Bausteine, die das Denken und Verhalten der potenziellen User der Software adressieren. Zum Beispiel wird sich jede Führungskraft in der Organisation mit ihrem Team wiederholt Zeit nehmen, um die Weiterentwicklung der eigenen Kollaborationsmuster unter Verwendung der neuen Software zu planen, zu praktizieren und zu reflektieren.
- Element »Perspektivwechsel ermöglichen«: Die Auswahl und Implementierung des neuen IT-Systems wird nur dann eine Chance auf Erfolg haben, wenn es den Entscheidern und Umsetzern immer wieder gelingt, die Anwender zu einem Perspektivwechsel zu »verführen«: »Was ist mein persönlicher Nutzen und der Nutzen für die Organisation, wenn ich viel mehr Wissen und Informationen als bisher austausche und zur Unterstützung der neuen Art der Zusammenarbeit die neue Kollaborationssoftware nutze?«
- Element »Das Thema ins Thema einführen«: In diesem Projekt geht es gleich um zwei Themen: Thema 1 ist die Förderung der Kollaboration. Hier bedeutet das Thema ins Thema einzuführen, dass das Projektteam bewusst co-kreativ das Projekt plant und

für die Auswahl der Kollaborationssoftware sinnvollerweise die zukünftigen Nutzer mit einbindet. Thema 2 ist die Nutzung der Software zur Unterstützung von Kollaborationsprozessen. Hier bedeutet das Thema ins Thema einzuführen zum Beispiel, dass das Projektteam selbst die Software als Erstes anwendet und damit die Einführung des neuen Systems in die Gesamtorganisation unterstützt.

[...]

Am Ende der Entwicklung der Architekturbausteine zieht die Designgruppe das folgende Fazit:

Durch unsere integrierte Entwicklung und Planung sind die einzelnen Bausteine gut aufeinander abgestimmt. Die Veränderungsprozesse für die äußeren und die inneren Strukturmerkmale sind gut miteinander verwoben. Dadurch können wir sowohl Überschneidungen und Doppelarbeit vermeiden als auch bausteinübergreifende Synergieeffekte nutzen. Zum Beispiel werden wir das Thema bereichsübergreifende Zusammenarbeit in fast allen Bausteinen aktiv fördern. Unsere Erfahrungen, Schwierigkeiten und Erfolge mit der Entwicklung der bereichsübergreifenden Zusammenarbeit werden wir über die Vernetzungsgruppe austauschen. Und diese wird auch steuernd eingreifen, wenn unsere Lern- und Veränderungsprozesse ins Stocken geraten.

In einem nächsten Schritt erarbeitet die Designgruppe für jeden Baustein der Veränderungsarchitektur einen »Arbeitsauftrag«. Dieser Arbeitsauftrag dient dann den einzelnen Bausteinverantwortlichen als Rahmen, den sie nun im nächsten Schritt jeweils co-kreativ mit ihren Arbeitsgruppen mit Leben füllen: Entwicklung eines bausteinspezifischen Rot-Grün-Modells, Erarbeitung von Prozessen und Vorgehensweisen, Definition eines Umsetzungsplans und so weiter.

ANGEPACKT – TIPPS FÜR IHR WEITERES VORGEHEN

- Basis der Architektur sind
  - das Zielbild, das mit dem Veränderungsvorhaben erreicht werden soll,
  - die erarbeiteten Zielfelder für die inneren wie äußeren Strukturmerkmale mit Fokus auf dem wesentlichen Musterwechsel im Denken, Verhalten und Entscheiden und
  - die Key Enabler, die den Musterwechsel ermöglichen.
- »Übersetzen« Sie mit Ihrem Team alle Zielfelder in Bausteine der Veränderungsarchitektur und ordnen Sie jedem Baustein eine entsprechende Aktionsform zu (Maßnahme, Projekt, Lab, Vernetzungsgruppe).
- Erarbeiten Sie für jeden Baustein der Veränderungsarchitektur, welche Elemente der Veränderung Sie maßgeblich zur Umsetzung nutzen werden.
- Konkretisieren Sie jeden Baustein der Veränderungsarchitektur, vergeben Sie jeweils einen Namen und formulieren Sie einen konkreten Arbeitsauftrag. Beschreiben Sie darin, wie jeder Baustein zur Gesamtzielerreichung beiträgt. Wenn möglich, ordnen Sie den Bausteinen schon jetzt die Namen der Personen zu, die die Leitung übernehmen.

Welche weiteren Entscheidungen sind zu organisieren?

Im vorherigen Abschnitt haben wir die Bausteine der Veränderung entwickelt. Nun geht es um den »hochelastischen Kleber«, der die Bausteine miteinander verbindet. Denn es liegt auf der Hand: Für den Gesamterfolg des Veränderungsvorhabens müssen Sie als Führungskraft sicherstellen, dass die verschiedenen Initiativen nicht isoliert, sondern vernetzt arbeiten, alle Ergebnisse auf das Gesamtziel einzahlen und das Feedback aus der Organisation zum aktuellen Verlauf der Veränderung wirksam genutzt wird. Dies erreichen Sie, indem Sie je nach Bedarf ergänzende Komponenten (siehe unten) definieren und eine verbindende Struktur schaffen. Eine Struktur, die nicht starr ist, sondern sich hochelastisch an neue Erkenntnisse und Entwicklungen anpasst. Die Leitfrage, die dabei immer mitschwingt, lautet: »Was muss ich tun, um den co-kreativen Prozess, der auf der Entscheiderebene begonnen hat, in der Organisation konsequent fortzuführen?«

Erinnern Sie sich noch an die Differenzierung zwischen Basisentscheidungen und Folgeentscheidungen im Kapitel »Entscheidungen organisieren, Rahmen setzen, Organisation ›enablen‹«? Als Basisentscheidung hatten wir dort die initiale Entscheidung Ihrer Organisation bezeichnet, sich grundlegend zu verändern. Die daraus abgeleiteten Folgeentscheidungen dienen der weiteren Detaillierung und Konkretisierung des Veränderungsvorhabens und schaffen die Basis für die Entwicklung von Umsetzungsmaßnahmen.

An dieser Stelle stehen einige Folgeentscheidungen an: Für jeden Baustein muss vereinbart werden, wer was zusammen mit wem bis wann erarbeitet. Aus den einzelnen Bausteinen wird dann eine Gesamtkomposition erschaffen. Überlassen Sie es nicht dem Gutdünken einiger Führungskräfte, ob und wie das passiert! Sie als oberster Entscheider müssen diesen Prozess vorantreiben und weiterverfolgen.

Co-Creation heißt dabei nicht, dass *alle* involviert werden und alle zu jedem Thema gefragt werden. Das ist allein aufgrund der Größe der meisten Organisationen gar nicht möglich. Aber in jedem definiertem Programm, Projekt, Lab oder jeder Maßnahme gilt es gleich zu Beginn co-kreative Prozesse anzustoßen, an denen die relevanten Stakeholder beteiligt sind und so an der Gestaltung und Ausrichtung des Vorhabens mitwirken. Dies lässt sich gut in Form einer Kick-off-Veranstaltung realisieren. In einigen Organisationen ist der Begriff Kick-off schon etwas abgegriffen, da er für alle möglichen Initiativen benutzt wird, die nicht selten im Sande verlaufen. Wir verwenden diesen Begriff, weil im engeren Sinne die Veränderung ja tatsächlich angestoßen wird, durch die Aktivierung der Organisation und den Beginn eines Musterwechsels.

Denken Sie daran, innerhalb jedes Bausteins und für das Gesamtvorhaben die Kommunikation immer wieder so zu organisieren, dass die folgenden Fragen bearbeitet werden:

- »Was ist Anlass für dieses Projekt, diese Maßnahme, dieses Labs, den Einsatz der Vernetzungsgruppe, und was soll nach erfolgreichem Abschluss anders sein?«

- »Woran werden wir/die Kunden/die Mitarbeiter/die Anteilseigner / … das merken?«
- »Und wie zahlt dieser Baustein auf das Gesamtziel der Veränderung ein?«

Das sind einfache, aber wirkungsvolle Fragen, die die Organisation aktivieren und die Basis für die Erarbeitung eines gemeinsamen Verständnisses bilden. Damit sorgen sie für Sinnhaftigkeit und Klarheit.

Jede Führungskraft und jeder Projektmitarbeiter Ihrer Organisation sollte kommunikativ in der Lage sein, den Sinn und das Zielbild der Veränderung zu erklären, Reflexionsprozesse zu initiieren und mit Widerständen angemessen umzugehen.

Obwohl das Führen von Dialogen zum Grundrepertoire einer jeden Führungskraft gehören sollte, zeigt die Veränderungspraxis in vielen Organisationen, dass Sie diese Kompetenz nicht als selbstverständlich voraussetzen können. Befähigen Sie Ihre Führungskräfte und planen Sie rechtzeitig entsprechende Workshops, in denen Ihre Führungskräfte diejenigen Handlungskompetenzen erwerben, die sie benötigen, um die Veränderungen konsequent umzusetzen.

Ergänzende Komponenten

Nun gilt es, diejenigen Komponenten zu konkretisieren, die dafür sorgen, dass die Veränderungen in Gang kommen, die definierten Bausteine vernetzt arbeiten, weitere erforderliche Entscheidungen getroffen werden und das Feedback aus der Organisation in das Veränderungsvorhaben zurückfließt.

Kickoff-Veranstaltung. Hier geht es um die Frage, wie Sie die co-kreativen Prozesse und damit die Folgeentscheidungen starten und am Laufen halten. Am einfachsten und wirkungsvollsten geschieht dies, wenn Sie – oder wer sonst Auftraggeber des Veränderungsvorhaben ist – zu Beginn eines jeden Bausteins eine Kick-off-Veranstaltung dazu nutzen, den Kontext entsprechend zu gestalten:

- Visualisieren Sie das Zielbild des Gesamtvorhabens und erläutern Sie es in einfachen klaren Sätzen.

- Treten Sie anschließend mit den Beteiligten in einen Dialog, beantworten Sie Fragen und greifen Sie eventuell entstandene Bedenken auf.
- Ausgehend von diesem übergeordneten Zielbild erarbeiten dann die (Baustein-)Beteiligten mithilfe des Rot-Grün-Modells das Zielbild für den jeweiligen Baustein.

Mit einem solchen Auftakt aktivieren Sie Ihre Organisation und erhalten gleichzeitig Feedback, wie über das Vorhaben gedacht wird und an welchen Punkten noch nachgeschärft werden muss. Außerdem agieren Sie als Vorbild für Ihre Führungskräfte und zeigen ihnen, wie sie echte Dialoge gestalten können.

Eine derart gestaltete Kick-off-Veranstaltung ist ein wichtiger Hebel zum Erfolg Ihres Vorhabens. Sie benötigt immer eine sorgfältige und intensive Vorbereitung.

Resonanzgruppe. Eine Resonanzgruppe (auch »Sounding Board«) können Sie einsetzen, um das organisationale Geschehen in den verschiedenen Stadien des Veränderungsprozesses zu beobachten und zu reflektieren. Eine Resonanzgruppe besteht idealerweise aus Menschen unterschiedlicher Schlüsselfunktionen und Hierarchieebenen, die ihr Ohr an der Organisation haben. Ihre Aufgabe ist es, als Resonanzkörper zu fungieren: Sie schätzen die Wirksamkeit der Veränderungsmaßnahmen ein und geben den verantwortlichen Change-Managern Rückmeldung und Empfehlungen.

Aus systemischer Sicht ist eine solche cross-funktionale und hierarchieübergreifend zusammengesetzte Resonanzgruppe repräsentativ für die organisationale Identität. Das heißt, in ihr spiegeln sich die typischen mentalen Modelle, die Kommunikations- und Entscheidungsmuster der Organisation wider. Die Gruppe geht automatisch »in Resonanz« zu den laufenden Veränderungsprozessen. Deshalb kann sie zusätzlich zu ihren Beobachtungen in der Organisation auch die Entwicklung ihres eigenen Denkens und Verhaltens reflektieren und die daraus gewonnenen Erkenntnisse als Gradmesser für die Wirksamkeit der Veränderungsprozesse interpretieren. Dieses Vorgehen folgt dem Grundgedanken unseres Elements »Das Thema ins Thema einführen«.

Idealerweise liefert die Resonanzgruppe immer wieder Impulse an den Lenkungsausschuss (siehe unten) oder alternativ an die Vernetzungsgruppe. Deren Aufgabe ist es dann, diese Impulse auszuwerten und zeitnah (agil) in die Gestaltung des Veränderungsvorhabens einfließen zu lassen, ganz im Sinne des Elements »Lernprozesse in Rückkopplungsschleifen anregen«.

Projektbegleitende Kommunikation. Wir haben es bis hierhin bereits deutlich gemacht: Change-Management, das auf dem Narrativ »Das erledigt unsere Kommunikationsabteilung« basiert, ist der Einstieg in den Ausstieg aus wirklicher Veränderung! Leider pflegen noch immer viele große Organisationen dieses Narrativ.

Das heißt natürlich nicht, dass Sie auf die Wirkung gezielter Kommunikation verzichten können: Wenn Sie die Erfolgschancen Ihres Veränderungsvorhabens wahren wollen, müssen Sie als Entscheider dafür sorgen, dass in dieser Planungsphase entsprechende projektbegleitende Kommunikationsmaßnahmen konzipiert werden. Weitere Details dazu finden Sie im Kapitel »Der notwendige Rahmen jeder Umsetzung: Umsetzungsbegleitende Kommunikation«.

Wirkungsmonitoring. Mit dem Wirkungsmonitoring wird das Erreichen der »grünen Kästen« überwacht. Dazu überprüfen Sie regelmäßig, ob und inwieweit die einzelnen Bausteine der Veränderungsarchitektur wie ursprünglich geplant auf ihre individuellen Ziele und damit auf das Gesamtziel des Veränderungsvorhabens einzahlen. Die entscheidende Frage ist, welche Wirkung die Bausteine in Ihrer Organisation entfalten auf:

- die äußeren Strukturmerkmale des System-Diamanten (Business, Ressourcen, Struktur, Prozesse, Management- und Bewertungssysteme). Der »Go-Live« dieser Veränderungen (»Ab dem 1.1. gilt das neue Organigramm; ab dem 1.4. nutzen wir die neue Software« und so weiter) erfolgt in der Regel zu einem Stichtag. Deshalb können die Wirkungen erst nach der eigentlichen Umsetzung festgestellt werden. Sie sind in der Regel im Sinne eines Business Impacts messbar.
- die Strukturmerkmale im Inneren des System-Diamanten (kollektive mentale Modelle, Narrative, Verhaltensmuster und Entscheidungsprozesse). Diese Veränderungen erfolgen in der Regel iterativ und prozessorientiert über einen längeren Zeitraum. Deshalb können auch Wirkungen schon während der eigentlichen Umsetzungsphase festgestellt werden. Sie sind für gewöhnlich beobachtbar. Darüber hinaus sind die Zielfelder, die im Planungsprozess (Rot-Grün-Modell und System-Diamant IST und SOLL) operationalisiert worden sind, ebenfalls im Sinne eines Business Impacts messbar.

Weitergehende Ausführungen zum Wirkungsmonitoring finden Sie im Kapitel »Ist die Umsetzung auf Zielkurs? Das Wirkungsmonitoring«.

Projektmanagement

Die Umsetzung Ihres Veränderungsvorhabens in die Gesamtorganisation erfordert ein professionelles Projektmanagement. Sie erinnern sich: Im Kapitel »Warum sich soziale Systeme mit Veränderungen schwertun« haben wir gezeigt, dass das soziale System »Organisation« nicht durch äußere Impulse und Aktivitäten in einer vorhersagbaren Weise in seinem Verhalten bestimmt werden kann. Ist es da nicht ein Widerspruch, jetzt dennoch die Methoden der Projektplanung und -steuerung einzufordern? Die Antwort ist klar: Mit keinem noch so ausgeklügelten Planungs- und Steuerungsverfahren ist es zu schaffen, dass Veränderungsprozesse in Organisationen in eindeutig vorhersagbarer Weise ablaufen und die gesetzten Ziele gewissermaßen automatisch erreicht werden. Veränderungsprozesse brauchen sowohl zielgerichtete und steuernde Impulse aus der Organisation selbst als auch einen organisatorischen Rahmen für die Umsetzung.

Für eine erfolgreiche Umsetzung müssen Sie die notwendigen Ressourcen und Termine vorausplanen und dann prozessorientiert auf Abweichungen zwischen dem geplanten Ablauf und dem tatsächlichen Verlauf während der Umsetzung reagieren. Im Projektmanagementjargon spricht man hier eben von »steuern«.

Ihre bisher praktizierten und gegebenenfalls zertifizierten Projektmanagementmethoden können Sie also problemlos in das Vorgehen integrieren, wie wir es hier im Buch skizzieren. Dabei verschmelzen Change-Management und Projektmanagement miteinander. Das bedeutet, dass zunächst die Ausarbeitung des eigentlichen Veränderungsvorhabens im Vordergrund steht und sich dann die Projektmanagementaspekte daran ausrichten. Change-Management ist also nicht eine von X Aktivitäten auf dem Projektplantemplate! Vielmehr subsummieren wir unter dem Begriff Change-Management alles, was dafür nötig ist, Ihr Veränderungsvorhaben zu definieren, zu planen und umzusetzen.

Die Ausgestaltung der klassischen Projektmanagementkomponenten in Ihrem Veränderungsvorhaben wollen wir hier nicht im Detail ausführen.

Wir gehen davon aus, dass Ihre Organisation über fundierte Projektmanagementerfahrungen verfügt und Ihre Projektspezialisten in der Lage sind, in einem co-kreativen Prozess zusammen mit Ihrer Designgruppe auf der Basis der bisher erarbeiteten Ergebnisse ein dazu passendes Projekt und wenn nötig ein übergeordnetes Programm zu entwickeln.

Denken Sie jedoch daran: Die konsequente Projektsteuerung durch einen cross-funktional und hierarchieübergreifend besetzen Lenkungsausschuss als übergeordnetem Entscheidungsgremium (auch Steering Committee, Steering Board, Steuerungsausschuss, Lenkungskreis, Steuerungskreis, Control Board oder Entscheidungsgremium genannt) ist ein entscheidender Erfolgsfaktor für das Veränderungsvorhaben. In der Praxis erleben wir oft, dass das Projekt zwar sorgfältig geplant und die Umsetzung akribisch überwacht wird. Das zeitnahe, also agile Reagieren des Lenkungsausschusses auf Planabweichungen oder neue Erkenntnisse fehlt allerdings häufig. Die Gründe für inkonsequente, verzögerte oder gar ausbleibende Entscheidungen, Plananpassungen und Priorisierungen durch den Lenkungskreis mögen vielfältig sein. Die Folgen für das Erreichen des Projekterfolges sind jedoch häufig katastrophal. Soziale Systeme sind »Entscheidungssysteme« – dort, wo die notwendigen Entscheidungen nicht getroffen werden, bewegt sich nichts und kommt keine Veränderung voran.

ANGEPACKT – TIPPS FÜR IHR WEITERES VORGEHEN

- Stellen Sie sicher, dass es einen Auftraggeber beziehungsweise Sponsor für das Vorhaben gibt, der Veränderungsenergie einbringt – also die Macht, die Mittel und den Willen zur Veränderung. Viele Projekte beginnen ohne klare Festlegung, wer als Executive Sponsor die Gesamtverantwortung trägt – auch und gerade wenn sich das Projekt über mehrere Abteilungen, Geschäftsbereiche oder Länder erstreckt. Ohne einen klaren Auftraggeber im Top-Management, der das Vorhaben kontinuierlich antreibt, hat ein Tranformationsvorhaben keine Chance.
- Sorgen Sie dafür, dass der Lenkungsausschuss wirklich die Herausforderungen des zentralen Musterwechsels im Denken, Verhalten und Entscheiden reflektiert und sich aktiv in die Umsetzung einbringt.

- Hierfür ist die Zusammenarbeit zwischen Lenkungsausschuss und Vernetzungsgruppe von wesentlicher Bedeutung. Stellen Sie sicher, dass der Lenkungsausschuss der Vernetzungsgruppe einen zentralen Stellenwert im Veränderungsvorhaben beimisst und die Impulse aus der Vernetzungsgruppe mit Priorität behandelt.
- Entscheiden Sie bewusst über den Agilitätsgrad des Vorgehens: Trifft sich zum Beispiel der Lenkungsausschuss einmal im Quartal, jeden Monat, jede Woche oder jeden Tag? Unsere Faustformel hierbei lautet: Je häufiger, desto agiler die Steuerung und desto wahrscheinlicher der Erfolg.
- Sorgen Sie dafür, dass klare Zuständigkeiten und Befugnisse innerhalb der Projektorganisation definiert werden. Projektmitarbeiter, die zu 90 Prozent mit Linientätigkeiten gebunden sind, nützen Ihnen genauso wenig wie solche, die aufgrund unklarer Befugnissen nichts entscheiden können. Stellen Sie sicher, dass eine Vereinbarung getroffen wird, wie mit ungeplanten Situationen und daraus folgenden Zuständigkeitslücken co-kreativ umgegangen wird, zum Beispiel im Top-Management, im Lenkungsausschuss und in der Vernetzungsgruppe.
- Führen Sie je nach Art des Veränderungsvorhabens eine klassische Risikoanalyse durch: »Welche Risiken entstehen, wenn wir diesen Baustein wie geplant realisieren?« Nehmen Sie aber auch die gegenteilige Perspektive ein: »Welche Risiken entstehen, wenn wir diesen Baustein nicht realisieren?« Oder anders formuliert: »Was passiert, wenn nichts passiert?«
- Stellen Sie die notwendigen Kapazitäten zur Verfügung und setzen Sie klare Prioritäten. Narrative wie »Das eine tun und das andere nicht lassen« oder »Ja, ich weiß, da fehlen Mitarbeiter – aber die Arbeit muss trotzdem pünktlich fertig werden.« sind zwar populär, helfen aber nicht wirklich bei der Planeinhaltung und Zielerreichung.
- Nutzen Sie die drei Messgrößen des magischen Projektdreiecks für die Projektplanung und -überwachung: Inhalt, Umfang und Qualität der Projektergebnisse, die Projektdauer/die Termine und der Ressourceneinsatz inklusive Kosten. Bei relevanten Abweichungen greift der Lenkungsausschuss auf Basis entsprechender Reflexionsprozesse steuernd ein: Der Endtermin wird verschoben

und/oder der Ressourceneinsatz erhöht und/oder das ursprünglich geplante Endergebnis angepasst. Mit diesen Entscheidungen wird sichergestellt, dass das Veränderungsvorhaben weiterhin auf Kurs bleibt und der »blauen Linie« folgt.

FIXELEMENTS – DIE KONKRETISIERUNG DES PROGRAMMS

Zur weiteren Konkretisierung des Programms »Vernetzte Zusammenarbeit 2022« zieht die Designgruppe unter der Leitung von Lisbeth Peel zwei interne Projektspezialisten hinzu: Manuel Limberg, Teamleiter aus dem Entwicklungsbereich, und Nicolas Fraiss, Bereichsleiter Logistik, die beide viel Projektmanagementkompetenz mitbringen und auch schon in der Analysephase am Programm mitgearbeitet haben. Nachdem die Arbeitsergebnisse mit dem Top-Management-Team abgestimmt sind, wird Folgendes festgelegt:

- Die Auftraggeberin (»Executive Sponsor«) für das Programm ist Lisbeth Peel, die Geschäftsführerin von Fixelements.
- Als oberstes Gremium wird für die Dauer des Programms »Vernetzte Zusammenarbeit 2022« ein Programm-Office gegründet. Das Programm-Office-Team agiert als Lenkungsausschuss und koordiniert und steuert übergreifend alle zum Programm gehörenden Projekte, Maßnahmen, Labs und die Vernetzungsgruppe. Das Programm-Office übernimmt auch administrative Verwaltungstätigkeiten wie das Zusammentragen und Aufbereiten von Informationen für Statusberichte.
- Zur Leiterin des Programm-Office wird die Bereichsleiterin Produktion, Emma Seifert, ernannt. Lisbeth Peel traut ihr die Aufgabe zu. Die Tatsache, dass der erste Lösungsversuch mit der damals installierten Projektgruppe unter Leitung von Emma Seifert nicht funktioniert hat, führt sie auf den seinerzeit unzureichenden konzeptionellen Ansatz zurück, den das gesamte Top-Management-Team zu verantworten hatte: Das Vorhaben wurde damals nicht als echte Transformation

begriffen, und organisationale Aspekte blieben vollkommen unberücksichtigt.
- Die Leitung des Programm-Office ist ein Fulltime Job. Um Emma Seifert während der Programmdauer von ihren operativen Aufgaben als Bereichsleiterin zu entbinden, werden diese ihren beiden Fertigungsleitern Sarah Reuter und Jan Meyer übertragen. Zur Unterstützung der Programmadministration bekommt Emma Seifert einen Assistenten: Lucas Streng, der gerade seine Ausbildung zum Industriekaufmann bei Fixelements abgeschlossen hat.
- Zu Emma Seiferts Programm-Office-Team gehören alle Leiter der aktuell laufenden Projekte, Maßnahmen und Labs.
- Jede Woche wird Emma Seifert im Top-Management-Team über den Programmfortschritt berichten. Wann immer notwendig, wird sie dabei Vorschläge für Interventionen machen, die ihre Managementteam-Kollegen in ihren eigenen Bereichen zu Unterstützung des Programms umsetzen sollten. Diese Vorschläge werden im Top-Management-Team besprochen, gegebenenfalls angepasst und entschieden. Über den Stand der Umsetzung wird in der nächsten Sitzung berichtet.
- Zur Abdeckung der Zielfelder 1, 2 und 4 (Anwendung Key Enabler, Veränderung kollektiver mentaler Modelle und Entwicklung der neuen Entscheidungsmuster) wird eine Vernetzungsgruppe gegründet. Die Leitung übernimmt der Bereichsleiter Finanzen, Florian Sonntag. In dieser Funktion ist er ständiges Mitglied von Emma Seiferts Programm-Office-Team.
- Die Mitglieder der Vernetzungsgruppe sind aktiv Mitarbeitende aus den einzelnen Projekten, Maßnahmen und Labs, deren Fokus auf der Bewältigung der zentralen organisationalen Herausforderung liegt. Wie bei der Bereichsleiterin Personal, Sofia Kruse, kann es dabei zu Überschneidungen kommen: Als Verantwortliche für das Change-Management-Programm, die Maßnahme, mit der das Zielfeld 12 (Erhöhung des Change-Reifegrades der Organisation) umgesetzt wird, ist Sofia Kruse Mitglied des Programm-Office-Teams. In ihrer Rolle als

konzeptionelle Chefgestalterin des Programms ist sie auch Mitglied in der Vernetzungsgruppe.
- Die zielführende Arbeit der Vernetzungsgruppe hat eine herausragende Bedeutung für den Gesamterfolg des Programms. Deshalb wird vereinbart, dass Interessenkonflikte, die zwischen der Vernetzungsgruppe und dem übrigen Programm-Office-Team auftreten und von den Beteiligten nicht final geklärt werden können, von Lisbeth Peel entschieden werden.
- Es wird zusätzlich eine Resonanzgruppe gegründet. Die Leitung übernimmt der Bereichsleiter Logistik, Nicolas Fraiss. Die Gruppenmitglieder, die Nicolas Fraiss rekrutiert, stammen aus allen von dem Veränderungsvorhaben betroffenen Bereichen, gehören unterschiedlichen Hierarchieebenen an und sind selbst nicht aktiv in die Veränderungsaktivitäten eingebunden. Die Gruppe organisiert sich selbst. Sie wird regelmäßig an das Programm-Office berichten.
- Die Verantwortung für die programmbegleitende Kommunikation wird Anna Elbe, der Beauftragten für die Unternehmenskommunikation, übertragen. In dieser Funktion ist Anna Elbe ständiges Mitglied von Emma Seiferts Programm-Office-Team. Ihr Auftrag: Sie soll nicht nur über Quick Wins berichten, sondern vor allem ein realistisches Bild über das Programm und die Fortschritte vermitteln. Und dazu gehören nun mal auch Rückschläge und Verzögerungen. Wenn ständig nur gute Nachrichten verbreitet werden, macht sich das Programm-Office bei der Belegschaft unglaubwürdig.
- Die Verantwortung für das Wirkungsmonitoring übernimmt Shirin Barry, Abteilungsleiterin im Bereich Finanzen. In dieser Funktion ist Shirin Barry ständiges Mitglied von Emma Seiferts Programm-Office-Team. Ihr Auftrag: das Programm-Office regelmäßig darüber zu informieren, welche Aktivitäten Wirksamkeit entfalten und welche nicht. Das Reporting soll zeitnah erfolgen, damit agil entschieden werden kann.

Hier die Programm-Aufbaustruktur von Fixelements:

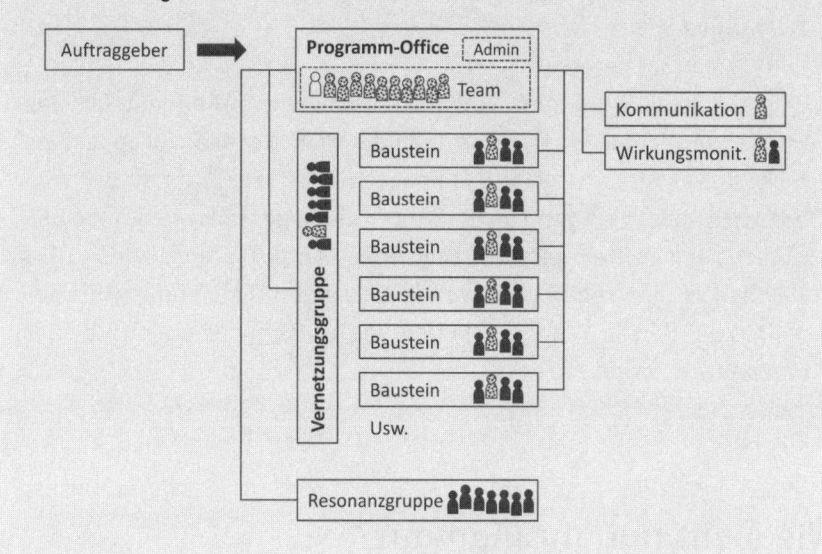

Abbildung 26: Programm-Aufbaustruktur von Fixelements

- Die Verantwortlichkeiten für die einzelnen Bausteine wurden bestätigt beziehungsweise erstmalig festgelegt:
  3. Maßnahme Problemlöser, Bereichsleiter Vertrieb, Paul Trautmann
  5. Projekt Marktbeobachtung, Bereichsleiterin Einkauf, Mia Hoppe
  6. Projekt Neue Vertriebseinheit, Bereichsleiter Vertrieb, Paul Trautmann
  7. Lab Neue Zusammenarbeit, Bereichsleiter Entwicklung, Kai Faller
  8. Projekt Business Development, Bereichsleiter Vertrieb, Paul Trautmann
  9. Lab Projektorganisation, Bereichsleiter Finanzen, Florian Sonntag
  10. Maßnahme Zielvereinbarungen, Bereichsleiterin Personal, Sofia Kruse
  11. Projekt Kollaborationssoftware, Bereichsleiter IT, Brian Tavares

12. Change-Management-Programm, Bereichsleiterin Personal, Sofia Kruse

Lisbeth Peel und Emma Seifert planen zusammen mit Nicolas Fraiss, Bereichsleiter Logistik und Leiter der Resonanzgruppe, eine Kick-off-Veranstaltung für das Programm-Office-Team. In der Vorbereitung beschäftigen sie sich mit drei Fragestellungen: »Welche Botschaften wollen wir im Programm-Office-Team setzen?« »Mit welchen Fragen regen wir anschließend einen Dialog an?« »Wie gestalten wir den Teil ›Wir erarbeiten uns ein gemeinsames Bild über das weitere Vorgehen‹?«

Wie sieht nun Ihr Plan aus?

Das Ergebnis des Architektur-Planungsprozesses ist der Gesamtplan für das Veränderungsvorhaben. Das ist mehr als ein formaler Akt, und Sie sollten das nicht den Projektspezialisten allein überlassen. Denn bei den nun anstehenden Budget-, Kapazitäts- und Terminplanungen taucht immer wieder

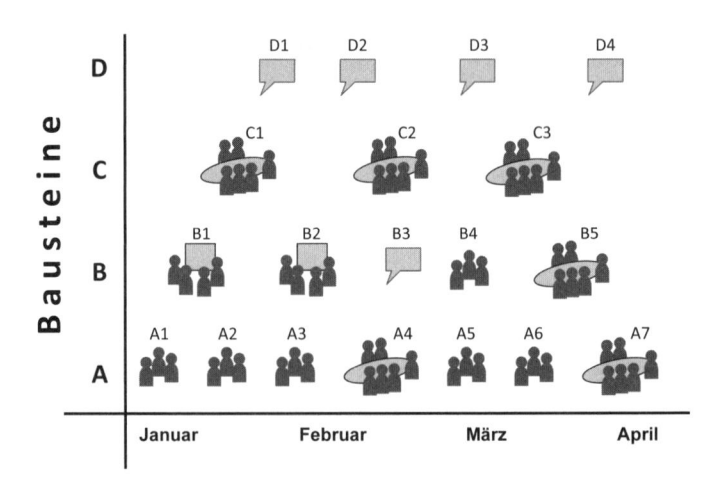

Abbildung 27: Visualisierung Projektplan

die Frage auf: »Passt das alles zu unserer aktuellen Unternehmenssituation?« Schließlich muss während der Umsetzung des Veränderungsvorhabens das Tagesgeschäft weiterlaufen.

Nur eine realistische Planung schafft die Möglichkeit, die gesteckten Ziele im Rahmen der vereinbarten Termine und des vereinbarten Budgets zu erreichen.

Dazu müssen weitere Entscheidungen getroffen werden. Zum Beispiel: »Wird nur ein einzelnes Projekt geplant, eventuell mit Teilprojekten? Oder ein Programm, zu dem mehrere Projekte, Maßnahmen, Labs et cetera gehören? Soll es ein Probehandeln geben, also eine Art Testlauf, der über einen ›Piloten‹ initiiert wird? Welche Vorgaben bekommt der Lenkungsausschuss bezüglich Vorgehensmodellen, einzusetzenden Tools und dem Reporting?«

Schließlich wird die Planung dokumentiert und visualisiert. Die Abbildung *Visualisierung Projektplan* zeigt ein schematisches Beispiel für eine Visualisierung auf der obersten Ebene.

Auf den ersten Blick sieht diese Visualisierung zwar wie eine der heute noch weit verbreiteten Roadmaps aus, aber das dahinterstehende Konzept ist hier ein anderes: Der Plan ist nicht in Stein gemeißelt, sondern ist geprägt von vielen Reflexionsschleifen, die dynamisch immer wieder zu Anpassungen im Vorgehen und auch zu Planänderungen führen. Das Veränderungsvorhaben »lebt« also, ohne dabei das anvisierte Ziel aus den Augen zu verlieren.

FIXELEMENTS – DIE ARCHITEKTUR NIMMT GESTALT AN

Die Designgruppe in Zusammenarbeit mit Manuel Limberg und Nicolas Fraiss detailliert das Programm »Vernetzte Zusammenarbeit 2022«. Unter anderen werden folgende Entscheidungen gefällt:

- Das Programm-Office wird sich zunächst regelmäßig jeden Freitag von 15 bis 17 Uhr treffen, um die Ergebnisse der zu Ende gehenden Woche zu reflektieren und Vereinbarungen für die kommende Woche zu treffen.
- Die Vernetzungsgruppe trifft sich zunächst jeden Freitag von 12:30 bis 14:45 Uhr und bereitet ihren Input für das anschließende Meeting des Programm-Office vor.

- Die Resonanzgruppe trifft sich alle zwei Wochen zum Austausch und berichtet ihre Erkenntnisse und Empfehlungen alle zwei Wochen an das Programm-Office.
- Vorgabe für das Programm-Office ist, nicht nur selbst co-kreativ zusammenzuarbeiten, sondern auch dafür zu sorgen, dass diese Arbeitsweise ebenso in den einzelnen Bausteinen praktiziert wird.
- Zur Realisierung des Programms entstehen diverse neue Projekt- und Arbeitsgruppen. Sie alle müssen zunächst arbeitsfähig werden, Vereinbarungen bezüglich ihrer Zusammenarbeit treffen und gemeinsam neue Vorgehensweisen erlernen, wie zum Beispiel Reflexionsprozesse zu gestalten, Dialoge zu führen und co-kreativ Ergebnisse zu erarbeiten. Zur Abdeckung der dabei entstehenden Startaufwendungen erhält jede Gruppe ein entsprechendes Budget, das sie zum Beispiel für eine anfängliche Begleitung durch einen externen Berater verwenden kann, der die individuell notwendigen Lernprozesse gestaltet und unterstützt.

ANGEPACKT – TIPPS FÜR IHR WEITERES VORGEHEN

- Detaillieren Sie die geplanten Aufwände und Termine.
- Planen Sie die notwendigen »Startaufwendungen« für die neu entstehenden Projekt- und Arbeitsgruppen mit ein.
- Sorgen Sie für eine realistische Planung – vermeiden Sie dabei »politisch« motivierte Einflussnahmen.
- Machen Sie dem Lenkungsausschuss auch Vorgaben zu Vorgehensmodellen, einzusetzenden Tools und zum Reporting.
- Visualisieren Sie Ihren Plan.

Iterative Schleifen: So passen Sie Ihren Plan schrittweise den Rahmenbedingungen an

Der Entwicklungsprozess für die Veränderungsarchitektur sollte immer mit iterativen Reflexionsschleifen arbeiten. Sie sorgen dafür, dass sich die Architektur stringent an den Zielen ausrichtet und sich gleichzeitig an die Rahmenbedingungen anpasst. Hier, in der Schlussphase des Architekturentwicklungsprozesses, erläutern wir eine dieser iterativen Schleifen, um noch einmal ausdrücklich die herausragende Bedeutung konsequenter Reflexion für den Erfolg Ihres Veränderungsvorhabens zu betonen.

Sorgen Sie für ein konstruktives und regelmäßiges Hinterfragen der bisherigen Planung. Die Zeit und den Aufwand, die Sie in diese Checks stecken, holen Sie in der Umsetzung schnell wieder rein. Und Sie minimieren damit Fehlentwicklungen und Ressourcenvergeudung.

FIXELEMENTS – REVIEW DES PLANS

Vor der ersten Veröffentlichung der Veränderungsarchitektur unterzieht die Designgruppe die bisherige Planung einem weiteren Review. Dabei gerät der Baustein 8, das Projekt zur Etablierung einer neuen Abteilung Business Development, in den Fokus der Diskussionen. Folgende Gründe sprechen nach intensiver Reflexion gegen die Realisierung:

- Die geplante Aufgabenstellung für die neue Abteilung bestand in der Bündelung der Zusammenarbeit der Bereiche und in der Unterstützung des Vertriebs. Doch diese Aufgaben in der Struktur einer neuen Abteilung abzubilden wird den Prozess der Zusammenarbeit starr und langsam machen. Außerdem sehen sich die einzelnen Bereiche dann nicht mehr in der Pflicht, selbst proaktiv und flexibel zu agieren, sondern delegieren höchstwahrscheinlich diese Aufgabe an die neue Abteilung. Damit würden in letzter Konsequenz der eigentliche Vernetzungsgedanke und

	2019	2020	2021	2022	2023
0. Programm Kickoff	★				
1. *Vernetzungsgruppe (inkl. 2 + 4)*	◆═══════════════════════◆				
3. Maßnahme *Problemlöser*		◆════════════◆			
5. Projekt *Marktbeobachtung*		◆════════◆			
6. Projekt *Neue Vertriebseinheit*		◆══◆			
7. Lab *Neue Zusammenarbeit*		◆══════════════════◆			
9. Lab *Projektorganisation*		◆════════════════◆			
10. Maßnahme *Zielvereinbarungen*			◆═══◆		
11. Projekt *Kollaborationssoftware*		◆════════◆			
12. *Change-Weiterbildung*	◆═══════════════◆				
13. Programm-Kommunikation	◆═══════════════════════════════════◆				
14. Wirkungsmonitoring	◆═══════════════════════════════════◆				
15. Programm-Abschluss				★	
	2019	2020	2021	2022	2023

Abbildung 28: Übersichtsplan für das Programm
»Vernetzte Zusammenarbeit 2022«

die bereichsübergreifende Zusammenarbeit unterlaufen und die bisherigen Muster eher gestärkt werden.

- Des Weiteren hätte Paul Trautmann, der Bereichsleiter Vertrieb, nach der ursprünglichen Planung mit der Leitung des Bausteins 8 insgesamt drei Bausteine zu verantworten – eine zu große Zeitbelastung für ihn, da er sich parallel zu seinem Engagement im Programm auch um den laufenden Vertrieb kümmern muss.

Auf Anregung der Designgruppe beschließen Lisbeth Peel und ihr Managementteam nach längeren Diskussionen, den Baustein 8 zu streichen und auf die Etablierung der neuen Abteilung Business Development zu verzichten. Dafür wird für Baustein 7 (Lab Neue Zusammenarbeit) der bisherige Arbeitsauftrag erweitert um die Fragestellung: »Wie kann die Zusammenarbeit der Bereiche und die verstärkte Unterstützung des Vertriebs gefördert werden, ohne dass es eine neue Abteilung dafür gibt?«

Auf dieser Basis veröffentlicht Emma Seifert diesen Übersichtsplan für das Programm »Vernetzte Zusammenarbeit 2022«:

⌈ ANGEPACKT – TIPPS FÜR IHR WEITERES VORGEHEN

- Überprüfen Sie Ihre bisherige Planung auf inhaltliche Plausibilität: »Sind alle Bausteine auch nach den neuesten Erkenntnissen und angesichts einer möglicherweise veränderten Unternehmens- und/oder Marktsituation immer noch sinnvoll?«
- Überprüfen Sie Ihre bisherige Planung auf Vollständigkeit: »Benötigt Ihr Vorhaben ergänzende Bausteine oder Maßnahmen? Haben Sie genügend Budget und Kapazitäten für das Projektmanagement und die Etablierung Ihrer Projekt- und Arbeitsgruppen eingeplant?«
- Nutzen Sie eine Ziel-Interventions-Matrix, in der Sie alle geplanten Interventionen (Aktivitäten zur Umsetzung des Veränderungsvorhabens) den Zielen gegenüberstellen: »Zahlt wirklich jedes Projekt, jede Maßnahme, jedes Lab, die Vernetzungsgruppe, die Resonanzgruppe, jede Aktivität auf mindestens ein Ziel ein?« Und umgekehrt: »Wird jedes Ziel mindestens durch eine Intervention bedient?«
- »Passt Ihr Vorhaben in den Rahmen, den Ihre Organisation bietet? Ist das benötigte Budget verfügbar, stehen die eingeplanten personalen Kapazitäten wirklich zur Verfügung, ist der Zeitplan mit allen anderen terminlichen Verpflichtungen Ihrer Organisation vereinbar?«

Retrospektive IV

FIXELEMENTS – DEN ARCHITEKTURERSTELLUNGSPROZESS REFLEKTIEREN

Reflexion als grundlegendes Element für organisationale Transformation

Lisbeth Peel trifft sich mit der Designgruppe und ihrem Managementteam, um den Architekturerstellungsprozess zu reflektieren.
Die wichtigsten Erkenntnisse, die im Workshop gemeinsam erarbeitet wurden, sind aus inhaltlicher Sicht:

»Wir hätten nie gedacht, dass so viele Mosaiksteine nötig sind, um eine Architektur zu bauen. Jeder dieser Mosaiksteine ist für sich oft recht unscheinbar und unspektakulär; erst im Zusammenspiel mit den anderen Mosaiksteinen entfaltet sich die volle Power.«

Element
Perspektivwechsel ermöglichen

»Die Fähigkeit, für Vernetzung zu sorgen und die Menschen zur Arbeit an der gemeinsamen Problembewältigung zu bewegen, ist mindestens genauso wichtig, wie selbst eine tolle Idee zu haben.«

Mentale Modelle

»Um co-kreative Prozesse zu gestalten, ist nicht nur die Arbeit in Gruppen notwendig, sondern auch die strukturierte und gezielte Absprache mit anderen Stakeholdern.«

Element
Möglichkeitsraum erweitern/neues Thema einführen

Die Reflexion des Vorgehens:

»Dass unsere Chefin die Leitung der Designgruppe übernommen hat, war für mich zunächst sehr gewöhnungsbedürftig. Ich habe mich anfangs zurückgehalten, weil mir nicht klar war, mit welcher Offenheit ich hier agieren kann. Aber sie hat schnell für ein konstruktives Arbeitsklima gesorgt, sodass ich mich dann doch unbeschwert eingebracht habe.«

Element
Kontext gestalten

»Der Entwicklungsprozess für die Veränderungsarchitektur ist schon komplex. Er ist auch durchsetzt von kreativen Anteilen und profitiert von den Erfahrungen der Menschen, die daran mitarbeiten. In einem Algorithmus lässt sich das Vorgehen nicht abbilden.«

Element
Perspektivwechsel ermöglichen

»Dass wir am Schluss noch gemeinsam beschlossen haben, den Baustein 8 zu streichen, hätte ich vorher gar nicht in Erwägung gezogen. Aber mir ist klar geworden, dass das eine richtige Entscheidung war. Die macht mir Mut, auch zukünftig getroffene Entscheidungen zu hinterfragen.«

Co-Creation
Element
Lernprozesse in Rückkopplungsschleifen anregen

Ein persönliches Statement von Lisbeth Peel: »Mich persönlich mit der Erarbeitung der Veränderungsarchitektur zu befassen hatte zwei Seiten: Es hat mich einiges an Zeit gekostet, und ich musste mich in neue Gebiete eindenken, mit denen ich bisher nichts zu tun hatte. Aber ich bin mir jetzt auch sicher, dass die Planungen realistisch sind und das Vorgehen schnell an sich verändernde Anforderungen angepasst werden kann.«

Element
Perspektivwechsel ermöglichen

Die wichtigsten Lessons Learned für die Zukunft:

»Die Intelligenz der Problemlösung liegt in unserem erarbeiteten Konzept. Um es auf die Straße zu bringen, müssen wir in der Umsetzung dranbleiben und unsere Planung konsequent verfolgen – inklusive der regelmäßigen Reflexion und der eventuell daraus entstehenden Anpassungen.«

Element
Komplexität erhöhen

»Der Aufwand für die Projektmanagementaktivitäten ist nicht zu unterschätzen. Er steigt überproportional zur Anzahl der Bausteine.«

Element
Kontext gestalten

»Durch die Art und Weise unseres Vorgehens haben wir nicht nur eine Architektur für das Programm ›Vernetzte Zusammenarbeit 2022‹ entwickelt, sondern gleichzeitig unsere – organisationale – Problemlösungskompetenz ausgebaut.«

Element
Lernprozesse in Rückkopplungsschleifen anregen

Das Resümee im Check-out:

»Wir hätten anfangs nie vermutet, dass aus der Aufgabenstellung ›Einführung einer bereichsübergreifenden, cross-funktionalen und agilen Zusammenarbeit auf allen Hierarchieebenen‹ ein derart komplexes Vorhaben wird. Aber wenn wir unsere Ziele ernsthaft erreichen wollen, bleibt uns nichts anderes übrig, als tiefer zu bohren. Den organisationsweiten Musterwechsel im Denken, Verhalten und Entscheiden, den wir anstreben, bekommen wir nicht ohne einen entsprechenden Aufwand.

Mit der gemeinsam erarbeiteten Architektur haben wir eine Planung für die Umsetzung unseres Vorhabens in die Gesamtorganisation kreiert, die von uns allen getragen und befürwortet wird. Wir sind zuversichtlich, dass wir auf Basis unserer Planungen einen erfolgreichen Umsetzungsprozess gestalten werden. Und wir sind uns sicher, dass dieses Veränderungsvorhaben unsere Organisation stärken wird.«

Co-Creation

Element
Komplexität erhöhen

Element
Möglichkeitsraum erweitern/neues Thema einführen

Element
Die Organisation mit sich selbst bekannt machen

KAPITEL 6
Setzen Sie Ihr Veränderungsvorhaben wirksam um

Nun haben Sie über 200 Seiten umfangreiche Beschreibungen zu Analyse und Planung von Veränderungsvorhaben gelesen. Jetzt erst folgt das Kapitel über die Umsetzung – und es ist im Verhältnis zum restlichen Buch eher knapp. Wundert Sie das? Vermutlich sehen Sie, da Sie unserem co-kreativen Prozess und systemisch-iterativen Ansatz nun schon so lange gefolgt sind, bereits selbst den Grund dafür: Die Umsetzung beginnt bereits mit der Analyse und der Erarbeitung des Veränderungsdesigns.

Die Umsetzung startet genau dann, wenn Sie sich mit Ihrem Team das Zielbild co-kreativ erarbeiten – so wie in Kapitel 4 »Wie Sie Ihr Veränderungsvorhaben zielführend angehen« beschrieben. Insofern lesen Sie schon seit über 100 Seiten, wie Sie Ihr Veränderungsvorhaben wirksam werden lassen und umsetzen. Sie haben gesehen, dass der co-kreative Ansatz im Entscheiderteam beginnt und wie er in die Organisation hinein umgesetzt wird. Dieser Ansatz ist entscheidend für den Erfolg Ihres Veränderungsvorhabens! Denn durch das co-kreative Arbeiten an den Themen kommt es zu neuen kollektiven mentalen Modellen und Entscheidungen, die nicht nur bis zur nächsten Kaffeepause Bestand haben, sondern nachhaltig wirken. Selbstverständlich gilt es, die co-kreativ erarbeiteten Ansätze in den definierten Maßnahmen und Projekten konkret zur Anwendung zu bringen, die Ergebnisse immer wieder zu reflektieren und zu überprüfen, inwieweit sie positiv auf das Ziel wirken oder ob weitere Schritte notwendig sind. Auch damit haben Sie sich in diesem Buch bereits auseinandergesetzt.

Daher möchten wir in diesem Kapitel den Fokus auf einige zentrale Aspekte legen, die vor allem in größeren Organisationen und größeren Projekten wichtig sind, wo nicht alle Beteiligten unmittelbar in co-kreative Prozesse eingebunden werden können und Ergebnisse nicht sofort für jeden sichtbar sind. Zusätzlich haben wir Ihnen die wichtigsten Interventionen zusammengefasst, die in den unterschiedlichsten Kontexten und Zeitpunkten in Ihrem Veränderungsprozess hilfreich sind, um Ihre Organisation zu aktivieren und den notwendigen Musterwechsel zu initiieren und umzusetzen. Denn darum wird es für Sie als Führungskraft gehen – immer wieder die Menschen für wichtige Prozessschritte zu aktivieren und mit ihnen gemeinsam am zentralen Musterwechsel im Denken, Verhalten und Entscheiden zu arbeiten.

Der notwendige Rahmen jeder Umsetzung: Umsetzungsbegleitende Kommunikation

Eines der bekanntesten und lange Zeit vorherrschenden mentalen Modelle im Kontext von Change-Management ist auch heute noch vielfach anzutreffen: der Glaube, dass sich Veränderung allein schon dadurch erreichen lässt, das für ausreichend viel Kommunikation in die Organisation hinein gesorgt wird. Viele verbinden damit Informationskampagnen, die auf Einsicht und Motivation durch »Einwegkommunikation« setzen. Tatsächlich sind Informationsinitiativen zum Herstellen von Transparenz wichtig. Sie reichen jedoch bei Weitem nicht aus.

Erfolgreiche umsetzungsbegleitende Kommunikation muss auf zwei Ebenen erfolgen: Sie muss zum einen dafür sorgen, dass im Sinne einer *prozessbegleitenden* Kommunikation ein Rahmen für die Gesamtorganisation geschaffen wird, der alle relevanten Informationen bereithält und gleichzeitig Möglichkeiten zum dialogischen Austausch eröffnet. Zum anderen muss *umsetzungsbegleitende* Kommunikation sicherstellen, dass co-kreative Prozesse für die direkt Beteiligten in Gang gesetzt werden. Einsicht und Motivation entstehen nicht durch das Konsumieren von Informationen, sondern nur durch aktive Einbindung und Dialog – je mehr das möglich ist, umso wirksamer.

Prozessbegleitende Kommunikation

Da in größeren Unternehmen in der Regel nicht alle betroffenen Mitarbeiter in co-kreative Prozesse eingebunden werden können, braucht es eine kontinuierliche Kommunikation, die immer wieder Sinnhaftigkeit und Transparenz mit Blick auf das Veränderungsvorhaben und zum aktuellen Status des Prozesses herstellt sowie Möglichkeiten des Austauschs anbietet.

Die Initialkommunikation: Sinnvermittlung

»Warum tun wir das? Warum der ganze Aufwand? Warum gerade jetzt? Was ist daran so wichtig und notwendig?« Das sind Fragen, die in der Organisation gestellt werden und auf die es zu Beginn des Veränderungsprozesses eindeutige Antworten braucht. Und Sie ahnen es schon: Es gibt keine allgemeingültige Regel für den richtigen Zeitpunkt zur Initialkommunikation. Klar ist jedoch: Ist das Zielbild für den Gesamtprozess noch nicht geschärft, ist es definitiv zu früh. Läuft hingegen die Gerüchteküche schon auf Hochtouren, haben Sie den richtigen Zeitpunkt verpasst. Dann gilt es, besonnen, aber zügig in die Kommunikation zu gehen und für Transparenz zu sorgen. In den meisten Fällen ist es sinnvoll, die Initialkommunikation zu starten, wenn das Zielbild mit der Entscheiderebene und weiteren relevanten Stakeholdergruppen erarbeitet, ausreichend reflektiert und eine Change Story daraus abgeleitet wurde. Die Botschaft lautet dann: Wir verändern uns (jetzt), und das ist unser neues Narrativ.

Mit der Change Story kreieren Sie ein Narrativ, das folgende Aspekte herausarbeitet und betont:

- die Notwendigkeit und den Nutzen der Veränderung (Business Impact),
- das Zielbild,
- was sich von wo nach wo verändern muss und
- die wesentlichen Schritte, die gegangen werden sollen, um die Veränderungen im Inneren und Äußeren des System-Diamanten umzusetzen.

Um es noch einmal zu betonen: Es geht hier in erster Linie um Sinnvermittlung. Die Change Story muss sinngebend, glaubwürdig, einfach, klar und emotional ansprechend sein. Sie beantwortet also das Warum und schafft Verständnis und Aufmerksamkeit.

Um eine tiefere Durchdringung zu erreichen und damit eine Veränderung im Denken der Menschen zu initiieren, braucht es also mehr als Einwegkommunikation. Es braucht weniger Hochglanzinformation als vielmehr Reflexion. So gilt es, gleichermaßen in einen Dialog zu treten, damit Menschen Fragen stellen und mit anderen in einen aktiven Austausch gehen können. Das kann in Minimalform schon im Rahmen einer Großveranstaltung beginnen, in der nach dem Vorstellen der Change Story Zeit für Fragen ist, direkt im Plenum oder nach einem ersten intensiven Austausch in Gruppen. Und es geht später weiter mit der Führungskraft in den betroffenen Bereichen, die sich Zeit für Fragen, Bedenken oder die Generierung von ersten Ideen zur Veränderung nimmt.

Wo immer möglich, sollten Sie Führungskräfte auf allen Hierarchieebenen und andere im Prozess Beteiligte (zum Beispiel die Mitglieder der Vernetzungsgruppe, eine Resonanzgruppe et cetera) in den Dialog mit den in den Change involvierten Personen bringen, damit eine aktive Auseinandersetzung möglich ist. Dies erfolgt idealerweise in einem persönlichen Dialog, aber auch durch Nutzung sozialer Medien. Führung muss sich hierbei durch eine transparente Haltung und über eine konsequent gelebte Glaubwürdigkeit vertrauenswürdig machen.

Eagle Hill consulting, eine der führenden Organisationsberatungen in den USA, hat in einer Studie[19] drei Schlüsselfaktoren für erfolgreiche Change-Kommunikation identifiziert:

- Das Verständnis für die Notwendigkeit und den Anlass der Veränderung
- Konsequente und glaubwürdige Führung
- Reduzierung von Unsicherheit durch effektive Kommunikation, insbesondere durch Face-to-face-Kommunikation

Das Veränderungsvorhaben durch Kommunikation am Laufen halten

Es kommt des Öfteren vor, dass die Kommunikation nach einer Weile unterbrochen wird und so etwas wie Ermüdung eintritt. Das gilt insbesondere, wenn die Organisation parallel weitere Veränderungsvorhaben startet und diese alle um die Aufmerksamkeit der Führungskräfte und Mitarbeiter konkurrieren. Die Organisation läuft dann Gefahr, den Veränderungsprozess versanden zu lassen. Das Schließen von möglichen Informations- und Kommunikationslücken ist auch deshalb besonders wichtig, da Organisationen permanent eigene Interpretationen erzeugen und verbreiten. Fokussieren Sie die Aufmerksamkeit der Organisation auf Ihre Interpretation, die Change Story. Und bleiben Sie am Ball, kommunizieren Sie kontinuierlich, aktivierend und nachhaltig durch Nutzung verschiedener Wege und Kanäle: »Das ist das Ziel und dies ist der zentrale Musterwechsel im Denken, Verhalten und Entscheiden, den wir bewältigen müssen. Hier stehen wir heute. Das sind unsere ersten Erfolge. An dieser Stelle müssen wir umdenken, neudenken. Dies ist entschieden worden. Hier haben wir weitere Gestaltungsmöglichkeiten. Das ist unser nächstes Ziel, der nächste Schritt. Und darauf können wir stolz sein.«

Gerade bei umfangreichen Veränderungsvorhaben, die sich über längere Zeit erstrecken, sollten Sie regelmäßig Erfolge wie zum Beispiel das Erreichen einer wichtigen Etappe oder die Anerkennung besonderen Engagements zum Gegenstand der Kommunikation machen. Wichtig hierbei ist, dass Sie nicht unreflektierten Marketingaktionen erliegen, die Erfolge hochjubeln, ohne über Rückschläge und Schwierigkeiten zu sprechen. Menschen reagieren sehr sensibel auf Wahrheiten und gehen tendenziell in den Widerstand, wenn sie den Eindruck gewinnen, dass nicht offen und ehrlich kommuniziert wird.

Ebenfalls sollten Sie gleich zu Beginn Wege definieren, wie neue Erkenntnisse oder signifikante Widerstandsreaktionen, die sich in den Dialogen zeigen, über die Führung in das Veränderungsvorhaben zurückfließen können. Damit Ihre Organisation aus den gewonnenen Erkenntnissen wirklich lernen kann, kultivieren Sie eine offene Haltung und einen organisationalen Blick. Lassen Sie personale Schuldzuschreibungen nicht zu, sondern entwickeln Sie gemeinsam mit Ihrem Team Neugierde auf bisherige »blinde Flecken« und neue Denk- und Möglichkeitsräume.

Brandbriefe – oder wie kommunizieren Sie in Krisensituationen?

Immer mal wieder gehen Fälle durch die Presse, in denen Konzernvorstände mit Brandbriefen ihre Führungsmannschaft regelrecht »zusammenfalten«, da die Unternehmensergebnisse nicht ihren Erwartungen entsprechen. Es handelt sich allesamt um Beispiele, in denen die Angst der Vorstände vor einem Kontrollverlust zu einer Ultima-Ratio-Reaktion führt: »Jetzt müssen wir aber das Ruder durch eine deutliche Ansage herumreißen!« Hier scheint sich vor allem eines widerzuspiegeln: eine gewisse Ratlosigkeit der Vorstände.

In all diesen Brandbriefen gibt es im Tenor eine kollektive Schuldzuweisung, die aller Wahrscheinlichkeit nach eine schon bestehende Kluft zwischen Vorstand und der/den nächsten Führungsebene(n) noch vergrößert.

Spannend sind jedoch folgende Fragen: »Welches mentale Modell, welches Verhalten(smuster) oder welche getroffene oder nicht getroffene Entscheidung führten möglicherweise dazu, dass sich Führungskräfte aus Sicht des Vorstandes der Veränderung entziehen konnten? Oder ein gänzlich anderes mentales Modell zur Veränderung entwickelt haben?« Sich diese Fragen zu stellen führt weg von schnellen Schuldzuweisungen – mancher Vorstand ließ mit dem Brandbrief gleich eine ganze Managementebene austauschen – und eröffnet neue Perspektiven. Dies kann schmerzhaft sein, da es auch einen Blick auf mögliche Versäumnisse in den eigenen Reihen wirft, vergrößert aber die Wahrscheinlichkeit, neue, geeignetere Lösungen zu finden.

Ein Brandbrief ist also eher geeignet, Widerstände zu erzeugen, statt aufzurütteln und eine gemeinsame Sicht zu kreieren. Letzteres funktioniert nur mit Metareflexion und im offenen Dialog. Den gilt es herzustellen. Das ist dann Lernen 2. Ordnung.

Das Veränderungsvorhaben kommunikativ abschließen

Für eine Organisation, die ihre ganze Kraft in eine Veränderung gesetzt hat, braucht es am Ende des Prozesses einen kommunikativen Abschlusspunkt. Das gilt sowohl für die einzelnen Bausteine der Veränderung als auch für den Gesamtprozess. Gerade in einer Zeit, in der Veränderungen zum Alltag gehören und häufig mehrere Prozesse nebeneinander betrieben werden, braucht es eine Markierung auf der Zeitachse. Selbst wenn die Veränderung vielleicht nie final abgeschlossen ist, da es immer wieder Neues zu integrieren gibt, braucht es einen Punkt, an dem auf Geleistetes zurückgeschaut wird und ein Danke an alle erfolgt, die zum Erfolg beigetragen haben.

Inhaltliche Bestandteile einer solchen Abschlusskommunikation können sein: »Was haben wir erreicht? Was war für uns ein besonderer Erfolg oder auch eine besondere Anstrengung? Wer oder welches Team hat sich insbesondere durch seinen Einsatz verdient gemacht? Welche Klippen haben wir wie gemeistert und was haben wir daraus gelernt? Worauf können wir stolz sein?«

Kommunikation im co-kreativen Prozess

Ein co-kreativer Prozess lebt davon, dass sich Menschen in die Lage versetzen, eingefahrene Denkpfade, Muster und Bewertungen zu verlassen und sich auf neues, gemeinsames Denken einzulassen. Dieser co-kreative Prozess entsteht nicht von selbst, sondern muss immer wieder aufs Neue initiiert werden. Die wichtigste Voraussetzung, damit dies klappt, sind Sie als Führungskraft und Entscheider. Ihre Haltung und Ihr Verständnis davon, wie Veränderung in Organisationen gelingen kann, ist die Basis für einen erfolgreichen Prozess. Darüber haben Sie in Kapitel 3 schon gelesen.

An dieser Stelle finden Sie einige Handlungsoptionen, um kommunikativ einen Rahmen für Co-Creation zu gestalten. Diese Optionen sind in verschiedenen Initialkontexten anwendbar, immer dann, wenn Sie mit Ihrem Team und oder anderen Stakeholdern an Themen der Veränderung arbeiten.

⌈ ANGEPACKT – TIPPS FÜR IHR WEITERES VORGEHEN
- Gestalten Sie den Kontext, indem Sie gleich zu Beginn durch eine klare Kommunikation Transparenz zum inhaltlichen und prozessualen Rahmen schaffen: Das ist die Zielsetzung – Das ist schon entschieden – Hier haben wir Gestaltungsspielraum – Und so möchten wir an den Themen arbeiten.
- Etablieren Sie gleich zu Beginn des Prozesses Regeln der Kommunikation und der Zusammenarbeit (Dialogregeln).

- Aktivieren Sie das Team: Bringen Sie die Menschen ins Gespräch. Vertrauen Sie Ihrer Organisation und agieren Sie transparent – so werden auch Sie vertrauenswürdig.
- Machen Sie deutlich, dass auch Sie nicht die Lösung kennen, sondern sich auf einen gemeinsamen Erkenntnisprozess begeben wollen. Stellen Sie Fragen, anstatt Antworten zu geben.
- Fragen Sie gezielt auch Andersdenkende oder Menschen, die sich eher zurückhalten, nach deren Perspektive.
- Stoppen Sie personale Zuschreibungen bei Problemen und führen Sie durch geeignete Fragen eine organisationale Sichtweise ein.
- Hören Sie zu, wenn Kritik geäußert wird. Sehen Sie Kritik immer auch als Quelle der Reflexion, die zu neuen Einsichten führen kann.
- Haben Sie Geduld, auch wenn die Kommunikation gerade zu Beginn mal nicht Ihren Ansprüchen genügen sollte. Setzen Sie das gemeinsame Lernen kontinuierlich auf die Agenda, indem Sie ihre Kommunikation im Team reflektieren und Erkenntnisse und Vereinbarungen daraus ableiten.
- Wertschätzen Sie auch Um- und Irrwege und kennzeichnen Sie diese als notwendige Schritte in einem kreativen Prozess.
- Holen Sie auch persönliches Feedback ein und gehen Sie damit konstruktiv um.
- Sorgen Sie zur Initiierung eines co-kreativen Prozesses durch eine professionelle Moderation dafür, dass Regeln eingehalten werden und Reflexion stattfindet. Alle am Prozess Beteiligten lernen dann direkt im Tun, wie sie auch in ihren Verantwortungsbereichen den Prozess dialogisch gestalten können.

Ist die Umsetzung auf Zielkurs? Das Wirkungsmonitoring

Neben der Kommunikation spielt das Wirkungsmontoring eine zentrale Rolle bei der Umsetzung des Veränderungsvorhabens. Die Zielsetzung des

Wirkungsmonitorings ist die Überprüfung der Wirksamkeit der Bausteine, die im Veränderungsvorhaben eingesetzt werden. Das Monitoring liefert Ihnen Hinweise, welche Maßnahmen, Projekte und Labs mutmaßlich ihre Ziele erreichen werden oder vom Kurs abgekommen sind. Außerdem macht es sichtbar, inwieweit die Erreichung der Teilziele tatsächlich zum Gesamtziel mit seinem übergeordneten Business Impact beiträgt und ob Sie gegebenenfalls weiteren Interventionen setzen müssen.

Die Basis für ein effektives Monitoring wird im Veränderungsprozess schon früh gelegt: bei den Rot-Grün-Definitionen und den sich daraus ableitenden Zielfeldern. Je konkreter die Ziele definiert werden und je genauer die Frage »Woran erkennen wir, dass wir das Ziel erreicht haben?« beantwortet wird, desto zielgerichteter werden sich nicht nur Umsetzungsmaßnahmen ableiten lassen, sondern desto einfacher werden Sie auch die Zielerreichung überprüfen können. Im Umkehrschluss bedeutet es: Unscharfe Zieldefinitionen führen zu unpassenden Maßnahmen und diese wiederum zu mehr oder weniger beliebigen Ergebnissen. Solche Unschärfen und Beliebigkeiten sind recht häufig in der Praxis anzutreffen. Sie lassen sich weder durch ein ausgeklügeltes Monitoring noch über viele Key-Performance-Indikatoren beheben. Stattdessen erzeugen sie Aufwand mit Ergebnissen, deren Nutzen für die Bewertung und die prozessorientierte Steuerung des Veränderungsvorhabens mehr als fragwürdig ist. Bevor Sie also ein Monitoringsystem aufsetzen, stellen Sie sich noch einmal die Frage nach der Zielschärfe.

Fragen Sie dann nach geeigneten Messkriterien, die den Zielerreichungsgrad messen oder mindestens beobachtbar machen und damit als Grundlage für weitere Entscheidungen dienen können.

Wirkungsmonitoring für Zielfelder, die sich auf die Strukturmerkmale im Äußeren des System-Diamanten beziehen, lässt sich in der Regel durch die Erfassung von Kennzahlen einführen, die den Erfüllungsgrad der Zielerreichung an definierten Stichtagen messen. So könnten Sie die erfolgreiche Implementierung eines neuen Prozesses an der Schnittstelle zum Kunden (Ziel: Erhöhung der Kundenbindung) beispielsweise an der Häufigkeit der Prozessanwendung sowie der Qualität der Anwendung durch Stichproben, der Kundenzufriedenheit beziehungsweise der Kundenbindungsquote messen. Oder Sie messen den Aufbau einer neuen Geschäftseinheit mithilfe der Anzahl der besetzten Stellen, des Etablierungsgrades von Portfolios und Prozessen oder der Generierung erster Ergebnisse.

Die beiden entscheidenden erfolgskritischen Fragen, die Sie und Ihr Team sich immer stellen sollten, sind hier jedoch:

1. »Sind die Messkriterien, die wir definieren, tatsächlich geeignet, den Wirkungsgrad einer Maßnahme festzustellen? Oder anders ausgedrückt: Was sagen die damit ermittelten Ergebnisse über das aus, was wir verändern wollen?«
2. »Wie verlässlich werden diese Zahlen ermittelt, die später in einem Dashboard als unumstößliche Wahrheiten präsentiert werden?« (Wir haben schon über das Problem der roten, gelben und grünen Projektampeln gesprochen, die dazu genutzt werden, den Projektstatus auf einfache Art sichtbar zu machen.)

Hinterfragen Sie die Zahlen oder Ampeln kritisch und ziehen Sie im Zweifel weitere Informationsquellen hinzu. Fragen Sie sich aber auch, welche Fehlerkultur in Ihrer Organisation gelebt wird. Sollten Sie Hinweise darauf haben, dass Zahlen geschönt werden, initiieren Sie einen Musterbruch, indem Sie eben nicht die Kontrolle verschärfen und mit Konsequenzen drohen, sondern zunächst das offene konstruktive Gespräch mit den Bereichen suchen, um die Gründe für das Zahlenschönen zu erfahren. Folgende Gründe begegnen uns immer wieder: Angst, Fehler zu machen, erhöhter Erfolgsdruck aus der nächsten Führungsebene oder unbearbeitete Dilemmasituationen. Diesen gilt es dann als Nächstes ein besonderes Augenmerk zu schenken.

Interpretieren Sie die Ergebnisse kritisch

Aus dem Monitoring bisheriger (Veränderungs-)Prozesse wissen Sie, dass das Messen von Ergebnissen nicht zu 100 Prozent valide sein kann, sondern immer nur Näherungswerte liefert. Denn es fließen häufig auch andere Faktoren in das Ergebnis ein, die nicht nur auf den Erfolg einer oder mehrerer der definierten Maßnahmen zurückzuführen sind. Umso wichtiger ist es, auf einer möglichst genauen Zieldefinition aufzusetzen. Und umso interessanter könnte die Frage sein: »Welche Faktoren sind möglicherweise zusätzlich in das Ergebnis mit eingeflossen?« Die Beantwortung dieser

Frage ist besonders dann wichtig, wenn das Ergebnis nicht erreicht wurde. Denn systemisches Denken heißt nicht, Schuldige zu suchen, sondern sich organisationale Fragen zu stellen wie: »Welche Einflussfaktoren außer einem nicht optimal geführten Prozess könnten den Erfolg behindert haben? Wo gibt es Zusammenhänge, wo gibt es Key Enabler, die wir vielleicht noch nicht im Blick hatten?« Die Erkenntnisse aus diesen Antworten liefern Ihnen wichtige Hinweise dafür, an welchen Stellen Sie intervenieren sollten, um das Gesamtziel im Blick zu halten. Und damit sind wir mitten im nächsten Thema.

Institutionalisieren Sie Reflexionsprozesse

Mindestens genauso wichtig wie das Ableiten und Auswerten von Key-Performance-Indikatoren ist es, institutionalisierte Reflexionsprozesse als festen Bestandteil des Wirkungsmonitorings zu initiieren. In agilen Kontexten hat sich der Begriff der Retrospektive etabliert, die in der Regel einen festgelegten Ablauf hat. Beides zusammen, das Auswerten von Messergebnissen und die Reflexion/Retrospektive, bildet die Basis für einen iterativen Veränderungsprozess mit regelmäßigen Plananpassungen.

Es geht also auch immer wieder darum zu fragen:

- »Wo stehen wir gerade?«
- »Wo haben wir Erfolge? Wo steckt Energie?«
- »Wo tauchen Hindernisse auf?«
- »Wo gibt es Phänomene und Einflussfaktoren, die wir bisher nicht im Blick hatten?«
- »Was beobachten wir im Zusammenspiel mit anderen Teams, die an der Veränderung arbeiten?«
- »An welchen Stellen müssen wir unser bisheriges Vorgehen selbstkritisch hinterfragen?«
- »Inwiefern zahlen unsere Ergebnisse auf das Gesamtziel ein? Was fehlt?«
- »Welche weiteren Schritte leiten wir aus alledem ab?«

Wie steht es mit dem **Wirkungsmonitoring für die Zielfelder, die sich auf die Strukturmerkmale im Inneren des System-Diamanten beziehen?**

Lässt sich die Veränderung von Denk- und Verhaltensmustern messen? Nehmen wir noch einmal das oben genannte Beispiel, die Etablierung eines neuen Prozesses an der Schnittstelle zum Kunden zur Erhöhung der Kundenbindung. Die Einführung eines solchen Prozesses verlangt in der Regel eine Veränderung im Denken und Verhalten der beteiligten Führungskräfte und Mitarbeiter: Kunden sollen anders wahrgenommen, anders beraten und anders bedient werden als vorher. Die Auswirkungen dieser Veränderung können Sie evaluieren, indem Sie die Kundenbindungsquote erheben (Abnahme oder Zunahme von Kunden(kauf)anfragen der Bestandskunden), direktes Kunden-Feedback einholen (»Wie zufrieden sind Sie mit dem Service?«) und natürlich durch direkte Verhaltensbeobachtungen. Um gerade Letzteres gut leisten zu können ist es wesentlich, den Zielzustand so konkret wie möglich auf der *Verhaltensebene* zu definieren: »Welches Verhalten zeigen wir, wenn wir den Kunden ›anders beraten und anders bedienen‹, was genau macht den Unterschied zu unserem bisherigen Verhalten aus? Und: Wie werden wir anders über den Kunden sprechen (Narrative!), wenn wir am Ziel sind?« Während sich die Veränderung von Verhaltens- und Sprachmustern (Narrativen) beobachten lässt, entzieht sich die Veränderung mentaler Modelle von Natur aus dem direkten Zugang. Sie lässt sich am sinnvollsten in gemeinsamen Reflexionsprozessen nachvollziehen.

Veränderungen im Inneren des System-Diamanten erfolgen in der Regel sukzessive und über einen längeren Zeitraum, sodass auch die Beobachtung über einen längeren Zeitraum stattfinden sollte. Sie kann sowohl von außerhalb des Systems erfolgen als auch durch die institutionalisierte Reflexion in den Bereichen selbst. In diesem Fall analysieren und bewerten die Mitarbeiter gemeinsam ihr eigenes Verhalten. Außerdem gibt eine solche Reflexion noch einmal Raum, sowohl über Erfolge als auch über Bedenken und Rückschläge zu sprechen und neue Vereinbarungen im eigenen System zu treffen.

Die institutionalisierte Reflexion besitzt, wenn sie konsequent und unvoreingenommen durchgeführt wird, einen hohen Wirkungsgrad im Veränderungsprozess. Sie erhöht den Reifegrad der Organisation und macht diese fit für organisationales Denken und Handeln in künftigen Veränderungsinitiativen. Fördern Sie daher die Fähigkeit zur Reflexion, indem Sie diese zum festen Bestandteil eines jeden Meetings und Workshops machen oder regelmäßige Retrospektiven durchführen. Machen Sie Ihre Führungskräfte in eben dieser Reflexionsfähigkeit fit und setzen Sie den Rahmen, damit Reflexion konsequent (vor-)gelebt werden kann.

Der iterative Prozess: Werden Sie immer wirksamer – auch wenn es zunächst Kraft kostet!

Wie wichtig und sinnvoll ein iterativ-inkrementelles Vorgehen ist, konnten Sie in diesem Buch bereits mehrfach feststellen. Die regelmäßige Evaluation von erzielten Ergebnissen ist ein zentraler Bestandteil des Veränderungsprozesses. Sie bekommt aber nur dann Bedeutung, wenn Sie bei Zielabweichungen und unvorhergesehenen Entwicklungen weitere Erkenntnisse und nächste Schritte ableiten und umsetzen. Dies setzt, um es noch einmal zu betonen, einen intensiven Reflexionsprozess und daraus abgeleitete Folgeentscheidungen voraus. Das gilt sowohl für Veränderungsinitiativen in einzelnen Bereichen als auch für große Veränderungsprojekte, die aus einer Vielzahl von Bausteinen bestehen. Bei großen Veränderungsprojekten kommt dem Zusammenwirken der einzelnen Bausteine eine große Bedeutung zu. Immer wieder müssen Sie sich neben dem Fokus auf die Zielerreichung der Einzelmaßnahmen übergeordnet die Frage stellen: »Welche Auswirkungen haben aktuelle Entwicklungen in einem Baustein auf andere Bausteine und wie wirken diese auf das Gesamtziel? Auf welche unvorhergesehenen Entwicklungen oder Einflüsse von außen müssen wir reagieren?« Nutzen Sie Ihren Lenkungsausschuss für eine solche Gesamtevaluation.

Manche Unternehmen messen zusätzlich den Akzeptanz- und Zustimmungsgrad in der Organisation in Form von Online-Befragungen. Wir bevorzugen diesen Weg: Holen Sie über die Resonanzgruppe (Soundingboard) Stimmungsbilder ein oder rufen Sie moderierte Chats oder Foren ins Leben – allesamt Kommunikationskanäle, auf denen ein Dialog möglich ist.

Reflektieren Sie im Lenkungsausschuss das Zusammenwirken aller Entwicklungen, Berücksichtigen Sie dabei besonders die Rückmeldungen der Vernetzungsgruppe und stoppen Sie Maßnahmen und Projekte, die in der aktuellen Entwicklung keinen Business Impact haben und damit ihren Sinn verlieren.

Vergessen Sie nicht etwaige neu aufgesetzte Initiativen! Auch diese müssen Sie und Ihre Organisation immer wieder auf ihre Wirksamkeit überprüfen. Auf Umsetzungsphasen folgen also auch immer wieder Planungsphasen, in den Planungsphasen erfolgt immer auch Umsetzung. Das kostet

Zeit und Energie, ist aber für einen nachhaltigen Prozess unerlässlich. Ziel ist es, in iterativen Schleifen immer wirksamer zu werden und sich dem Gesamtziel weiter zu nähern. Steuern Sie agil. Das heißt: Haben Sie Mut zur Planänderung und treffen Sie Entscheidungen.

Im Zentrum jeder Umsetzung: Das co-kreative Arbeiten am Musterwechsel auf allen Ebenen der Organisation

Sie haben sich bislang in diesem Kapitel mit zwei wesentlichen Themen im Kontext der Umsetzung Ihres Veränderungsvorhabens beschäftigt: der umsetzungsbegleitenden Kommunikation und dem Wirkungsmonitoring. Nun möchten wir Ihre Aufmerksamkeit noch einmal auf den Musterwechsel als Zentrum aller Umsetzungsaktivitäten lenken. In einem ersten Schritt verbinden wir den Blick auf die Umsetzungsaktivitäten bei Fixelements mit einigen zusammenfassenden grundsätzlichen Überlegungen. In einem zweiten Schritt geben wir Ihnen mit den »Sieben wichtigsten Interventionen zur Organisation von Musterwechseln in Veränderungsprozessen« einige ganz konkrete Umsetzungsmethoden an die Hand.

Bei Fixelements entwickelt sich die Umsetzungsphase des Programms »Vernetzte Zusammenarbeit 2022« dank der intensiven Vorbereitungen gut. Natürlich bedeutet das nicht, dass immer alles nach Plan läuft. Und es passieren immer wieder Dinge, an die niemand in der Planungsphase gedacht hat. Aber dank der institutionalisierten Reflexions-Sessions reagiert die Organisation zeitnah und passt ihr Vorgehen immer wieder an die aktuellen Erkenntnisse an, ohne dabei die Gesamtzielsetzung aus den Augen zu verlieren. Im Folgenden werfen wir einen exemplarischen Blick auf drei Stränge des Veränderungsvorhabens bei Fixelements. Diese Stränge stehen repräsentativ für typische Umsetzungsherausforderungen sowie für mögliche Handlungsoptionen.

FIXELEMENTS – AUSGEWÄHLTE ZWISCHENBERICHTE AUS DER UMSETZUNGSPHASE

Wie kommen das Lab »Neue Zusammenarbeit«, das Projekt »Kollaborationssoftware« und die Vernetzungsgruppe voran?

Lab »Neue Zusammenarbeit«

Der Auftrag: Zur Entwicklung neuer Formen der Zusammenarbeit zwischen Vertrieb, Entwicklung, Einkauf, Produktion und Logistik und deren Implementierung wurde das Lab »Neue Zusammenarbeit« unter der Leitung des neuen Bereichsleiters Entwicklung, Kai Faller, ins Leben gerufen. Nach dem Beschluss des Top-Managements, die bis dato geplante Abteilung »Business Development« nun doch nicht einzurichten, wurde der bisherige Arbeitsauftrag für das Lab erweitert um die Fragestellung: »Wie können die Zusammenarbeit der Bereiche und die verstärkte Unterstützung des Vertriebs gefördert werden, ohne dass es eine neue Abteilung dafür gibt?«

Die Mitglieder des Lab-Teams sind jeweils zwei Abteilungs- beziehungsweise Teamleiter aus den Bereichen Vertrieb, Entwicklung, Einkauf, Produktion und Logistik. Den Vorschlag, von Anfang an einen IT-Spezialisten in das Lab-Team zu integrieren, hat Kai Faller abgelehnt: Zunächst soll sich das Lab-Team voll auf die Fragestellung konzentrieren, welche konkreten Musterwechsel im Denken, Verhalten und Entscheiden im Rahmen der Zusammenarbeit zielführend sind. Über die Notwendigkeit und Form der Unterstützung der neu entstehenden Kommunikationsprozesse durch IT-Systeme soll erst danach entschieden werden.

In den ersten Arbeitstreffen des Lab-Teams stehen vor allem folgende Themen im Vordergrund:

1. »Welche Ziele wollen wir erreichen? Was ist der Sinn dieser Veränderungen?«

Schnell ist allen Beteiligten klar: Wenn es nicht gelingt, zunächst uns selbst und später allen anderen deutlich zu machen, welchen Nutzen eine »Neue Zusammenarbeit« für die Beteiligten und für die gesamte Organisation hat, dann wird unser Vorhaben keine Chance haben! Aus diesen Überlegungen heraus werden zwei Arbeitsaufträge formuliert: »Welche Nachteile/welchen Business Impact hat die heutige Form der Zusammenarbeit? Welchen Nutzen/Business Impact wollen wir konkret durch die Neue Zusammenarbeit erreichen?« Jeder Arbeitsauftrag wurde zunächst in einer Arbeitsgruppe bearbeitet und danach im gesamten Lab-Team vergemeinschaftet.

2. »Wollen wir Lösungen einkaufen oder selbst entwickeln?«

Die Frage der Vorgehensstrategie zur Entwicklung der Konzepte für die Neue Zusammenarbeit wird im Lab-Team zunächst sehr kontrovers diskutiert. Die Bandbreite der Standpunkte reicht von »Andere haben doch ähnliche Probleme, da muss es doch Benchmarks geben.« über »Wir engagieren einen Berater, der das schon häufiger gemacht hat – der wird uns sagen, was zu tun ist.« bis hin zu »Das können wir nur selbst entwickeln – schließlich ist unsere organisationale Identität einmalig!«

Schließlich erarbeitet sich das Lab-Team folgende Erkenntnis:

- Die Formen der Neuen Zusammenarbeit zwischen den Fixelements-Bereichen Vertrieb, Entwicklung, Einkauf, Produktion und Logistik können nur wir selbst entwickeln. Benchmarks und fertige Konzepte helfen uns nicht weiter.
- Wir brauchen für diesen Entwicklungsprozess trotzdem Input von außen – viele Organisationen beschäftigen sich heute mit neuen Formen der Zusammenarbeit. Wir können nicht jedes Rad selbst neu erfinden. Deshalb wollen wir uns inspirieren lassen und prüfen, welche Anregungen von außen wir für unsere eigene Situation nutzen können.

Das Lab-Team einigt sich darauf, dass sich zwei Mitglieder, die bereits über Kontakte zu stärker vernetzt arbeitenden Organisationen verfügen, um das Thema kümmern. Sie bekommen den Auftrag, in anderen Organisationen möglichst »hinter die Kulissen« zu schauen, um die dort implementierten Lösungen in ihrem jeweiligen Kontext zu beleuchten.

3. »Was werden unsere größten Herausforderungen sein – und wie wollen wir Ihnen begegnen?«

Das Lab-Team hat sich zunächst mit den Fragen beschäftigt: »Wie lange arbeiten diese fünf Bereiche schon so zusammen, wie sie es heute tun?« und »Wie lange werden schon welche Geschichten über andere Abteilungen erzählt?« (Beispielsweise der Vertrieb über die Produktion – »Die tun sich mit individuellen Kundenwünschen sehr schwer ...«–, die Produktion über die Entwicklung – »Die kümmern sich überhaupt nicht um die Frage, wie wir das produzieren können, was die entwickeln ...« – und so weiter.) Dadurch wird allen Beteiligten klar: Die heutigen Muster der Zusammenarbeit haben sich seit Jahrzehnten entwickelt und werden inzwischen häufig sogar unbewusst gelebt. Diese Muster jetzt nachhaltig zu ändern wird ein Kraftakt!

Aus diesen Überlegungen leitet das Lab-Team folgende Schlüsse ab:

- Wir werden uns selbst und allen anderen Beteiligten immer und immer wieder vor Augen führen, warum wir die Anstrengungen unternehmen, die Neue Zusammenarbeit zu entwickeln, und uns fragen, welche Chancen sich daraus ergeben und welchen Preis wir dafür zahlen beziehungsweise was wir von unserem heutigen Verhalten dafür aufgeben müssen.
- Wir müssen ins Handeln kommen. Es reicht dazu jedoch nicht, wenn wir in unserem Lab-Team neue Konzepte zur Zusammenarbeit entwickeln und darüber diskutieren. Wir werden bereits während unserer Entwicklungsarbeit und in der weiteren Umsetzungsunterstützung neue Formen der Zusammenarbeit selbst praktizieren, regelmäßig reflektieren und basierend auf unseren Erkenntnissen weiterentwickeln.

Projekt »Kollaborationssoftware«
Der Auftrag: Um die bereichs- und hierarchieübergreifende Kommunikation zu stärken, wird eine effektive unternehmensweite Kollaborationssoftware implementiert. Auswahl, Realisierung und

Implementierung der Software werden in einem Projekt unter der Leitung des Bereichsleiters IT, Brian Tavares durchgeführt.

Zur Auftragsbeschreibung gehört auch, dass dieses Projekt noch nicht abgeschlossen ist, nachdem die Software installiert und alle potenziellen Anwender in der Bedienung geschult worden sind. Die Softwareeinführung wird als Transformationsprojekt begriffen und erst dann als erfolgreich gewertet, wenn sich die Kollaborationsmuster in der Organisation auch wirklich geändert haben. Das Projektdesign enthält deshalb Bausteine, die das Denken und Verhalten der potenziellen User der Software adressieren.

Der Projekt-Kick-off verläuft zunächst sehr effektiv und konstruktiv. Das Projektteam ist sich sicher: Das ist eine Routineaufgabe. In der Organisation die Anforderungen für die Software aufzunehmen, daraus ein Pflichtenheft zu erstellen, mehrere potenzielle Anbieter zu einer Angebotspräsentation einzuladen, die beste Software auszuwählen, zu implementieren und die Anwender in der Bedienung zu trainieren – dass alles haben die Teammitglieder schon oft praktiziert. Als sich dann Ulf Müller – der von seinen Kollegen hochgeachtete und höchst qualifizierte Softwareexperte mit der meisten Erfahrung – an Brian Tavares wendet: »Alles klar. Eine unserer leichtesten Übungen! Ich habe da auch schon eine mögliche Lösung im Auge – eine Software, die wirklich alles kann!«, stimmen ihm alle zu. Sie stimmen auch zu, als er fortfährt: »Da gibt es noch eine kleine Sache: Ich weiß nicht, wie wir darauf einwirken könnten, dass die Software einen tatsächlichen Beitrag zur vernetzteren Zusammenarbeit leisten wird. Wir können Menschen ja nicht zur Nutzung der Software zwingen. Da haben sich die da oben in Ihrem Elfenbeinturm aber mal wieder eine nette Geschichte ausgedacht!«

In diesem Moment wird Brian Tavares die Notwendigkeit bewusst, mit seinem Projektteam zunächst intensiv daran zu arbeiten, ein neues Selbstverständnis zu entwickeln. Sie werden klären müssen, was das Projektteam lernen und welche der bisherigen Vorgehensweisen es ändern muss, um den neuen Anforderungen auch wirklich gerecht zu werden. Erst mit einer neuen Haltung kann sich das Team an die eigentliche Lösung der Aufgabenstellung machen.

Nach einigen Einzelgesprächen – vor allem mit Ulf Müller – und zwei weiteren Projektteamsitzungen wird beschlossen:

- Die Anforderungen an die IT-Unterstützung von Kollaborationsprozessen sind so vielfältig, dass sie vermutlich nicht von einer einzigen Software erfüllt werden können. Es wird daher eine Plattformstrategie entwickelt, die die Möglichkeit bietet, auf Basis von Mindeststandards (Datenschutz, Verwendung von Officedokumenten et cetera) verschiedene Softwarelösungen einzusetzen.
- Der gesamten Organisation wird kurzfristig eine marktgängige Kollaborationssoftware zur Verfügung gestellt, die vor allem die Durchführung von Online-Meetings unterstützt. Es wird ausdrücklich nicht nach einer allumfassenden Lösung gesucht. Dagegen wird der Benutzerfreundlichkeit ein sehr hoher Wert beigemessen – das Tool soll selbsterklärend sein, sodass keine großflächigen Schulungen nötig sind und die Hemmschwelle zur Nutzung der Software so niedrig wie möglich ist. Der IT-Bereich wird den Einsatz dieser Software promoten und die Klärung von Anwenderfragen über die bestehende Servicehotline abwickeln. Die Anwendung des Tools beruht auf Freiwilligkeit.
- Parallel dazu werden mit zunächst drei Pilotgruppen Vereinbarungen zum Einsatz einer Kollaborationssoftware und einer intensiven Unterstützung durch das Projektteam getroffen. Auf der Wunschliste des Projektteams für potenzielle Pilotgruppen stehen abgeleitet aus dem Programm »Vernetzte Zusammenarbeit 2022« das Programm-Office-Team, die Vernetzungsgruppe und die Resonanzgruppe. Der Grundgedanke ist dabei, dass nicht jedes Meeting dieser Gruppen als Präsenz-Meeting stattfinden muss, sondern mit Unterstützung einer geeigneten Software auch Remote-Meetings durchgeführt werden.
- Jeder Pilotgruppe werden zwei Betreuer aus dem Projektteam zugeordnet. Diese unterstützen die Pilotgruppenmitglieder bei technischen und organisatorischen Fragestellungen und organisieren regelmäßige Reflexions-Meetings zum Einsatz der

Kollaborationssoftware. Zur Durchführung der Reflexions-Meetings entwickelt das Projektteam eine Grundstruktur, die auf den schon IT-intern praktizierten Retrospektiven in der agilen Softwareentwicklung basiert.
- Das Projektteam wertet regelmäßig die Ergebnisse der Reflexionsmeetings in den Pilotgruppen aus und berücksichtigt dabei auch die Rückmeldungen aus der Organisation über den Einsatz der organisationsweit zur Verfügung gestellten Software. Basierend auf diesen Ergebnissen entscheidet das Projektteam über das weitere Vorgehen.

Am Ende der Projektteamsitzung wird Brian Tavares gefragt: »Betreiben wir nicht viel zu viel Aufwand für so ein einfaches Software-Tool?« Seine Antwort: »Wir (im Top-Management) sind fest davon überzeugt, dass wir bei Fixelements einen Musterwechsel im Denken, Handeln und Entscheiden bezüglich unserer Zusammenarbeit brauchen, damit unser Unternehmen wieder zukunftsfähig wird. Dieser Musterwechsel geschieht nicht von allein – wir müssen ihn gestalten, und er kostet. Dazu haben wir das Programm »Vernetzte Zusammenarbeit 2022« gestartet. Als IT-Abteilung ist unser wesentlicher Beitrag zum Transformationsprozess dieses Projekt zur IT-Unterstützung von Zusammenarbeitsprozessen. Der Aufwand dafür ist absolut gerechtfertigt und notwendig – wir arbeiten hier schließlich am Kernwandel und damit unmittelbar an der Zukunftsfähigkeit unserer Organisation! Dass die Aufwandsfrage hier im Raum steht, macht mir noch mal die Notwendigkeit deutlich, die Gestaltung des Musterwechsels in unseren nächsten Meetings aufzugreifen und zu reflektieren. Es ist mir wichtig, dass wir hier zu einem gemeinsamen Verständnis kommen.«

Die Vernetzungsgruppe
Der Auftrag: Die für das Querschnittsthema »Vernetzung der Zusammenarbeit« ins Leben gerufene Gruppe soll den wesentlichen Musterwechsel im Denken, Verhalten und Entscheiden über alle Bausteine der Veränderungsarchitektur hinweg fördern. Dazu

fokussiert sie auf den Key Enabler: Die Vernetzungsgruppe unterstützt die Organisation dabei zu lernen, konstruktiv mit ihrem zentralen Dilemma umzugehen: die Gesamtentwicklung der Organisation gleichzeitig sowohl durch weitere Optimierung von Tätigkeiten und Abläufen innerhalb der Bereiche als auch durch bereichsübergreifendes, cross-funktionales und agiles Denken und Handeln auf allen Hierarchieebenen zu fördern.

Der konstruktive Umgang mit diesem zentralen Dilemma erfordert das Entwickeln und Einüben von neuen Entscheidungsmustern: In Zukunft soll regelmäßig immer wieder neu über das Setzen der Prioritäten entschieden werden. Und das agiler als heute, das heißt in kurzen Abständen, dezentral und schnell. Dazu gehört auch, dass Retrospektiven, also die regelmäßige Reflexion der Entscheidungprozesse und der Auswirkungen der Entscheidungen, zur Selbstverständlichkeit werden. Damit einher geht eine höhere Fehlertoleranz als heute: Wenn im Nachhinein Entscheidungen als nicht zielführend identifiziert werden, dann werden keine Schuldigen mehr gesucht, stattdessen wird an neuen Lösungen gearbeitet.

Besonders in der Anfangsphase des Programms ist die Vernetzungsgruppe durch Rückmeldungen aus den Projekten, Labs, Maßnahmen und der Resonanzgruppe immer wieder mit sehr grundlegenden Themen und Schwierigkeiten konfrontiert:

- In Arbeitssitzungen stehen immer wieder operative Themen sehr im Vordergrund. Check-in- und Check-out-Runden und Prozessreflexionen (»Was ist heute gut gelaufen, was werden wir das nächste Mal anders machen?«) fallen häufig dem Zeitmangel zum Opfer. Das verhindert oder verzögert substanzielle Veränderung.
- Reflexionen oder Lessons-Learned-Sessions werden zwar durchgeführt im Sinne von »Da können wir jetzt einen Haken dran machen.«, die Arbeitsergebnisse werden jedoch nicht weiter verwertet. Der für die Reflexion investierte Aufwand verpufft wirkungslos.
- Rückmeldungen wie zum Beispiel zu nicht gut funktionierenden

Kommunikationsprozessen werden zwar von den Führungskräften zur Kenntnis genommen, aber danach häufig ignoriert. Kritisches Feedback als Lernchance zu nutzen fällt einigen Führungskräften noch schwer.
- Einige Führungskräfte haben entweder noch nicht die Haltung oder die Kompetenz entwickelt, die erforderlich ist, um die Gruppenarbeits-, Vergemeinschaftungs- und Reflexionsprozesse in ihren Teams wirksam zu gestalten.
- Die Bedeutung des co-kreativen Erarbeitens von Standpunkten wird unterschätzt – immer wieder fallen Führungskräfte zurück in das Muster: »Ich sage meinen Leuten, was Sache ist, dann wissen die schon selbst, was sie zu tun haben.« Sie stellen dann in den meisten Fällen fest, dass ihre Ansage wirkungslos verhallt.
- Offensichtliche Dilemma-Situationen, zum Beispiel »Geht mein Mitarbeiter in die Projektsitzung oder kümmert er sich um das gerade aufgetretene Problem X in unserem Bereich?«, werden häufig gar nicht als solche erkannt, benannt oder zum Thema im Sinne einer Verhandlung gemacht.

Die Vernetzungsgruppe von Fixelements hat sich intensiv mit ihrem Handlungsrepertoire auseinandergesetzt und sich dabei folgende Interventionsmöglichkeiten erarbeitet:

- Die Vernetzungsgruppe sammelt Erkenntnisse durch die Reflexion ihres eigenen Denkens, Verhaltens und Entscheidens und leitet daraus Handlungsoptionen ab, die sie in die Organisation weitergibt. Zum Beispiel: »Wie gehen wir mit kritischem Feedback zu unserem Vorgehen um?« und »Wie gehen wir selbst mit dem Dilemma ›Teilnahme an der Vernetzungsgruppensitzung versus Problem Y im Tagesgeschäft lösen‹ um?«
- Wenn ein Vernetzungsgruppenmitglied über ein Problem in seinem Baustein berichtet, wird – zum Beispiel durch kollegiale Beratung oder ein organisational ausgerichtetes Coaching – ausgelotet, welche Handlungsoptionen es hat, um selbst diese Problemstellung anzugehen.

- Die Vernetzungsgruppe bittet die Resonanzgruppe, einen Beobachtungsfokus auf das adressierte Problem zu legen, um damit weitere Informationen zu gewinnen. Zum Beispiel: »Welche Beobachtungen macht die Resonanzgruppe zum Umgang mit Dilemmasituationen – sind Veränderungen im Verhalten der Organisation wahrnehmbar?«
- Ein Problem wird durch die Vernetzungsgruppe als ein organisationsweites Phänomen erkannt und deshalb an das für die Maßnahme »Change-Management-Programm« verantwortliche Team gerichtet.
- Der Leiter der Vernetzungsgruppe adressiert das Problem im Programm-Office, also dem Lenkungsausschuss des Veränderungsvorhabens, reflektiert dort mit allen Bausteinverantwortlichen die Situation und sucht mit ihnen gemeinsam nach möglichen Lösungsansätzen.
- Die Vernetzungsgruppe schlägt eine gezielte Entwicklungsmaßnahme für ein Team, eine Abteilung oder einen Bereich vor. Der Vorschlag wird nach einer entsprechenden Vergemeinschaftung im Programm-Office von der Leiterin Emma Seifert in die Top-Management-Sitzung von Lisbeth Peel eingebracht und dort entschieden.

Darüber hinaus entwickelt die Vernetzungsgruppe aus für die Gesamtorganisation relevanten Problemstellungen immer wieder grundsätzliche Veränderungsthemen und initiiert dazu Dialogsessions.

Fixelements Epilog
Die Bereichsleiterin Einkauf, Mia Hoppe, hat gekündigt. Sie hat für sich erkannt, dass sie keine Ambitionen hat, sich selbst mit den neuen Anforderungen an ihre Führungsrolle auseinanderzusetzen. Sie will aber die Entwicklung der Organisation auch nicht bremsen. Die Stelle wird nicht nachbesetzt: Lisbeth Peel und ihr Team sind sich einig, dass es angesichts der sich verändernden Rahmenbedingungen sinnvoller ist, den Einkaufsbereich zu dezentralisieren und die Bereichsleiterstelle aufzulösen. Michael Frank-

furt, der Einkäufer mit der längsten Berufserfahrung, übernimmt von Mia Hoppe die Leitung des Projektes Marktbeobachtung.

Lisbeth Peel wird das Unternehmen verlassen. Viele, die mit ihr zusammengearbeitet haben, bedauern dies (übrigens auch das Autorenteam). Aber Lisbeth Peel stellt sich einer neuen Herausforderung: Sie wird in einem internationalen Konzern die Verantwortung für das D.A.CH.-weite Transformationsvorhaben »Kundenbeziehungen digitalisieren« übernehmen. Lisbeth geht frohen Mutes: Die Weichen bei Fixelements sind in Richtung Erfolg gestellt. Und sie ist sich sicher, dass das Managementteam unter der Leitung des neuen Geschäftsführers, des bisherigen Bereichsleiters Finanzen Florian Sonntag, den eingeschlagenen Weg erfolgreich fortsetzen wird.

Florian Sonntag hat sich für die Aufgabe als Geschäftsführer durch die erfolgreiche Leitung der Vernetzungsgruppe endgültig qualifiziert. Er hat vor, als Erstes zusammen mit seinem Managementteam über die Struktur des Unternehmens nachzudenken – der Review des Organigramms steht auf seiner Prioritätenliste ganz oben.

Neue Bereichsleiterin Finanzen wird die bisherige Abteilungsleiterin Shirin Barry. Durch die Leitung des Wirkungsmonitorings hat sie nicht nur viele Einblicke in die Gesamtorganisation erhalten, sie hat auch erste Ideen zu schlanken und hochwirksamen Controllingverfahren bei Fixelements entwickelt. Diese will sie in ihrer neuen Position in Zusammenarbeit mit anderen Key Playern konkretisieren und umsetzen.

Die Programmleiterin Emma Seifert hat einen Anruf von einem Headhunter erhalten. Er hat ihr eine Stelle als Geschäftsführerin in einem mittelständischen Produktionsunternehmen angeboten. Sie hat das Angebot abgelehnt. Sie will zunächst das Programm »Vernetzte Zusammenarbeit 2022« zu einem erfolgreichen Ende führen. Erst danach will sie sich darum kümmern, wie es mit ihr persönlich weitergeht.

So weit die Zwischenberichte zur Umsetzung des Veränderungsvorhabens bei Fixelements. Für Ihre eigene Organisation können Sie daraus einige grundlegende Überlegungen ableiten: Es zeigt sich einmal mehr – Organisationen sind soziale Systeme und keine Maschinen. Zwar können (und müssen) Sie die Umsetzung Ihres Veränderungsvorhabens planen. Trotzdem lässt sich Ihr Veränderungsvorhaben nicht einfach »ausrollen«, das haben wir schon an anderer Stelle beschrieben. Während der Umsetzung der Veränderungen entwickelt sich Ihre Organisation dynamisch weiter. Dasselbe gilt für Ihren Markt und Ihre Kunden. Daneben geschieht im Veränderungsvorhaben und in dessen Umfeld Unvorhersehbares: Workshops und andere Umsetzungsaktivitäten führen zu anderen Ergebnissen als gedacht, die Implementierung eines technischen Systems erweist sich als komplexer als angenommen, Key Player verlassen die Organisation, es kommen neue hinzu, ein neues Produkt muss parallel ganz dringend gelauncht werden – und die Organisation tut sich schwer mit der Wandlung ihrer organisationalen Identität.

Die Umsetzung Ihres Veränderungsvorhabens steht daher stets unter dem Zeichen der Vorläufigkeit. Und genau deswegen brauchen Sie ein agiles und iteratives Vorgehens nach dem Schema Aktion – Reflexion – Entscheidung – Anpassung/Erprobung/Aktion – Reflexion – Entscheidung und so weiter. Sie wissen: Diese Schleifen sind nicht verzichtbar. Die verschiedenen Arbeitsgruppen, die daran arbeiten, sind kein überflüssiger Bürokratieaufwand. Trotzdem wollen wir es hier noch einmal deutlich sagen, denn wir können uns gut vorstellen, dass Sie selbst jetzt, am Ende des Buches, noch manchmal den Impuls verspüren, an der einen oder anderen Stelle doch die verlockende Abkürzung zu nehmen. Bleiben Sie bei Ihrem Vorhaben und vertrauen Sie auf die Erkenntnisse, die Sie inzwischen gewonnen haben. Denn in der Umsetzung erweist sich genau das als am herausforderndsten, was die Organisation im Kern trifft: die gemeinsame Arbeit am Musterwechsel im Denken, Verhalten und Entscheiden. Bisherige Muster zeigen ihre ganze Beharrungskraft, das Neue kommt nur langsam voran. Ja, das ist mühsam. Aber Sie haben jetzt die nötigen Instrumente, um diesen Wandel konsequent fortzuführen. Für die erfolgreiche Umsetzung der Veränderung haben wir Ihnen hier noch einmal die wesentlichen Leitlinien zusammengefasst:

- Bleiben Sie als Auftraggeber konsequent an der Umsetzung dran. Seien Sie sichtbar und sorgen Sie dafür, dass die notwendigen Ent-

scheidungen organisiert werden. Leben Sie den Musterwechsel konsequent vor und fordern Sie ihn von Ihren Führungskräften ein.
- Richten Sie den Blick Ihrer Organisation immer wieder auf die Sinnhaftigkeit der Veränderung und die Veränderungsziele. Und machen Sie gleichzeitig deutlich, dass substanzieller Wandel einen Preis hat. Beschönigen Sie nichts.
- Schaffen Sie einen Rahmen dafür, dass die verschiedenen Umsetzungsaktivitäten miteinander vernetzt und die Herausforderungen gemeinsam reflektiert werden. Sorgen Sie dabei vor allem dafür, dass in allen Umsetzungsaktivitäten neben den fachlichen Anforderungen immer auch am Musterwechsel gearbeitet wird. Nutzen Sie dazu die Elemente der Veränderung (siehe Kapitel »Das Handwerkzeug: Die co-kreativen Elemente der Veränderung«).
- Unterstützen Sie die Führungskräfte als die wesentlichen Umsetzungsverantwortlichen in ihren Zuständigkeitsbereichen, sorgen Sie für die Entwicklung der erforderlichen Kompetenzen und bieten Sie immer wieder Dialogmöglichkeiten an. Machen Sie gleichzeitig deutlich, dass es kein »Zurück« hinter die Veränderung gibt.
- Organisieren Sie die Umsetzung so, dass immer wieder Resonanz und Feedback zum laufenden Prozess aus der Organisation eingeholt, im Entscheiderkreis gemeinsam bewertet und mögliche Entscheidungsnotwendigkeiten abgeleitet werden.
- Setzen Sie konsequent auf Co-Creation auf allen Ebenen: Der Musterwechsel geschieht nicht von allein! Fragestellungen »Von welchen Denk- und Verhaltensweisen müssen wir uns verabschieden, um das Veränderungsziel zu erreichen?« und »Wie müssen wir anders denken und agieren, um die Veränderung umzusetzen – und welchen Preis müssen wir dafür bereit sein zu zahlen?« müssen von den Betroffenen selbst bearbeitet werden. Nur sie können für sich selbst eine neue Haltung entwickeln.

Eine klare und zusammenfassende Handlungsanleitung, wie Sie co-kreativ Musterwechsel im Denken, Verhalten und Entscheiden gestalten können, finden Sie im nächsten Kapitel.

Die sieben wichtigsten Interventionen zur Organisation von Musterwechseln in Veränderungsprozessen

Sie haben sich in diesem Buch mit dem Thema *Change durch Co-Creation* in den verschiedensten Facetten beschäftig. Dabei haben Sie sich sowohl mit den theoretischen Grundlagen dieses Ansatzes als auch mit seiner praktischen Umsetzung auseinandergesetzt. Insgesamt kein ganz kurzer Weg, den Sie zurückgelegt haben. Zum Ende des Buches soll es nun noch einmal ganz praktisch und gleichzeitig verdichtet zugehen: Was sind, zusammengefasst, die wichtigsten (co-kreativen) Interventionen in Veränderungsprozessen? Womit erzielen Sie die meiste Wirkung? Und wie lassen sich diese zu einem schlüssigen Vorgehen (oder besser gesagt Vorgehensmodell) zusammenfassen, das Sie in verschiedenen Situationen und Kontexten nutzen können? Die folgenden Seiten geben darauf eine Antwort. Wir schlagen Ihnen ein Format co-kreativen Arbeitens vor, das Sie in dieser oder einer abgewandelten Form in vielen Szenarien anwenden können, in denen Sie mit anderen Menschen Ihrer Organisation gemeinsam die Veränderung gestalten: Meetings, Workshops, Klausuren, Konferenzen et cetera. Eine Übersicht dieses Formats finden Sie in der Abbildung »Grundformat co-kreativen Vorgehens«.

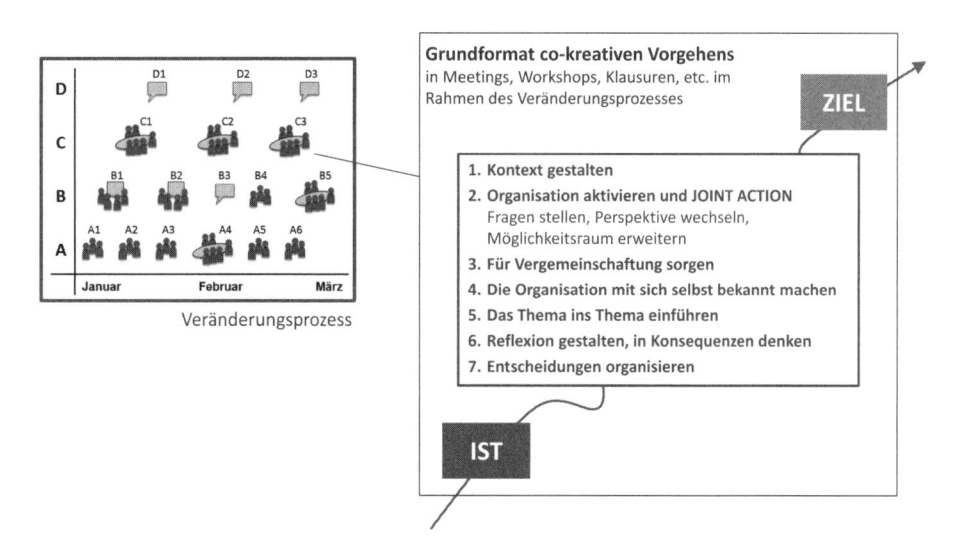

Abbildung 29: Grundformat co-kreativen Vorgehens

Lassen Sie uns zur Erkundung des Formats beispielhaft von folgendem Szenario ausgehen: Denken Sie an Ihr konkretes Vorhaben, das, woran Sie bei der Lektüre dieses Buches gedanklich oder real gearbeitet haben. Angenommen, dieses Veränderungsvorhaben ist nun auf dem Weg. Mit Blick auf einige Ihrer Zielfelder läuft es gut, anderes kommt weniger gut voran. Als anspruchsvoll erleben Sie vor allem die Gestaltung des zentralen Musterwechsels im Denken, Verhalten und Entscheiden Ihrer Organisation (Ihres Teams, Ihrer Abteilung, Ihres Geschäftsbereichs, Ihres Unternehmens und so weiter). Immer wieder beobachten Sie, dass notwendige Verhaltensänderungen, die Sie gemeinsam erarbeitet haben, nicht wirklich umgesetzt werden. Statt des Zielverhaltens *XYZ* erleben Sie noch jede Menge der alten Verhaltenswelt *ABC*, von der Sie doch eigentlich wegwollen. (Ein kurzer Hinweis: Sie sind in diesem Buch einer Reihe konkreter Beispiele begegnet und haben sich vor allem intensiv mit unserer Fallstudie Fixelements beschäftigt. An dieser Stelle verzichten wir auf die fallbeispielhafte Konkretisierung. *XYZ* kann für jede Form von grundlegender Veränderung im Denken, Verhalten und Entscheiden Ihrer Organisation stehen, die Sie anstreben.)

Sie entscheiden sich, die Schwierigkeiten bei der Umsetzung von *XYZ* zum Gegenstand eines ganztägigen Meetings zu machen, gemeinsam mit Ihrem Leitungsteam und anderen Key Playern des Veränderungsvorhabens (zum Beispiel der Vernetzungsgruppe, siehe Kapitel »Der Kreativprozess: So kommen Sie von Ihren Zielen zu konkreten Umsetzungsideen«, oder der Resonanzgruppe, siehe Kapitel »Welchen weiteren Entscheidungen sind zu organisieren?«).

Überlegen Sie vor Ihrem Meeting: Was soll am Ende des Meetings anders sein (ZIEL) als zu Beginn (IST)? Und welchen Beitrag wird dieses Ziel zur Umsetzung des Veränderungsvorhabens insgesamt leisten? Und noch eine weitere zentrale Überlegung im Vorfeld: An welchen Fragen müssen Sie mit Ihrem Team arbeiten, um das (Meeting-)ZIEL zu erreichen?

Denn am Ende geht es um Fragen. Unabhängig davon, mit welchen Methoden Sie in Ihrem Meeting arbeiten – im Kern steht dahinter immer eine Fragestellung. So werden Ihnen auch in diesem Kapitel eine Reihe von Fragen begegnen, die ausdrücken, an welchen Inhalten es sich jeweils lohnt zu arbeiten – in der konkreten methodischen Umsetzung sind Sie dann frei.

Kontext gestalten (1)

In diesem Schritt geht es um zwei wesentliche Aspekte: die Aufmerksamkeit der Meeting-Teilnehmer auf das heutige Thema zu fokussieren und als Entscheider den erforderlichen Rahmen zu setzen.

Aufmerksamkeit lässt sich gut durch gemeinsame Aktion fokussieren. Bringen Sie nach kurzem Willkommen und ohne (!) die übliche Agendapräsentation sich und die Teilnehmer in einen ersten, spontanen Austausch. Das kann nach dem Check-in-Prinzip geschehen, das Ihnen im Rahmen Ihrer Beschäftigung mit Fixelements mehrfach begegnet ist. Sie können aber auch direkt mit klarem Themenbezug starten. Lassen Sie beispielsweise je zwei oder mehr Teilnehmer für jeweils 2 Minuten miteinander zu den folgenden Satzanfängen ins Gespräch kommen und wechseln Sie die Zuordnung nach jedem Satzanfang:

1. »Auf dem Weg zu unserem Meeting ging mir mit Blick auf unser heutiges Thema Folgendes durch den Kopf …«
2. »Wenn ich heute Abend das Meeting zufrieden verlasse, dann ist uns Folgendes gelungen …«
3. »Wenn es heute um das Thema XYZ geht, dann sollten wir in dem Zusammenhang unbedingt Folgendes ansprechen …«

Es geht bei diesem Einstieg noch nicht um die Kreation konkreter Inhalte. Vielmehr ermöglichen Sie sich und Ihren Teilnehmern ein kognitives wie emotionales Warm-up, unterstützen die Gruppe dabei, sich zu finden, und gewinnen einen ersten Eindruck zu möglicherweise drängenden Inhalten. Zudem hilft dieser Einstieg, kritische Themen sprachfähig zu machen – und nur das, was sprachfähig ist, kann später eingehender bearbeitet werden. Selbst wenn Sie glauben, ein solcher Einstieg sei eher der Kategorie »Ringelpiez mit Anfassen« zuzuordnen – probieren Sie es einfach mal aus! Sie werden überrascht sein, wie wirksam ein solcher Einstieg ist, wenn Sie ihn mit Überzeugung angehen.

Um nun in einem weiteren Schritt dem Meeting-Tag einen eindeutigen Rahmen und Auftrag zu geben, machen Sie sinnvollerweise folgende Punkte deutlich:

- *Darum* findet dieses Meeting (Workshop, Klausur, Konferenz, etc.) statt …, Darum *jetzt* …
- *Daran* werden wir arbeiten … mit *diesem Ziel* … Und *das* wird unser Entscheidungsspielraum sein … (Schaffen Sie immer Klarheit: Was ist bereits entschieden? Wo haben wir Gestaltungsspielraum? Was können wir selbst entscheiden? Und was steht nicht zur Debatte?)
- *Das* ist der Beitrag dieses Meetings zum Veränderungsprozess als Ganzem …

Geben Sie den Meeting-Teilnehmern die Gelegenheit, sich kurz zu Ihren Ausführungen auszutauschen und eine erste Resonanz zu formulieren: »Folgendes geht mir zu dem Gesagten durch den Kopf. Und diese Fragen stellen sich mir …« Diese Statements können die Basis für einen ersten kurzen Dialog sein, ohne dass Sie eine Diskussion zu Themen eröffnen sollten, die heute nicht im Fokus sind. Um Resonanz zu bitten ist ein weiterer wichtiger Schritt dabei, Themen sprachfähig zu machen.

Organisation aktivieren und Joint action: Fragen stellen, Perspektive wechseln, Möglichkeitsraum erweitern (2)

Dies ist die erste Phase gemeinsamer Arbeit am Thema des Meetings. Sie wissen aus der bisherigen Lektüre dieses Buches, dass es hier nicht um Informieren oder Präsentieren geht. Es gibt keine vorgefertigten Lösungen im co-kreativen Prozess. Vielmehr erarbeitet sich die Gruppe ein gemeinsames Verständnis des jeweiligen Themas, indem sie gemeinsam etwas beschreibt, durchdenkt, bewertet, die erforderlichen Konsequenzen zieht und die notwendigen Entscheidungen organisiert.

Die Grundlage gemeinsamen (Er-)Arbeitens sind offene Fragen. Sie zielen wesentlich darauf, erkenntnisfördernde Unterscheidungen vornehmen zu können, die Perspektive zu wechseln und den Möglichkeitsraum zu erweitern. Mit Blick auf Ihr Meeting-Thema XYZ könnten diese Fragen folgendermaßen aussehen:

- »Was gelingt uns aktuell gut in Bezug auf XYZ? Was gelingt uns weniger gut oder gar nicht?« [→ **Unterschiedsbildung**]
- »Angenommen, unsere drei wichtigsten Kunden würden uns ein Feedback geben, wie wir aktuell XYZ leben – wie sähe dieses Feedback aus?« [→ **Perspektivwechsel**]
- »Angenommen, wir wären im Veränderungsprozess schon weiter und würden XYZ wirklich leben – jeden Tag, wie würden wir uns dann anders verhalten …?« [→ **Möglichkeitsraum erweitern durch Einführung des Themas »Vom Zielzustand her denken«**]

Sicher haben Sie erkannt, dass die leitende Struktur hinter diesen Fragen das Rot-Grün-Modell ist, auch wenn es nicht als solches explizit benannt wird. Es geht also hier um die Vergegenwärtigung von IST- und ZIEL-Zustand.

Bearbeiten Sie die genannten Fragen in Teilgruppen. Dabei sollte sich jede Teilgruppe mit *allen* Fragen beschäftigen, um sowohl den Perspektivwechsel als auch die Erweiterung des Möglichkeitsraums zu unterstützen.

Für Vergemeinschaftung sorgen (3)

Immer dann, wenn Menschen gemeinsam an einem Thema arbeiten, werden sowohl *individuell unterschiedliche* als auch *gemeinsame* mentale Modelle und Sichtweisen deutlich. Vergemeinschaftung bedeutet in diesem Zusammenhang, eine gemeinsame Perspektive darauf zu entwickeln: »Wo sehen und erleben wir Dinge unterschiedlich? Wo dominieren gemeinsame Sichtweisen?« Zu einem späteren Zeitpunkt im Prozess gilt es dann zu fragen: »Und was folgt für uns daraus?« (siehe Abschnitt »Reflexion gestalten, in Konsequenzen denken«)

Vergemeinschaftung bedeutet hingegen nicht – um das an dieser Stelle auch noch einmal klar zu sagen –, dass alle dasselbe denken.

Die Teilgruppen präsentieren hier also ihre Erkenntnisse. Im Anschluss können Sie als (Gesamt-)Gruppe die Gemeinsamkeiten und Unterschiede in diesen Ergebnissen thematisieren und weiterdenken: »Was sagen uns die Gemeinsamkeiten? Wie lassen sich diese thematisch clustern? Wie erklären wir uns die Unterschiede? Welche Unterschiede können nebeneinander stehen bleiben? Wo müssen wir noch um eine gemeinsame Linie ringen, da wir eine Entscheidung treffen müssen, die für alle bindend sein soll?« Dieser Schritt trägt entscheidend dazu bei, die Themen sprach- und damit reflexionsfähig zu machen sowie sie zu strukturieren.

Die Organisation mit sich selbst bekannt machen (4)

Haben Sie sich in den beiden vorgenannten Schritten Klarheit darüber erarbeitet, wie die Umsetzung von XYZ aktuell voran oder auch nicht vorankommt und was denn im Zielzustand konkret anders gelebt und getan werden müsste, so geht es nun um die Frage, welche typischen mentalen Modelle, Narrative und Muster dem Musterwechsel im Wege stehen. Mit Blick auf Ihren Meeting-Tag könnte man hier von der zweiten zentralen Phase des gemeinsamen Erarbeitens sprechen.

Sie wissen aus der Auseinandersetzung mit diesem Buch und aus Ihrer eigenen Erfahrung, dass das Aufdecken und Thematisieren hinderlicher Denk- und Verhaltensmuster nicht trivial ist, liegen doch diese Muster in den meisten Fällen nicht einfach offen vor uns. Die konzentrierte, offene und gemeinsame Arbeit an den folgenden Fragen erweist sich in unserer Arbeit immer wieder als zielführend:

- »Was tun wir immer wieder und verhindern damit die Umsetzung von XYZ?« oder
- »Wie sorgen wir typischerweise dafür, dass XYZ nicht ans Fliegen kommt …?«

Diesen oder vergleichbaren Fragen begegnen Sie in diesem Buch nicht das erste Mal. Es ist eine der wirkungsvollsten Frageformen im Rahmen der Gestaltung von Veränderungen, da sie direkt in das Innere des System-Diamanten zielt. Um es noch mal klar zu sagen: Hinter der Frage steht nicht die Annahme, Menschen würden mit Absicht entschiedene Veränderungen unterlaufen. Es geht nicht um personale Zuschreibungen. Der Fokus ist organisational: »Welche unserer typischen Denk-, Verhaltens- und Entscheidungsmuster sorgen dafür, dass wir trotz bester Absicht die beschlossene Veränderung nicht umsetzen?« Diese Frage will hartnäckig und durchaus mit Nachbohren gestellt werden, es geht ja um das Erschließen von etwas, worüber wir kaum (noch) reflektieren. Hilfreich kann hier sein, die Idee hinter der Frage zu erläutern, Beispiele zu geben (siehe die nachfolgende Aufzählung) oder durch Einführung des Dokumentarfilmerblicks die notwendige Distanz aufzubauen: Angenommen, ein Dokumentarfilmer würde dieses Team über mehrere Wochen im Alltag begleiten – welche typischen Verhaltensweisen würden wir im Film erkennen, die dem Musterwechsel im Weg stehen? In der Regel lösen erste Antworten wie »Wir haben immer tausend wichtige andere Dinge zu tun.« oder »Was nicht klar einer Kostenstelle zugeordnet werden kann, lassen wir erst mal liegen.« weiterführende Assoziationen und Erkenntnisse im Team aus. Und am Ende enthält die Liste dann Punkte wie zum Beispiel diese:

- Wir nicken Veränderungen in Meetings gerne schnell ab. Das erspart Konflikt und Diskussion. Aber wirklich einverstanden sind wir nicht. In der Umsetzung merkt man das dann …
- Bei uns gilt das Motto: Die schnelle Erledigung von Einzelaufgaben ist wichtiger als das strategische Ganze. Oder auch: Kümmere Dich um Veränderung erst dann, wenn Du nichts anderes mehr auf der Liste hast …
- Bei uns zählt, was mess- und zählbar ist …
- Wir sind bisher auch ohne radikale Veränderungen ganz gut ausgekommen. Ich warte erst mal ab …

Wichtig ist, dass Sie diese Punkte aufschreiben. Die Visualisierung typischer hinderlicher Muster ist der erste Schritt, ihnen ihre Wirkmächtigkeit zu nehmen.

Das Thema ins Thema einführen (5)

Ein nächster, höchst wirkungsvoller Schritt im Rahmen Ihres Meeting-Tages, an dem Sie am Inneren des System-Diamanten arbeiten, ist die Fokussierung auf die *im aktuellen Geschehen, also im gerade ablaufenden Meeting* wirksamen Muster und die Frage nach dem Musterwechsel. Sie erinnern sich: Wir nennen diese Intervention *Das Thema ins Thema einführen*. Arbeiten Sie an dem und mit dem, was Sie im Meeting als soziales System gerade miteinander veranstalten, und vor allem, *wie* Sie das tun. Dazu können Sie gemeinsam reflektieren:

- »Und wie gelingt uns XYZ eigentlich aktuell, das heißt in diesem Meeting hier …?«
- »Was gelingt uns gerade gut? Was hemmt und hindert uns? Was könnten wir jetzt gerade tun, um XYZ besser umzusetzen?«
- »Und was können wir aus dem, was wir hier gerade erleben, für den Musterwechsel in unser Organisation lernen?«

Reflexion gestalten, in Konsequenzen denken (6)

Sie haben im Verlauf Ihres Meeting-Tages nun bereits eine Menge an Erkenntnissen zum Thema XYZ und zu den Umsetzungsschwierigkeiten im Veränderungsprozess gewonnen. Nun ist es Zeit, eine abschließende Reflexion zu gestalten, die die gewonnenen Erkenntnisse bewertet und nach den notwendigen Konsequenzen fragt. So schaffen Sie die Grundlage für die dann zu treffenden Entscheidungen, ohne die Ihrem Prozess das Moment der Verbindlichkeit fehlt. Ohne diesen Schritt sollten Sie kein Meeting beenden.

Arbeiten Sie also in diesem vorletzten Schritt mit den Meeting-Teilnehmern an den folgenden Punkten. Sie können das als Gruppe gemeinsam oder in Teilgruppen tun (Letzteres würde dann einen weiteren *Vergemeinschaftungsschritt* im Anschluss bedeuten, siehe oben).

Wenn wir alles das, was wir bisher bearbeitet haben, bedenken, wozu führt uns das?

- »Was konkret wollen wir verändern? Welchen Preis werden wir dafür zahlen müssen? Sind wir dazu wirklich bereit?«
- »Wie wird es uns diesmal gelingen, das, was wir hier entscheiden, auch tatsächlich umzusetzen?«
- »Welche Veränderungen müssen wir in diesem Zusammenhang auch mit Blick auf die *äußeren Strukturmerkmale des System-Diamanten* entschiedener vorantreiben, um den erforderlichen strukturellen Rahmen für den Musterwechsel zu setzen?«

Entscheidungen organisieren (7)

Dieser letzte Schritt ist die konsequente Fortsetzung des vorherigen. Organisieren Sie die Entscheidungen, die notwendig sind, um das, was Sie verändern wollen, auch tatsächlich umzusetzen: »Was genau gehen wir jetzt an? Wie tun wir das? In welcher Form überwachen wir unseren Umsetzungsprozess? Und: Wann treffen wir uns das nächste Mal, um den Stand der Umsetzung gemeinsam zu reflektieren?«

Die Formulierung *Entscheidungen organisieren* hält bewusst alle Möglichkeiten offen: Sie treffen gemeinsam mit Ihrem Leitungsteam und den wesentlichen Stakeholdern die notwendigen Entscheidungen, sie delegieren bestimmte Entscheidungen an Ihre Führungskräfte oder Mitarbeiter – was ja auch eine Entscheidung ist –, oder Sie treffen eine Entscheidung bewusst alleine in Ihrer Rolle als *Entscheider*, zum Beispiel wenn eine Einigung anders nicht möglich ist. Wesentlich ist, *dass* Entscheidungen getroffen werden. Und genauso wesentlich ist, dass Sie bezüglich der Umsetzung der Entscheidungen klare Erwartungen formulieren und entsprechend dranbleiben. Machen Sie deutlich, dass es hinter die Entscheidung, sich grundlegend zu verändern, kein Zurück gibt – und reflektieren Sie die Umsetzung regelmäßig gemeinsam mit Ihrem Team.

Ein zentraler Erfolgsfaktor beim Einsatz der Interventionen

Sie sind in diesem Kapitel jeder Menge Fragen mit hohem Wirkungspotenzial begegnet. Dieses Potenzial entfaltet sich in Gänze aber nur in Abhängigkeit davon, mit welcher Haltung Sie gemeinsam an den Fragen arbeiten und wie Sie darauf basierend den Arbeitsprozess gestalten. Und darum geht es im Kern: einen Prozess zu gestalten, der Ihnen und Ihrem Team wirklich zu neuen Einsichten verhilft und den Musterwechsel unterstützt. Diese prozessgestaltende Haltung bedeutet, sich folgende Handlungsmaximen zu eigen zu machen:

- Steuern Sie bewusst auf die organisationale Ebene, wenn die Antworten und Arbeitsergebnisse personalen Charakter tragen (»Wir haben einfach nicht die richtigen Mitarbeiter.«) oder personale Zuschreibungen enthalten (»Der Projektleiter ist nicht führungsstark genug.«).
- Sorgen Sie dafür, dass Ihr Team tiefer bohrt, wenn die Antworten und Arbeitsergebnisse aus Ihrer Sicht eher an der Oberfläche bleiben.
- Stellen Sie Bezüge her – zum Beispiel zwischen den gerade diskutierten äußeren Strukturmerkmalen des System-Diamanten und inneren Strukturmerkmalen und umgekehrt.
- Machen Sie Ihr Team auf widersprüchliche Standpunkte aufmerksam – ohne den Anspruch zu haben, sofort eine Klärung herbeizuführen.
- Wenn Sie den Eindruck haben, Ihr Team redet um den heißen Brei herum, sorgen Sie dafür, dass auch schwierige Themen sprachfähig werden und sachlich diskutiert werden können.
- Halten Sie es aus, wenn für eine bestimmte Zeit niemand etwas sagt – weil Ihre Teammitglieder gerade denken und nach Formulierungen suchen.
- Sorgen Sie für eine entsprechende Vertiefung, wenn es eine wichtige Erkenntnis gibt. Führen Sie nicht einfach die nächste Frage ein, nur weil diese auf Ihrer Liste steht.

Und in jedem Fall: Bleiben Sie dran. Co-Creation lohnt sich. Denn nur durch Co-Creation verdoppeln Sie den Erfolg Ihrer Transformationsprojekte.

Anhang

Danksagung

Dieses Buch wäre ohne die vielen fruchtbaren co-kreativen Prozesse mit unseren Geschäfts- und Kooperationspartnern, Kunden und Freunden in den vergangenen Jahren und besonders in den vergangenen Monaten nicht entstanden.

Wir danken:
Johann Scholten, Rainer Flake, Christel Meyer und Matthias Dähling, die zusammen mit uns im Rahmen der WSFB-Beratergruppe Wiesbaden einen Raum geschaffen haben, in dem sich unsere Gedanken, Konzepte, Tools und Vorgehensweisen entwickeln konnten.

Frans Boeckhorst für seine Inspirationen in der Anfangsphase unserer Zusammenarbeit und die Vermittlung der »Leichtigkeit des Seins«.

Unseren Klienten in der Beratungsarbeit, unseren Teilnehmern der systemischen WSFB-Ausbildung »Organisationale Veränderungsprozesse gestalten« und den Teilnehmern unserer Workshops in den verschiedensten Kontexten und Branchen. Basierend auf ihren Bedarfen, Fragen, Impulsen und ihren realen Veränderungsvorhaben haben wir unsere Konzepte entwickelt und erprobt.

Andreas Braun, Gerd Bormann, Gabriele Dreilich, Dr. Marianne Goltz, Dr. Jürgen Harrer und Kurt Weser, deren Feedback uns geholfen hat, unsere Buchidee auf den Weg zu bringen.

Ganz besonders danken wir unserem Autorencoach Andrea Dietrich für die wegweisende co-kreative Zusammenarbeit und Unterstützung sowie unserem Lektor Patrik Ludwig und dem Campus Verlag, die dieses Buch möglich gemacht haben.

Quellen und weiterführende Literatur

André, R., Brandt, A., Glatzel, C., »Zerreißproben in Managementteams – Wie Vernetzung gelingen kann«, in: *Organisationsentwicklung* 1/2016.
Andresen, J., *Retrospektiven in agilen Projekten*, Hanser 2017.
Antons, K., *Praxis der Gruppendynamik*, Hogrefe 2011.
Appelo, J., *Management 3.0*, Addison-Wesley 2014.
Argyris, C., *Overcoming Organizational Defenses. Facilitating Organizational Learning*, Pearson 1990.
Argyris, C., Schön, D. A., *Organizational Learning II*, Addison-Wesley 1996.
Baecker, D., *Organisation als System*, Suhrkamp 1999.
Baecker, D., *Organisation und Management*, Suhrkamp 2003.
Berghaus, M., *Luhmann leicht gemacht*, Böhlau /UTB 2011.
Boeckhorst, F., *Duivelse Spiralen*, GGNet Warnsveld 2003.
Bohm, D., *Der Dialog: Das offene Gespräch am Ende der Diskussionen*, Klett-Cotta 2017.
Boos, F., Heitger, B. (Hrsg.), *Wertschöpfung im Unternehmen*, Gabler 2005.
Borgert, S., *Unkompliziert – Das Arbeitsbuch für komplexes Denken und Handeln in agilen Unternehmen*, Gabal 2018.
Gray, D., Brown, S., Macanufo, J., *Gamestorming. A Playbook für Innovators, Rulebreakers and Changemakers*, O'Reilly 2010.
Heath, C. & D., Switch. *How to change things when change is hard*, Random House Books 2010.
Heath, C. & D., *Decisive. How to make better decisions*, Random House Books 2013.
Immelt, J. R., »How I Remade GE«, in: *Harvard Business Review*, Sep-Oct 2017.
Kotter, J. P., »Leading Change. Why Transformation Efforts Fail«, in: *Harvard Business Review* 2007, Best of HBR.

Kotter, J. P., *Accelerate: Building Strategic Agility for a Faster-Moving World*, Harvard Business Review Press 2014.

Königswieser, R., Exner, A., *Systemische Interventionen*, Schäffer-Poeschel 2008.

Kruse, P., *Next Practice. Erfolgreiches Management von Instabilität*, Gabal 2004.

Kühl, S., »Die Dimension Macht; Funktion bei Veränderungen«, in: *Zeitschrift Changemanagement!* 5/2017.

Kühl, S., *Organisationen – Eine sehr kurze Einführung*, VS Verlag 2011.

Kühmayer, F., »Loving Complexity. Ausbruch aus der Unmündigkeit«, in: *Leadership Report 2017*, hrsg. v. Zukunftsinstitut Frankfurt a. M. 2016.

Kuhnhen, S., von der Lühe, M., *Das Ende der unvereinbaren Gegensätze*, Springer 2018.

Kupiek, M., *Exploring the Potential of Neurosciences in Change-Management*, Südwestdeutscher Verlag 2017.

Laloux, F., *Reinventing Organizations. Ein Leitfaden zur Gestaltung sinnstiftender Formen der Zusammenarbeit*, Vahlen 2015.

Luhmann, N., *Soziale Systeme*, Suhrkamp 1984.

Luhmann, N., *Die Gesellschaft der Gesellschaft*, Suhrkamp 1997.

Luhmann, N., *Organisation und Entscheidung*, Suhrkamp 2000.

Malik, F., *Führen, leisten, leben. Wirksames Management für eine neue Zeit*, Campus 2006.

Mintzberg, H., *Managen*, Gabal 2011

Nieto-Rodriguez, A., »Das Geheimnis erfolgreicher Projekte«, in: *Harvard Business Manager* 10/2018.

Nowotny, V., *Agile Unternehmen. Nur was sich bewegt, kann sich verbessern.* Business Village 2016.

Oestereich, B., Schröder, C., *Das kollegial geführte Unternehmen: Ideen und Praktiken für die agile Organisation von morgen*, Vahlen 2016.

Osterwalder, A., Pigneur, Y., *Business Model Generation: Ein Handbuch für Visionäre, Spielveränderer und Herausforderer*, Campus 2011.

Pfläging, N., Hermann, S., *Komplexithoden. Clevere Wege zur (Wieder)Belebung von Unternehmen und Arbeit in Komplexität*, Redline 2016.

Pfläging, N., *Beyond Budgeting, Better Budgeting: Ohne feste Budgets zielorientiert führen und erfolgreich steuern*, Books on Demand 2011.

Poggendorf, A., *Angewandte Teamdynamik*, Cornelsen 2012.

Prahalad, C. K., Ramaswamy, V., »Co-Creation Experiences: The Next Practice in Value Creation«, in: *Journal of Interactive Marketing*, Volume 18, Number 3, 2004.

Rank, S., Neumann, J., *Change Monitoring in Veränderungsprozessen*, Springer Gabler 2017.
Rock, D., »The Neuroscience of Leadership«, in: *strategy & business* 2006.
Scharmer, C. O., *Theorie U*, Carl Auer 2009.
Schein, E. H., *Prozessberatung für die Organisation der Zukunft*, EHP-Organisation 2010.
Schumpeter, J. A., *Kapitalismus, Sozialismus und Demokratie*, UTB 2005.
Senge, P. M., *Die Fünfte Disziplin*, Schäffer-Poeschel 2017.
Simon, F. B., *Einführung in Systemtheorie und Konstruktivismus*, Carl Auer, 2006.
Simon, F. B., *Einführung in die systemische Organisationstheorie*, Carl Auer 2007.
Simon, F. B. (Hrsg.), *Vor dem Spiel ist nach dem Spiel. Systemische Aspekte des Fußballs*, Carl Auer 2009.
Sprenger, R. K., *Radikal digital* DVA 2018.
Sprenger, R. K., *Radikal führen*, Campus 2012.
Vacek, E., *Wie man über Wandel spricht*, VS Research 2009.
Von Ameln, F., Zech, R., »Musterwechsel in Organisationen«, in: *Organisationsentwicklung* Nr. 4/2011.
Von Kempski, I., *Pfadabhängigkeit und Kommunikatives Handeln*, Logos 2013.
Weick, K. E., *Der Prozeß des Organisierens*, Suhrkamp 1979.
Weick, K. E., Sutcliffe, K. M., *Das Unerwartete managen*, Schäffer-Poeschel 2010.
Willke, H., *Einführung in das systemische Wissensmanagement*, Carl Auer 2004.
Wimmer, R., »Führung und Organisation – zwei Seiten ein und derselben Medaille«, in: *Revue für postheroisches Management* Heft 4, S. 20–33, 2009.
Wimmer, R., Glatzel, K., Lieckweg, T. (Hrsg.), *Beratung im Dritten Modus*, Carl-Auer 2014.
Wüthrich, H., Osmetz, D., Kaduk, S., *Musterbrecher – Führung neu erleben*, Springer Gabler 2009.

Anmerkungen

1 Prof. Dr. Winfried W. Weber, Hochschule Mannheim/Mannheim, 2010, businesswissen.de
2 Joseph A. Schumpeter: Kapitalismus, Sozialismus und Demokratie. UTB, Stuttgart 2005. Inzwischen hat sich auch im Deutschen eher der Begriff »Disruption« durchgesetzt.
3 Die Change-Fitness-Studie 2018 wurde durchgeführt mit Unterstützung des BDU-Fachverband Change-Management unter Federführung des Mitgliedes Mutaree GmbH und unter wissenschaftlicher Leitung von Professor Dr. Sonja Sackmann vom Institut für Entwicklung zukunftsfähiger Organisationen an der Universität der Bundeswehr in München. Mehr Informationen zur Studie auf www.mutaree.com.
4 Wir bezeichnen die Systemtheorie, die vor allem mit dem Namen des Soziologen Niklas Luhmann verbunden ist, bewusst als ein »Theoriegebäude«. In diesem Gebäude gibt es viele verschiedene Räume, in denen unterschiedliche Themen bearbeitet werden: Kommunikation, Selbstorganisation, Evolution, Komplexität, Entscheidungen, Steuerbarkeit, Lernen, Erkenntnis – um nur einige zu nennen. Die Akteure in den unterschiedlichen Räumen kommen aus den unterschiedlichsten Disziplinen: Soziologie, Biologie, Kybernetik, Psychologie, Neurowissenschaften. Und sie verfolgen alle sehr eigene Vorstellungen und Ideen. Mit anderen Worten: Die Systemtheorie ist kein einheitliches, architektonisch klar durchdesigntes Gebäude, sondern ein in viele Richtungen selbst organisiert gewachsenes und weiterwachsendes uneinheitliches Haus, dass sich nicht auf eine Idee reduzieren lässt. Trotzdem eint alle eine gemeinsame Denkrichtung, und auf genau die beziehen wir uns hier.
5 Mit der Trennung zwischen »entscheidbaren« und »unentscheidbaren« Entscheidungsprämissen folgen wir Niklas Luhmann. Luhmann nimmt dabei eine Dreiteilung der entscheidbaren Entscheidungsprämissen vor in Programme, Kommunikationswege und Personal. Dieser haben wir mit dem Äußeren des System-Diamanten sowie der Strategie eine weniger abstrakte und dafür sprachlich näher an der Unternehmensrealität gelegene Sprache gegeben. Die unentscheidbaren Entscheidungsprämissen finden sich bei Luhmann noch nicht in der ausdifferenzierten Form wie in unserem Inneren des System-Diamanten.
6 Siehe D. Rock, The Neuroscience of Leadership, 2006

7 Argyris, Chris (1990): Overcoming Organizational Defenses. Facilitating Organizational Learning. Englewood Cliffs: Prentice-Hall
8 J. R. Immelt, How I Remade GE, in: Harvard Business Review, Sep-Oct 2017
9 »Co-creation is about joint creation of value by the company and the customer.« Vgl. C. K. Prahalad, V. Ramaswamy, »Co-Creation Experiences: The Next Practice In Value Creation«, in: *Journal of Interactive Marketing*, Volume 18, Number 3, [ohne Ort] 2004.
10 Vgl. für das Konzept des Lernens 1. und 2. Ordnung C. Argyris, D. A. Schön, *Organizational Learning II*, Addison-Wesley (Boston), 1996. Argyris und Schön unterscheiden zwischen Single-Loop- und Double-Loop-Learning. Wir reichern das ursprüngliche Konzept durch die systemtheoretische Idee der Beobachung 1. und 2. Ordnung an.
11 F. Kühmayer, »Loving Complexity. Ausbruch aus der Unmündigkeit«, in: *Leadership Report 2017*, hrsg. v. Zukunftsinstitut, Frankfurt a. M. 2016.
12 Siehe S. Kühl, *Die Dimension Macht; Funktion bei Veränderungen in: Zeitschrift Changemanagement!* 5/2017
13 Siehe R. Sprenger: »Radikal Digital« 2018
14 H. Wüthrich, Dirk Osmetz, Stefan Kaduk: Musterbrecher – Führung neu erleben, 2006
15 Siehe hierzu etwa Niels Pfläging: *Beyond Budgeting, Better Budgeting: Ohne feste Budgets zielorientiert führen und erfolgreich steuern.* 2011
16 Wir verwenden den Begriff »Programm« als Oberbegriff für ein komplexes und großes Veränderungsvorhaben, das aus mehreren Einzelprojekten besteht, die wieder aus mehreren Teilprojekten, die alle auf ein gemeinsames Transformationsziel einzahlen.
17 Unter Dialog verstehen wir hier einen strukturierten Austausch, in dem die unterschiedlichen Perspektiven der Beteiligten deutlich werden und auf eine gemeinsamen Erkenntnisfortschritt hingearbeitet wird. Siehe David Bohm: *Der Dialog: Das offene Gespräch am Ende der Diskussionen*, 2017
18 Die Change-Reifegrad-Matrix ist ein Analyse-Tool, das 2014 von einem Kreis von Experten des Fachverbandes Change-Management im Bundesverband Deutscher Unternehmensberater e. V. (BDU) entwickelt und auf wirksame und praxisnahe Anwendbarkeit geprüft wurde. Gestaltungsbasis waren die Erkenntnisse aus der Change-Readiness-Studie 2010, die in Zusammenarbeit zwischen einem Mitglied im BDU Fachverband Change-Management und der Wissenschaftlichen Hochschule für Unternehmensführung Vallendar (WHU) erstellt wurde, sowie aus der Change-Fitness-Studie 2012, die gemeinsam mit dem Institut für Entwicklung zukunftsfähiger Organisationen der Universität der Bundeswehr München erarbeitet wurde. Aus unserem Autorenteam hat Hans-Werner Bormann das Tool aktiv mitentwickelt. Weitere Informationen unter: www.changemanagement.bdu.de.
19 Beim *Eagle Hill National Workplace Change-Management Survey* von 2014 wurden über 1 000 Professionals befragt.